何正璜传

任之恭 著

陕西新华出版传媒集团 太白文艺出版社

图书在版编目（CIP）数据

何正璜传 / 任之恭著. — 西安：太白文艺出版社，2015.8
ISBN 978-7-5513-0825-0

Ⅰ. ①何… Ⅱ. ①任… Ⅲ. ①何正璜（1914~1994）—传记 Ⅳ. ①K825.81

中国版本图书馆CIP数据核字（2015）第189734号

何正璜传

作　　者	任之恭
责任编辑	王婧姝
封面设计	建森工作室
版式设计	新纪元文化传播
出版发行	陕西新华出版传媒集团 太 白 文 艺 出 版 社 （西安北大街147号 710003） 太白文艺出版社发行：029-87277748 tbwytougao@163.com
经　　销	陕西新华发行集团
印　　刷	西安市建明工贸有限责任公司
开　　本	730mm×1000mm 1/16
字　　数	460千字
印　　张	24.25
版　　次	2015年10月第1版 第1次印刷
书　　号	ISBN 978-7-5513-0825-0
定　　价	48.00元

序

永远的丰碑

王学理

王子云、何正璜两位学术大家的传记即将出版，令人欣喜异常。作为晚辈的我，因为考古的原因，更因为这秦俑的原因，在20世纪80年代便走近了他们，得知识，得鼓励，所获殊多。但触及两位前辈的知见，我只不过是面对浩瀚的大海仅拾得岸边一二海贝而已。只恨自己生性驽钝，先生远去，致我错失讨教良机，今日幸逢先生传记出版，也许能补得点滴。

随考古学术的精进，认识两位前辈，读取的是写不尽的碑文，高大伟岸，丰富详尽。其学养、其人品、其行迹、其精神，哪一样不都体现着中国传统美德又显示着现代人文精神，又有哪一样不是留给人间的物质财富与精神财富？现代学人在诸多文化领域中多有建树，但也有相当一些“不知有汉，何论魏晋”，并不知拥“开创之功”者不是自己，而是王子云、何正璜。王子云先生遍游西欧各国与爱琴诸岛，从西洋美术名迹的考察中深感民族美术遗产的可贵与应受保护的迫切。在他的力倡之下，1940年成立“西北艺术文物考察团”。他亲任团长，带领包括何正璜在内的八位团员，踏进人迹罕至的荒漠，对敦煌雕塑、壁画艺术做了如实的调查与研究，有不容忽视的开山之功。

他们对河南、陕西、甘肃、青海的文物徒步调查，备尝艰辛。在关中汉唐陵墓调查中，从摄影、文字记录、拓片、写生到翻模，都留下了历史性记录。从尘封已久的《教育部艺术文物考察团西北摄影选》中可以看出其内容庞博，史迹名胜、陵墓与佛窟的雕刻、敦煌千佛洞壁画、古代建筑、工艺图案以及社会风俗，林林总总，无所不包。20 世纪后期以来，随技术手段的进步，陕西考古学者对“西汉十一陵”和“唐十八陵”进行了一次又一次的调查、测绘、录影和重点试掘，可说是踏着王子云、何正璜先生的足迹前进，从而取得了新的成果。

“三军可夺帅，匹夫不可以夺志。”王子云先生历经磨难，早已不是掌权的领军人物，既然匹夫不屈，何况王先生是才高八斗、名副其实又刚正不阿的教授？渡过劫难之后，手的残疾迫使他从画家、雕塑家的身份转向学术研究领域。年近八旬的他，以坚强的意志与惊人的毅力，不服老迈之躯，在前有“欧洲之旅”后有“新疆之行”的基础上，再次踏遍祖国大地去做“万里之行”。他对河北、山西、山东、河南、陕西、四川、江西、江苏、浙江、广东、天津、北京、辽宁、山东、安徽等地的古代雕塑艺术遗迹做了重点考察及重复踏勘，并留下详实的纪录与学术见解。这在中国乃至世界美术界都是光耀史册的杰作。“读万卷书，行万里路”，从而做到理论与实践的结合。时下生活、工作条件优越，借一部电脑享尽他人成果、拼凑出研究成果的学人，哪个能同王子云比肩？

搞古代雕塑艺术研究和考古研究一样，都属于实证的科学，首先得以实物为据。雕塑家王子云先生以独到的眼光、丰富的知识从研究角度忠实地把对中外雕塑艺术品的研究结集出版，奉献给当时对自己祖先文明遗留还茫然无知的中国社会。《唐代雕塑选集》（1955 年）和《中国古代石刻画选集》（1957 年）的出版，在中国这一片雕塑研究的空白地带掀开了新篇章——“美术考古”，为中国美术考古学科奠定了基础。《中国古代雕塑百图》（1980 年）和《陕西古代石雕刻》（1985 年）两部书，则是前两部书的精选与浓缩。《中国雕塑艺术史》这部心血之作是 1988 年出版的，收入图片七百余幅，是一部开创性的雕塑艺术通史。尽管还有可补阙之处，但在文物多毁的情况下，毕竟给后人留下了不可再得的真实影像。《从长安到雅典——中外美术考古游记》在读者眼前展开的是一幅欧洲和中国汉唐雕塑全景式的图画。他身后由子女整理出版的还有《汉代陵墓图考》（2007 年）和《中国历代应用艺术图纲》（2007 年）；早年完成的《汉唐陵墓艺术》《中国古代装饰艺术》《秦汉瓦当图录》《关中唐陵考察记》等十多部书稿还有待整理面世。有谁能想到处于耄耋之年的老人以惊人的毅力、不屈的精神，用颤抖的手一字一画地涂写，竟完成一部又一部皇皇巨著，给后人留下丰厚的文化遗产。回想当年情景，不觉泪涔涔。相比之下，今世追名逐利者岂能望其项背？

王子云老前辈的夫人何正璜女士，是位伟大的女性。她精于美术，擅长绘画，又有良好的文学修养和史学积淀，在同丈夫相处的半个世纪里，甘苦与共，相濡以沫，共登艺术文物研究的峰巅。

何正璜虽出身书香门第，但并非柔声细气的娇小姐，而是聪慧多才、胆识过人的巾帼之才。她随“西北艺术文物考察团”，同王子云历时五年，行十万余里，踏遍关中大地，调查汉唐陵墓、佛寺道观、长安城址，深入洛阳龙门与敦煌莫高窟，调查石窟艺术，撰写了大量的考察报告、游记与散文。1942 年她在重庆《说文月刊》上刊登的《敦煌莫高窟现存佛窟概况之调查》，不仅首次开出莫高窟艺术内容的总目录，让中国人知道自己的“家底”，而且对历史沿革、形式演进、类型风格、时代特点做了全面系统的研究，提出了中西文化融合的独到见解。这为以后“敦煌学”的形成，奠定了认识基础。

王子云先生的调查成果及十多部文物艺术专著，均得力于夫人的协助。

1953 年，正当何正璜三十七岁时，她结束了颠沛流离的生活，开始长期供职于陕西省博物馆。在这里，她如鱼得水。她担任陈列部主任，在文物陈列、外事接待、文物宣传方面都贡献出超人的智慧和力量。她在馆内建立“西安石刻艺术室”，由陈毅元帅题额，展现了陕西古代建筑、陵墓、宗教石刻的丰富内容。她妙笔生花，用大量的文字介绍陕西文物古迹，给人以知识与美的享受。她编著的《古代装饰花纹选集》《西北少数民族图案选集》《唐代的战马》《陕北东汉画像石选集》也都陆续出版。

关心文博建设，何正璜竭尽全力。坐落在大西安南郊的陕西省历史博物馆，就是她向周恩来总理建议而成立的，其功至伟。

她待人和蔼，诚恳谦逊，在培养新人方面更是不遗余力。她本可担任馆长，但硬是推荐年轻人上，充分显示出她提携后辈的高风亮节。她作为全国政协委员，对政府荐言献策，在文物保护、救危扶困方面，处处体现出高度的责任心。

对很多大事，她的见解往往也都带有前瞻性。1940 年 12 月，何正璜随王子云北上，观嘉陵江水发抒感言，希望将来中国办起美术馆或博物馆。她感慨那时“本团虽已不存，而在此开始无人注意及此之时，即已尽力奠其基础。星星火粒燃起民族光荣巨焰，本团定亦在旁为之欣慰无已”。多么有远见、有气量！她的愿望在漫长的岁月里逐渐变成现实，而自己却做了无名英雄，“待到山花烂漫时，她在丛中笑”。

何正璜先生的画作、诗歌、散文、游记、文物考察报告与研究专著，都是她留给世人的珍贵遗产。陕西省历史博物馆编辑的《何正璜文集》，陕西省文史研究馆“长安学丛书”中的《何正璜卷》，均是从她宏著中精选的一部分。

王子云、何正璜两位学术老前辈已离我们远去，其人品、其学识、其精神，树之于碑永远难尽一二。他们二老给中国美术考古界树立起来的是“永远的丰碑”，我们面对二老的传记，只有景行行止。

（本序作者系陕西省考古学会常务理事，中国秦文化研究会副会长，陕西省考古研究院原秦汉研究室主任、研究员，研究生导师，享受国务院特殊专家津贴。）

目录

第六章　西安考察之二
——西安市内的佛寺道观

第七章　西安考察之三

——访问西安收藏家

第八章　西安考察之四

——唐陵寻访

引　言

任之恭

本世纪初，我有暇开始整理王子云先生的遗稿。打开那些写于20世纪40年代的手稿，看见的却都是他的夫人何正璜先生的笔迹，于是，人们常说的那句话“一个成功男人的背后，必有一个了不起的女人”便出现在脑海。随着工作的深入，就愈发感觉到王子云先生一生的成果中，处处都浸润着他夫人何正璜先生的汗水和心血。这一点，在她的同行中也看得很清楚。石兴邦先生在给王子云《汉代陵墓图考》一书写的序言中说：“他们夫妇是中国艺术晴空中光辉灿烂的一对‘双子星座’。二老在专业上都是大师，何老还长于表达，王老重在实地考察和对资料的分析与研究。他们珠联璧合，创造性地在美术、考古以及著述、教学等领域做出了独特贡献……公允地说，王老的业绩成就中，也含有何老的一份劳绩。”

20世纪40年代初，日本在侵华战争中已侵占了我国东北、华北、华南大片国土，将当地我国民族文化遗产破坏得惨不忍睹，又迅速将战火燃至我国西南、西北大部分地区，西北地区宝贵的古文化遗产面临严重威胁。为了抢救、保护那里的文化遗产，国民政府紧急组建一支以王子云为团长的西北艺术文物考察团，对那里的古文化遗迹进行摸底、收集、整理，以应对随时可能发生的情况。何正璜毅然参加了这个考察团。在战火硝烟中，她与考察团同人奔波在大西北，历时五年，历尽千险，行程十余万里，足迹遍及川、陕、豫、甘、青五省，考察了那里的汉唐陵墓、龙门石窟、敦煌莫高窟、寺庙道观、古建筑遗址、民间艺术，访问了那里的学者大儒和收藏家，收集、整理了数量巨大且极其宝贵的艺术文物资料，“这一专业化、系统化、科学化的大规模政府行为，将我国艺术文物调查研究水平，推动、发展到一个全新的历史阶段，拓开了一个全新的思维领域”（罗宏才语）。“风流所至、色彩纷呈、盛况空前”的壮举，如同我国文化历史上空的一声春雷，“昂然向国际学界宣布，我国艺术文物保护与研究的现代化、规范化正式开始，自18世纪中叶以来一百多年间西方列强对中国艺术文物强制考察、粗暴侵犯、恣意掠夺的历史，至此终结！”（罗

宏才语）

王子云、何正璜及西北艺术文物考察团全体成员，是中国现代艺术文物考古的先行者、奠基者，是我国艺术文物学界的先贤、鼻祖！永远值得我们学习与敬仰！

在西北考察极其困难的条件下，何正璜白天奔波于田野考察，晚上回来还要整理资料、撰写成文，其繁忙可想而知。但就在这忙碌的状况下，她还利用点滴闲暇时间撰写了大量的考察报告与考察经历和感受的稿件。何正璜 1942 年发表的《敦煌莫高窟现存佛窟概况之调查》一文，系统地对敦煌莫高窟的历史沿革及洞窟形式等关键问题进行了科学的梳理与整合，不仅将洞窟的形制特点及艺术风格予以分期，而且将所有洞窟大致分为大、中、小三种类型，并根据那里的雕塑、壁画的时代背景，将其风格划分为魏、唐两个时期。对于何正璜的这一睿智见解，在后来林家平、宁强、罗华庆合著的《中国敦煌学史》一书中认为："到敦煌实地考察千佛洞，利用第一手资料进行研究，成绩显著者，首推何正璜。她 1942 年在重庆《说文月刊》三卷十期上发表的《敦煌莫高窟现存佛窟概况之调查》是我国第一份莫高窟内容总录，也是中国学者实地考察研究后写成的第一篇较系统全面的研究文章，其历史价值是很重要的。""它第一次把敦煌石窟立体地介绍在世人面前。""在敦煌艺术的风格研究上……首次提出敦煌早期艺术之作风倾向'系以东方装饰之趣味，混以西方写实之技巧而成的一种风格'。""'其内容与形式均足以代表东西交流之特征，而唐代艺术则吸收融合外来艺术，显现出优秀的民族形式'观点，较'西方来说'在认识上，无疑前进了一步。"

何正璜在考察工作期间，因为四处奔波，居无定所，没有固定的通讯地址，所以对寄出去的稿件命运也无暇顾及。她写的那些考察经历和感受的文章的独特魅力深深地吸引了上海的一位读者。他不仅读了、保存了那些文章，而且还用工整的小楷一笔一画地抄在宣纸上，治印题签，精装成一函二册保存起来。新中国成立后，这个叫王鸿森的上海读者偶然得到何正璜的消息，知道她还活着并在西安工作，便托自己的孩子将他抄写的手稿送到西安何正璜的手中，以表达自己的仰慕之情。此事经蔡昌林先生在《西安晚报》披露后，引起了西安读者的极大兴趣，于是《艺术界》便陆续刊发这些旧稿，引起了强烈反响。评论家常智奇评论道："独到的艺术感受，渊博的历史考古知识，深厚的古典诗词修养，坚实的美术功底，诗人的感性，学者的丰盈，智者的聪慧，仁者的关爱，给了她散文、游记卓然超群的境界和气度。在这里，诗思与史思水乳交融在一起，成为她散文的质的根性。"他认为"她的文化品位之高，是中国当代散文发展史上不可多得的典范"。

何正璜的文章，人们读了都说写得好。好在哪里，陕西历史博物馆馆长成建正先生总结有以下几点：

一是自然流畅。何先生付诸文字的，或是她历尽艰辛、长途跋涉、精心考察的见闻；或是她长期钻研、悉心琢磨、终得要领的体会；或是她深刻体验、有感欲发、呼之即出的感怀。她的许多文章，发表后自己并未留存。正是这种毫无功利目的、把生活的感悟和生命的需求融为一体的写作，才使她的作品具有一种独特而隽永的魅力。

二是内涵丰富。何先生饱览群书，精通史学，思维活跃，自然富于联想。无论是田野考察还是案头研究、是荒野古迹还是馆藏文物，都能顷刻间在她脑海中形成波澜壮阔的历史画面和鲜活生动的形象并付诸笔墨。她的文章会带着读者由物及人，由人及事，由事及史地层层深入。笔下的人物活灵活现，事件清晰明澈，史实真切可信，似乎漫不经心、娓娓道来，却又入木三分、深刻透彻。这就是人们常说的大家手笔。

三是情理兼容。何先生悟性极高。或许因为她学识渊博，或许因为她思维活跃，也或许因为女性情感思维的特点，她总能在考察研究或写作中捕捉到一般研究者忽略的细节，并产生独到的感受进而做出感人至深的表述。

四是执着投入。文物博物馆工作对于何先生，已不仅仅是一种职业，更是她精神的寄托和她生命的组成部分。她为之投入的时间和精力，为之倾注的心血和激情，构成了她生命的乐章……

古人将“立德、立功、立言”视为不朽。中国历代文人士子，莫不以此为人生的最高准则，而真正做到的却寥寥无几，但何先生做到了。她以爱国、敬业、本本分分做人、扎扎实实做事立德；她以马背的辛劳、跋涉的劳顿、探索的苦涩、成功的喜悦立功；她以对历史的深刻理解、对文物的独到见地、对博物馆事业的不断探索立言。

何正璜先生虽然辞世了，但她留下了作为学者的睿智、作为智者的深邃和作为仁者的慈爱，将一生苦苦求索的精神结晶，奉献给了浸润她学术生命的土地和继承她未竟事业的后生……

新中国建立之初，何正璜就到陕西省博物馆工作并长期担任陈列部主任。她和她的同人们一起，从无到有地举办了基本历史陈列、专题陈列和几十个临时展览，并为此倾注了她的全部心血。她说：“我的目的就是要使久经风雨的地上文物和那禁闭几千年、今天重见天日的地下文物，能经过自己双手的选择和编排，像一件件物证似的屹立在玻璃柜内外，向广大观众反复阐述祖国灿烂悠久的文化和精神文明，把它当作培养爱国思想、民族自豪感的基地，让许多抱着无所谓态度而来者，参观后却能从不同角度有所得而去。”

由于她深厚的知识涵养和特殊经历，几乎把整部中国历史和重要的文物精华都装在她的心里，并且又特别讲究说话技巧，逐渐形成了一种她特有的幽默睿智的语言风格。在与人的谈话中也是这样。

一次，王朝闻（我国著名美术评论家、王子云的学生）来看望二老，何正璜送给王朝闻一本《西安碑林》，让王朝闻写点评论碑林的文章，说："你能把死的说成活的！"她借用这么一句俗言俚语的夸奖话，让王朝闻听得哈哈大笑。后来王朝闻在给她的一封信中说："感谢您送我那册《西安碑林》，我已经分别摘取其中的一些精品，作为我正在从事写作的论据。这不完全是如您对我的夸奖——死的也能说成活的，而是它们自身就富于生命力。您将来可以看到我是从什么角度来评论的。"我国著名书法家、二老的朋友沈鹏，首先看到了王朝闻的文章，他在给何正璜的一封信中说："前谈及您与王朝闻先生说'将死的说成活的'，近果于王文中读到，颇觉亲切有趣。"

在博物馆，面对不同的观众，她都能从不同的角度、用不同的语言，把文物和观众拉得很近，让观众在不知不觉中受到感染。北京、上海、广州等各地高校美术、文博、历史专业的研究生到西安来参观学习，都慕名请她陪同讲解，过后，无不惊叹："这位老太太真是把文物讲活了、讲美了，真了不起！"

1961年，《美术》总编李松和中央美院史论系的王逊、张同霞、薄松年三位教授带学生到陕博参观学习，由何正璜陪同讲解，这些专家和学生们听了一次不过瘾，竟连续去了多次。不仅学生们赞叹不已，连教授们也说："她堪称是我们的老师！"

1979年，中国美协组织全国著名连环画画家们到陕博参观学习，已年届六十五岁的何正璜（她到八十岁临终也没有真正退休）给他们如数家珍般地讲了一个多小时，画家们在她的指引启发下，动情地在现场画了很多文物速写。

1983年，中国美协在山西大同组织一次读书会，有王复羊、艾轩、卢开祥、杨悦甫等十多位专家参加，何正璜是其中最年长的一位。读书之余，何正璜领着大家参观云冈石窟、应县木塔、悬空寺等文物遗迹，她把这些遗迹的艺术风格演绎、讲解得头头是道，其渊博的文史知识和精湛的美术鉴赏力令大家大为吃惊：这位老太太竟有如此大学问！后来杨悦甫还专门写了一篇《访美术考古家何正璜》，登在他主编的《中国美术家通讯》上。

何正璜在她的岗位上接待过无数的普通观众、专业学生、专家教授，也接待过像周恩来、邓小平、叶剑英等中央领导，还接待过很多外国的国王、首相、公主、总统、总理等等。无论是谁、无论来自哪里、无论地位有多高、外交礼仪让那些元首们有多么拘谨，在她的讲解面前，都能让他们放松下来，在不知不觉中放下身段，和她一起会心地笑、忘我地去与那些文物亲近，甚至不由自主地伸手去摸那些东西。

……

何正璜不愧是中国文博界的稀世英才，是一朵不世出的奇葩，是一颗耀眼的明星！

如今，她已经携香飘落，化为春泥，和祖国宝贵的地下文物融为一体，然而在人们心中，这株奇葩和祖国的灿烂文化一样，馨香永在，历久弥新。

那么，何正璜渊博的知识、对祖国文化深沉的爱、永不疲倦的精力从何而来？在整理她的遗稿过程中，对这些问题稍有答案，我就急不可耐地想把它写出来与大家共享。

让我们穿越时空，寻踪觅迹，从她在日本留学的最后时刻开始写起吧。

第一章　在抗战中寻找自己的位置

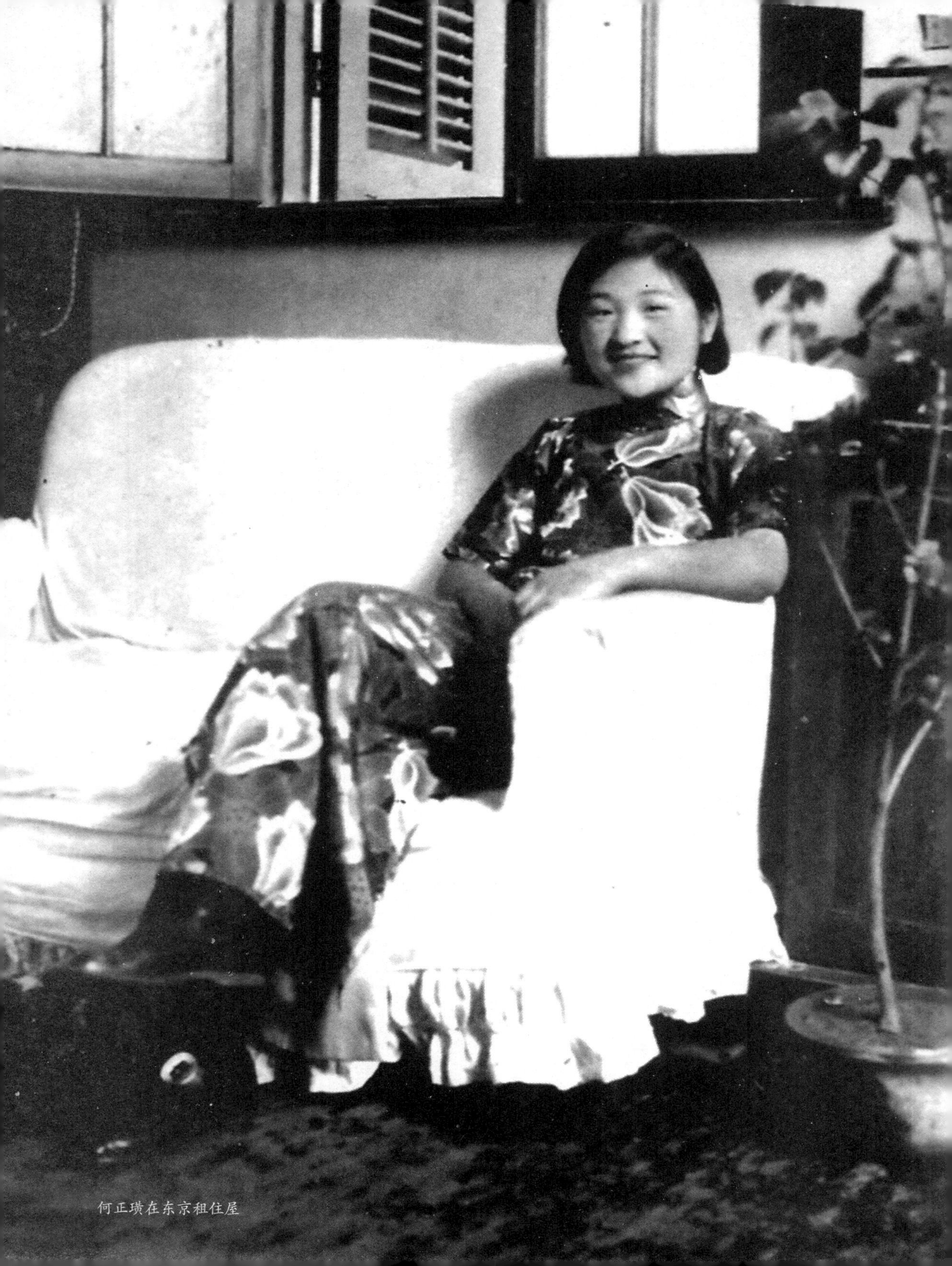

何正璜在东京租住屋

1. 敌都闻变，愤然回国

1937年6月，何正璜留学所在的日本东京多摩川美术学校快放暑假了，她在心里盘算着暑假邀请哪些同学到什么地方去游玩。日本是个岛国，处处是水乡，可玩的地方太多了。去年暑假，她和几个同学到伊东去玩，那青翠的山峦，清清的小溪，还有那绿道矮屋、平迤海滩，至今还都历历在目、令她向往。游椿岛，她领着几个男同学逛咖啡屋，在海滩嬉戏，驾船冒险到深海中搏浪。这个假期是她在日留学的最后一个暑假，明年这个时候就要毕业回国了。

可是，7月7日深夜，日军在中国卢沟桥的枪声惊醒了她和所有在日中国留学生“日本对中国和平友好”的美梦！这是继九一八事变、一·二八事变之后又一个令中华民族每一个人都倍感屈辱的重大事变。她的一切暑假旅游计划都被抛到了九霄云外。

7月28日，日军攻打北平，二十九路军奋力抵抗一昼夜。第二天，北平还是沦陷了。

听到这样的战报广播，何正璜哭了。她马上写信让家里寄路费来，她要回国！

7月30日，日军攻占了天津。

她心急如焚，等不及家里寄来路费，托在市内的同乡打问大使馆的情况也迟迟没有消息。

8月3日，她匆匆赶到市内去找到了那个同乡。那个同乡说，大使馆还要等五六天才能接到国内命令，到那时才能闭馆，才能安排归侨和留学生回国事宜。

五六天她也等不及了，每分钟都是煎熬。她告别同乡，一个人来到街上。车流人流像煮沸的

现东京多摩美术大学一角

水在骚动，卖号外的铃声此起彼伏，大楼上安的广播刺耳地响着：“……为了大东亚的和平，堂堂的皇军武士，已决心肩负起此神圣之膺惩任务……”街那边一队应征入伍的人列队在行进，这边一群白衣女人肩上斜挂着国防妇人会的红布条，手中摇着日本国旗，叽叽喳喳从面前走过。人行道上木屐的轧轧声撞击得她心痛……一个人处在这样的敌国街头，就像孤立在一个群兽包围的小岛上，她不禁打了个寒战，突然想起自己还要买点儿卫生用品回去，就走进一个叫“伊东屋”的商店。不料里面正开着“北支土产展销会”。看着那一行行陈列着的祖国华北出产的各种物品时，她心中想：“这都是他们窃来的！”正面墙上悬有一幅极大的地图，冀察区已和满蒙染上同样的淡红色，和黄色的祖国版图脱离了。一群日本人在那里指点着、说笑着。她像一个势单力薄的孤儿，心中难受极了，再也无心买什么东西，反身回到街上，跑到车站，跳上电车，回到了郊外大冈山学校附近的住处。刚进门，房东荻原太太就冷冷地对她说：“派出所的巡警来过了，询问你的情况，查看了你的房间。”说着，一向温和的荻原太太竟黑着脸递过来三枚镍币（那是前段时间何正璜送给她的中国新改用的法币辅币，一枚半元、一枚一角、一枚五分），并说：“为避免麻烦，希望你到别的地方再租房子住吧！”

何正璜在日本伊东海滩

这不是绝交吗？太无礼啦！何正璜仰起脸对她说：“我马上就走，回我的祖国去！”说完，她接过镍币，满眼含泪，低头进了自己的房间。

她一头倒在床上，平静一下心中愤懑的情绪，决定什么也不等了，马上就走！她跳下床，到质屋卖掉自己几年相依相偎的小桌子、靠背椅、手表以及母亲留给她的金戒指，凑足路费。又到学校取回自己的成绩单，再次回到房间，收拾好简单的行李。环顾这空荡荡的房间，她突然意识到自己在日本留学的生活结束了！恐怕还不仅如此，今生今世的学生生涯大抵也同时结束了！从此自己就是一个成年人了，“国家兴亡，匹夫有责”，她蓦然想起祖父、外公、父亲常对自己说的那句话："女子也要成栋梁！"想起自己曾经写过的那首诗："……世上万事皆随缘，天上仙姑本姓何！"她顿时冷静下来，意识到自己的缘分就是祖国的抗战，自己的位置就在那里！想到此，不由得心中升起一股战士出征的豪情。

何正璜在东京租住屋

第二天，何正璜和女同乡合雇一辆小汽车赶到了横滨码头。

船到晚上才开，亚细亚号停靠在那里。傍晚时分，船上船下灯火通明，上船的人前拥后挤，但听到的都是中国话，何正璜心里感到亲切而又温暖。

穷学生多数买的是四等舱，何正璜和她的同乡也一样。她们上去安排好自己的铺位，迫不及待地换上了中国服装。船舱中男男女女，无论认识的和不认识的，大家都是同胞，毫无拘束地大声交谈着、欢笑着。在餐厅进过晚餐后，船快要开了，何正璜拉着同乡上到三等舱的甲板上，想再最后瞥一眼自己又爱又恨的日本，想着将来会是什么样呢。从此互为敌国了，今生今世还能再来吗？此时此刻，爱恨情仇一齐涌上心头，各种情绪都非常强烈——十二年后，在这艘归国轮船上的情形她仍然记忆犹新。她在《含泪返国门》一文中回忆道：

……差不多已经夜间了，船叫了几声，马达吼起了，红绿的纸带一卷卷抛拿在行者与送者的手中。船慢慢离岸了，我感到说不出的愉快和说不出的惆怅。正在这种矛盾的心情中迷茫，忽然看见几个穿军服的人在岸上掩面哭了，他们都剃的是光头，哭得很伤心，最后竟高喊起'中国万岁'来。旁边的一个学生告诉我，才知道他们是日本陆军士官学校的学生，由国内保送来的。别人可以自由归国，而他们却不能。就是大使下旗归国，而他们恐因是军校学生也仍会被禁止返国的。所以现在他们眼见船载着我们走向祖国时，不觉就非常伤心了。这种情况更添了许多黯然的成分。

……

（第二天）晚间，船已驶离长崎领海而入黄海了，船上的学生便立即活跃起来。许多人参加大厅中的晚会，结果通电拥护七七抗战，拥护政府对日的国策，每人都捐一块钱，连茶房厨师伙夫都自动加入了，情绪热烈得不可形容。正在讨论议案，播音机中忽然放出上海中日军队已于今日正式开火的消息，一时全体学生简直沸腾了，我们所盼望的一天，终于在今天实现了。有笑的，有哭的，全舱像一个疯人院，沉默的人目中放着异样的光，交谈的人在声音特大之外还加唾沫四喷。一切一切，兴奋得无以描述。

这巨大的邮轮，在波涛中排浪前进，船上载着多少中华儿女奔向祖国怀抱的热心。

（第三天）上午，我正在床上剥橘子，胡小姐一把将我拉起，她口里不知嚼的什么东西，一时说不出话来，只将我拉了就走。拉到船边，才发现隐隐有一条黑线，在天与海之间，逐渐明显起来。大家不知什么时候不约而同地靠向了这船边，全神汇聚地对那条黑线行着不瞬目的注目礼。一个头发花白的华侨，低头向侨生的孩子说："孩子！你看，那边有一条黑线，那就是大陆，那就是中国！"话未说完，眼泪已滴在孩子的发上。

凭栏西望的人，面上都露着圣洁的微笑，朝曦射在千百个中华儿女的脸上，照见许多人的眼中闪着晶莹的泪光。海浪哗哗地响，亚细亚皇后号加速地向黑线方向驶进！驶进！

何正璜终于回到了日思夜想、已燃起战火的祖国。

2. 国军无能，战火蔓延

何正璜1937年8月15日回到祖国，几天后回到她的故乡武昌，但她没有回家。她的家在武昌紫阳湖畔的烈士街，绿树荫中，宽敞的院子，两层的小洋楼，那曾是她的安乐窝。她父亲和继母以及几个异母弟妹住在那里。她因为自己几年前不当的感情纠葛与父亲产生了裂痕，五六年都没有来往了。但目前国难当头，家事为小。她在家附近租了个住处，暂时安顿下来。时年二十三岁的她，正是风华正茂、血气方刚的时候。她愤然回国就是为了参加抗日。一天，她听说政府军事委员会在武汉举办中央军事干部训练团，没有多考虑就参加了。

军事训练团，顾名思义就可知道，每日的操练是必不可少的。齐步走、正步走，立正、稍息，左转、右转，卧倒、起立……枯燥又乏味。妇女团的课目还有抢救、包扎、运送与护理——这就是自己刻苦学习十多年后要为国效力的方式吗？显然与自己的专业爱好不沾边，她意识到这不是“何仙姑”施展拳脚的地方，于是便不辞而别了。

后来，遇到巴东龙船河女子职业学校招聘教员，她顺利应聘并在那里当上了图案教师。这个职位虽说与自己的专长相适应，但仍不是她的理想所在，只能是暂时栖身罢了。

战事日趋紧张。国家贫穷，政府软弱，军队战斗力不强，虽拼力一搏，但仍节节败退。七七事变后仅仅几个月，到12月，首都南京即失守，国民政府大部分机关移至重庆，部分移至武汉。日本人以为中国人要举起白旗对他们俯首称臣了，举国沉醉在胜利的欢庆之中。日军据守南京，按兵不动。这就给国民政府一个喘息的机会，重整军队，重新部署。李宗仁镇守徐州，南击北攘，屡败强敌。台儿庄大胜，更使日军猛醒，调动精锐兵力向我方猛攻，李宗仁苦撑四个月的徐州，竟于1938年5月19日失守。敌军得到徐州，进而攻击武汉，并举其陆海空军之全力，沿江南下，大批日机疯狂轰炸武汉。顿时武汉上空警报声迭起，爆炸声不绝于耳，房倒屋塌，一处处大火腾空而起。我方驻军于12月24日下午开始撤退，

何正璜在中央军事干部训练团

武汉遂于第二日失守。湖北省政府大部分机关也被迫撤至恩施。

何正璜父亲苦心经营的紫阳郇的家也被炸了，藏在他处的家具、衣物及祖传的文物、字画、书籍等，也被悉数抢劫一空。她父亲就职的湖北省银行也奉命步步南移。随着日寇轰炸地区的逐步深入，他们家也和大多数武汉人民的家庭一样随之步步逃亡。先是沙市，继之宜昌、巴东，最后也不得不逃到更偏僻的恩施。

3. 国难中的家难

日本帝国主义侵略中国，给中国人民带来了深重的灾难，何家也概莫能外。家里人身财物受到伤害可谓是接二连三。

何正璜大弟弟何正义，1937 年毕业于武昌省立高中，同年以优异成绩考入燕京大学，学费、住宿费全免，另外每年还有一百五十元奖学金，前途一片光明。七七事变，日军攻占北平，刚开始学校尚未受到干扰。他第二年即 1938 年 8 月得了肺结核，不得已回家休学半年，病愈后回京复学。至 1940 年，在距毕业还差一年的时候，日军终将学校占领，强迫教师学生离校。好端端的学校被日寇抢去了。直到抗战胜利后燕京复校，始才完成学业，其中白白耽误了五年。

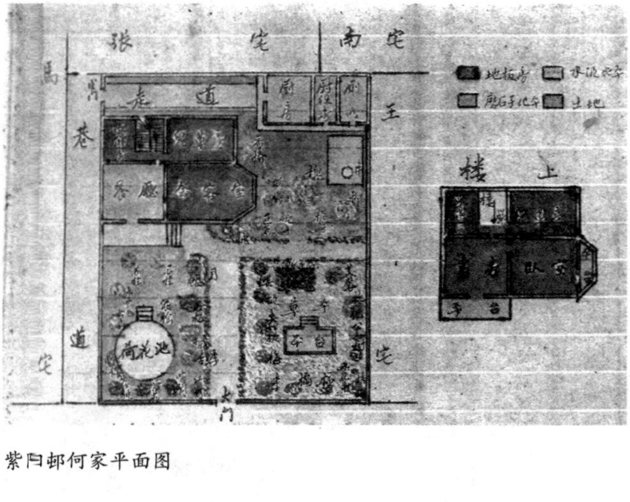

紫阳郇何家平面图

早在 1938 年底沦陷前武汉已屡遭敌机轰炸，每次来袭敌机数架甚至一二十架，一日数次甚至三四十次，所以逃亡、转移财物早就开始了。1938 年 8 月，何家已搬离比较注目的紫阳郇，而把家里有价值又不易带在逃亡路上的财物封藏在汉口保元里保华街 60 号一栋楼房的二楼一间复室内，而且把门用砖堵住粉刷好，一般是很难被发现的。可是在武汉沦陷后的 1939 年 2 月下旬，还是被驻扎在保元里的日军破墙穿洞把财物洗劫了，令何父痛心不已。

何家紫阳郇的家位于武昌烈士街紫阳湖畔，用今天的话说，紫阳郇是这个小区的名称，大约有十几户人家。这个小区临近湖畔，环境优美静谧。此地原为武昌著名的王家庄园的后院，约十余亩大，挂牌分段出售。湖北省银行中层以上职员包括行长、副行长，相约每人买了一段。何正璜父亲花 1427 元买得其中的一段。

何父人品极符何氏家风，为人内敛，办事认真，为官清廉，对公家财物从来是秋毫无犯、一尘不染的。何正璜曾记得她小时候，一次到父亲办公室去玩，临走拿走了父亲办公桌上的一支铅笔，父亲竟专门到街上去买了一支还到自己的办公桌上。这种一尘不染的品质，也是他自身平安的护身符。“三反五反”运动中，有人检举他们银行内有一个贪污集团。这一检举在那时候，简直比引爆一颗原子弹还可怕。尽管事后查明那是个诬告，但在清查中还是有不少同事受到了摧残，甚至有人为此丧了命，唯独公认清廉的他得以平安无事。当然这是题外话。因此，虽然那时候他拿着不菲的薪水，但要拿出千余元购置那么好地段的一块地皮还是罄尽了家资。

何父是个极爱建筑艺术的人，紫阳郇宅便是他苦心孤诣、精心设计，请专业建筑单位营造、细致务弄的一项事业。

何正璜的父亲和继母在紫阳郇

四妹和五妹在紫阳郝家中水池钓鱼

此宅自1933年7月24日开工建设，至同年12月8日竣工。但是，历时五个月精心打造的安乐窝，仅仅住了四年，便在日寇的侵略战争中成为鬼子的轰炸目标。

紫阳郝居民不得安居，武汉人民不得安居，日寇铁蹄所到之处，人人不得安居！自七七事变至1938年8月武汉被占领，一年时间内，武汉发防空警报八十一次，日机轰炸三十余次，人人整日惴惴不安。1938年4月17日子夜0时45分，防空警报声突然大作，何家全家人在睡梦中被惊醒，赶紧起身穿衣，下楼到院中新筑的防空洞内躲避。不到五分钟，紧急警报声响起，随即敌机在上空盘旋，紧接着就是机枪声、爆炸声传来。2时05分警报解除，全家才又回房睡觉。至3时20分警报又起，小孩们都不愿再起床躲避。十分钟后，紧急警报的凄厉声使孩子们再不敢在楼上卧室睡觉，都移到一楼客厅内。刚刚坐定，五六声剧烈爆炸声轰然响起，整个房屋为之震动，全家无不胆战心惊，再也不敢在此居住。第二天即在汉口保华街60号找一临时住处搬了过去。

7月12日中午刚饭毕，警报声响起。十五分钟后紧急警报声大作，敌机先后两批数十架飞来轰炸，投弹一百二十余枚，然后离去。何父听说紫阳郝被炸，下班后急忙赶去查看，只见家附近的体育场落弹三枚，家里五六块窗户玻璃被震碎。王氏义庄围墙外落一弹，炸了一个大坑，有四五尺深，围墙被炸倒丈余。邻家玻璃全被震碎，杂草泥土飞上楼顶，一片狼藉。稍远一点儿的东厂汽车站全被炸毁，房屋倒塌，电线全被炸断下坠。有一死尸倒卧在马路边的草地上。马路另一边，有多名妇女靠在行李上哭泣。

8月16日正午，敌机七十二架分批袭击武汉。第一批十八架在汉口一带投弹多枚；第二批十八架敌机窜至武昌，投弹一百五十余枚。紫阳郝落弹三枚，一落西菜园，一落紫阳郝2号张宅，一落体育场大门外。张宅被炸毁，浴室、厨房全部倒塌，两边正屋被削去一半，守门女佣被炸死。由于何家后门紧邻张宅，所以何家的后大门、客厅门及房屋北面窗户全被震坏倒地，房间里的天花板全被震碎剥落，楼顶屋瓦凌乱。前面花园树木七倒八歪，落叶及飞来的尘土瓦砾落满整个院子。幸好之前全家已搬离，否则后果难以想象。

三妹正慈是何正璜最爱的妹妹，一是这个妹妹是她一母同胞四人（一弟二妹）中最小的，可怜的是母亲在生下这个妹妹后几天就去世了。当时家在北平。母亲生下这个妹妹第五天即发高烧达四十度，立即送医院，诊断为猩红热，来势非常凶猛。虽采取多种措施终不能医治，在这个妹妹来到世上仅仅八天的时候，母亲就弃养而去了。何正璜当时也仅仅七岁。失母的痛苦和这个小妹妹弱小无助的形象便深深印在她的心灵深处。当时父亲在北京大东银行当行长，工作甚为繁忙，再说一个大男人也不可能带他们姐弟四个孩子，于是便不得不将他们送到安徽芜湖他们的爷爷那里。他们的爷爷何宗瀚当时在芜湖检察厅任检察长，家也安在那里。在他们的父母从日本回国前，何正璜就跟着爷爷在芜湖生活。祖父家虽有保姆，她也才仅仅七岁，也难免要担当一些照顾这个小妹妹的责任。这种从小在一起的经历所产生的感情用语言是难于表述的。

何正璜由于出国前和父亲在感情上产生了裂痕，回国后暂时没有回家，也没有和父亲联系，但和这个妹妹却来往密切。1939 年底，由于省属学校、医院随省政府均已迁至恩施，为了上学，这个妹妹和四妹（继母生）也由巴东到了恩施。三妹入屯堡中学，四妹入清江中学。意在吞并全中国的日本帝国主义步步进逼，恩施也屡遭大轰炸，城内几乎被夷为平地。父亲在柿子坝买的房屋也被炸成一堆瓦砾，人们不得不躲躲藏藏，何家干脆就住到阴暗潮湿的山洞里。至 1940 年初，正慈忽觉腿部疼痛，先是左腿，后来右腿也同样疼痛难忍，不能站立，更不能走动，有时疼得在床上打滚，多次从床上跌到地上，不得不入院医治。

当时省银行撤在宜昌，他们的父亲、继母及其他弟妹也临时住在宜昌。而银行所属粮棉等物资库房则暂时设在离宜昌八十五华里的罗佃溪一家祠堂里，因此他们的父亲不得不在各处跑动办公，三妹在恩施住院便无人照料。得知这一情况，何正璜就向学校请假由巴东到恩施照顾三妹。姐妹重逢，姐姐见原本健康活泼的妹妹一下子变得骨瘦如柴、面色蜡黄的样子，不禁心如刀绞般难过。

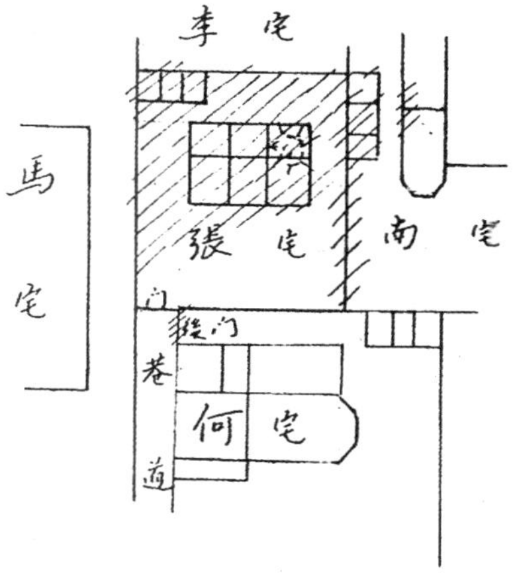

被炸情形示意图

同时受难的还有何正璜的小弟弟正国。这个弟弟虽是继母所生，但自小乖巧可爱，和她这个大姐走得也比较近，几乎一生都把她当作人生的导师，什么事都和她商量。

1940年，正国十三岁，当时和父母、同住的一个姑母及一姐一妹同撤在宜昌居住。而宜昌为敌机袭击重庆的必经之地，因之防空警报特别多，宜昌也时常被炸。这年6月初，宜昌吃紧，省银行随之仓皇往恩施撤退，全家也随着银行同行。6月9日6时，父亲在银行忙碌，姑母、弟妹们由继母领着慌张登上银行专用驳船。这时江面上已被大小船只塞满，航道拥堵，船行很慢。8时，敌机一架飞到上空盘旋，人人心惊肉跳，幸未投弹。11日，敌机六架飞临宜昌上空大肆投弹，市区顿成一片火海。下午1时，敌机二十五架又轰炸一次，宜昌随即失守。下午3时，银行驳船暂停罗佃溪，家人暂住一朱姓祠堂内。12日下午1时半，敌机两架飞至罗佃溪上空，盘旋一周后迅速俯冲，连投四五枚炸弹、两枚燃烧弹。燃烧弹投至罗佃溪右端，顿时烈火冲天。四五枚炸弹全部落在朱氏祠堂四周。母亲、姑母及弟妹们一听见飞机声，便相携着从祠堂后门往山坡上逃避。未及上山，飞机已至头顶，走在后边的赶紧蹲在山坡上。姑姑见正国身着白色衣服，怕他暴露目标，赶紧把自己身上一件深色长衫盖在他身上。可是已晚，爆炸声已响起，全家立即匍匐于地，唯正国因受长衫所累，不能伏地。砰然巨响后，尘土飞扬，碎石如雨，所有人都失去了知觉。当时父亲还在下兰溪处理银行事务，听闻罗佃溪被炸，急忙跑来施救。到达朱家祠堂，见祠堂后半部已倒塌，自家的行李物品均散乱于破砖烂瓦之中。前门还在，门前躺一死尸，祠堂内空无一人。赶紧跑到后山坡上去寻找，只见山坡上死尸横七竖八，母亲、姑姑、妹妹均躺在一条沟内，浑身满脸都是血，但均已苏醒。妹妹看见父亲，一跃而起，大喊爸爸，伸出血手扑了过来。父亲一把抱着她，几乎昏厥。尚未见到正国，便又往山上去寻找，始见他伏卧于草丛中，脸被削去了一半，牙齿外露，一片血肉模糊。父亲见状，以为正国已死，一下瘫坐在了地上。等银行几个同事赶来，见正国尚有气息，便赶紧抬到附近的三斗坪医院抢救。三斗坪医院设备简陋，又缺医少药，只能在伤口外缘涂些药而已。无奈，只能雇人雇担架抬着，辗转多条船只，延误二十天，才于29日到达恩施。

全家逃到恩施未久，城内遇日机大轰炸，乃迁居杨家湾深山中

这时，何正璜正在恩施土桥坝省

立医院伺候三妹，听说正国受重伤已到恩施来救治，赶紧跑到码头上去迎接。只见躺在担架上的面目全非的弟弟，半个脸都不见了，伤口的肉已腐烂，苍蝇围着乱飞。她强忍着才没有摔倒。她浑身战栗着、抽泣着，在一旁帮扶着担架，把弟弟也送到了三斗坪医院。从此，她在这个医院两个病房来回跑，照顾着可怜的妹妹和弟弟。

眼见日本帝国主义制造的这些国难家难，在何正璜心目中对自己的诞生地与留学地的日本的那点儿好感早就荡然无存了，取而代之的是无比的愤懑和仇恨，她恨不能拿起枪到战场上去杀日本鬼子。这一段时间以来，萦绕心头而又始终无解的唯一事情就是自己的战场在哪里。一天，她突然觉得自己十分迷茫和孤独，便不由自主地给还在宜昌忙碌银行事务的父亲写了一封信。信中没有多说什么，只是告诉父亲，自己回国后在巴东龙船河女子职业学校任教，最近请假在恩施照顾妹妹和弟弟。这是五六年以来第一次和父亲联系。父亲接信后，处理完手头事务即赶到恩施。何正璜看见四十七岁的父亲竟是那样的疲惫和憔悴，可怜父亲同时又渴望父爱的亲情、国难家难的痛苦、茫然无绪的前途等诸多情绪顿时一并袭上心头，使她再也按捺不住自己，趴在桌上放声大哭起来。父亲也是泪水涟涟，说不出一句话。是的，此时此刻能说什么呢！知子莫如父，父亲太了解这个从小心高气盛、事事努力、样样优秀的女儿了！如今国难家难，压得人喘不过气。过去因为崇尚日本后来居上的文明，一家三代都留学日本，可如今，昔日崇敬的那个国家的真面貌竟是如此狰狞。国家的前途、个人的命运又会是怎样呢……过去父女间的一切龃龉都不值得一提了。良久，父亲擦擦自己的眼泪，把女儿扶起来，帮女儿擦擦脸，说："过去的都过去了，今天的也会成为历史，日本的野心不会得逞，相信明天一定会比今天好。你正年轻，如今正是你报效国家的时候了……"

4. 一股清风送来的信息

正慈经过几个月的治疗，关节炎已大体痊愈，除上坡外，已可步行。正国的伤口经过清创、缝合，伤情得到了控制，也没有发生并发症。何正璜揪着的心，终于略略放松下来。

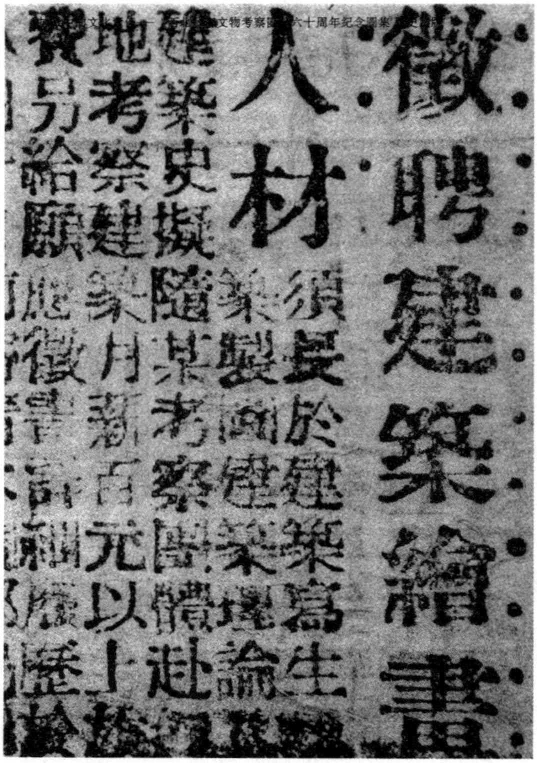
徵聘建築繪畫人材

当时《大公报》所刊征聘广告

8月初，敌机已有两天没有来轰炸了。这一天，天气晴朗，清风吹拂，还算凉爽。她把妹妹弟弟安顿好，独自抱一包衣服去清洗。来到河边，但见岸边树木青翠，野花摇曳，小河中绿水潺潺，顿觉心宽气爽。她在河边蹲下来，把衣服泡在水里，正准备揉搓，却有一阵清风吹过，一股浓浓的清香直沁心脾。她侧脸看看小河的上游和下游，没有什么异样，便又埋下头来。搓了两把，又下意识地扭脸向河边沙滩上看了看，只见一片报纸随着清风向她身边飘了过来。她把湿手在身上抹了抹，一把抓过报纸捡起来就看。窝在大山深处一个医院里几个月，不读书、不看报，不与人交流，对一个知识人来说，精神上的饥渴比肠胃的饥渴还要难受。这难得一见的报纸，对她来说，不啻一顿精神大餐。原来这是一张被人撕掉一大角的重庆版8月3日的《大公报》，正反面都是一些战局消息和其他时政、社会新闻，偏下方一则“征聘建筑绘画人才”的广告吸引了她。“……建筑写生、建筑制图、建筑史……随某考察团到外地考察……”她一连看了几遍，抬头凝目深思：“自己虽然学的不是建筑绘画，但建筑绘画与普通绘画有相通之处；凭自己深厚的国学基础，建筑史也不难掌握……可是，在这战火连天的背景下，老房子还保不住，谁还会去建新屋？……去考察建筑？噢，这其中似有不便明说的地方……”她仿佛明白了一些广告背后的隐情，进而仿佛看见了自己可以施展本领的战场。自己今天此时此刻到此地洗衣服，清风就吹来这一片报纸，冥冥中，是仙姑给自己送来的吗？是她给自己的启示吗？她一低头，看见几件衣服被水冲走了，赶紧站起来追过去把衣服捞出来，又回来把所有衣服拢在一起，胡乱搓揉了几把，也不管是否已经洗干净，挤了几下，放入包中，提起来，拿着报纸，回到了自己的租住房。回到房间，她把报纸又拿出来，把广告翻过来倒过去又看了几遍，渐渐坚定了自己的决定：去应聘，那就是自己在抗战中的位置！

广告上要求 8 月 10 日前去参加面试，今天已经 5 日了，她需要马上动身。

她兴冲冲地拿着这张报纸去见父亲和弟妹，把自己的想法说给他们，大家都觉得太玄乎，太偶然，太不可捉摸，因此都表示反对，当然其中也有舍不得她离去的意思。但见她态度坚决，大家就不再阻拦，父亲反而开导她："去吧，重庆那边还有你外公、五爹、七爹（终生未婚的母亲的姊妹，当地风俗称爹，这里指何正璜的五姨妈、七姨妈），如果应聘不成，求他们在那边给你另谋个事做。"她当即决定第二天就走。

她给龙船河女子职业学校写了一封辞职信寄出，回来就把行李收拾好了。当晚，她躺在床上怎么也睡不着，翻来覆去想着自己可能的种种命运。

"命运是什么？我的命运又是什么？有智者说：'命运就是机缘。每个人的一生中都会遇到多次属于自己的机缘，就看你能否抓住，看你是否准备好了。'我准备好了吗？"她想起了自己的家世、家庭，自己的学业、自己的青春年少……

第二章　女子也要读书成才

七岁时的何正璜

1. 汉川县并非祖籍

何正璜在填写自己的籍贯时，总是写“湖北省汉川县”。再细一点的话，还要写上“南河渡何家大湾”，这当然是不错的。而实际上，她在南河渡何家大湾一天也没住过。如果从她上溯二十几代，连汉川、湖北也不是了。她家这一脉何氏上溯二十一代的祖先，单字名昭，字瑞明，世居今日的江西省南昌县三花桥村。至何昭之重孙辈，才迁居至湖北汉川。这种现象一点也不稀奇，大概我们所有的人，包括所有的中国人和所有的外国人，其祖先都是在不断迁徙流动的。

2. 何正璜的家乡——南河渡何家大湾

何家后人说南河渡何家大湾是他们的祖籍，正如前面所说，实际上历史并不久远，何正璜的曾祖父的曾祖父——何求益，即是这里的始祖。

南河渡位于汉川县西南约十七公里处。这个村庄之所以叫“南河渡”，是因为这里有一条河流名“南河”，南河注入东荆河，东荆河注入长江。在当地人的眼里，南河是一条大河，丰水期有四十米宽，河水清冽，流速平缓，终年不枯，滋润着两岸的土地，养育着当地的百姓。

在过去，可以乘木船从南河进入东荆河，再入长江，南河渡即是渡口，所以称南河渡。那时候，湖南的商船顺着南河来到这个渡口，带来大量的瓷器、鞭炮、红薯、桐油、木材和日用品在这里进行批发零售，带走本地的菜籽、芝麻、黄豆、绿豆和稻谷。

因此周边数十里的农户都挑着驮着自己的农产品到这里来交易，大量的流动人口使这里的一条正街和一条斜街兴盛起来，旅店、饭店、石铺、药铺、肉铺、豆腐铺、铁铺、理发铺、百货铺、棺材铺样样俱全。

何家始祖到这里修的房子一定不小，所以当地人都称其为何家大屋。比这个大屋更为有名的是何家办的私学，当地人称为“官学”。把私学称官学的原因是何家主人的儿子何贻棠在京山县当了县学的教谕，大约相当于现在的县教育局长。他因父亲去世回家守孝三年，期满干脆辞了职回到南河渡，在何家大屋后面的凤凰山山脚下建了一所学校，利用自己的办学经验和在当地的声誉，招来本地或外地的生员（府州县学的学生，俗称秀才）三十多人当教师。四年后第一批学生毕业，在乡试中有十多人取得了庠生学位，更有几个人进一步取得进士学位，于是一时声名鹊起，“到何家学堂读书去”成为当时周边地区人们的不二选择。更有远方学士慕名而来，学生人数猛增，学校越办越红火，教出不少后来学有所成的大名人。自家子弟中有何金藻（何正璜的高祖父）取得岁贡学位，任德安府教授；何玉棻（何正璜的叔高祖父）取得拔贡学位，朝试一等，任湖南观察；何远庆（何正璜的曾祖父）获拔贡，历任四川知县、知府等等，都是何家学堂毕业生中的佼佼者。

南河渡一瞥

南河渡鸟瞰

3. 读书做官世代相传

何家这一脉与众不同之处是，世代都是要么读书做学问，要么入仕做官。前面提到何家家谱中的始祖何昭，即为元进士，官至兵部左侍郎，是个正二品武官。其重孙，即迁到汉川何家畈的始祖何谦是个读书人、恩贡生。何氏这位始祖后被拣选为县令。自此以后，何家历代读书做官的就没有断过。

4. 何正璜的祖父何宗瀚

何正璜的祖父，名宗瀚，字幼冕，清同治壬申年（1872 年）诞生于其父任职的四川松潘知州公署，民国辛未年（1931 年）卒于武昌家里，享年六十周岁。他性情宽厚仁慈，做事严谨，为官廉正，刚正不阿，自幼爱学，二十岁应试，曾五场列首，擅长书法，“笔法酷似刘石庵”，当年为官芜湖、汉口，书名远播大江南北，当年悬于武汉沿江大标语即为此公书写。直至今天，仍有其书法作品出现在书画拍卖市场。

何正璜的祖父何宗瀚

何宗瀚供养人口多，开支大，又爱捐资助学，乐善好施，自然入不敷出，日常除靠汉口铺屋的租金补充外，有时还不得不变卖一些家产以应急，从不贪污纳贿。

何正璜的这位祖父真正是一位洞明世事、目光远大的聪明人。1901 年，慈禧太后和光绪皇帝因庚子之变避居西安，他奉诏到西安觐见，被发往四川做候补知县，到川后任职于发审局（军法机关）。在此任上干不到两年，他眼见国事日非，“知不变法不足以图强”，便毅然辞职回到了湖北老家。

清朝灭亡，政治腐败是前奏。国家贫弱，帝国主义就想夺而食之。国破家亡的凄惨前景为有识之士所预见。再看日本，一个蕞尔小国，经过维新变法不过三十年，竟敢与强俄开战并能胜之，因此以梁启超为代表的有识之士便主张变革，否则国事将不可收拾。一时间，外国情况介绍和主张变革的文章便随处可见。

在这种新思想的推动下，眼睛向外看甚至到外国求学的人就日见多起来。这种形势，何宗瀚自然看在眼里想在心里，考虑成熟后，便以破釜沉舟的决心，把全家赖以生存的祖业几乎全卖了（只卖田地，不卖房产）。然后，带着只读了半年小学的大儿子东渡日本，父子双双留学去了。他自己读东京政法大学，儿子上日本的小学。

他深知，父子双双学成后终归是要回国服务的，因此，儿子的国文课不能丢，于是便带了一个私塾老师书田先生同行，供食宿，也供其在日本上学的费用。到日本后，这位书田先生一边给其大儿子（何正璜的父亲何竞择）教国文，一边也进入一所警察学校学习，毕业后就回国了。何宗瀚又专门回国另找一位国文造诣更深的私塾老师（羽道先生，何竞择的族叔）并把自己的二儿子也一同带到日本。何老先生给羽道先生的待遇与书田先生相同。因此，羽道先生到日本一边给两个孩子教国文，一边入东京大学学经济，学成回国后在武昌几所学

何宗瀚的书法

競存
競擇
中文教师

校任教授，颇有盛名，还秘密加入中国共产党，积极参加党内活动，与董必武等党内高层来往密切，在党内名气很大，不幸在1927年国民党反革命政变中被捕，1928年被杀害——这是题外话。

何宗瀚对儿子学习中文要求非常严格。日本的中学一般每天下午3点放学，星期六只上半天课。读中学的大儿子每天放学回家至晚餐时间是雷打不动的学习中文时间，晚饭后至睡觉前才能温习在学校的功课。每星期六下午要写一篇中文作文，假如写得不好，星期天还要再写一篇。这样的星期天如

何宗瀚离开封任回故乡时摄

何正璜与祖父、两个叔叔及弟妹们摄于武昌

果全家出游，儿子也只能独自留在家里搜肠刮肚地写被罚的中文作文。一次，大儿子在学中文的时候偷看《聊斋》被发现，老先生除劈头盖脸一顿严厉谴责外，还命一道作文题《偷阅小说之害》，要其连夜写完，逼得儿子涕泗交下，一直写到半夜。儿子何竞择虽然从小在日本长大，小学、中学、 大学全部就读于日本，但国文基础非常好，回国工作后对中国文化一点也不陌生，中文写作一点也不逊在国内毕业的学生。这不能不说是全得益于何老先生的远见卓识。何正璜的国文启蒙与学习，也正是在这位祖父的指教督促下开始的。另外，从他对两位私塾先生的安排中，也足可以看出他的开明与宽厚。

何宗瀚自己从东京政法大学毕业后，回国考取法政科举人，对国事颇有自己的见解，与梁启超、康有为等人发起组织“宪友会”，倡导改革。辛亥革命后他投身司法界，先后历任芜湖、宜昌、洛阳地方检察厅厅长，河南省、湖北省高等审判厅厅长之职，在任上缉奸恤冤，清正无私。在芜湖时，一外国人打死一中国平民，贿赂皖督倪嗣冲为之关说被严词拒绝，他严格依法断案，芜湖百姓无不呼之为青天。其倡导“量刑唯轻”的主张，很得人心。他有一个叫李华龙的外甥，留日回国后跟随他，常旁听其断案，后也当了法官。在国共斗争中何宗瀚曾任审理共产党人陶铸一案的主审法官，力主不判死刑，救了陶铸一命——这是题外话。

何宗瀚 1931 年 4 月因病去世。

5. 何正璜之父何竞择在日本

何竞择，字立夫，后以字行，成长于日本，生于光绪甲午年（1894 年），卒于 1961 年，十二岁前在国内读私塾，只上半年新式小学，即随其父到日本读书。

何竞择到日本后，先后在清明馆、宏文书院学习日语，半年后考入东京高等师范学校附属小学三部。此小学教育质量不高，何立夫上两个学期后退学，由家教在家里学日语和小学其他课程，同时在东京中国基督教会学习英文，十四岁考入法国人在东京办的晓星中学。此校除学习一般课程外，特别重视法文，办学极为严格，还开有英语课，何竞择在基督教会学过英语，所以这两门课的学习成绩都不亚于其他人。日语是学习的基础，但日文中借用了很多中国的汉字，日本孩子读日文中的汉字必须在汉字的左边打上各种记号，对于汉字的意义更是不甚了了，所以学日文，对日本孩子和中国来留学的孩子都不容易。特别是日本孩子对日文中的语法和文法不太注意，而何竞择不仅学习认真刻苦，而且摸到了窍道，在日语语法、文法上又特别下了一番功夫，因此班上其他五六名中国孩子都被淘汰了。即使日本孩子在日文上也远远没有何竞择学得好。他的成绩在班上往往是名列前茅，是学校有名的尖子生。

这就有了一点小小的名气，连清廷驻日大使馆都知道有一个中国的小孩比日本的小孩学得还好。一个清廷的要员到日本访问听说了这件事，便专门到学校去看他。结果这位清朝大员穿的是顶戴花翎、长袍马褂，引起全校学生围观起哄，高喊："何竞择的爸爸是唱戏的！"弄得何竞择羞愧难当，从此不再用"竞择"的名而以字"立夫"行世了。

何正璜父亲何立夫在国内读私塾时期

当时的日本现代教育已相当发达，名校很多，首屈一指当数帝国大学。学校聚集一流学者多，吸引好学生多，学风最好，设备也是一流，类似于今天中国的北大、清华，美国的哈佛、普林斯顿 。当时中国教育部规定，中国留日学生中，凡能考上帝国大学或其他几所名校的，给予公费生待遇，称官费生，每月发给三十三日元，帝大四十六日元，由学生所属省教育厅支付。所以，中国除教育部派有一名"监督"官员外，各省均派有"经理员"驻在东京，专管留学生事务。

帝国大学分东京、京都、九州、东北四处，其中东京的最为著名。要上帝大，必须先入高等学校学习三年，实际上高等学校是帝大的预科。按规定，高等学校毕业后可免试进入帝大，但入帝大是人人所求的，所以要经过考试，只有少数人可以如愿以偿。未被录取的，免试分到其他帝大分校。

如前所述，入帝大第一步是上高等学校。高等学校全国共有八所，一高在东京，

何立夫在日本读晓星中学时期

何立夫在日本读一高时期

报考一高的竞争激烈程度，远远超过今日中国之高考，录取数往往是六七百分之一，连一般学校的特优生都是不敢企及的。所以，考上一高，不仅是学生本人的荣耀，对其所在学校和家庭也是莫大的光荣。一高教育质量高，校风特殊，校服也特别引人注目，校徽是三个柏叶和三个青果的图案，绕之以一条白色的带子，意为文武双全。但其校风并不提倡奢华，而是提倡朴素，以致学生扩而大之，普遍以破衣敝履为时尚，穿得个个像乞丐一样在大街上昂首阔步，反令人垂青羡慕。校庆日是每年3月1日，到那一天，学生们都绞尽脑汁把自己的宿舍打扮得稀奇古怪，或讽喻时事，或复原古代场景，或扮机器动物，无不花样翻新，争奇斗智，幽默可笑，蔚为大观。且一律门户洞开，对全社会开放，任人参观，东京男女无不踊跃前往，一天能达一两万人之多。这就是东京有名的“寮祭”或称作“纪念寮”。如此怪诞的做法更使一高声名远播，尽人皆知。

一高每年的招生考试是当年的7月2日，连考三天。考前三个月备考直到考试前，个个考生无不筋疲力尽、焦头烂额，连死的念头都有了。何立夫于晓星中学毕业后也报考了一高。第一天日文朗读，五人一组，何立夫那一组其他四个日本人都有个别汉字认不得，读得都不顺畅，唯有他流利地从头读到尾。接着考听写，何立夫又没有错一字。又作文一篇，他觉得太容易了，远没有想象得那么难，紧张的心顿时放松了。第二天考数理化英语，他也全部正确作答。第三天检查身体，他除牙上有个洞、近视眼外，没有其他疾病，总成绩为A。发榜日，何立夫自己不敢去看，父亲早已学成回国并已在芜湖检察厅当了检察长，身边再无别人，只能让羽道先生去看。羽道先生是个处事细心谨慎的人，回来淡淡地告诉他："考上了，是最后一名。"最后一名也是考上了，街上到处都是奔走相告和道喜的场景，就像都在向他道喜一样。他的欣喜心情是自不待言的。他马上到湖北经理处领了暑期公费，给家里每人买了一份礼物，准备衣锦还乡度假了。更令他高兴的是，接到父亲来信，要他回国完婚。真是金榜题名与洞房花烛双喜临门了。

开学到校报到时，同学们都叫他"级长"（学校与学生间的互动都由级长上传下达），他才知道自己考的不是最后一名，而是第一名。回来问羽道先生，他大笑，说他是从后往前看的，所以是最后一名，并说是有意为之，怕他高兴过度，成范进第二。

到一高，他被分配在法文科，学习科目多，且进度快，教授上课严肃认真，连衣服也一律是黑袍子标志服。军训课也是由真正的军官实施，用的也是真枪实弹，是丝毫马虎不得的。稍一疏忽，就会掉队甚至被淘汰。考入一高的中国学生至少有四十余人，能熬到最后毕业的，只有何立夫和一个叫盛之明的两个人。

6. 何立夫在东京帝国大学

在日本帝国大学的四个分校中，只有东京、京都两个大学有法科。一高毕业后，大家都想继续留在东京。人数太多，东京帝大远远容纳不下，于是又要经过一次考试来决定。何立夫又顺利过关，如愿以偿地进入东京帝国大学政治学部。与何立夫分在同一个班的同学有一百六十五人，其中中国学生只有他和盛之明两人。同班同学来自八个高等学校，互不熟悉，上课分分合合在不同教室，又不点名，所以虽然同学三年，互相间仍不熟悉。后任日本首相的岸信介也在这个班，但两人之间没有来往。

东京帝国大学坐落在东京本乡区本乡，占地面积很大，原为某爵士之私邸，捐给帝大后，除保留一栋日式宫殿和一朱漆大门（称赤门）外，其他全部是宏伟的西式建筑。另一大门是由四个粗壮的花岗岩石柱构成，非常雄伟。校园内有山丘湖泊，树木高大葱茏，花草繁盛。由于地处市中心区域，所以，除车辆外，市民可以在校

何立夫在日本读帝大时期

何立夫在东京帝国大学毕业照

园内通行，校园的后面即是著名的上野公园。学校的教室既别致又数目众多。法科有一教室呈八角形，称八角堂，室内正面是讲坛，黑板左右各有一门，教授由此出入，俨然如舞台，非常精致庄严，可容学生八百人。学生座椅也特别，像理发店的座椅，左右扶手像半个葫芦状，可放置笔记本做记录。每届毕业典礼也在这个教室举行，日本天皇有时也会来参加并亲自给每个毕业生颁发毕业证书。

帝大教授都是日本一流学者，待遇十分优厚，每个教授都配有自己的研究室和相应的书城，七十岁退休后有终生养老金。所以教授们都专心于自己的学业，孜孜研究，认真教书。教学没有课本，也没有讲义，全部是老师讲，学生听、记。一个学期考试一次，平日无人管理，完全是放羊式的。但是学生个个都不马虎，因为一旦缺课或没有认真听讲，就没有笔记，就不知参考书，下课后就不知道自己该读什么书。考试不及格就要留级。学校流行一句话叫“梅花优等，樱花及格，藤花留级”，意思是，二月梅花开，从那时候就开始认真学习，可望成绩优秀；樱花开于四月，到那时才开始认真学，就只能及格了；若迟于五月藤花开的时候再努力，为时已晚，只能留级了。很多科目还是开卷考试，可以带参考书，但若平时没有好好学习，考试时带参考书也是枉然，不知道参考什么，所以开卷考试反倒让人提心吊胆。因此学生学习都非常自觉，无须别人管理督促。学生间的成绩也十分接近，很难分出高低。学校每次考完，只把成绩通知本人，不公布，不排名次，毕业时的成绩只分优、良、及格三等。当时中国留学生监督处有一规定，毕业生毕业，需到监督处交验毕业证和成绩单，然后再填发一张证明书，为留学生回国求职使用。何立夫毕了业到监督处交验相关材料后，监督处在证明书成绩一栏填了个“及格”。他当时不知道凡成绩合格的均如此填写，他只知道学校给他的成绩单多数为“优”，少数为“良”，无一是“及格”，因此他就不愿意，监督处不得不破例给他另写一张。

7. 何立夫回国后

何立夫从日本回国后在北平工作时期

何立夫在汉口工作时期

何立夫在湖北省银行工作时期

何立夫回国后到了北平，先后在新华大学、平民大学、中国大学、进群大学、政法专科学校、孔德学校任教，后又到北平大东银行（日资）任副经理（行经理职）。大东银行受时局影响倒闭后，他到南京行政学院讲习所任教师，同时在南京党务学校任编译员。在南京工作不久，随其父回原籍武汉工作。

何立夫回到武汉后，先任湘鄂临时政务委员会参事。当时湖南湖北尚无省政府，该委处理两省政事。不足一年，该委解散后，其又参与筹备湖北省银行（总行）。该行成立后任总务处经理至湖北解放。

该行每年对职员考绩一次，各处室经理主任由行长评定，密封保存，不予公开，做晋级或报送南京铨叙部甄委会审查使用。1930 年给他的评定如下：

1. 性行：性情温和，行为诚笃；

2. 体格：体格强健；

3. 平时成绩：通晓日文、英文、法文，精统计学，常识丰富，书法端丽，精擅艺术，富审美性，撰写文稿雅达简洁，绘制图表工精美丽，经理事务接应周详，成绩斐然，洵堪嘉赏；

4. 考语：气质温柔，态度和蔼，律己严谨，任事勤恳。

新中国成立后，省银行由人民政府接管，高级职员一律遣散。何立夫后参与筹备汉口银行职工消费合作社，开业后任经理。这既是他参加了革命工作，也是他一生工作的终点站。期间，他被勒令销售公债六百份（实则是强行派购），不得已，只好将自己心爱的紫阳郇的家出售了。

幸运的是，在解放初期“三反”“五反”“肃反”“镇反”“反右”等运动中，他虽多受怀疑，幸无问题，未受到大的冲击。

1957年6月他经批准退休，时年六十四岁，月退休金为二十九元五角。这样的收入，日常生活会相当困难。他未能熬过三年困难时期，于1961年12月10日，在武昌家里去世，享年六十七岁。

8. 何正璜的母亲

何正璜的母亲在八姊妹中为大，名佳牗，后自己改名为张楚，生于1891年，长何正璜父亲三岁，1921年12月22日因诞三女儿正慈，月子中患猩红热卒于北京，距三女降生后仅八天，享年仅三十岁。

张楚自幼聪慧，爱学爱问，在她父亲把女儿当男儿养的观念教育下，说话干脆利落，干事风风火火，坚决不缠脚，颇有些男儿气概，还爱读书，爱写文章，长大后是个有主见、不迷信旧传统，爱到社会上做事的人，还经常写一些对封建社会及清朝的黑暗统治不满的文章。辛亥革命爆发后，她从上海务本女子中学辞学从戎，参加北伐战争并立有战功，后转入红十字会从事救死扶伤工作。民国成立，她被任命为辛亥革命烈士遗孤教养所教育长。该教养所设在武昌紫阳湖畔的山东会馆内。全所事务，她内外兼顾，在外结识甚广，上至黎元洪副总统，下至多个政府部门

何正璜母亲张楚

的首要，她都有所交往，因而教养所经费充裕，设施完备，院内花木扶疏，环境优美，教室整洁。在内，教职员都仰承她的旨意，服从她的指挥，把教养所办得井井有条，把烈士遗孤照料得十分周到。

9. 何正璜父母的婚姻

1910年，张楚十九岁，其父张晴峰一个最好的朋友黄芷涧在上海经营一家书店，张父便把她交给这位黄先生带到上海求学，入上海务本女子中学读书。黄芷涧与何正璜的爷爷何宗瀚是东京政法大学同学，又有同乡之谊，在日本的时候两人的关系就比较密切。何宗瀚从日留学归来后曾在上海工作一段时间，两人偶然都投宿到了同一个客栈之内。

一天，张楚到客栈拜访黄先生，期间见到了何宗瀚。谈话中，何宗瀚知道了张楚的身世及文学特长，性情又开朗活泼，给何宗瀚留下了很好的印象。黄先生对何家及何家大公子都比较了解，心里也想促成这门亲事，于是就把何家的情况通报给了张晴峰，并要张寄来一篇张楚写的文章让何宗瀚看。何宗瀚看后大加赞赏。他也把自己手边何立夫写的《武训行乞兴学论》交给黄先生并转给张家父亲。就这样，两家以文相亲，便订下了这门婚事。

后来何立夫回国度假，张楚到何家来玩，两人曾见过一面，但没有说话。张楚身体健康，举止端庄大方，浑身充满英气，令何立夫甚是喜欢。他返回日本继续读书期间，两人也曾通过信。因而这桩婚姻虽然属媒妁之言、父母之命的旧式婚姻，好在两人互相还都满意。

1913年7月，何立夫已于东京晓星中学毕业并顺利考上了东京第一高等学校，正沉浸在莫大的喜悦之中，又接到父亲要他回国成亲的信，他自言是“双喜临门”，其喜洋洋的心情是可想而知的。

那时候，何正璜的爷爷已任湖北省高等审判厅厅长，张楚也于先前就任烈士遗孤教养所教育长之职。婚礼就在何家位于黄土坡家里的花厅举行。事前何宗瀚给张楚一百银圆由其自制婚服。她是个时尚青年，礼服完全是西式的，用粉色缎子制成，

何正璜父母结婚照

还有一顶同样材料的帽子，均饰以许多璎珞花卉，相当华贵。那时武汉尚没有汽车，迎亲是借用民政厅厅长的马车。客人多为何宗瀚审判厅的同事、烈士遗孤教养所的教职人员及两家亲朋。教养所还特为这个婚礼编了一首歌，让学生列队到礼堂合唱助兴。歌的开头两句是："张先生、何先生，婚姻缔文明……"第二天，武汉各报均在显要位置刊登何张联姻的婚礼盛况。

10. 何正璜与大弟弟相继在日本诞生

张楚结婚后，辞去她心爱的教养所工作，随夫君赴日本陪读。他们在离学校不远的地方租了一处"贷家"（租全栋楼谓之贷家，租赁一两间谓之贷屋）住了下来。这

何正璜诞生一个月时照

五岁的何正璜和弟弟何正义合影

个贷家其实只是一栋小楼，类似我们今天的一套复式房，只是独栋罢了。楼上是他们的卧室，楼下是客厅和厨房。他父亲还从国内给他们派了一个叫程秋的厨师。这样，夫君在一高读书，张楚在家当全职太太，小日子过得温馨而幸福。不久，张楚就熟悉了日本的习俗，身上穿和服，脚上蹬木屐，上澡堂子洗澡，还起了个日本名字，叫“启子”。1914年6月1日，他们的第一个孩子——女儿何正璜在这个贷家诞生了，也取了个日本的名字，叫“塔玛”（タマル），珠玉宝贝的意思。回国后，翻译成中文叫“玉子”。

这样的日子过了一段时间，张楚渐渐觉得这种舒适闲淡的生活并不是自己的理想，就像一匹良马被困在厩里。于是，在何正璜不到半岁的时候，她就在程秋的陪同下带着女儿回国了，仍到教养所干她的老本行。

张楚回国后，何立夫就将贷家退了，住进了东京中国基督教青年会宿舍。在这里住了一年多，一天傍晚，忽然有人来告诉他，有一个中国女子来找他。他甚感意外，在这异国他乡，哪来的中国女子找他呢？他赶紧下楼去看，竟然是他亲爱的“启子”站在门外！他又喜又惊，一个单身女子，远渡重洋，对日语又半生不熟，到这异国来，竟然像在国内到邻居家串门一样，唯有张楚能够做到！张楚对他说，惦念他一个人孤身海外，日日惴惴念念，故未及事先通告。

他们又在附近租一栋小楼，两人精心拾掇：楼上两间一间寝室一间起居间，楼下布置一书房、一琴房，进门处安一衣帽间和厨房，小院中栽一棵杜鹃，还养了几只暹罗鸡……一个温馨的贷家又建成了。1918年

12 月，他们的第二个孩子——何正璜的大弟弟诞生了。

但是，张楚天生就不是一个家庭妇女，她是一个风风火火的社会活动家，再温馨的家对她来说都如同牢笼。每每出了家门，看见外面的世界，她的心就嗵嗵地跳，就想去奔腾、去跳跃。她这次是第二次从教养所辞职的，难道还能再回去复职吗？即使回去复职了，对孤身海外的夫君又割舍得下吗？这个矛盾是无解的，她只有郁闷于心。这心中块垒像癌细胞一样，时间长了，就会损害她的健康。她的神经终于出了问题，可怜一个巾帼强人，由此渐失健康以至香消玉殒。

11. 何正璜母亲的去世

何正璜母亲在东京因郁闷、矛盾心理得不到释解，渐渐呈现出烦躁不安、幻听幻觉、乱打乱闹的歇斯底里症状。何父勤奋好学，为人和善谦逊，在学校屡受褒奖，

何正璜、何正义与母亲

读初中时期的何正璜

特别是在竞争激烈的一高学习期间以及一高升帝大的多次考试中，屡屡过关斩将，很多日本学生也不是他的对手，从而使张楚看到了一种希望，那就是期望自己的夫君在社会上叱咤风云，在乱世中建功立业，虽没有奢望到他出将入相的地步，但起码是个干着轰轰烈烈大事业的人，自己在家相夫教子，做一个伟丈夫背后的女人，也不愧自己的一生。这种想法直到何立夫以优异成绩从帝大毕业，她看到了前途和希望，病情似有所好转。

1920 年 9 月，他们怀揣着东京帝国大学红彤彤的毕业证书和大展宏图的抱负，回到了国内，回到了武昌的家里。张楚于当年 12 月，在武昌同仁医院诞下第三个孩子（二女儿正璧）。此前，何立夫已随其父到北平去寻找自己人生机会去了。第二年 2 月，张楚抱婴携子（正义）追随其夫也到了北平。

何立夫在北平也只是谋到了在几所很一般的大学之间奔波教书的工作，同时在《时事月刊》杂志社当日文翻译，最终到日本人开的大东银行当副行长（副经理）。他毕竟仅仅是一介书生，诚实笃行是他的家传秉性，他只能在别人制定的框架内循规蹈矩地认真工作，既没有造反精神，也没有超前敏锐的政治眼光。他或许压根就没有听见苏俄无产阶级革命的炮声，没有读过在地下流传的马克思书籍，如果他走上另一条路——在人生的十字路口没有如果——他绝不至于在1949年后，在湖北省银行被接管、人员被解散时，只能到最底层的供销社当一名经理。到年老体衰又多病的时候，经再三申请才被批准退休，月领二十九元五角退休金。那时候正是60年代初人人都挨饿的困难时期，他写洋洋数十万言的《回忆录》，写到最后，似乎连握笔的力气都没有了，颤颤巍巍地写下最后一句："……终年感到饥饿。"

——我们在这里绝不是埋怨他没有高瞻远瞩的政治眼光，没有聪明地选择人生道路……不是的，我们说的是性格对人生的影响，特别说的是他的学业与他的人生事业不成正比，与他的妻子对他的期望差别太大！

张楚在北平看见他每日熬夜备课、翻译以及忙碌于那些琐碎的银行事务，看见他每日忘我的工作背影，彻底失望了，歇斯底里症越来越严重，健康每况愈下。偏偏这时候她又怀孕临产，无论身体和精神她都不能承受一个女人的生命之重了。在诞下第四个孩子（三女正慈）后的第五天，张楚开始四十度高烧，且连续四天不退，不省人事。终于以三十岁的短暂生涯，在北京首善医院离开了人间。

时在1921年，当年何正璜七岁。

七岁的何正璜当时并不在北平，她在祖父身边，在祖父的书屋读"之乎者也"。那天，祖父把她拉到身边，含着泪告诉她母亲殁了。她一时并不理解死亡的含义，平着脸离开祖父，没走两步，她好像明白以后再也见不到日夜思念的妈妈了，就突然反过身扑到祖父的怀里，哇哇大哭起来。

七岁对一个聪明的小女孩来说，已经能朦胧感觉到人间的冷暖，能知道从此没有母亲呵护的凄凉。不久，三个弟弟妹妹也由北平回到了祖父的身边。何正璜看看这三个无处依存的弟弟妹妹，看着他们那惊恐的眼睛，心中顿然升起稚嫩的怜爱之情，仿佛意识到从此自己要担负起一部分照顾弟弟妹妹的责任。"我才七岁呀！"她可怜自己，更可怜三个弟弟妹妹，再也抑制不住自己，蹲到一边，呜呜地哭起来。

12. 继母

1923 年初，何正璜父亲在北平再婚。

继母盛玖笙（1895—1970）是浙江海宁县上墅镇人。上墅镇地处上海与杭州之间，离沪杭线上的长安站仅两三公里。那里河道湖泊纵横，舟楫如梭，交通极为方便，历来是货物交易集散之地。河岸水旁树木葱茏，繁花似锦，是个极其优美又繁华的小镇。其父盛麟书在上墅镇开设“盛万泰”中药铺，药铺临河，铺后是住宅，二进庭院，楼房。

何正璜父亲与继母结婚照

盛氏之兄盛之明是何立夫在日本留学时的同学，两人回国后都在北平做事，经常见面，遂有这门亲事。

出生于江南水乡富庶人家的盛氏，性情温婉慈善，通情达理，跟着何立夫既有在北平、南京租屋居住的平淡生活，又有在武汉自造自住豪宅，享受过富裕安宁，更有过在战火中颠沛流离、居无定所、逃亡受伤的苦难，始终营造维持着何立夫可以依附的温暖家园，陪伴他走完了蹉跎跌宕的一生。

何正璜母亲去世后，他们一母同胞四人从此也同时离开了父亲，甚至也离开了祖父（祖父由芜湖调至洛阳、开封任职），到外婆家生活。虽然也曾经回到父亲身边和继母及异母弟妹们生活了一段时间，但对尚小的他们来说，看继母是戴着有色眼镜的，无论继母怎样小心翼翼地对待他们，他们都会觉得继母偏爱自己的子女而不爱自己。比如他们姊妹们常说的“住楼上楼下问题”“楼上吃鸭肉、楼下吃鸭血问题”“楼上一桌菜外加一人一个咸鸭蛋、楼下没有一桌菜一人只有一个咸鸭蛋”“楼上的棉衣里面是棉花、楼下的棉衣里面是芦花”等……进而他们对这个家也产生一种疏离感，认为原本属于自己的家园，母亲去世后被“鹊巢鸠占”了，还会产生对父亲背叛的怨恨。何正璜对父亲的怨恨便由此而生，加上她因个人感情问题与父亲产生的激烈龃龉，以致父女间亲情流失而始终貌合神离。

13. 祖父的书屋

何正璜虽然出生在日本，但出生后在日本住的时间却很短。由于她母亲过不惯全职太太的生活，想念以往在教养所那风风火火的日子，所以何正璜6月出生，9月就被母亲带着回国了。她母亲第二次辞职赴日时也没有带她同去。因此，她从很小开始就跟着祖父生活（家里有继祖母、祖姑母、婶婶们、保姆等）。

祖父的老家在汉川南河渡何家大湾，可是，由于祖父常年在外工作，很少在老家住，他在汉口黄土坡还租有一个大院。祖父是一个很热爱生活的人，无论走到哪里，都要弄一个很大、很宽敞舒适的家。何正璜出生时，祖父已到芜湖任上，所以芜湖也有一个同样舒适的家，她很小的时候就在这里，稍大一些以后就生活在汉口黄土坡。

黄土坡这个家很大，房子多，人口也多，除家人外，还雇有管家、私塾先生（兼账房事务）、厨师和佣人。这个家给何正璜印象最深的地方一是祖父的佛堂（祖父是个痴迷佛教的人），佛堂很大，富丽堂皇，一般不让他们小孩进去；二是祖父的书屋，书屋也很大，四周书架上摆满了书，墙上挂有字画，靠窗户的地方是一个大书案，那是祖父看书、作文、写大字的地方，房间里充满书墨的香味。

何正璜的母亲去世后，她的一个弟弟和两个妹妹也被送到了这里，因此，祖父的书房便是她们姐弟们最爱待的地方。祖父外出工作，书房门也不加锁，任他们在里面玩耍，有时候把房子里弄得一片狼藉，祖父回来也不责骂。

只要祖父在家，何正璜清早从睡梦中醒来，就能听见祖父在书屋读书的声音，这时候她就马上起床到那里去，趴在书桌上，看祖父摇头晃脑读书的样子。祖父写大字，她也觉得是很好玩的事情。祖父读累了或写累了，就抱着她教她识字或写字。从三四岁开始，祖父就让她每天按时到账房去跟着私塾先生读《三字经》《百家姓》《千字文》之类，后来就读《大学》《论语》《中庸》《孟子》……一直到中学，这些国学功课始终没有间断过。

祖父说，人不是猪，除了吃饭还要读书。何正璜很小的时候，她祖父就多次给她说，猪只要吃就行了，什么事也无须干；人与猪最大区别就是，人除了吃饭还要读书、做事；对人来说，读书和吃饭同样重要。所以何正璜对她的子女常说的一句话也是“人不是猪，吃饭加读书”。

由于工作性质的不同，何正璜没有她父祖辈那样多的时间用在子女的教育上，只得用祖父常说的“不通一经不能治群经”的简易治学法来指导自己的子女读书。她的小儿子王蒙在一篇文章中说：“……那时的母亲就是上班、学习、出差，永远忙着，很少见着她的身影……记得在我十二三岁时的一天，母亲拿给我一本《东周列国志》，对我说：‘你已经不小了，该读些深层次的书了。’这本书是繁体竖排本，要求我在三个月内给她一个答卷，分三个步骤：第一阶段可以用字典，把这本书先通读一遍。这是我有生以来第一次接触文言文，这本书像砖头一样厚。那时候我认识的汉字并不多，书里的许多字非常陌生，读起来需要大量查字典。第二阶段对于这本书，母亲任意指一段，要求我能流畅地读下来。第三阶段，要求我能说出书的内容梗概。读完这本书后，我的收获是巨大的。不仅培养了我读书的热情和爱好，对于文言文也不陌生和发怵了。后来母亲又让我读了《聊斋志异》《古文观止》《资治通鉴》等，对我以后的成长甚至对我的书法修养都颇有帮助，使我终身受益。”

祖父还常告诉她，“书要念，字要练”，“读书读书，就是要读，要念出声。只看不念，就是用水壶煮饺子，心里熟了也读不出来，口头表达能力就差”。

她上小学以后，每日除了读书之外，还要写日记，每周要写一篇作文。记日记的好处除了“知对错，增记忆”，对自己过去的言行不断总结，人就会越来越聪明，还可以练习自己的书面表达能力。写作可以使自己的思想更缜密、细致、清晰。多写还有一个好处，就是可以练字。熟能生巧，多写自然就能写得好。文字是用来与人交流的，写正确，人家能看；写得好，人家才爱看。所以，要尽量把字写漂亮。

祖父说，读与听是吸收，说与写是表达，二者缺一不可。这是人的基本能力，是一个人的立世基础。

但对一个小孩子来说，一笔一画、一字一句是很枯燥乏味的事情，很难品味那一撇一捺、一字一声中的韵味，也就很难让孩子有那个耐心，而没有耐心就很难常年坚持读书与写字。何正璜说，她之所以爱读书写字而且终生不辍，之所以有这个

1917 年，何正璜祖父在芜湖检察厅办公室

耐心，也是她的祖父给逼出来的。她曾经讲过两个小故事：小时候，她也和其他小姑娘一样爱美，爱女人的那些小物件，爱玩奶奶、姑姑、婶婶们的那些耳环、项链、发卡、戒指之类。在读书、写字当中，如果看见那些东西，就会把书笔撂下，去玩那些东西。一次被祖父看见了，祖父只是笑了笑，也没吭声。一天，祖父拿出一把缠绕在一起的首饰给她，里面有一对非常漂亮的水晶耳坠。祖父问她："好看吗？"她说："好看。""喜欢吗？""喜欢。"祖父说："这是你奶奶年轻时戴的。你把它取出来就给你了。"她接过一看，耳坠上的水晶不是一块、一色，而是三四个黄的、蓝的、紫的小菱形的水晶串在一起加一块大的红色椭圆形水晶，非常漂亮。但是，这钩钩串串的水晶耳坠却和缠缠绕绕的三四条项链团在一起，项链有丝的、金的、银的，都非常细，耳环的三四个疙瘩和那个弯弯的钩钩，就和那些项链缠绕勾连成一团，恰如一团乱麻，要把那一对耳坠取出来确是不易。但她太喜欢那对鲜艳的水晶耳坠了，因而乐此不疲，一疙瘩一解、一扣一开、一套一松……她聚精会神、一眼不眨地花了很长时间，终于把三条项链理顺了，把那对耳坠取出来了。她高兴地拿给祖父看。祖父看了很高兴地说："好，拿去玩吧，玩一会儿看书。"过几天祖父又拿出一团缠绕在一起的项链让她解，里面有一个漂亮的猫眼戒指穿在其中。她为了获得那个戒指，又乐此不疲、一眼不眨地解了很长时间。等第三次祖父又拿出一疙瘩缠绕在一起的项链（里面有一个珍珠吊坠）让她解的时候，她就没了兴趣，问祖父："你哪来那么多乱麻！先生让我写字呢。"祖父笑笑无语。又一天她去看祖父写字，走到书桌前差点儿滑倒，低头一看，见地上撒有不少米粒，就抱怨说："谁把大米撒到地上了，差点儿把我滑倒！"祖父头也不抬，边写边说："是啊，也差点儿把我滑倒。你把它捡起来吧。"她去拿扫帚要扫。祖父停下来、抬起头、严肃地说："那是粮食，要捡起来。"祖父虽然慈祥和蔼，但也威严，他的话是不能不听的。于是她不得不蹲在地上睁大眼睛、耐着性子将米粒一一捡起。谁知这一捡成了功课，天天都要捡一次米。由此，她对女人们的物件没了兴趣，却有了耐性，从文字中那一撇一捺、一字一声中品出了其中的韵味。

今天我们翻阅何家资料，人人都有一摞一摞的日记，何正璜的曾祖父、祖父、父亲，直至何正璜自己，都有自己一生不间断的日记，现在知道，这是她家的传统。

何正璜为什么不惧写作？一生当中，走到哪儿写到哪儿，见什么写什么，而且下笔轻松，随手拈来，不矫饰，不做作，文笔清新、自然、幽默，原来是从小练就的。

何正璜说话也是这样，无论是闲谈、讲解、授课，往往使听者如沐春风，如吮甘饴，不嫌长，不觉累，听了还想听，觉得是一种享受，概源于此。

14. 祖父的书单

1924年，何正璜的祖父从芜湖任上调至洛阳高等审判厅（仍任厅长），这一年何正璜十岁。他知道，这一去，就不知道何时是归期了，再不能把自己钟爱的孙女带在身边看着她长大了。他把她送到了她外婆家。好在她外公也是读书人，而且是一个教国文的教书先生。临送她走，祖父给她开了一个书单，并叮嘱她，无论走到哪里，都要坚持按这个书单读下去。可惜她未能把这个书单保留下来，据她的记忆，大体是这样：

《大学》《中庸》《论语》《孟子》《庄子》《楚辞》《周易》《尚书》《诗经》《礼记》《左传》《战国策》《唐诗纪事》《宋元戏曲史》，杜甫、李白、白居易、韩愈、柳宗元、陶渊明、陆游、辛弃疾、王安石、关汉卿、欧阳修、朱熹、杨万里、马致远等人的诗文集，《山海经》《大唐西域记》《徐霞客游记》《洛阳伽蓝记》等。

她对外婆家并不陌生，小时候常去，上学后的一些假期也是在外婆家度过的。何正璜说，她外公对《周易》最感兴趣，跟着外公读得最多的也是《易经》。祖父的书单大多她都读了，但并没有完全读完。她还读了些书单上没有的书，比如《西秦旅行记》《梁武石室画像》《南洋旅行记》《马可·波罗游记》等等。到日本留学时又读了一些日本的书。

何正璜说，书单对她的指导意义很大，读书有目标，少走一些弯路。另外，也起到了督促她读书的作用。

何正璜还说，其实，有没有书单并不重要，只要养成爱读书的习惯，读到一定时候，自己就知道要读什么书了。

15. 闺蜜雷锦章

雷锦章是何正璜的同学和朋友，两人的友谊一直延续到她们的后代。但是，在这里之所以要说雷锦章的原因，却是这个朋友的存在，在人生的一个重要时期的重要节点上，无意中影响着何正璜的人生轨迹。

何正璜小学读的是湖北省女师附属小学，初中在湖北省女子第一中学。这其中有一个女同学就是雷锦章，两人从小学到初中毕业都是同学。何正璜常说，她们俩是闺蜜，是发小，从幼稚园就在一起。可是，雷锦章家在湖北省南部的蒲圻县羊楼洞镇，圻者，边界也，靠近湖南了，离武汉三镇尚远，离汉川就更远，而且她没有什么家庭背景，家里是很普通的一户农家，而何正璜小时候也没有到过蒲圻，两人咋能同上一个幼稚园？似乎不可能。但她们小学、初中却确实是同学，这是为什么呢？暂时还找不到答案。

老年张光祖与雷锦章夫妇

却说雷锦章虽然人长得清爽秀丽，但性格却敢说敢当，颇有一股男子汉的气概。何正璜温柔敦厚，学习好。两人性格不同却互相欣赏，同学十来年，感情深如姐妹。

雷锦章初中毕业后，受家庭经济条件限制，没能上高中，上了南京警官学校。毕业后分到武汉市公安局当了一名警察，这倒颇符合她的性格。其间她经一位在中央航空委员会工作的朋友介绍，准备到新疆航空站工作。她从武汉坐火车到西安，在西安等候朋友给她约好的航班飞往乌鲁木齐。可是，飞机到西安后，她还在大街上游玩，把飞机的事忘得一干二净。飞机等不上她就飞走了，因此她就暂时流落到了西安。

她在来西安的火车上恰巧碰见她在南京警校上学时的一位老师，叫毛树声，当时在西安王曲军校政治部当秘书，这便是她在西安的唯一熟人了。因此，她在西安勾留期间，毛树声就经常带着她出入一些社交场所。

王曲军校是别称，正式名字叫中央陆军军官学校第七分校。中央陆军军官学校是广州黄埔军校迁到南京后的名称。第七分校设在陕西长安县王曲镇，故也称王曲军校。校长是蒋介石，王曲军校的主任是胡宗南。

王曲军校有一位政治教官兼校部秘书叫张光祖，与毛树声既是同事又是朋友，于是很自然雷锦章便认识了张光祖。

雷锦章到西安停留不久，便经人介绍到西安市公安局工作了。她在西安孤身一人，闲暇时间多，与毛、张来往也较多。

这期间，张光祖的老婆因生孩子引结核病复发住院、去世、安葬过程中，单身一人的雷锦章在其中帮了不少忙。在雷锦章患病住院时，张光祖为回报她的帮助，就经常到医院去看望、照顾她。一来二往，两人就有了感情，结了婚。

张光祖亦湖北人。其父年轻时任陕西麟游县知县，家安在西安，所以张光祖便生长在西安。张在西安上学时就是个活跃分子，曾和张学良、杨虎城有来往。

张光祖北师大教育系毕业后，受杨虎城、孙蔚如资助到法国留学，获教育学博士学位。毕业回国前，适逢张学良、杨虎城发动西安事变，张学良被囚，杨虎城远走巴黎，其间即由张光祖接待并充当杨在法国的翻译。

西安事变后蒋介石联共抗日，杨虎城准备回国，托张光祖先行回到陕西做适当安排。不料杨虎城在回国途经香港时被囚禁。

张光祖 1938 年到王曲军校任教官；1942 年被胡宗南调到兰州西北干部训练团任教导部少将主任；1944 年回到陕西任国民党省党部执行委员兼宣传处长；抗战胜利后到西北大学当教授。1948 年西安解放前夕，教育部令西北大学迁往成都，张被任命为迁校主任。

总之，雷锦章到了西安，和张光祖结了婚，成了当时在西安颇有些背景的人物。冥冥中，何正璜从日本留学回国、在战火中颠沛流离、到重庆加入西北文物艺术考察团、随丈夫王子云也到了西安，考察团结束后夫妻俩竟也到西北大学工作……何与雷两人相遇，从而何的人生走向将与雷有了关系，这恐怕是她们两人都始料未及的。

16. 艺专恋情

何正璜从湖北省女子一中初中毕业后，又在该校继续读高中。高中毕业后，考入武昌美术专科学校，学了美术。

如前文所述，何正璜的祖父是个书法家，从很小就教她握笔运腕。渐渐她便尝到了书墨中的意趣，在以后的成长过程中，始终没有间断过书法练习。这既是何正璜字写得好的原因，大约与她以后学美术也不无关系。

何正璜之所以选择美术专业，还有一个原因就是她五姑奶奶对她的影响。

何正璜八个姑奶奶中，五姑奶奶最有才华，喜欢文学，爱写诗，尤善绘事。何正璜的父亲在《回忆录》中写道："五姑妈的诗清雅可诵，其所绘花卉羽毛，无不毕肖，精美绝伦，曾为爹绘一幅牡丹中堂，虽早已失其所在，现在尚能依稀仿佛，确是一幅杰出的作品。"何正璜这位五姑奶奶在她的哥哥（何正璜的祖父）、侄儿们（何正璜的父亲和叔叔们）都在日本留学时，也曾到日本学过油画。何正璜小时候经常在她祖父的书屋读书、玩耍，那幅牡丹中堂就悬挂在书屋的墙上，应该是经常可以看到的。她这位姑奶奶也可能常常在祖父的画案上作画，这时候，她可能就在那里观看。这一系列耳濡目染，在她幼小

武昌艺专校门

的心里种下艺术的种子，就是很正常的了。她三妹妹说，大姐小时候就爱写写画画，而且画什么像什么，在画上的题字也很有意思。“她曾画一幅陈燕燕（是当时一位很漂亮的电影明星）的肖像，题字是‘似曾相识’，其中的意思让我琢磨了很长时间。”她三妹说，“我以后也爱上了绘画，并且最终上了国立艺专，正是受了她的影响。”总之，何正璜高中毕业后没有犹豫，上了武昌美专。

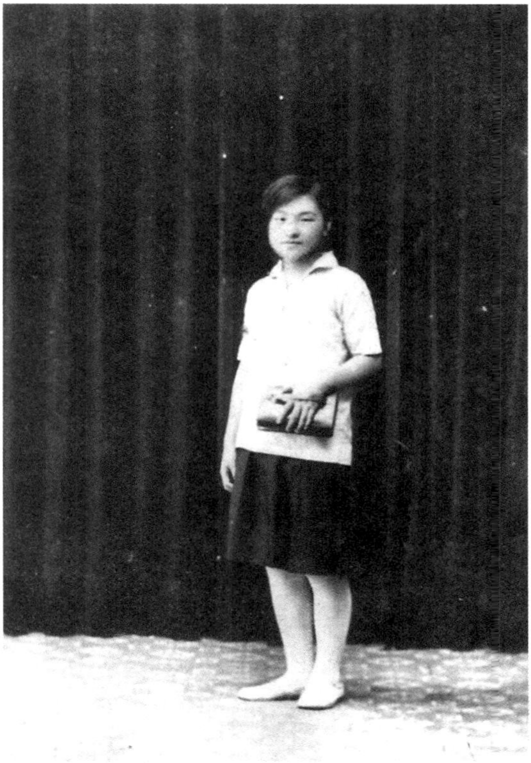

高中时期的何正璜

武昌美术专科学校是一个叫蒋兰圃的先生个人出资创办的私立学校，校址在武昌水陆街，面临长江，原为一大户人家的私宅，经过改造，亭台楼榭，花木扶疏，颇有艺术气息。校长叫唐义精，是位教育学家。他招揽不少颇有造诣的艺术家到校任教，学校办得有声有色。

何正璜所在的工艺系班级有二十多人，都是自小喜欢画画且具有相当功底的人。何正璜在学校学习特别认真刻苦，因此，在班上算是学习比较好的。她的字写得更是无人可及，人又长得漂亮，性情温和，举止大方，为人和善可亲。她表现更突出的是在文采上，无论说话作文，总是那样典雅大气，遣词用字，引经据典，说理叙事总是那样举重若轻，随手拈来，既恰如其分，又诙谐有趣。所以女同学都心悦诚服地举她为校花，不少男同学则暗暗地倾慕于她，也有大胆者直接向她表白自己的爱慕之情。她总会诚恳地说：“谢谢你，可是我只能是你的学友。”

毕业时，同学们都不太看重老师对自己的评语，反倒都希望她给自己用文字画一个像作为纪念。所以，她们班毕业纪念册上，除了每个人的照片、姓名年龄籍贯等个人信息外，就只有何正璜给每个人的留言了。

其中，给罗时慧（傅抱石夫人）写的是：“话说这位先生，实在令人发笑！表情隽冷幽默，哪顾别人牙掉。衷心不卜何如，表面从不烦躁，似此快乐逍遥，当然长生不老！”

给彭友善的留言是："彭君年少才高，励学敦品兼性刚直狂傲，不羁之士也。但为学克勤，有艺谷风，且不思不勉而从容中道，郑虔三绝，曳玉铿金，一时颂之。真大有手持艺柄，高视寰宇，权衡低昂瞻我所在之概矣！"

彭友善何人？且听下文：

在艺专第二年的一天，学校突然来了一个小孩，在一间大房子一面贴满了宣纸的墙上，搭了个架子在那宣纸上画画，画的人物和真人一样大，个个栩栩如生。画画的小孩如同神童现世，轰动了全校。何正璜也好奇地去看，只是门是闭着的，一拨一拨的人都扒住窗户往里看，挤不到前面去，看不清楚。她就在吃饭前一刻再去，果然再无围观的人，她就轻轻推开门进去了。

那小孩仍站在架上入神地画着，没有去吃饭的意思，何正璜就站在后面看着。画面上是一大群逃难的人，扶老携幼，衣服褴褛，神情憔悴。画中一个妇女看着怀中的婴儿，眼神中透出的那种无限的怜爱和无奈，一下子使她想起自己可怜的母亲，想起平日在大街上司空见惯的逃荒的人们，不禁鼻子发酸，眼泪竟流了出来，口中喃喃地说："逃亡，他们又能逃到哪里去，哪里有他们安身立命的地方……"

画画的小孩听见说话声，停下来，回头看见了她，看见了她的眼泪。"这不是知音吗？"他从架子上下来，走到她的身边，说："小妹……"他本来想说一句夸她的话，可是，一声"小妹"把何正璜逗乐了，心想你一个小不点儿叫我小妹？细看了他一眼，收起了笑容，因为在她眼前的不是什么小孩，是个个头偏矮、大头大脑、两眼炯炯有神、满脸透着刚毅之气的大男人！

说是大男人，一点儿不错：彭友善生于1911年，比她还大三岁。

后来，彭友善把这幅画题名叫《逃亡》。

何正璜在写生

17. 彭友善其人

彭友善，江西余干人，弟兄三人皆画家。长兄友仁，中共地下党员，方志敏的战友，方志敏被敌人围困时他率兵前去救援而牺牲。二兄友贤，留法习图案，陶瓷专家，其时在武昌艺专任教。

其父为人不正，常年不着家。其母被遗弃后离婚不离家，受尽虐待，连监护自己子女的权利也被剥夺，虽和子女在一个家生活，然近在咫尺却不能亲近，郁郁而亡。

三个兄弟由其祖父教养。其祖父，乡村大儒，对三个孙子宠爱有加却过于严厉，思想守旧。特别在三个孙子的婚姻上，只顾自己的家长权威，全不顾孙子们的感受，说一不二，且遵循的是“娶妻当不如我家，嫁女当胜于我家”的标准，还要娶相貌丑陋的，给三个孙子在精神上造成极大痛苦。

其祖父在彭友善还不到二十岁时，就按这个标准给他娶了个老婆，叫盛艾香。彭友善当然就老大不如意，婚后就给盛艾香做工作，两人偷偷离了婚。祖父知道后大怒，说未经他同意，离婚无效，逼彭友善又把艾香接了回来。

彭友善

大哥友仁比友善大八岁。父亲不着家，祖父又年迈，所以从小懂事又仗义的大哥就经常把两个弟弟带在身边，担当起父亲的责任。友仁到上海图画学校跟刘海粟、潘天寿学画的时候，就带着两个弟弟，他上课，两个弟弟旁听。后来友仁到南京艺专跟徐悲鸿学画，也带着两个弟弟跟着学。再后来，大哥秘密从事地下革命工作，二哥友贤杭州艺专毕业后到法国留学，友善考上南京中央大学教育学院美术系就读，只读了一年，因祖父去世中断了学业，回到了家乡。

办理完祖父的丧事，他原本可以回到南京

《难民行》 彭友善绘

大学继续自己的学业，但他为了减轻大哥的负担，就到景德镇设计瓷器。这当中，大哥友仁率红军攻打余干县城暴露了身份，遭通缉，彭友善也在劫难逃。幸亏有好心人偷偷将他带出景德镇，来到了武昌。其时，二哥友贤已在武昌艺专当上了图案教授。

二哥在艺专有一间大房子。友善到艺专后，闲住了几天，手就发痒想画画，于是就在二哥的大房子里的一面墙上贴了四张五尺宣纸画起来。二哥身高一米八，他只有一米六，从背后看，就被误传成了是个小孩。

这张画不仅惊动了学生，也惊动了校长唐义精。唐校长到房子里一看，连连称赞这小娃子画得真不错，就破格免其一切费用到二年级插班上学。

彭友善成了何正璜的同班同学。

彭友善是个创作热情极高的画家，有了何正璜这么一个美人儿知音，更是一发不可收拾。他又画了一幅更大的画，画面上是一个山洞，山洞里虎豹肆虐，毒蛇出没，母哭婴啼，老人悲号，更有青壮年在呼喊、在搏斗、在护卫，黑暗的洞里有火把在燃烧，照耀着这一幕善与恶的拼死搏斗，映示着中华民族到了最后一搏的时刻。何正璜经常去看他画。在画成后，彭友善准备拟名《善与恶的斗争》，老师们觉得太直白，何正璜也认为艺术贵在含蓄，因此最后商定为《噩梦》。噩梦总有醒来的时候，中国人民该醒来了。

《噩梦》画完之后，彭友善又画下一幅。他不停地画，何正璜经常去看，她还常常提一些意见和建议，他觉得她提的很多意见和建议都说到了点子上。一来二往，日久生情，两个有才青年终于互相欣赏，开始热恋了。

彭友善赠何正璜的《双栖图》

彭友善在了解了这个才女的家庭背景后有些胆怯了。自己的家虽然在过去也算得上是殷实人家，但经过这么多年的折腾，已经彻底衰败了，自己身后还有一个盛艾香，真是门不当户不对，他开始退却了。何正璜在了解了他的情况后，在对他的才气倾慕之余，反倒多了一份同情。她认为他和盛艾香的婚姻只是名义上的，他会处理好。至于是否门当户对问题，那压根就不是她考虑问题的依据。在她把自己的想法说给他以后，他大为感动，从而认定她就是自己的另一半，郑重向她表示，今生今世只爱她一个人。两人很快决定毕业后就结婚。他随即把这个决定告诉给了他二哥友贤。

友贤也是饱受包办婚姻之苦的人，对弟弟能遇到何正璜这样才貌双全的意中人，十分高兴。经过考虑后他把他俩叫到跟前，郑重其事地对他俩说了三点："一、你们俩都是才华横溢的难得的人才，你们相识相爱，可谓是绝配，我祝福你们！二、友善与盛艾香的婚姻必须尽快解除。三、希望你们从长计议。两人都还年轻，毕业后都再到国外去深造几年，将来前途将不可限量。"因此，建议他们三年后再结婚。

他们两人都觉得二哥的话非常在理，于是都点头表示同意。

可是，天有不测风云。在他们临毕业的1934年盛夏，已侵占我国东三省的日本帝国主义对我华北虎视眈眈，国民政府为了准备兵源，规定大学生学业期满后，必须接受三个月的军训，随时准备参军打仗，否则不得毕业。国难当头，匹夫有责，大家对此并无怨言。

可是，来艺专主持军训的一个营长和他带来的一队士兵，完全把这伙细皮嫩肉的学生娃当新兵来训练了。在武昌阅马场那么大空荡荡的操场上，烈日当头，除正常训练外还要跑圈，一个又一个被晒得累得虚脱、中暑、晕倒，大兵也没有喊停的意思。大家哪里受过如此折腾，感觉简直是把他们当犯人对待了，于是选出代表与军方谈判，要求适当减轻训练强度。

彭友善原本就是个性情刚烈又敢说敢干的人，大家就推举他为十二名代表的负责人。可能是他们的言辞过于激烈，也是他们对当兵的脾气毫无了解，双方发生严重对峙。负责军训的营长竟认定他们是破坏军训的坏分子，立马让一队军人上来把他们都捆绑了起来，要按战场纪律处理，立即枪毙！谁来说情都不行，校长、教育厅长都跪在这个营长面前乞求都不中用，以至闹到教育部。

这当中，彭友善在混乱中瞅准一个机会逃跑了，被他二哥偷偷送上一艘货轮，连夜逃回自己的老家江西余干。虽然他时时惦念着何正璜，可是他没办法与已经毕业离校的她取得联系。何正璜也是感到何等的失落和怅惘，她不知道他在哪里，也不知道他是如何打算，在无望等待一阵后，就跟着一个熟人到日本留学去了。

从此两人天各一方，乃至一生都再没有见过面。

彭友善还一直在默默地怀念着、寻找着她。直到三年后的1937年4月1日，彭友善在南京参加全国第二届美展，偶然听一个熟人说在北京见到了何正璜，当时何正璜正一个人默默地、闷闷不乐地在一个公园的桥上彳亍，并且言之凿凿地说他还和她说了话，何正璜对他说不久即回武汉。真是喜从天降！于是，彭友善一俟画展结束，便匆匆赶回南昌，特地买了一身新衣穿上，把准备与何正璜结婚的衣物、金银饰品、自己最得意的几幅画作以及自己的大部分积蓄装在一个新皮箱里，在那个熟人带领下，到武汉找何正璜去了。那个人说他知道何正璜家的地址。

其实这是一个地地道道的假消息，何正璜这时候还坐在日本东京多摩川高等美术学校的教室里上课呢。直到8月中旬，她才回到国内，时间整整相差四个月！

彭友善在那个熟人的带领下，到武汉后找到一个地方，那个熟人指着一个院子说，那就是何正璜的家，看门人说何家早就搬走且不知去向了。

这也甚为蹊跷！那时候，即1937年4月，何家一直住在武昌烈士街紫阳郇别墅里，直到1938年8月日寇轰炸武汉，他们才另找一个住处，不久随省银行南撤了。再则，到武汉找何家，必到湖北省银行找何父，而省银行高级职员包括行长在内都住在赫赫有名的紫阳郇，那是再容易不过的事，怎么能随便指着一个普通住宅说那是何家呢？

更可疑的是，他们失望而归，在返回南昌时，火车到达九江车站遇日机轰炸，慌乱中，彭友善恰巧把箱子提错了，而提错的这只箱子竟和他的箱子一模一样！等静下来后打开一看，里面竟是破衣服和一本厚厚的书，这本书的名字还叫《啼笑因缘》！这不是在嘲笑、戏弄彭友善吗？可怜诚实正直、心善如水的他，恐怕至死都没想过，这可能是一场事先预谋好的诡计！

不过话说回来，即使他们真的找到何家，找到何父，何父也不知道何正璜身在何处。因为他们父女因感情隔阂，很多年都没有联系了。

该是老天嫉妒他们，不愿成全他们的美满姻缘了。

彭老先生如地下有知，也不必为自己的善良、对爱情的忠贞被人利用及损失一些钱财而懊恼。正因为你的善良与忠贞，使你拥有一个同样优秀的妻子，她宽厚温柔地陪伴你一生，而且大度地甚至比别人更赞赏你对何正璜的那一片真情。她还在你的儿女和何正璜的儿女之间搭建一座友谊桥梁，使他们之间因你们俩的感情而成为亲如一家的兄弟姐妹，从而传递延续着你们两人那份美好的感情。有如此美丽传奇般的结果，你应该十分欣慰了！那个利用你的善良与忠贞欺骗你的叵测小人，在这个传奇面前，又该是何等尴尬和羞愧啊！

何正璜由于不能容忍日寇对中国的侵略，于1937年8月15日回到了国内。她没有回家，小孩子脾气使她还不能融释对父亲的芥蒂。在以后的日子里，日寇越来越疯狂，一路轰炸，一路抢劫掠夺，在惨不忍睹的国难家难面前，终于使她把小家融入国家，把个人的一切都弃之不顾了。她主动见到了父亲，回到了在逃难中的家。在协助父亲把家安顿好后，她要去寻找自己在抗战中的位置，她要去为多灾多难的祖国贡献自己的力量。

第三章　走向大西北

1922 年王子云在北平留影

1. 重庆亲情

何正璜三妹正慈的关节炎已基本痊愈，小弟正国的炸伤也已得到有效控制且日渐愈合，何正璜从1940年的1月到8月，为照顾弟弟妹妹已在恩施滞留八个月之久。这么长时间不到巴东龙船河女子职业学校上课，校长自然烦言颇多，于是，她就在暑假即将结束、新学期开学在即、各校都在聘任教师之前，干脆辞了职。更主要的是清风送来的那一片报纸，使她认定那或许就是自己在抗战中的位置。

决心既定，8月1日晚，她来到父亲房间，与父亲、妹妹、弟弟告别。战火连天，一别千里，前途未卜，何时才能与亲人再见？还有她心中那隐隐的希望——她多么希望她亲爱的彭君能突然从天而降到她的面前啊！回国以来，她也曾多方打听，但都杳无音信。这一去，相距可能会更远，看来今生再与他无缘了！在亲人面前，她话还没说两句，就再也控制不住自己，趴在桌上哭了起来。父亲恻然，弟弟妹妹也跟着哭，世上唯亲情别离最令人难以自制了。

8月2日，她坐上从武汉至重庆的江轮，挥手告别了故乡，告别了亲人。

不过，她到重庆并不孤单，她的二爹[①]在重庆开诊所，五爹在重庆一个小学教书，七爹在妇女指导委员会当秘书，特别是还有从小带她长大、捉笔教字、细语释疑的外公也在那里。七爹工作生活条件最好，她又是一个人（未婚），因此，外公跟七爹一起生活，她径直到了七爹家。

外公已逾七旬，身体欠佳，卧床多，下床少。她进门看见躺在床上瘦骨嶙峋的外公，禁不住悲从中来，快步走过去，叫一声“外公！”就什么也再说不出来，俯在外公的身上，嘤嘤地哭起来。

她生下来几个月从日本回国后，由妈妈带着她，在祖父家和外婆家两边住。大一些后跟着祖父，七岁母亲去世，八九岁以后，祖父一直在外地任职，居无定所，她就开始跟着外祖父母生活。祖父给她开的书单中没有完成的功课，都是外祖父一

①何家子女称母亲的姊妹为“爹”，下一辈则称“爷”。

手辅导她完成的。所以，她和外祖父的感情是很深厚的。

过去是外公照顾她的学习和生活，现在，她每天变着花样给外公做好吃的。祖孙俩亲情融融，使她每天都乐不可支，似乎把来重庆的目的都给忘了。

当然她不会忘记。一天，三个爹爹都在家，她拿出珍藏着的那片在恩施河边捡的《大公报》给外公看，并说自己想去应聘的事，让外公给她测一测，是去还是不去。因外公是《易经》专家嘛！外公先笑了，说："你还记得武汉发大水吗？那可是一家老小性命攸关的事。我认真测了几遍，都是不会发大水，我坚信不疑，坚持不搬家。结果大水来了，差点儿没把全家人淹死！"这虽然是不久前的事，想想还令人后怕，但毕竟已时过境迁，说得大家都笑了。外公说，从此他再不信那玩意儿了，花一辈子心血写的《易经释疑》书稿被大水冲走了，当时还心疼，现在也释然了。外公说："还是让你三个爹爹给你拿主意吧！"没想到，三个爹爹都鼓励她去试一试。何正璜也说："我从小爱美术，学的也是美术，这工作倒挺适合我干。只是现在兵荒马乱，敌机常来轰炸，现有房屋都保不住，谁还会去修房盖屋呢？这招聘建筑绘画人才，真让人捉摸不透。"

五爹说："这说不准是需要保密的工作，现在战局还不明朗，常有些民族败类贪图一时之利，向敌人密报后方情况，所以招聘广告才这么说呢。"

七爹说："你还年轻，国家正是用人的时候，你去闯一闯何妨！"

二爹说："去吧，去试试再说。"

亲人们的意见正合她的心意。

9 月 2 日，她踏进了西北艺术文物考察团的大门，接待她的正是这个考察团的团长王子云。

2. 王子云与西北艺术文物考察团的成立

王子云，生于 1897 年，比生于 1914 年的何正璜大十七岁。安徽萧县人，破落地主家庭出身。从小爱画画，先后肄业于北平美专、上海美专，嗣后在北平从事美术社会活动和美术教学工作，是我国新美术运动的先驱者和积极活动家。在清廷瓦

1938年王子云与国立杭州艺专贵溪分校同学合影。
后左第一人为王子云，后右第二人为吴冠中，前排左一为卢善群

解之后，曾任故宫接收委员会成员。后在南京民教馆工作期间，因筹办全国第一届美展并有五幅作品参展，认识了林风眠。林觉得王子云不仅画画得好，而且人很能干，于是后来邀请他共同筹建西湖艺术院（杭州艺专）并出任该校注册主任兼任图画教员。王子云从西湖艺术院到法国留学，回国后仍回该校任教授。时在日本帝国主义大举侵略中国之际，各校只是忙着迁校与逃亡，他的实际工作就是全国到处跑，为学校选校址。在抗战日趋紧张时期，杭州艺专和北平艺专合并为国立艺专，迁至昆明，学校改由滕固为校长，学校分专科和中专两部分，常书鸿任专科部主任，王子云任中专部主任。中专部对外还有一个名字叫“国立艺专附设艺术职业学校”，王子云实际上是这个学校的校长。但战局混乱，师生均无心上课，因此，说是学校，实际上不过是一个避难所而已。学校在昆明安顿下来后，因无课可上，王子云便来到陪都重庆。

王子云到重庆的时候，正是日军侵华气焰正盛的时候，日军不仅已占领了我国北方很大一部分领土，而且重庆也连遭日机轰炸，“亡国论”便成了很多人心头挥

之不去的阴霾。国民政府内部便有不少有识之士提出保护我国西北文物古迹的意见。西北是中华文化的重要发祥地，是周秦汉唐中国文化繁盛时期的中枢地带，地上地下文物古迹遗存极为丰富宝贵，一旦被日军侵占，文物古迹被抢占、破坏，将是中华民族不可弥补的损失。王子云也看到了这一点，便建议国民政府成立西北艺术文物考察团，对那里的文物古迹进行考察登记，以防万一。这个建议很快得到批准，并任命他为团长组织实施。

王子云拟定这个考察团的性质是一个新型的学术考察机构，目标是对陕甘青等省区的古代艺术文物进行收集保存工作，方法是运用完备的资料收集方式，即以石膏模制、图形摹绘或测绘、拓印、摄影等，把好的雕塑、壁画、古建筑、古器物等复制下来，还要用文字加以叙述以作为图像的说明，从而保存一份尽可能完整的资料。

西北艺术文物考察团筹备期间同人合影。

左起第一人为何正璜，第二人为王子云，第四人邹道临，右起第一人为姚继勋，第二人雷震即使万一日军将原物毁坏、盗走，仍有图形资料可供以后研究、复原。考察团分采集、模制、拓印、摹绘、摄影和文字记录六个作业组，每组由一至两人组成。人员主要从艺专毕业而暂时无法分配工作的学生中招聘，少数要求专业技术较强的人员，则登报招聘。

至当年 8 月下旬，已先后招下列人员入团：

雷震，1914 年生，江西临川人，杭州艺专毕业后留校任图案系助教。拟任采集组组长；（后来得知，雷震还是何正璜三妹何正慈艺专的同学，两人还曾经有过一段恋情。之所以没有成功，说起来有些好笑。雷震在学校时已小有名气，画已能卖钱。一次，他给何正慈几幅画去卖。但是，学生的画能卖几个钱？仨瓜俩枣而已，她根本没当回事，只是觉得好玩而已。卖了钱，她就买了些好吃的吃掉了。谁知雷震知道后大为不快，两人从此不再来往了！ 2013 年，已九十二岁高龄的何正慈老太太，说起这件陈年往事，不禁大笑不止，笑完还连连自责，说自己那时候不懂事。当然，招雷震入团时，王子云还不知道何正慈为何人。）

邹道临，1914 年生，杭州艺专毕业 ，擅长绘画，拟任壁画临摹工作；

卢善群，1918 年生，江西寻乌人，重庆国立艺专毕业，拟任绘画与摄影工作；

姚继勋，1916 年生，浙江永康人，杭州艺专雕塑系毕业，拟任雕刻摄影工作；

梁启杰，1916 年生，广东开平人，中山大学建筑工程系毕业，拟任古建筑装饰图案临摹与测绘工作；

周思铭，生年不详，浙江人，杭州艺专毕业，拟任总务干事；

戚承先，生年不详，浙江人（陈立夫远房外甥），拟任社会风俗调查、地方文献收集整理；

张仁均，生年不详，浙江人，南昌中学教师，拟任绘画工作；

陈典尧，生年不详，四川人，武昌艺专毕业，拟任图案模铸工作；

马基光，1914 年生，河南人，杭州艺专毕业，拟任绘画工作；

李炳章，生年不详，四川人，拟任碑石拓印工作；

郑祖良，1914 年生，广东中山人，华南工学院建筑系毕业，拟任古建筑装饰图案临摹与测绘工作。

招聘期间，杭州艺专毕业的吴冠中几次来找他老师王子云，要求来团里工作，王子云念其人小身体弱，怕难以承受艰苦环境中的工作，劝其不要参加。

王子云拿着这一份名单，既满意又有缺憾。将来在大西北那样荒漠中工作，完全有可能遇敌机轰炸不说，仅日常工作也将是十分清苦的。清一色的男人，工作生活枯燥又无趣，长期坚持下去，困难是可想而知的。

3. 命运多奇遇，应聘变相亲

9月2日清早，何正璜早早备好早点，招呼一家人吃完、收拾停当，一直到七爹、万爹（亦女性，七爹的相好）上班走了好一会儿，她还在家里磨蹭，犹犹豫豫不知自己该不该二次去闯关。昨天她到设在民众馆内的考察团筹备处去了一趟，可能是招聘工作已经结束的缘故，筹备处竟关门闭户，一个人影也没有。经打问，知道筹备处负责人叫王子云，在四川饭店还有一个办公处。她没有去四川饭店，觉得那天的运气不好，决定改天再去。

可是，今天要不要再去呢？她犹豫着，在房子里转了一圈，到洗漱间重新梳了梳头，拿起胭脂又放下了，看看自己身上穿的粉色裙子就够俗了。可是在这兵荒马乱的年月，到这里来就像逃难似的，哪里有更多的衣服！她走到外公房间，习惯性地问外公，今天要不要再去呢？外公说为什么不？她又问要不要在脸上搽胭脂，外公说天然去雕饰。她给外公做了个鬼脸，提着小包出了门。

家离那里并不远，她叫了一辆人力车坐上，过两个路口拐个弯就到了。到门口，她又踌躇再三，才大着胆子敲了门。

开门的是一个西装革履、大背头、大国字脸、挺拔伟岸、派头十足的青年男子。这男子看着她，很诧异的样子，认真地端详她半天，才礼貌地问："你找谁？"

她觉得脸在发烧，赶紧低头从包中掏出那片《大公报》说："我是来应聘的，你就是……"

"噢……请进请进！"那男子把她让进屋里，请她坐下，说："敝人王子云……"他说完，也不坐下，仍站在她面前直直地看着她。见她不好意思地低下头，才意识到自己的失态，可是他仍没有意识到自己应该坐下，应该像个主考官的样子，只是又转过身来站在她面前，两手搓着，不知道自己该说什么好。

他不问话，她也不好抬头看他，只见他的裤脚熨帖而又有轮廓，只是脚上的黄皮鞋好像从来都没有上过油似的，干枯得很可怜的样子。他意识到她在看他那不争气的皮鞋，把两只脚往回缩了缩，这才想起自己应该坐下。

他终于坐下了。良久，他才指了指她仍拿在手上的报纸，问："你是看到这报纸上的广告才来的吗？"

"是。"

"我们的广告是8月3号到5号在报上登载的，今天是9月2号，已经快一个月了，你怎么才来？你是重庆人吗？"

"噢，是……不是。"她有些慌乱，这错乱不清的回答把自己也逗笑了。她微微红着脸抬起头看着他说："是的，这是将近一个月前的报纸。不是，我不是重庆人。这张报纸是我在湖北恩施一条小河边洗衣服时捡到的。"

"噢？"王子云惊奇地从座位上站起来又走到她的身边，把那张残缺不全、有些皱巴巴带有污渍的报纸拿到自己手上，看了又看，说："……这太神奇了！在这战火纷飞的年代，一张报纸，穿越那么多山山水水，把这样的消息传给你，这太不可思议了！"

她说："是啊，我也觉得挺神奇！"他们似乎有了共同语言，交谈也正常起来。

王子云把报纸还给她，又回到座位上，说："目前的形势想必你也清楚，日本亡我之心已昭然若揭，我国准备不足，不得不做最坏打算。东北、华北……噢，有消息证实，山西大同石窟、太原天龙山石窟、河北涿县石窟、辽宁义县万佛堂石窟陷入敌手之后，被他们摧残毁坏得惨不忍睹。陕甘青等西北地区是我国文明的发祥地，那里的古代遗存更为丰富宝贵。我们要赶紧到那里去，运用摄影、临摹、复制、记录等一切手段，抢救收集那里的古代艺术文物资料，以应对随时可能发生的战争与破坏……任务十分繁重，条件十分艰苦。你……适合做这个工作吗？"

何正璜直面着他表态："我是学美术的，也有一定的文字功底，我既可以临摹，也可以做文字记述。所以，我不仅可以，而且应该承担这个责任。"

王子云猛然觉得，眼前这位女子，并不是外表所显露的只是一般的大家闺秀。于是又问了她的籍贯、学历、年龄以及家庭婚姻状况。她一一做了回答，最后说自己是独身。

王子云有些不相信自己的耳朵，在再次确认后，两人都陷入了沉思。良久，他说："好吧，容我们考虑一下，请你也再考虑考虑。如果你对此工作确有信心，请你明天10时前再来。"

她赶紧站起来和他告别。他一直把她送到楼下，送到大门口，才和她告了别。

4. 工作和婚姻问题同时解决了

何正璜去考察团应聘见到王子云，说是去应聘也可，说是去相亲也无不可。反正两人一见钟情，这是两人都十分意外的。

两人见面后，谁也忘不了谁。何正璜一路怀着快乐的心情回到家，满脑子都是王子云的形象。他那深情的眼睛，笑起来变成一个迷人的弧形，像孩子一样可爱，头发全部向后梳，牙齿有一颗向后凹了进去，不仅不难看，反而显得很生动。还有那悦耳的北方口音，那考究挺括的裤脚，那永远顾不上抹油的黄皮鞋和那又黑又浓几乎连在一起的眉毛，不正是说明他爱操心、爱思想又很辛苦吗？他不停搓着的双手，不是说明他的优柔和善良吗……这时，她又想到了彭君……今生还会和他见面吗？还有自己内心深处的

1940 年 10 月，王子云与何正璜在重庆

感情经历——这些都和盘托给他，她想他一定会谅解的。直到躺到床上，他的形象都挥之不去，辗转反侧，直到午夜1点，她才在微笑中进入梦乡。

王子云这边更是有很多美好幸福的遐想，但是有两个难题令他纠结。第一是如果真娶她为妻，对于未来在考察团中的生活、工作必将是大大有利的。可是，如此娇贵的她，能适应大西北荒漠中的艰苦吗？即使她愿意，自己舍得吗？她不愿去又该把她安排在何处？即使有地方安排，自己能不牵肠挂肚吗？自己肩负如此重要的任务，能允许自己分心吗？

第二个很难向她启齿的是，自己在家乡还有一个发妻，而且还有一个孩子，目前就跟着自己在重庆上高中。说给她，她能接受吗？

——这里需要特别说明一下民国时期的婚姻观：

1911年辛亥革命推翻封建的清王朝，建立中华民国，直到1919年五四新文化运动后，一夫一妻制才真正开始在中国实行并写进了民国的婚姻法。但一夫一妻的婚姻观还远未在人们的观念中扎根。因此，在民国的司法解释与实践中，远不是婚姻法中说的那样。如民国二十年一条司法解释中称："娶妾并非婚姻，自无所谓重婚。"同年另一条司法解释中云："妾虽为现民法所不规定，唯妾与家长既以长久公共生活为目的，同居一家，应视为家属。"这就使婚姻法规定的一夫一妻制形同虚设。只是在生活中为了更时髦、更好听一点儿，把"妾"改成"姨太太"罢了。这就是为什么那时候在军政人员中姨太太盛行的原因。而知识分子中，往往是在两个老婆（家乡一个、外面一个）中只承认一个而已。

王子云、何正璜都是受过高等教育并且都有留学外国的背景，自然有一夫一妻的婚姻观。但是，处在那个时代就难免有那个时代的烙印。因此，只要双方说明、认可了，也就不是多大的事。王子云当时向何正璜说明了一切，表明以后与过去不再来往，何正璜也就顺利接受了，我们是不必感到奇怪的。

王子云并非是一个薄情寡义的人，在以后与何正璜共同生活中，并没有完全与前妻断绝来往，而常常背着何正璜给"家"写信寄钱。1974年王子云在另一次考察途中，在泰山崴了脚，便就近回到徐州的老家养伤，实际上是与前妻共同生活了几个月。何正璜对此心知肚明，却也是睁一只眼闭一只眼——这是题外话。

何正璜与王子云经过三个月的热恋，热恋中把所有令人纠结的问题都妥善解决以后，考察团的筹备工作也顺利结束，何正璜加入考察团任团员兼文秘。从而，王子云的事业得到了何正璜至关重要的帮助，同时也为何正璜发挥绘画、写作才能，为我国艺术文物事业做出重大贡献搭建了一个宽阔的舞台。

5. 再次离别

至1940年11月底，考察团一切筹备就绪，准备赴成都短暂集训后，即奔赴陕西开始正式工作。团员分两批离渝。

又到了分别的日子。何正璜在日记中写道："我又尝到离别亲友的滋味了。万里征程归将何日？并且归来各人皆能依旧否？一切皆不可知。人生唯别亲离友最伤感之事，我虽长久离家，但此次与累次不同，虽非古之远嫁，亦终不似过去之坦然。"是的，过去未长成，离家为求学，今天要成家建业了。因此，此次离别远不止是和亲人离别，也是和自己的过去告别，从此要开始描画自己人生画卷了。和三位爹爹及其他亲友的辞别，有嘱托，也有难舍难离的亲情，唯与外公的告别最使她痛彻心扉。自小外公就是她生活上的保姆，读书写字的导师，外公最爱的是她，期望最殷的也是她。可是如今外公已垂垂老矣，待自己事业有成、衣锦还乡奉酒告慰的时候，外公还能依然健在吗？她趴在外公的床前，握着外公的双手，一句"你保重"的话还没说完，就呜呜地哭起来。外公也是两眼含泪，不能言语，让她拿来纸笔，给她

1940年12月12日，王子云与何正璜的结婚留影

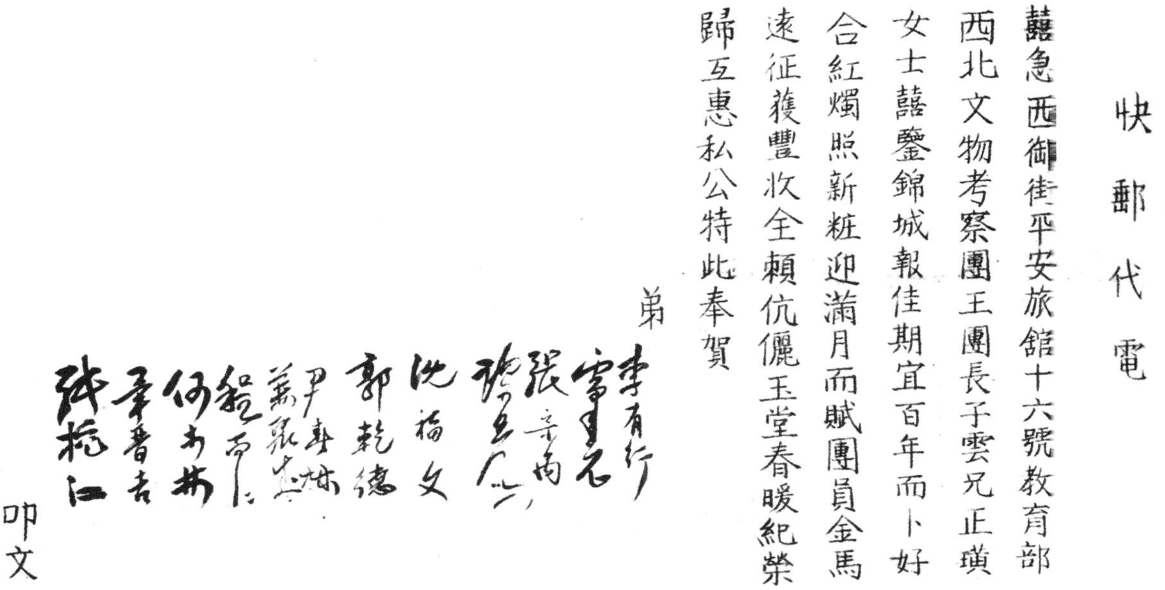
快郵代電

囍急西御街平安旅館十六號教育部西北文物考察團王團長子雲兄正璜女士囍鑾錦城報佳期宜百年而卜好合紅燭照新粧迎滿月而賦團圓金馬遠征獲豐收全賴伉儷玉堂春暖紀榮歸互惠私公特此奉賀

弟 李有行 沈福文 郭乾德 尹春林

叩文

王子云、何正璜在成都西御街平安旅馆喜结良缘，

李有行、沈福文、程尚俊、郭乾德、尹春林等十二人发来热情洋溢的“快邮代电”

写了六个字——“温暖、避风、休息”。殷殷深情，难于言表。

何正璜等人 12 月 5 日离渝，7 日抵达成都，与先前到达的人会合，住少城公园内市立图书馆楼上。

开会、制订工作计划、分工、购置工作生活用品、阅读有关资料、到各处名胜古迹模拟演练……至离开成都，在不足三周时间内，模拟考察了皇城（蜀王旧居）、大慈寺、武侯寺、薛涛井、青羊宫、二仙宫等名胜遗迹，便整装于 27 日发往陕西。

其间，12 月 12 日，何正璜与王子云登记结婚。当时，何正璜在日记中写道：“我们流亡千里，不及重彼形式，且国难期间应一切从简也。”“仅在《中央日报》上刊一消息，王子云购一小伞，柄上为我刻有名字及年月日，以为纪念。”外公、父亲及各位爹爹、弟妹等亲友都来信祝贺；过去的同人也寄来了贺函；朋友徐悲鸿、林风眠等各寄贺画一幅，仅此而已。着实简单了一些，但何正璜仍心满意足，她只求他人好，“他自言他一无所长，但能爱我一生，绝无中变”，这就够了。“我不嫁富家子，不嫁权贵人，不受冤枉气，宁可裙布荆钗和他黄卷青灯过一生。”所以，“我欣喜得迷惑了，像掉到了蜜罐里”。

考察团在成都集训三周，分两批赴陕西。何正璜、王子云与周思铭、陈典尧四人为第二批，于 12 月 27 日，准备乘一无篷货车启程。坐无篷货车远行，颠不颠簸且不说，仅呼呼的风沙能受得了吗？但有此车坐已相当不易，这还是在车站等了两天的结果。因此，面对这辆无篷货车，他们仍觉得如获至宝，匆匆上了车。

她的人生征程就这样开始了。

6. 艰险蜀秦道

颠簸了一天，人已缩成一团。黄昏后风大而寒，披毡而坐，人已像个泥猴。夜宿晓行，只盼太阳早早升起。白天车行更疾，景物一瞥即逝，人也倦谈，空谷哑然无声。又日落，暮霭沉沉，荒郊茫茫，车尘滚滚。又一日，车至剑阁，山势排列如剑戟，雄伟险要，此乃旧蜀道之起点。岩高而险，削壁千丈，低首下望，一片茫茫直如大海，蜀道难，真乃难于上青天啊！

四天后到达广元，始换乘软椅轿车，车沿嘉陵江上游而行。江里水急而流乱，冲沙排石，奋力前奔，睹此勇毅奔流之状，何正璜不禁感慨良多。她想："国父当时和合少数先烈肇创民国，几经阻挠仍不屈前行，终成今日吾等自由民主之中华；本团在现在中国所负之使命，对古代文化艺术正式统计调查、分类保存，允为中国艺术界之开荒工作。因各民族之文明程度，每以其文化为其标准。中国古代艺术，即足代表民族之优秀文明，为民族精神之骨液者。今世战乱频仍，每为外人所窃购，为炮火所毁坏，痛心可惜，孰此为甚。故我们不量才力，不畏风霜，不避艰险而做此劳苦工作，乃国民之本分，更为艺人之光荣也。将来中国若能因此有一国立美术馆或博物馆，虽则本团已不存，而在此无人注意之时，即已尽力奠定基础，星星火粒燃起民族光荣巨焰，本团诸君亦定在旁为之欣慰不已……"

正思想间，车忽抛锚于深山中，原来车无油了。时已薄暮，前途尚遥，至晚8时，才勉强到前面借得五加仑酒精。匆匆成行，车灯又因电不足而仅如手电之光，且时明时晦。以此荧荧微光行于危崖之上，且崎岖回旋，不觉心惊胆战，若有一秒钟之疏忽，一寸地之误进，则车毁人亡矣！真可谓盲人瞎马，夜半危崖。突至一转弯，灯适不明，几不见弯在何处，虽慢慢转过，停下一看，刚才若再进三寸，全车将坠入天堑之中！修了半晌，仅能亮一只，勉而前行，除左方稍有微光外，二尺之外皆无一物，全宇宙尽在黑暗中。风萧萧而寒，车中人饥且疲，又经几危几险后方到一站。

1941年1月1日，是谓元旦，天竟大晴。但见车站用柏枝纸花搭建一拱形彩门，上面红旗飘飘，朗朗青天，灿灿红日，实为中国光明定将到临，胜利必将在我之喜兆也！

考察团明日到西安，何正璜昨日写好并交给中央社的新闻稿，各报已于今E在显要位置登出。

7. 考察团抵西安

经过将近一周的颠簸，何正璜一行于 1941 年 1 月 2 日抵达西安，由陕西省教育厅接待，住中国大酒店。一周后，全团迁至省民教馆内，何正璜夫妇住儿童阅览室，大而无当，床用公园里用的几张长椅支撑一个大展板，纵丈余，宽八尺，像个戏台。然而毕竟是他们婚后第一个“家”，两人仍觉得温馨。

食宿等生活诸问题安排好后，考察团即开始紧张的工作。

1 月 31 日，陕西省政府主席蒋鼎文在省政府接见考察团全体成员。省政府设在旧皇城内，房屋虽略显陈旧，但布局疏朗宽敞，松柏翠竹，白石栏阶，仍显得一派庄严肃穆的气象。大客厅内隔着绿绸屏风，简洁典雅。在省教育厅王捷三厅长陪同下，入座不久，主席出见，其微胖的身上穿着黑色长衫，态度和善热情。首先致欢迎慰勉之词，王子云致辞感谢并陈述来陕的

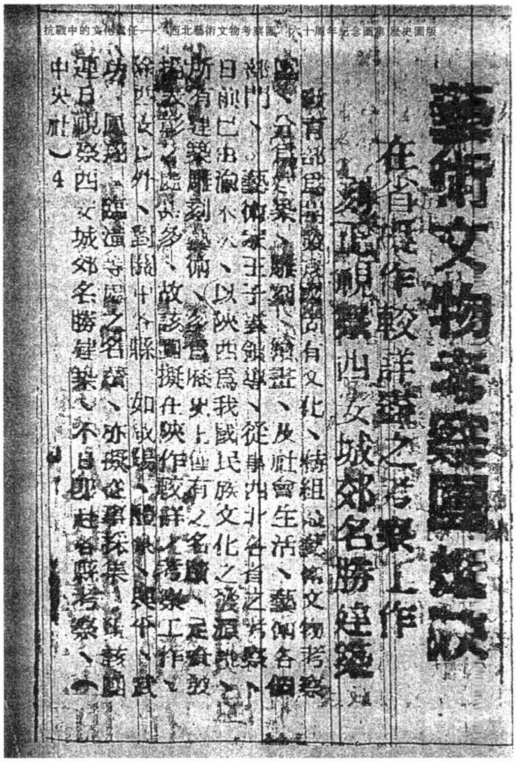

1941 年 1 月初，西安各大报纸均在显要位置刊登西北艺术文物考察团抵陕消息。此为《西京日报》之新闻报道

1941 年 1 月 31 日，陕西省政府主席蒋鼎文接见考察团全体成员留影，
左起第四人为蒋鼎文，左五为王子云，左一为何正璜

主要工作，希望得到省府帮助，特别提到昭陵六骏之四骏石刻（另外两石已被盗往美国）的拓印、翻制问题，均得到主席满口应允。因四石为避日军轰炸已埋于地下，没有其允诺是不得见的。双方谈得十分融洽，尽欢而散。

第二天，西安各大报纸均以大字标题刊出省主席接见考察团全体成员的消息。

陕西文物部门见省主席如此看重这个考察团，便想借他们的情面给省府提个建博物馆的建议，何正璜、王子云对这个请求倒十分乐意从命，甚至想自己将来就在这个博物馆中工作，因为他们俩都太爱这个工作了。建议倒是写了，但在当时国难之日，现有建筑尚朝不保夕，哪里会去考虑建博物馆呢！可是，世事难料，十多年后，何正璜居然梦想成真，果然成了陕西历史博物馆（即今西安碑林博物馆）的工作人员。后来周恩来总理两次陪同外国元首到该馆参观访问，觉得该馆与陕西的历史地位不相称，应在适当时候修建一座现代化的大型博物馆（这个博物馆建成后何正璜任顾问）。梦想得以实现，还有什么比这更感到幸福的呢！

话说当时，在蒋鼎文看来，考察团是中央来的团体，自然不愿怠慢；在考察团方面，觉得蒋主席如此看重，热情接待，就想进一步搞好关系，以便在工作上得到更大的支持。于是，王子云便主动给蒋鼎文塑了个胸像。蒋鼎文受到尊重，心中自然高兴，以后又带着自己的两个孩子到民教馆看望了他们，并当面邀请他们全体参加省府举办的堂会。王子云、何正璜都最怕这种应酬，再三推辞不掉，只得参加。

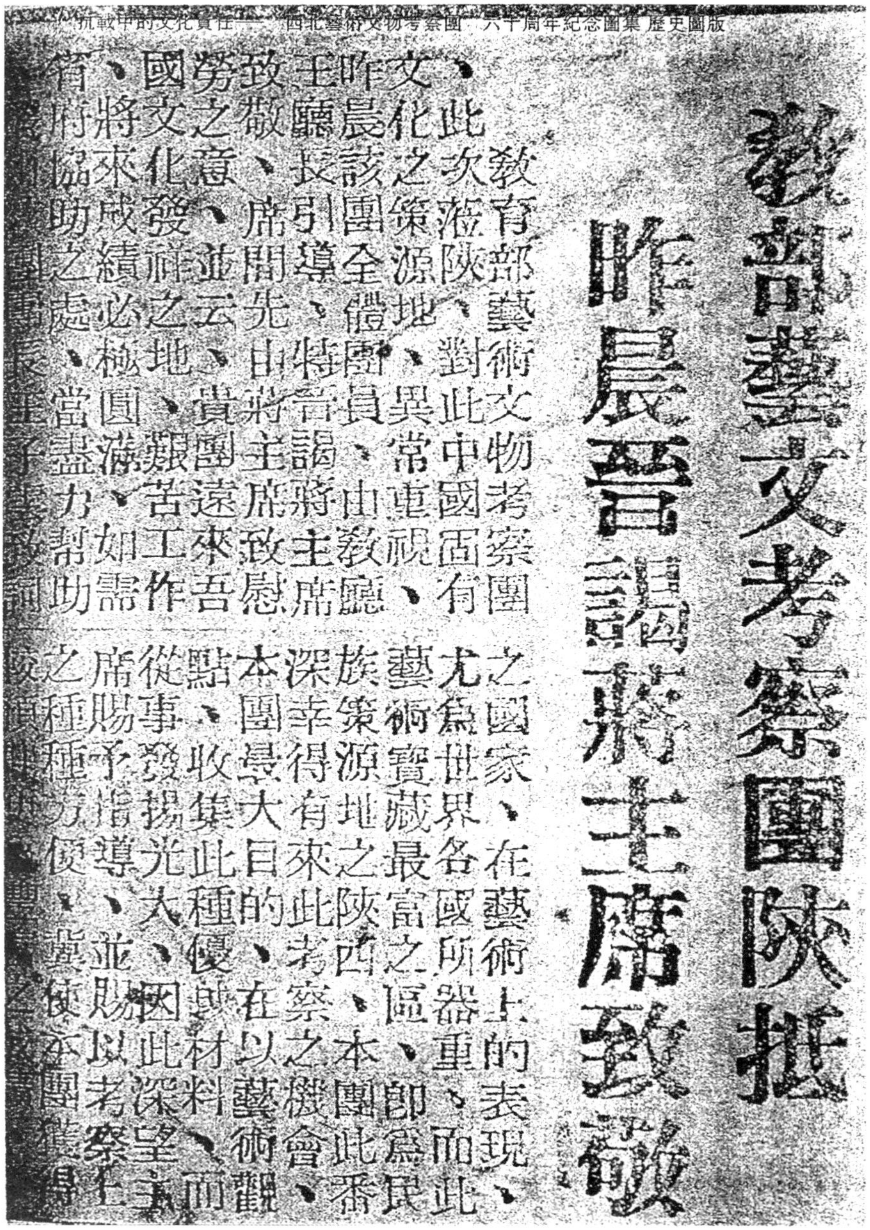

抗戰中的文化責任——「西北藝術文物考察團」六十周年紀念圖集 歷史圖版

教部藝文考察團陝抵
昨晨晉謁蔣主席致敬

教育部藝術文物考察團、此次蒞陝、對此中國西有文化之策源地、異常重視、昨晨該團全體團員、由教廳王廳長引導、特晉謁蔣主席致敬、席間先由蔣主席致慰勞之意、並云、貴團遠來吾國文化發祥之地、艱苦工作、將來成績必極圓滿、如需省府協助之處、當盡力幫助、[illegible]

[illegible]之國家、在藝術上的表現、尤為世界各國所器重、而此藝術寶藏最富之區、即為民族策源地之陝西、本團此番深幸得有來此考察之機會、本團尋大目的、在以藝術觀點、收集此種優與材料、而從事發揚光大、因此深望主席賜予指導、並賜以考察士之種種方便、[illegible]使[illegible]團[illegible]得[illegible]

1941 年 2 月 1 日，西安各报均报道西北艺术文物考察团全体成员晋谒陕西省政府主席蒋鼎文新闻。此为《秦风日报》之报道堂会那天，省府还特派车来接，他们便同至省府大厅，按事先安排好的座位坐下。大厅内灯火辉煌，绿幔轻暖，厅内已有百多客人，主要是省参议院及三秦各界名流，以老者及青年军官居多。餐桌上，骨筷、铜匙、素花瓷杯盘、白布桌面；酒肴十分丰富，有海参、虾米、鲤鱼、瑶柱，何正璜估计，每盘价都要在二十到四十元之间。国难期间，后方却可以如此铺张，何正璜心中很不是滋味。宴毕，分别乘车至大礼堂看戏。王、何等人被安排在前二排中间，少坐，演出随即开始。秦腔《周仁回府》、京剧《铁弓缘》、评剧《八宝公主》，唯夏声剧团学生演的《生死恨》最佳。他们怕散场时拥挤，便略提前向接待人告辞离场。

过了几天，陕西有关方面又邀请考察团全体成员到易俗社观看秦腔《梅花岭》。进入剧场，被安排在前列三、四排正位包厢中，还有茶水、香烟、水果款待，如同贵宾。舞台两边还悬挂着“热烈欢迎教育部艺术文物考察团”的大红标语。

《梅花岭》乃颂扬明末忠臣史可法忠勇报国事迹，布景、服装、剧情、演技均堪称一流，使过去从未看过秦腔的考察团全体无不动容。

易俗社乃西安最为著名的地方戏曲演出单位，有很多值得考察记录的东西。考察团临离开西安前，王子云、何正璜还专门又去过一次，一为前面盛情款待，二为再收集一些资料。不料高社长外出，由樊先生接待。在樊先生带领下，他们参观了学生食堂、教室、宿舍等。该社最大设施为一花园内为学生每晨练功吊嗓之处。该社后台更是简陋清贫，颇令人感到意外，因如今多演现代时装剧，无戏装可穿，无脸谱可画——这是原因，另外也无钱可去置办。谈起创业艰难之处，樊先生说，该社负责人都是另有职业的，在别处有薪金。社中教员、编剧等人员，每月仅酬车马费十元而已，仅仅是种精神上的安慰，他们全凭自己爱好，每每在工暇之余赶来上一两个小时的课，是再无其他报酬的。该社自民国元年成立至今已历三十年，惨淡经营方有今日之成绩。虽如今仍入不敷出，但大家都不灰心。希望考察团一方面能向政府有关部门致意能有所关照，二是也希望考察团能在艺术上给予指导。实情之艰辛，态度之恳切，令人凄然。

事后，王子云果然利用一个晚上召开全团大会，专门讨论在易俗社的观剧感想、批评建议及发展办法。未想到大家发言甚为热烈，人人都有意见发表。对到该社观看的各出剧目，从剧情、布景、脸谱、装饰、乐器、说唱、演姿，都有不少独到的鉴赏评价和改进建议。会后决定由何正璜根据大家的意见，以写道谢信的方式，表达大家的评价与建议。对该社的困难，在给教育部、陕西省教育厅工作汇报公函中提及，呼吁给予关注。

考察团到西安，有热情的款待，有政府有关部门派来的向导，还有省主席指派的骡车代步，为日后的考察工作提供了便利的条件。

第四章　西安考察之一
——汉城遗址及汉代陵墓

1. 从长安起程

西安的历史，是中华民族文明史中最为重要的一部分。考察团面对这里浩如烟海的文明古迹应从何着手？王子云准备召开全团会议研究制订详尽的考察计划，他让何正璜在会上先做一个主旨发言，介绍一下西安的文明古迹。何正璜说："我是你夫人，不适合做这个发言，应该由你讲。"王子云说："举贤不避亲嘛！"何正璜说："瓜田李下，名不正，言不顺。再说，无须多讲，团员都是学者，从讨论易俗社的问题就可知这一点。讲多了，反觉多余。把时间留给大家，重点把计划制订好。"因此，王子云在会上对西安做了一个概说，然后让大家讨论考察计划。

西安明代建筑钟楼　姚继勋摄于 1941 年

在会上，王子云讲了会议的议题后，说："中华文明，博大精深，源远流长，她是中华多民族文明融合的结果。而西安则是中华文明最重要的一支根脉。因此可以说，没有西安这一支根脉的文明，就没有今天的中华文明。

"西安一带地理位置优越，气候温和，雨量充沛，土地肥沃，山水环绕，四面关隘重重，我们的先民早在新石器时期就开始在这里繁衍生息，其建城史已有三千多年之久，建都史也有一千多年。她本身就如同一部浩繁磅礴的史书，记录着中华民族文明的萌生、发展与传承。特别是周秦汉唐在此建都，更是奠定了中华民族现代文明的根基。因此可以说，这里是我们中华文明的发祥地，是我们中华民族的故乡。也因此这里地上地下的文化遗存也极其丰

西安鼓楼亦为明建，姚继勋摄于1941年

富。其周原、镐京、汉城、唐宫，虽地上的城建、宫殿建筑均已不存，但遗址尚在，需要我们去察看是否有可移动、需保存的东西。陵墓更是多得不可胜数，从西边岐山、扶风周原开始往东，经武功、兴平、咸阳、高陵、富平、临潼等县，一直到韩域、蒲城，延绵数百里，帝王将相、后妃公主、文史佛道等各界圣人的陵墓星罗棋布，如果一一考察，我们的人力、时间是远远不够的，需要我们择重考察。还有这里的佛寺道观，在历史上一直以这里为最多，人们用'五里一庵，十里一寺'说她的多，也有'长安三千金世界，终南百万玉楼台'说她的繁荣，而且是六大祖庭齐聚，规模宏大雄伟。其中不少佛寺融中国建筑、造像、园林等艺术为一体，是非常值得我们重视的艺术文物宝库。还有居住在这里的大儒名流、收藏家、古董商等需要我们去拜访。这里的民风民俗民间艺术，往往是我们古文化的活化石，因此需要我们去认真记录整理……这么纷繁众多的考察目标，如果我们没有一个详尽可行的考察计划，可能会捡了芝麻、丢了西瓜。"

这个会议整整开了两天，发言踊跃且各有见地。最后由何正璜执笔，根据大家的意见整理出了一个详尽可行的考察工作计划，获得大家一致通过，并用公函报教育部、陕西省教育厅备案。

考察工作紧张有序地展开了。

2. 驰骋在西汉王朝的历史舞台上

在早春薄寒中的一天，何正璜和王子云按计划与姚继勋、西京筹委会协同人员夏先生及其介绍来的陈先生共五人，乘一辆胶轮平板马车，出西安北门，到汉城遗址考察。

汉城始建于汉高祖七年，汉惠帝时增修，周围六十五里，南为南斗形，北为北斗形，故当地的百姓呼之为斗城。刘邦初定天下，原准备定都洛阳，为娄敬（即刘敬）建议所致，遂改都长安。

夏陈二先生都深谙西安历史典故，又极健谈。过西安北门时，何正璜问："北门为何没有内门楼？"夏答："辛亥革命军进攻西安时，城内满人为制造混乱趁机

1943 年 4 月，王子云、何正璜、姚继勋等在西京筹委会夏子欣、陈子怡陪同下考察汉长安城门（即霸城门）遗址

逃跑，故意放火把内楼烧掉了。”又问：“南门无外门楼，也是他们烧的吗？”夏答：“南门外门楼是民国十五年五月刘镇华围城时所烧。”刚出北门，陈先生说：“这个地方即为唐时西内苑观德殿遗址。此殿为隋朝时建。史书记载‘开皇二年庚寅，上疾愈，享百寮于观德殿，赐钱帛，皆任自取，尽力以出’。”过唐大安宫遗址、汉太仓、唐歌舞殿，陈先生均一一予以指点，并告知稍远处唐大明宫遗址内，哪个是走马斗鸡台，哪里是三清殿祥云楼遗址等等。又行不远，即为汉翠华殿及六朝姚秦之逍遥园等等。出西安路途平坦，路西植树成列，树尽处有城状土墙两个大高堆，大家即在此下车。

此处即汉代之霸城门，王莽更名为仁寿门。旧时附近农村所产西瓜、甜瓜甚为有名。景帝元年，有群雀飞于此门上，改为青雀门，更修饰刻木为绮榱。雀去，因又名青绮门。虽为两千年前之遗迹，仍可窥见当日之雄伟。更可贵的是，虽经风雨剥蚀，墙面碎裂，整块泥上尚有当年锤筑的痕迹，痕迹为圆形，茶杯口大小，深约一分，清楚可辨。城门上的土呈红色，乃乱时所焚之迹，土中混夹有绿黄琉璃碎片。夏先生说，大家现在所立之地，是当年的护城河，今已湮为平地，唯地形稍低而已。姚拍了照，何做了记录。

众人登上城顶土堆，地势颇高，全城景物历历在望。黄土堆以外为当年豪华胜地。何正璜爱联想，恍惚中，她仿佛见张良、陈平、韩信等正忙碌于开国繁务，张骞、苏武由此门远国归来，霍去病、霍光金甲银戟，董仲舒、刘向锦袍厚履，甚至王莽、苻坚、姚苌、宇文泰等亦一一见其身影。更感叹她和同人们不是生于光耀六合、威动四夷之时，而是日寇燃起的满天烽火、暴骑压境之日，登临此高处，抚今追昔，不禁感慨万千！

转身北望，沙雾中，渭水北岸一带淡紫色山林迤及云际，陈先生说那便是咸阳。所见北山之阳，星星点点状如削去了尖顶的金字塔样的山包，尽为汉代帝王公侯之陵墓。站在这高高的土台之上，眺望汉代长安，何正璜不禁在心中发问：各代帝王如有知，面对如此残败景象和强敌压境之势，不知是该做何感想？她随口念道：“咸阳古道音尘绝。音尘绝，西风残照，汉家陵阙。”

大家坐在城垣上休息，姚先生突然问：是谁最后放大火焚烧了此城？大家各有各的考据。何正璜说：此城虽为汉城，但其后西魏、苻秦、姚秦、北周皆在此建都，直至隋开皇三年建都龙首川，此城才废。此间兴亡混乱，历代皆有毁建，很难说清是哪朝哪代所毁。大家觉得她说得有理，不再争论。她走向一边，极目远望，尽为高原，回首俯瞰，细细的麦苗，淡淡的野花，蓝天蔚朗如洗，大地寂寂无声，一切都表示出极静、极美之调和，莽莽关中之大地，空间与时间伟大又宽阔。若非阳光明朗，她会怀疑自己已化为一个古代的精灵。

他们下得高台，继续前行至长乐宫遗址。长乐宫即秦始皇之兴乐宫。汉高祖七年，皇族由栎阳迁都，居住于此，未央宫建成后皆迁住未央，这里由高祖母后居住。何正璜读古书知道，此宫周回二十里，有殿十四，与建章、未央二宫相通，皆辇道相属。元凤五年，鸾凤集此宫东阙树上。有大厦殿，取秦立于阿房宫前之铜人置此殿前。有酒池，池上有玉灵树，本为始皇造，武帝常行舟于其中，以此夸耀于羌胡。饮以铁杯，重不能举，皆牛饮。有鸿台，始皇二十七年筑，高四十丈，上起观宇，帝尝射飞鸿于台上。有钟室，吕后使武士缚韩信，斩之于此，相传此地永不生草木，且土作殷红色，特名韩信滩。何正璜四处察看，果见此处皆为红砂石，草不能生。一片红地外，四周皆为麦田，茸茸的绿色中，几个小女孩穿着大红衣在地里挑荠菜。四处不见村庄农户，不知她们从何而来？看其蠕蠕而动的身影，红衣黑发，恰是这大画面上的绝好点缀。

上车复行，周边罕见人迹，道也不整。何正璜想，当年这里皆是锦绣膏粱之处，非名宫阁楼即大殿庭廊，无一平常人家。想当日如何森禁，怎能容他们乘木板马车在这里自由驰览。

正行间，在一处绿塬上有一石马，众人甚为惊喜。下车走到跟前，见石马高六尺，长八尺，后腿已半陷土中，两耳也失，全体结构虽非精美，但大体仍显得浑厚，栉风沐雨已历两千余年，今他们尚可亲手抚其项背，实在难得！拍照后，王子云说改天派拓工来拓印。姚继勋脱去大衣，立于马前，仿昭陵六骏之飒露紫武士扶马头状，神态毕肖，众人大笑。夏先生指着马嘴边的绿色说，此马屹立于此已历千余年，因得日月光华而成精，村人夜起常见它在附近偷食麦苗，其口绿色即是明证。说得大家又是一阵哈哈大笑。见石马前足上隐隐有字，何正璜便用手帕仔细揩擦，模糊可识者为“大夏”二字，余则埋没于土中。但仅此二字，即可知其为大夏之物。因秦姚氏败于北魏拓跋珪后，其部下赫连勃勃即建大夏，自称大夏天王，正与石马蹄上年号相合。

车又抵东高庙，除此外，尚有中高庙、西高庙，一共三处皆建于极高处。何正璜说：“高庙，应为汉高祖刘邦死后，主管修陵的叔孙通所建。”夏先生说是的。陈先生接着介绍说，汉城所建既为斗形，在斗柄高耸处各建一庙，并以方位记名。在同治年间回民起义时，汉人躲在高庙上，没有台阶而用梯，上去后把梯吊起，回人不得上。但西高庙却为回人所破，汉人老弱妇孺被杀者近三千人。今日恰逢村人在此搭台唱戏，本意为每年二月初七超度亡灵，但村人将超度真意早已忘记，如今成为热闹的社戏了。

众人继续乘车前行，到苻坚、姚苌时期之宫殿遗址，即楼阁台。此台本为武帝所建旧址。地特高，东西各有数个秃垣高耸，西京筹委会在此立碑为“两阜对峙是当日端门，再南为双阙城，北魏改为子城，唐建咸宜宫于此”。夏先生解释道：“端

汉阳陵出土裸体陶俑

门，颜师古注：‘殿之正门也。’班固《西都赋》‘立金人于端闱’，当即此地。”

沿途碎瓦残砖俯拾不尽，千余年来，日有取者，至今尚堆弃满地，可见当日宫厦之大。碎瓦残砖中，间或也有汉代砖头瓦块。夏先生拾得一块半砖，上刻武帝始元年号，他甚为高兴。

车更前行，渐有三五人家，并有一寺，额书“感业寺”，现改为小学，乃武则天出家之处，内已空无所有，仅余佛座数个埋没于残垣之中。一古钟竟也被当作砖头筑于墙中，筑墙者以为可以省一些砖，却不知损失的是砖的多少倍！院中有一大碑，上书“武则修焚香院”六个大字及“大唐感业禅院”六个小字，可惜已被人打成两段而弃于一旁。

另外，院子一个角落有莲花座一个，四角皆有小狮，雕刻精细。别处所见之狮多为昂头仰胸或俯首弄球，令人感其威猛。此四小狮当中的两个，则以前足并伏于地，下颌紧贴足上，是一种憨稚之态，口与眼的雕刻更为生动，就像刚吃饱奶的样子，其憨态之可爱，令何正璜抚摸再三，不忍离开。因其在暗处不能拍照，王子云说，待派拓工来一并拓印。另两只小狮已不知何时被人敲碎，实在令人惋惜！

众人乘车继续前行，只见沿途两边尽为钱印砖，每砖上有二十至三十之钱痕，无字。夏先生让大家在城角下车，领着大家向南，说那里有一种东西会令大家惊喜。行不远，果见有很多裸体陶质小人散落在那里，小人高约一二尺，头面各不相同，而身皆裸，且雕刻颇为精细，可惜无一完整者，大家捡拾一些残段回去研究。夏先生说绝对是汉代之物。王子云曰："是的。因六朝之后无不衣之像。"但大家都说不出如此之多的裸体小陶俑究竟从何而来、又作何用途。

是的，处在20世纪40年代的他们是无法理解这些小人的。直到20世纪90年代，修建西安咸阳机场的专用公路通过汉阳陵陵区，施工中发现阳陵一个外藏坑，陕西考古研究所随之对此进行抢救性发掘。这一外藏坑规模宏大，仅次于秦始皇陵之兵马俑随葬坑，发现万余件这样的小裸体人（实为着衣俑，因陶俑身着麻质衣服及可活动手臂为木质，均已腐烂，所以出土这类陶俑均成无臂裸体）及马牛羊猪狗鸡等动物俑，这才揭开了掩盖在这些小裸体人身上的历史之谜。

阳陵是西汉第四代帝王景帝刘启之寿陵。刘启乃汉高祖刘邦之孙、惠帝刘盈之侄、文帝刘恒之子、武帝刘彻之父。他是西汉王朝承先启后的帝王，是"文景之治"开创者之一。其父汉文帝刘恒是我国封建帝王中极少见的有道明君。他母亲薄氏，宫女出身，地位卑贱，所以他被封为远在北长城内的苦寒之地。正因为此而因祸得福，免遭刘邦死后宫廷内的那场大屠杀，历险进宫当了皇帝。也因为有这段经历，他崇尚节俭，体恤民力，自己布衣粗食，连自己最宠爱的慎夫人也穿的是平常衣服。死后以山为陵，不扰民、不伤农，筑成极为简朴的霸陵。有这样的父亲，作为儿子的景帝刘启还会奢靡吗？因此他的从葬坑里的兵马俑，就绝不会像秦始皇从葬坑里和真人一样大的兵马俑了，仅有二尺高。

景帝在位十五年，死后葬阳陵。其后王皇后（汉武帝刘彻之母）晚其十五年去世，与其合葬于阳陵。

东汉光武帝建武二年（公元26年）赤眉军占领关中，盗掘阳陵。东汉献帝初平元年（公元190年），董卓命吕布挖掘包括阳陵在内的西汉诸陵。唐僖宗广明元年（公元880年），黄巢起义军占领长安，令人盗发关中历代帝王陵墓……

——有了阳陵的正式发掘和这些陵墓被盗掘的历史记载，我们就不难理解何正璜们当年不能理解那些散落在荒郊野外的小裸体陶俑了。

却说他们那天考察，日已正午，众人皆已饥渴，由夏、陈二先生带领，同至西京筹委会所立天禄小学休息，拿出自携的大饼一个，大家分享。大饼犹如一个大锅盖，厚一寸五分，令何正璜瞠目。此地谓之锅盔，乃陕西特产也。小学教师待以开水，否则又干又硬的大饼不知该如何侍候。夏先生说，汉城遗址虽为灿烂古迹，但非时下名胜。筹委会深感游人来此无一休息之处，特在此办一小学，一为教育此处仅有的几户人家的儿童，二为招待来此的游人。因何正璜们为政府团体，不仅各有开水一杯，且有小菜一碟，虽为野菜，但大家都觉得能吃上汉代都城中所产之物，均以为荣幸之至。

大家吃喝甚欢。何正璜问：“小学名天禄，是否与扬雄校书之天禄阁有关？”夏先生答：“正是。天禄，异兽也。天禄阁在未央大殿北，正是扬雄校书处。其旁为天禄渠，《汉宫阙疏》载‘天禄石渠，萧何造。以藏秘书，处贤才’。班固《西都赋》则有‘天禄石渠，典籍之府’。”饭毕，一教员领大家沿阶至阁之旧址，甚高，皆为石筑。中供刘向神位，并有文字介绍刘向在此室中著《洪范五行传》等之经过。室中藏有古物甚多，据说都是在附近零碎拾来的。多且精致的砖瓦不论，佛像、大瓮、土瓶等也有很多，地面遗物之丰可以想见。拣极精者照了相，做了记录，王子云见其中有两个瓦当为云形图案，构图简洁纯熟，说酷似古希腊之纹形，爱不释手，教师便慷慨赠了一个。

在天禄小学院内，有两件事物引起何正璜的注意：一是儿童坐的矮桌，其石纹极古朴而中空，经询问乃知为石渠之一段。二是学校大堂中壁上大书“发扬汉代精神”，这条在全国各地从未见过的标语口号，使她为之一振！是啊，积弱积贫之中国，今日竟沦落到受小日本欺负至此，全体国人实在应该发扬发扬汉代精神了！

考察团一行离开天禄小学，向西南行不远，即可望见一高台，层次整齐，地势高峨，大家向往已久、大名鼎鼎的未央宫到了。只见未央宫遗址前，柏树成列，千百株桃树散于左右，可惜西北春来迟，桃花尚在含苞未放之时。何正璜想，若盛春中来此，遍宫粉红，该是何等热闹景象。

汉未央宫遗址

未央宫是汉相萧何领工督造。以龙首山作前殿，建观阙、街道，周围七十里，台殿四十所。高祖刘邦生气地责问萧何："何治宫室之过度也？"萧何答曰："天子四海为家，非壮丽无以重威德。"高祖这才高兴地住了进去。未央宫离长乐宫不远，两宫相隔有武库。未央宫又名紫微宫，至孝武，以木兰为棼橑，文杏为梁柱，金铺玉户，华榱璧珰，至今仍可想见当年的盛况。

未央宫正门为苍龙阙，位北，尚书奏事或谒见者，皆到北阙，公车司马也在那里。又有元武阙，中有止车门。白虎殿，单于在河平四年来朝就引见于此殿。乘明殿，著述之所。白虎门，王莽大摆酒宴于此犒劳将帅。宣室，前殿之正室，《淮南子》有"周武王杀纣于宣室，汉取旧名"，是宣布政教之处，文帝受厘宣室，夜半前席贾生问鬼神之事即在此处。柏梁台，武帝元年造，台高二十丈，以香柏为殿梁，香闻十里，台上有铜凤，名凤阙。金马门，宦署门，门旁有铜马，故名。此门本名鲁班门，天子拜公孙宏为博士，待诏于此；扬雄、苏武等也待诏于此，亦名黄门。温室殿，武帝建，冬居温暖，以椒涂壁，被之文绣，香桂为梁，设火齐（音 jì，掌握火候，即调温）屏风，鸿羽帐，规地以罽宾（古国名）氍毹（用毛做的地毯）。清凉殿，夏居清凉。椒房殿，皇后住的殿。掖庭（宫中别室，嫔妃居所），《汉书·元帝本纪》："竟宁元年，赐单于待诏掖庭，王嫱为阏氏（正妻）。"昭阳殿，后宫十四区之一，赵皇后（飞燕）为昭仪时曾居住于此。增城舍，班婕妤所居之处。渐台，《关中记》："未央宫西有渐台，沧池中之岛台也。"文帝梦邓通、王莽死于兵，皆在此处。猗兰殿，王美人七月七日生武帝于此。麒麟阁，武帝获麒麟时建。景室，宫人的监狱。殿阁之多，难以胜举。

大家在此一一拍照、记录、绘图，有的地方做了丈量。拍远景时，众人轮流当演员作为陪衬。

未央宫遗址顶层有大碑一块，上书"汉未央宫遗迹"六字。此处瓦砾堆积，绕足皆是，但鲜有完整者，瓦砾上绳纹为最多，纹形简洁明快，不知当年用于何处。

夏先生指着遗址下一块大石说，此石之下是一口古井，中投韩信胄甲兵器，村人不敢开看，传说若一移石，则雷电交作，至今无一敢看者。

井旁即扶荔宫遗址。武帝元鼎六年，破南越，起此宫以种植奇草异木，如荔枝等。想想当日雄威，何正璜不禁又感慨万千，倭寇今日攻我中华、垂涎越南，我们当日的威风哪去了？

考察至此，不觉已日傍西山，只得暂作归计，依恋中登车离别未央宫遗址。马也思归，驰行甚欢，一霎间已离遗址数十丈远。何正璜回首再望，只见暮色古迹上空有大雁一行，正肃肃掠宫而过，黑羽成行于黄土蓝天之间，亦静亦美。天空渐渐由淡紫色沦为灰色，薄薄夕阳的余晖照在新绿的麦田上，颇有温柔之感。

沿途又见古代复道遗址二处，相距甚远而又连成悬道，工程之大令人吃惊。未央、长乐、建章三宫相连，构辇道于飞阁间，所谓“华辇响于天际，笑语闻自云端”，正是豪华汉宫的真实写照。因为最后建都者为隋朝，所以村民称这里为杨家城。

车又过正武殿遗址，乃北周之宫殿。地上瓦头甚多，皆六朝之物。

出安门，安门为汉城南第一门，亦曰鼎路门，王莽更名为光礼门，其伟状不如霸城门。

时已暮色深沉。一车砖瓦，五个灰人，习习晚风吹散了何正璜的头发，她不禁想起唐朝裴肃之《汉未央宫记》中“细草迎辇，神飙引衣”的句子来。抬头一看，西安西门已遥遥在望，此情此景，如图如画，一身风尘疲倦，早已忘却脑后。

3. 西汉帝王们的寿寝——汉家陵阙

西汉陵墓是考察团在西安考察重点之一。因此，全团出动，拟用几个月时间对其做全面考察。经过必要准备，临出发前，王子云看看火车票上的时间，觉得还可以再晚半个小时动身，便让何正璜给大家简单说一说汉陵的基本情况和工作安排。因时间紧促，何正璜没说任何开场白，便直奔主题说了起来：

“秦汉文明是中华文明的根基。可以说，我国的版图、区域划分、政治、经济、语言文字乃至生活习俗的大框架都是那时候形成的，并直到今天都没有太大变化。先秦之三代文化是中国文化开创时期，至秦汉‘中国’这个概念的内涵和外延才基本确定，统一的国家和制度才粲然大备。唯秦代立国甚短，高祖刘邦仗剑破秦，遂进一步统一、巩固了中国。自高祖元年至孺子婴，凡十二帝十三代，共二百一十四年。后有东汉自光武元年至献帝延康元年，又历十二帝共一百九十五年。东汉帝陵在洛阳，不在我们本次考察之列。汉高祖于公元前202年建都长安，开两汉盛世之基，期间学术发达，文物鼎盛，举凡文教农商官制以及各项规章制度均有发明创造，是中国古代文明最为辉煌时期，奠定了两千年来之基础。

“但是，由于历史的原因，汉代保存下来的实物极少，而研究汉代文化除有关古籍外，汉代陵墓便成了唯一且最好的实物资料。

咸阳塬上汉代墓冢比比皆是

“我们中国人素来注重慎终之礼，自秦汉开始古代帝王奉安大典便有了制度上的安排，甚为隆重周到。每位帝王自登基之次年即开始营建寿陵，往往要靡费天下赋收的三分之一，可谓殚尽天下财力人工匠心并历时数十年，实乃当时全国最大之建筑工程。这些建筑历经两千年风雨剥蚀，至今仍整饬如新，线面分明，足见当时工程之坚固。至于冥宫之规模，陵内之布置，冥器数量之众多、制作之精美，都是令人难以想象的，实为汉代文物蕴藏最为丰富的宝库。

“西汉十二帝王，最后一位孺子婴被乱兵所杀，时年二十一岁，不知葬所。其他十一位帝王陵寝，两座营葬西安，余皆葬于咸阳塬，选址高原之巅，面临渭水，遥望终南，气势雄伟，无与伦比。关中有民谣‘三原的桥，泾阳的塔，比不过咸阳的冢疙瘩’，极言其庄严与雄伟。

“咸阳塬又称毕陌，原为周文王之子毕公高的封地。因地处咸阳以北，故通称咸阳塬，为东西横亘之高原，西起武功东塬，东至高陵县境，延绵一百五十余里。塬上广阔如平地，满列墓冢如星罗棋布，尽为周秦汉唐以来帝王将相后妃王子公主归骨之所，汉九帝陵高耸其间，修平巍峨，佼然独异，极为壮观。

“汉在礼仪上秉承周制，‘事死如事生’，十分重视葬礼，又反对秦始皇之过分奢靡，因此虽不如秦始皇陵奢华，但却依然威严庄重。据《后汉书·礼仪志》记载，西汉帝陵占地约为七顷（四十七万平方米），封土高十二丈，穴深十三丈，墓室内高一丈八尺。周围是陵园，四方皆有门阙，设令、丞官职专司管理。陵园外，辟出大片土地为皇族、贵戚、大臣的陪葬区。

“帝王陵中，墓室和偏室构筑精致，仿人间厅堂。墓道两侧小龛也仿人间仓舍，贮存各种宝物。陵墓四周还有所谓‘瘗坑’，埋藏钱币、粮食、牲畜、车马、弓矢、仪仗之类。陵墓封土呈梯形六面体，像一个倒扣着的木斗，所以称‘复斗形’。我们本次考察目标是咸阳塬上主要汉代陵墓的现状、周边可移动文物名称等，拍照、描绘、丈量、记录、整理，为了工作方便，本次不以帝王在位时间顺序而分四区进行考察。”

何正璜说完，全体携装出发，至北门外火车站乘火车西行，目的地是茂陵。

4. 考察茂陵区

考察团一行乘火车上陇海线，途经汉建章宫内曝衣阁（每年七月七日宫女把皇后的衣服拿到此阁上曝晒）、秦阿房宫遗址、周代镐京等，过三桥镇、过王莽铸钱台、无木庙，又过沣河、渡渭水，远望咸阳古渡处，烟波迷蒙令人遐想。车过咸阳后即抵达茂陵驿。

这一次的向导还是西京筹委会的夏先生。下车后，他先把众人引入一小庙，庙后院有窑洞数十孔，排列整齐，每洞内藏军用车一两辆，后院门口有哨兵把守。王子云拿着名片去见一孙姓军官，此人颇谦恭有礼，热情招呼大家进去随意察看。原来此处为一汉墓遗址，窑洞又大又深，其顶上土中嵌有不少带纹饰的方砖。夏先生说，发现此墓后，附近乡人将墓中古物掘取殆尽，仅留顶上那些花砖，因嵌入土中太深，才未被取走。窑洞外地上及一旁土堆中，此类花纹砖随处可见。何正璜拂去一块砖上泥土，砖面如新，她想，此物历经两千年而不朽，实为北方雨水少的原因。又有一洞，更大更深，里面黑漆漆无一丝亮光。夏先生说，这是回人暴动时汉人避难之处。

出得小庙，众人在街上小店早餐。主食为一种粗面大饼，嚼起来沙沙有声，何正璜说，有一股玉米的特殊香味。

早餐后，夏先生引导参观附近名胜跑马泉。此泉直径三米多，用砖围成圆形，深二丈，清澈的泉水不停地涌出，村人在旁引渠，使水从缺口中流出用于洗涤。夏先生说，在此泉几尺之外掘井都挖不到水，此泉可谓奇迹。相传唐太宗在此行猎，马留足迹，涌出泉水，霖雨不溢，大旱不涸，澄可鉴人，故名跑马泉。泉后有碑，上刻“唐王跑马泉”五字。泉前有一大石，上有二分深之蹄痕。此说未必可信，但却能引起人们的兴趣。何正璜说：“太宗最爱之马是六骏，想必此痕是六骏中一骏之蹄痕了。”说得大家都笑了。

一行人在新绿的麦田中继续前行，数里后到达霍去病墓前。墓顶尖形，角度急陡，是为纪念霍去病武功而像祁连山之意。墓上有小庙，为后人所建。庙前有石鱼二，为供品，只是鱼形不真。何正璜说：“焉知霍将军爱啖鱼乎？曷又以此丑鱼哄将军耶！”众人大笑。墓前有一巨大石碑，系清毕沅所立，上书“汉骠骑将军大司马冠军侯霍公去病墓”。霍去病是我国历史上一位杰出的军事统帅，奴隶出身，因其母是平阳公主的家奴，其舅父卫青是平阳公主的马前奴，其姨母卫氏是武帝的皇后。因此去病可谓是武帝的外甥，十八岁成了武帝的近身卫士（侍中）。元朔三年，他第一次随卫青征匈奴，领兵深入匈奴腹地，斩首千余，受封“冠军侯”。元狩二年，他被擢升骠骑将军，再征匈奴，血战数日，杀匈奴折兰王、卢侯王，生擒浑邪王及其多位大臣，斩俘八千余人。同年又与匈奴主力决战，杀敌三万二千余人，俘获匈奴王族、大臣近百人。不久，又穷追猛打，将匈奴单于以下各王、皇后、王子、大臣捕获净尽。最大一次出征，发兵二十四万骑，基本上彻底消灭了匈奴的政权机构。由于战功卓著，深受武帝宠爱，给他建立一座豪华的宅第。他辞谢道：“匈奴未灭，何以家为。”因而更受武帝器重。霍去病死时年仅二十四岁，武帝甚为哀伤，为表彰、纪念他四出祁连的功勋，赐以陪葬茂陵，并把他的墓特别筑成像匈奴所居的祁连山形状，并雕了很多牧区的马牛及野人野兽，放置在“祁连山”上。近旁即卫青墓，起冢像匈奴奚符庐山，亦表彰、纪念之意。稍远处即霍光墓。

何正璜、王子云在咸阳塬上考察汉陵

卫青墓在霍去病墓西邻，相距仅十余公尺。墓呈矩形，也高大，墓前也有毕沅所立“汉大将军大司马长平侯卫公

汉霍去病墓　1941 年摄

汉卫青墓　1941 年摄

青墓”石碑。《汉书·卫青传》载：“青父郑季通平阳公主家卫媪而生青。及至青姊卫子夫得幸武帝，遂冒姓卫氏，由此得入为侍中。旋子夫晋为夫人，乃封青为长平侯，继以军功拜为大将军，又以殊功封大司马。武帝元封五年薨，谥曰列侯。”卫青与夫人平阳公主合葬于此墓内。为纪念其军功，起冢像西域庐山。只是墓形矩，不规则，不像墓，倒像一古建筑之基础。卫青与霍去病是甥舅关系，同为武帝名将，均出征匈奴建功异域，特别是卫青七击匈奴，军功更高，但其墓前却无石刻，何正璜对此甚为不解。

从霍去病墓南行三里，就到了霍光墓前。

霍光，字子孟，汉平阳人，是霍去病的异母弟弟，年少时随去病入京为奉车都尉，颇受武帝信任。武帝宠姬赵婕妤（钩弋夫人）生一子（刘弗陵），武帝立这个儿子为太子，以霍光辅政。太子即位为昭帝，年仅八岁，在位仅十三年，二十一岁薨。霍光又立武帝孙昌邑王贺为帝。贺行多淫，废之，又立宣帝。霍光为人谨慎，出入宫闱二十余年，未尝有过，三朝重臣，功比萧何。然而族党满朝，权倾内外，及卒，宣帝收霍氏兵权，遂以谋反致夷族之祸。后来，宣帝念霍光功绩，允其图形入麒麟阁，但书“博陆侯霍氏”，不书其名。

霍光地节二年薨，谥博陆侯，发三河卒起冢，置园邑三百家。墓前也有毕沅立‘汉大将军大司马博陆侯霍公光墓”。但何正璜手中有一资料，为近人陈子怡先生所著。陈认为此处不是霍光之墓，霍墓应为此墓之南、靠近塬坡那个大冢，证据是《汉书·霍光传》载“……太夫人显改光时所自造茔制，而侈大之。起三出阙，筑神道，北临昭灵，南出承恩，盛饰祠室，辇阁道通属永巷，而幽良人婢妾守之。”“光薨，上及皇太后亲临丧……赐金钱缯絮绣被百领衣五十箧璧珠玑玉衣，便房黄肠题凑各一具，枞木外藏椁十五具，东园温明皆如乘舆制度，载光尸柩辒辌车……发三河卒，穿复土起冢，祠堂置园邑三百家……”据此可知光墓蕴藏丰富，也有巨大之墓体，说是南

汉霍光墓

面那个大冢更为可能。但因时间所限，大家决定暂不探究。

这三墓都是茂陵的陪葬墓。此外，还有金日磾、上官杰、上官安墓；宫眷有李夫人、敬夫人墓等。

考察团来霍墓目的，重点在考察霍去病墓前之石刻，即举世皆知之“茂陵石刻”。此石刻原本放置在象征祁连山的墓上面，由于战争和其他人为因素，早就移位、散乱、残留在墓前各处，西京筹委会将它们收集到一起，并修房保存。房分东西二座，东面有石刻四：一为“站马”，原躺在墓前半坡下。二为“马踏匈奴”，一马立于一匈奴身上，匈奴刺髯乱发，狰狞可恶，被马踏身，身执弓箭奋力挣扎，其艺术、意义均不平凡，实为罕见之佳作，原在墓碑前三尺处。三为“卧马”，此马在艺术上为全体石刻中最为优秀，马伏息于地，前足微曲，意态悠闲自然，雕刻技术娴熟浑雅，足可代表汉代风格，其长约一丈，高约六尺，为整块花岗石刻成。四为“石虎”，亦浑厚可爱，身上花纹雕刻手法流利，尾卷于身，显得有力又有趣，原物从墓东南角掘得。西室内有石刻五：一为“石鼠”，在全体中体积最小，雕刻尚佳，原在墓前墙根处。二为“石熊抱猪”，一熊卧于地，紧抱一野猪啃噬，甚佳，原在东北围墙边。三为“石牛”，牛伏于地，大鼻大眼，极生动有趣，为石刻中体积最大者。夏先生说，此牛曾为村民运去作榨油压重使用，但出油量不增反减。有人夜出，见此牛正在饮油，遂将其还弃于墓前十一丈五尺远处。原牛前尚有一块小石，俗称“牛吃白菜”。四为“龙吸蛙”，众人不解其意，因都未听说过龙吃蛙之说。但见一龙张嘴吞蛙之状，气势凶猛，表现得颇为有力。原在墓东坡下。五为“石猴”，雕工不甚佳，

马踏匈奴石刻

何正璜与卧马

但却极顽皮。夏先生说，有一年某夜间，此猴走到一菜园吃菜，天明鸡叫，其动弹不得，被村人视为神，供于庙内。此外，传说尚有一“石猪”，某夜出饮水，因体重坠入塘中，至今不得见。此乡间奇谭，又惹得大家哈哈大笑。

此处石刻为我国留存至今最早之雕刻，经两千余年风霜，尚能呈现在众人面前，实属可贵。汉朝是我国最为活泼有魄力的一个朝代，此批石刻很能表现这种时代精神，集大雅浑厚、优美活泼于一体，实为稀世之珍宝。

王子云说，汉时尚不知运用青石，故所有石刻均为花岗石。

众人各按分工在石刻前做本位工作，或拍照，或测量，或速写，或拓印，或记录，忙碌又热闹。何正璜负责记录，记完，无所事，便在霍墓下徘徊，感念此高冢中乃大破匈奴之勇将，不禁扶碑感叹，今倭寇侵入我国，不知将军可知否？又见墓下遍生野花，黄紫相间，妍然可爱，便采了一束奉在墓前石阶上。石阶亦白洁整齐。日暖风微，她坐在台阶上，不觉昏昏睡了一觉。

霍墓周边三墓及石刻考察完毕，众人奔向茂陵。茂陵离霍墓约二里，说话间即到。

茂陵为汉陵中最大者，陵高二十余丈，周边一百数十步，有四条路可至陵上。陵顶方平，从远处看，宛然就是一座高山。如此庞大建筑完全由人工筑成，据说还

卧牛

伏虎

西北艺术文物考察团在霍去病墓石刻前工作情形

是由渭河之滨挑来的细沙堆筑而成，实在令今天的我们难以想象。汉陵徙民共置七县，高祖长陵及武帝茂陵各万户，余各五千户。陵前有清毕沅立一大碑，上书“汉孝武帝茂陵”六个大字。陵的四周，到处都是残砖碎瓦，应为陵之四门遗物。门已不存，遗址尚可辨认。陵内随葬品更为奢靡。《汉书·贡禹传》称：“武帝时，多取好女至数千人以填后宫。及弃天下，昭帝幼弱，霍光专事，不知礼正，妄多藏金钱财物，鸟兽鱼鳖、牛马虎豹，生禽凡百九十物，尽瘗藏之。又皆以后宫女置于陵园，大失礼，逆天心，又未必称武帝意也。”《旧唐书·虞世南传》有：“武帝历年长久，比葬陵中，不复容物，霍光谙于大体，奢侈过度也。其后至更始之败，赤眉贼入长安，破茂陵取物犹不能尽。”《西京杂记》则曰：“汉帝送死，皆珠襦玉匣，匣形如铠甲，连以金缕，武帝匣上皆缕为蛟龙、鸾凤、龟麟之象，世谓之蛟龙玉匣。”由此可见一斑。

对霍去病墓前石刻卧马进行模铸

对霍去病墓前石刻进行拓印

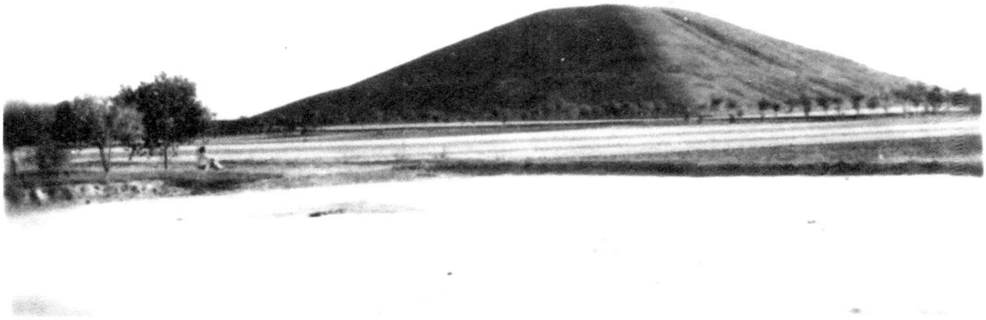

汉孝武帝茂陵

大家绕陵察看，未见盗陵之痕迹，仅兔洞累累而已。何正璜认为，纵论武帝一生，虽好大喜功，老年又因病多疑，滥杀无辜，但平心而论，实为中国民族史上一大伟人，其文治武功无与伦比，是我国封建帝王中最杰出的代表。

武帝母亲王夫人是一位再嫁之妇，其父汉景帝为太子时纳入宫中诞生武帝。武帝初被封胶东王，后借长公主刘嫖之力立为太子，十六岁即位，在位五十三年，是西汉在位最久的帝王。武帝在位完成最有历史意义的两件大事，一是抗击匈奴，收复失地，巩固了我国的封疆版图；二是振兴教育，制作礼乐，发展我国传统文化。此即史家谓之“文治与武功”。

匈奴是北方强大的游牧部落，其活动范围北至俄罗斯贝加尔湖，南至我国长城，主要生产方式是畜牧，同时进行抢夺掳掠。秦汉间，匈奴大肆南侵，高祖立国后，匈奴勾结汉室叛贼深入长城以内，高祖亲兵四十万与之决战，结果被围于平城，惨败而归。此奇耻大辱四十年不能报，且匈奴屡犯边境。汉文帝时，匈奴铁蹄竟踏至甘泉直逼关中，气焰极为嚣张。每次南来，杀人放火，破坏生产，掳获边民当作奴隶，并向汉朝勒索财物。历经高祖、惠帝、吕后、文帝、景帝，均采取息事宁人的政策，以欢言财物换和平，还常常将宗室女子晋升成公主与之和亲。

武帝即位后，匈奴对大汉仍侵犯不已，武帝度德量力，凭借父、祖（景帝、文帝）两代的生聚积累经济实力，内部也解决了同姓王动乱问题，在中央集权更加巩固的情况下，便下决心对匈奴大张挞伐。擢选奴隶出身的卫青做大将军，名将李广、苏建都、霍去病亲躐戎行，一举彻底摧毁了匈奴的侵略政权。另外平南越、定黔滇、并朝鲜、通西域，皆为不可磨灭之功绩。

在恢复、发展文化教育方面，武帝采纳董仲舒的建议，在京师设立太学，在各郡也广立学校，为国家培养了许多经邦治国的人才。同时设置乐府，采集民歌，谱写乐章，收集遗籍，继承发展我国的传统文化，对后世文化发展影响巨大。

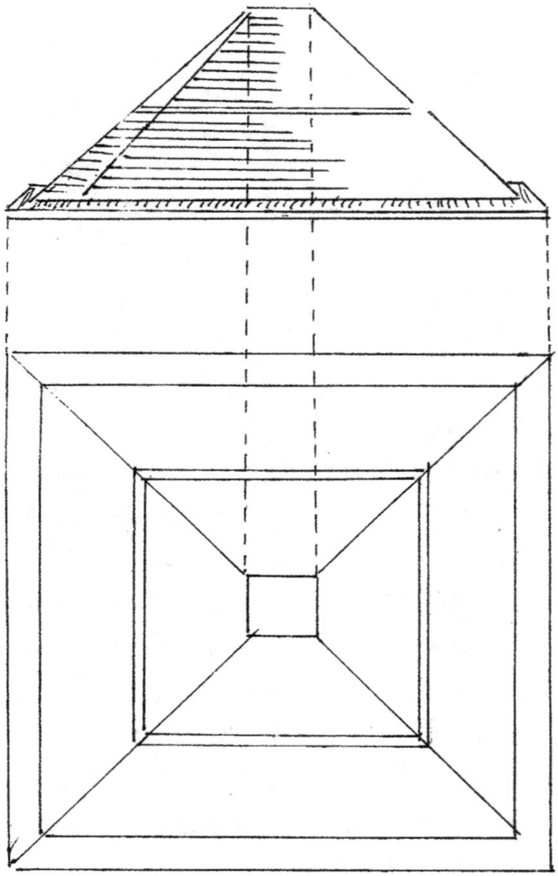
考察团绘汉代帝陵之外形及其平面图

公元 87 年武帝病逝，享年七十一岁，葬礼由霍光主持，极尽奢华，比其他陵墓都大十分之一，颇为后世所诟病。

考察工作完毕，何正璜同众人攀登至陵顶，但见景物倩丽，大地有如一圆盘，由陵麓至天边尽为纵横之麦田，深浅的绿色中有整齐的车路，色彩、线条均给人以沉静与方正之感。再远即为山脉，在暮霭中呈现为淡淡的紫灰色。在远山与紫绿二色中，有一条闪烁其间的金黄色丝带，此乃秦地之名川渭河。众人置身此圆环之中，陵高日暮，寒风习习，虽众人无语，但每个人心中皆感慨良多。

从茂陵上西望，一里外有一高冢，虽远不如茂陵，然也足够高大，葬李夫人，俗称“英陵”。李夫人，即李延年那能歌善舞、又有“倾国倾城”之貌的妹妹，推荐给武帝后，“帝深爱之”，因病早逝，陪葬于此。

何正璜对此认为“颇为不公。武帝本有陈、卫二皇后，均因罪坐废，陪武帝共度千秋者，竟是‘本以倡进’之李夫人，真乃世事难料！”

出于好奇，何正璜不顾日已西垂，在几个人的陪同下，来到英陵脚下。但见墓周亦遗有甚多砖瓦残片，唯无墓垣遗基，墓前有毕沅所立“汉孝武皇后李夫人墓”石碑，墓前植树两行，中修墓道，直达茂陵。夏先生说，每当新月初上时，自英陵有白色青烟一缕，袅袅直绕茂陵而没。何正璜听此，不觉对着英陵久久凝望，对躺在这里的绝代佳人，稍有些许亲切之感。

日已暮，众人收起东西，步出陵区，向车站走去。途经一大村寨，村人不知是否当日守陵富豪之后裔，但均贫苦。村寨路口有一石碑，上书“始平旧址”，夏先生说，六朝时，此处为始平县。

夜色中行路，大家都觉得特别有趣，个个心情特好，互相不见面容，仅闻笑语，或鱼贯而行，或雁行而行，人人都不觉疲惫，且有噱口作歌者，一行甚欢。

但到车站后，令人大觉失望，因班车本当晚上9时到，而今日晚点，何时能来不得而知。在此情形下，进退不得，荒村小站，既无旅社又无茶馆，二三里之内绝无人家，仅有孤零零的小站和五六条铁轨而已。直等到12时仍无希望。既疲惫又寒冷，众人只能蜷缩在一条长椅上。夜色深深，寒风嗖嗖，人人都几乎耐不住了。何正璜一受凉就腰疼难忍，又毫无办法，以致腰以下全无知觉。直至凌晨4时，方有一列火车姗姗而来，众人一跃而起，何正璜佝偻着腰，在王子云的搀扶下，随众人急急上了车，找个座位坐下。王子云说，旧有“鸡声茅店月”，而我们连个茅店也不可得，比之更为凄凉狼狈。月色明媚，照耀着宇宙大地，窗外景色依稀可见。火车在月色中穿过渭河时，何正璜忍着腰疼禁不住说：“景色真美！”

晨曦中，车抵长安驿，富丽堂皇的建筑上空挂着半轮明月，车站灯火通明，与月光相映，如水晶宫的画一样。

考察团再一次来到咸阳塬。在距茂陵东七八里处有两座大冢，东西并列。东者略偏南，冢前有“汉哀帝义陵”石碑。西者略偏北，冢前有“汉平帝康陵”石碑。二陵均小于茂陵，而义陵更小于康陵。因此二帝是西汉最后两位皇帝，且享祚及年寿均短，所以陵丘也小。另，平帝为王莽所杀，为掩饰计，特将陵园建得略好一些，所以康陵大于义陵。

经考察，义陵保存状态却好于康陵。义陵的陵垣及四门遗址均清晰可见，但陵高仅21.8米，是汉陵中最小的。二陵四周也无陪冢，此概因二帝在位时间太短之故。

5. 考察延陵区

又一天，考察团一行仍由西安出发，乘火车到咸阳站下车，再往北十五里，有一周陵中学，考察团就落脚在此中学内。所谓周陵，即周文王、周武王之陵，二陵即在此中学校门外。

周陵中学为咸阳县立。但是因为该校是本地一位叫王藩成的先生所创办，所以，校长就由王先生担任。王校长朴实健谈，为人随和，对当地史迹甚为熟悉，一张嘴便滔滔不绝，唯对周文、武王陵的误置死不认账。他说："颜师古注《汉书·刘向传》中说，文武周公所葬之地在毕陌，在今长安西北四十里。宋元以来，均对此说无异议。"

何正璜对他说："颜师古先生注错了。唐以前史籍中，比如《史记》《竹书》《黄览》《帝王世纪》等，均谓周陵在丰镐附近之毕塬。即使北魏、隋、唐祭祀周陵，也说'祀文王为丰，祀武王于镐'。这说明渭河南北岸在西安与咸阳交界处有两个毕塬，

周武王陵

渭北为毕陌塬，为诸汉陵所在地；渭河南岸即西安城西北角谓之‘毕塬’，是丰镐二京所在地，也应是周陵所在地。”王校长愤愤不已，决不承认。何正璜看看他那红红的脸和脖颈上暴出的粗筋，不禁笑了，心中想：“秦人的倔算是领教了一回。”

何正璜在周穆王陵前

此区域内有汉陵三，巨型陪冢二，陪冢即萧何墓与曹参墓，汉三陵即平陵、渭陵和延陵，均在周陵中学附近。平陵位于中学东南约五里，渭陵位于西南约三里，延陵又在渭陵西南五里，恰成三足鼎立之势。三陵均呈庄严之方锥形，陵前均有毕沅所立石碑。

平陵在周陵中学东南方之大王村。陵山大小比平帝康陵高大，高27.5米。陵园遗址仍清晰可见，南北西三门址也可见。陵前有毕沅立“汉昭帝平陵”石碑。

昭帝名刘弗陵，是武帝幼子，母亲赵婕妤，因居钩弋宫，人们又称其为钩弋夫人。武帝临终前，太子已冤死于“巫蛊之变”，另外的儿子齐怀王、昌邑哀王早死，燕王、广陵王行多过，不成器，所以幼子嗣位，登基时年仅八岁，由霍光辅政，皇后是霍光的孙女，年七岁。立弗陵为太子时，武帝已年老，钩弋夫人正值青春妙龄，他深恐自己死后女主擅权，便“杀其母，立其子”，残忍地处死了无辜的钩弋夫人。民间可怜这位女性，传说她化为一只青鸟，常在甘泉宫（她被处死处）飞鸣不已。

昭帝在位十三年，虽无大作为，但改武帝奢靡之弊，轻徭薄赋，与民休息，颇得声誉。特别是遗令制陵“流水而已，不得起坟”，也是很得人心的。但死后由霍光主事，并未能按他的遗言办理。据《汉书·酷吏传》记载，由于“上事暴起，用度未办”，大司农田延年下令，将富商囤积的芦苇、木炭、葬具、冥器等尽行没收，用于平陵，并临时租用牛车三万辆，从渭桥附近运沙填圹（堆沙积坟，圹坑填沙防盗）。田延年因在租车中有贪污行为，被发现后下狱自杀。何正璜还记得《汉乐府》中有一首诗歌，叫《平陵东》，她就在考察现场背给大家听：“平陵东，松柏桐，不知何人劫义公。劫义公，在高堂下，交钱百万两走马。两走马，亦诚难，顾见追吏心中恻。心中恻，血出漉，呼儿归家卖黄犊！”说明这里当时是一片长满松柏桐树的森林，且常有劫匪出没，把人质藏在这里，向被害者家人勒索财物，逼人质家破人亡。

渭陵在周陵中学西南之新庄村，远比平陵高大，高达 29.7 米，仅次于茂陵。只是陵园及四门遗址均已湮没不可见。陵域狭小，考察团人多，测量等工作受拘束。

何正璜查《汉书・元帝纪》：“竟宁元年五月元帝崩……有司言：乘舆车牛马禽兽皆非礼，不宜以葬。奏可。”对这位皇帝的史籍记载，何正璜做足了功课，了解到历史上对这位皇帝褒贬不一。据上述史籍记载，元帝之葬应至节俭，但见陵山较其他陵墓更为宏大，令人不解。

元帝为宣帝太子，其母许皇后在产后被霍光夫人串通御医毒死，宣帝悼念糟糠之妻，怜悯其子，选一位“素谨慎而无子”的高级嫔妃王氏为皇后，抚养其长大，因此王皇后成了元帝的养身之母。

古籍上谓其多才多艺，善作篆书，好儒学，且能自度曲，宽仁尽下，号令温雅，为汉代最有儒家风度之帝王，但又有的说他“酷爱经学”，对施政执法一窍不通，违背了汉代“儒法间糅”的统治原则。宣帝曾断言：“乱我家者，必太子也！”果然，他统治十五年中，朝纲紊乱，外戚专权，后宫也闹得一塌糊涂。他治国无术，治家无方，后代把“元、成、哀、康”相提并论，他身居祸首。历史上有名的“昭君和番”丑剧就是由他导演的。据《西京杂记》所述，元帝宫女数千，不能一一过目，便命画师以肖像晋奉。昭君无钱贿赂画师，便被易妍媸，赐给匈奴单于。陛辞之际，元帝发现她是一位绝色美人，只好忍痛割爱。事后，他恼怒地把长安画师诛杀殆尽。

他在位时，娶阳平侯王禁次女为皇后，纵使王皇后家族地位日见显赫，外戚之祸日盛一日，终于断送了刘汉王朝。

元帝逝世，葬礼十分隆重，并尊为“汉高宗”，建庙祭祀。王莽篡位后将其庙“废彻涂地”。王皇后死后与之合葬，但中间挖一沟隔开，以示他是前朝帝王。

何正璜讲述后，大家断定元帝为毁汉并最终使其灭亡的祸首。

渭陵东，有近三十座陪葬墓。

陵前有毕沅立“汉元帝渭陵”石碑。

延陵在渭陵之东、咸阳北塬郭旗寨村，是汉陵中规模较大者。在考察团赴延陵前，何正璜查阅有关资料，始知延陵在选址、建筑过程中是经过反复折腾的，靡费了大量的人力和财力。《本纪》有："永始元年……秋七月诏曰，朕执德不固，谋不尽下，过听匠作大将万年，言昌陵，三年可成，作治五年，中陵司马殿门内尚未加功，天下虚耗，百姓罢劳，客土疏恶，终不可成。朕惟其难，怛然伤心。夫过而不改，是谓过矣。其罢昌陵，及故陵勿徙吏民，令天下毋有动摇之心。"又《汉书·刘向传》有："成帝营起昌陵，数年不成，后返归延陵，制度泰奢，光禄大夫刘向上疏谏曰：'陛下即位，躬亲节俭，始营初陵，其制约小，天下莫不称贤明。及徙昌陵，增埤为高，积土为山，发民坟墓，积以万数，营起邑居，期日迫卒，功费大万百余，死者恨于下，生者愁于上，怨气感动阴阳，因之以饥馑，物故流离以十万数，臣甚愍焉。以死者为有知，发人之墓其害多矣。若其无知，又安用大……'上甚感向言而不能从。"《关中记》曰："成帝起延陵城邑以成，言事者以为不便，乃更造昌陵，在霸城东二十里，运沙渭滨，取东山土与粟同价，所费巨亿，数年而陵不成。谷永等奏昌陵积土为高山，梓邨犹在实土之上，浮土之下，非永年之基，延乡之地，居高临下，宜还就延乡……宜如永等议，乃徙延陵。"

在考察团抵达延陵开始工作之前，何正璜给大家讲述：在成帝统治期间，百姓在沉重剥削压迫下已痛苦至极，但他仍为自己营造昌陵，工程浩大堪比始皇陵。他为取悦赵飞燕姐妹，重修未央宫，用珠宝美玉做装饰。为了修建离宫别馆，竟然"发人墓冢，截断骸骨，暴扬尸柩"，闹得各地百姓"流散冗食，饿死于道，以百万数"，"公家无一年之蓄，百姓无旬日之粮"。国困民穷，饥寒所逼，百姓铤而走险，全国连发多起农民起义，致使赫赫王朝急转直下，日趋衰败。

成帝是元帝的长子，母亲王皇后，是王莽姑姑，享年八十四岁，历经元帝、成帝、哀帝、平帝、孺子刘婴、王莽六代，由皇后晋位太后、太皇太后、"新室文母"，前后享至尊之位达六十一年，是我国后宫在位最久的一位女性。

而这位成帝一方面爱文辞，可称为雅帝，但另一方面却是个嗜酒好色之徒，不甚过问朝政，大权旁落于外戚手中。他的五个舅舅同日封侯，大半都是在生活上骄奢放纵，政治上专权跋扈，甚至招贼养盗，祸乱京城。成帝宠幸赵飞燕姐妹，同时又偷鸡摸狗，渔猎女色，而后又与赵飞燕姐妹合谋杀害后宫妃妾所生儿子，闹得乌烟瘴气。成帝在位二十五年，患病暴亡。在他尸骨未寒之际，大臣解光将他与赵飞燕姐妹杀子罪行公布天下，合德当即自杀，飞燕被打入冷宫。成帝竟无子嗣。成帝自营寿陵，初在延陵，后改建昌陵，因所费巨亿，以致天下虚耗，百姓罢劳，于是半途而废，仍归延陵。但他不听刘向之谏，以致延陵规模仍大于其他陵，唯陵山不是太高。全国百姓不堪其苦而罢劳，因而陵垣面积大而坟丘没有达到预期规模。

大家一边听，一边巡目望延陵，只见陵山之正面中央即羡门处有一明显凹陷，乃后人盗掘之明证。正如刘向所言："其葬愈厚，丘垄弥高，宫室愈丽，发掘必速。"

延陵东南有陪冢三座，西南有巨冢一座，传为王太后墓。何正璜说："实不可能。《汉书·本纪》载：'成帝母王太后与元帝合葬渭陵。'《水经注》有：'延陵西南有大将军窦婴冢。'因而，巨冢为窦婴冢更为可信。"

延陵前也有毕沅立"汉成帝延陵"石碑。大家分头丈量、拍照、写生、记录，完工后即移师萧何、曹参二墓。

在考察团划分的延陵区域内，知名之陪冢仅有相国萧何及曹参二墓。二墓相距甚近，离周陵中学东北约十五里。大家到达后，见两墓不甚高大，墓前也有毕沅所立石碑。但是，何正璜觉得此二墓不是萧、曹二人的墓。因为她事前查《东观汉纪》，此书上说："萧何墓在长陵东司马门道北百步。"《通志》说："长陵亦曰长山……陪葬诸臣萧何、张良、曹参、纪信在其东。"何正璜说："度其理，萧、曹二人怎么可能陪延陵？之所以发生此错误，概因宋敏求先生在《长安志·咸阳条》中讲：'汉萧何墓在县东北三十七里，汉曹参墓在县东北三十五里。'清毕沅据此断定并在二墓前分别立'汉丞相萧何墓''汉平阳侯曹参墓'二碑，这无疑是大错了。"

众人信其言，但仍做各项记录备存。

此区域内，萧何墓东南有七个墓贯若连珠，俗称"七妃冢"，并称其中之一为高祖戚夫人墓，墓前无碑。何正璜说："《关中史迹考》上载，戚夫人墓在咸阳塬，似不在此。"大家巡视良久，雷震突然说："是不是'戚''七'之误啊？"大家顿悟，都觉得有这种可能。但戚妃墓究竟在何处，一时不得考，只能收录存疑了。

6. 考察长陵区

长陵区包括高祖长陵、惠帝安陵、景帝阳陵、吕后陵与其他陪葬墓。

此区域已到咸阳塬之东尽头，为咸阳、高陵二县交界处，离周陵已有四十里之遥，且其间多深沟大渠，交通不便。如由西安前往，可乘咸同路火车至萧家村下车，再北行五里即到长陵，一日内便可将三帝陵一并考察完毕。于是，大家择日前往。

高祖刘邦是西汉的开国之君，在位十二年。他的陵寝可谓是他的后代子孙的样板。当时虽战乱甫定，但他仍不惜财力，把陵墓修得极为壮观。

考察团到达咸阳塬萧家村西北，见长陵居高临下，形势雄伟，陵前有毕沅立“汉高祖长陵”碑。何正璜查《关中记》得知：“长陵城有南北西三面，东面无城，陪葬者皆在东。”陵垣遗址及四门基均已湮没，无从测知。有人问：“为何东面无城？”何正璜说：“刘邦起于草莽，是个平常人，是个颇具人情味的人。辅佐他戡定天下的开国功臣们都陪葬在东，大概是为了与陪葬者便于来往吧！还有，据《史记·高祖本纪》记载，他临终前一年曾回过一次故乡沛县，与家乡父老尽情欢乐，唱《大风歌》，泪流满面，边唱边舞：‘游子悲故乡，我虽都关中，万岁后吾魂魄犹乐思沛！’因此，陵园东边无城垣是为了满足他魂魄回乡出入方便吧！”大家都说有理。

经实测，长陵东西长140米，南北略短，为110米，高25米，四面皆有三级台阶。何正璜沿阶而上至陵顶，一眼望去，只见面临渭水，遥望终南，形势极胜。她突然想起唐末诗人韦庄的《登汉高庙闲眺》的诗来，不禁吟道：“独寻仙境上高原，云雨深藏古帝坛。天畔晚峰青簇簇，槛前春树碧团团。参差郭外楼台小，断续风中鼓角残。一带远光何处水，钓舟闲系夕阳滩。”

大家西行半里到一巨冢前，传此为吕后陵。据说，清末尚有毕沅立的碑，今已没矣。四周残瓦堆积尚多。

测量完毕，大家坐下小憩。闲谈中，大家都觉得长陵与吕后陵似有不妥之处，长陵不像一个开国之君的葬地。但只是感觉而已，谁也说不出根据。因而只能在文字记录上加了那么一句。

大家在吕后陵考察完毕，提起行囊，准备向东北行五里，到惠帝安陵及景帝阳陵。但路上被深沟所阻，不得不绕道塬下。安陵在东，阳陵在西，相距约一里。

惠帝是西汉第二代帝王，由于母亲吕后强势，自己懦弱，在位七年无所建树，朝政基本由其母专断。他在位唯一一次大展拳脚的事，是想杀吕后的情夫审食其，但没有成功。吕后杀了他的异母弟赵王如意及如意母亲戚夫人后，他更是被吕后的淫威所震慑，从而再无所作为。

阳陵是西汉第四代帝王景帝刘启的陵寝，景帝在位十五年。

安陵、阳陵前均有毕沅所立石碑，二陵中阳陵较大。经实测得知，阳陵陵基长150米，高28米。二陵均为较完整之正方锥形，陵垣四门遗址也清晰可见。二陵周围带花纹的汉代砖瓦到处都是。大家丈量、拍照、速写、记录完毕后，坐下小憩。何正璜说起了景帝：景帝是武帝之父，是西汉承前启后的帝王，又是“文景之治”的开创者之一，在位执政手段强硬，曾镇压了七国同姓王的武装叛乱，巩固了中央集权，发展了经济，为以后武帝时期鼎盛局面奠定了基础。

但是，大家对长陵、吕后陵及安陵、阳陵总觉得有不对的地方。此处陵墓太多，何处为功臣、何处为王子、何处为宠姬，实无法考证，也只能暂时存疑了。

7. 考察霸陵区

西汉十一帝中，唯文帝霸陵、宣帝杜陵在西安东南方，考察团将此二陵合为霸陵区一并考察，从西安出发至二陵极为便利。

此二陵地理位置特殊，且各据形势，因之对二陵的辨认历来没有异议。

何正璜在读完有关资料后，对此二帝最感兴趣。出发前，她给大家介绍说，此二陵特殊，此二帝在西汉十一帝王中也与众不同。葬于霸陵的文帝刘恒是西汉第三代帝王，是高祖刘邦的儿子，惠帝刘盈的异母弟弟，在位二十二年，是我国封建社会少有的有道明君。他的母亲薄氏，宫女出身，地位卑贱，母子俩在刘邦眼中根本无足轻重，所以把这个儿子封疆于长城内最苦寒的地方，是为代王。高祖死后，吕后大开杀戒，高祖的儿子、后宫的嫔妃姬妾一个个被杀，只有代王远在边陲得于幸免，其母薄氏也因久被冷落而免遭毒手。

汉文帝霸陵

吕后死后，大臣周勃、宗室刘章指挥禁军将吕后宗族党羽杀尽斩绝，迎立代王为帝，是为文帝。

文帝崇尚节俭，体恤民力，自己粗衣粝食，连自己最宠爱的慎夫人也只穿平常衣服。他的内宫侍女也不过数十人。他的皇后窦氏也是穷苦人家出身，与其志趣相投。其母薄太后仁厚明智，母子共同执政，勤政爱民，使西汉王朝达到空前稳定。

《汉书·本纪》载："后七年夏六月己亥帝崩于未央宫，遗诏曰：朕闻之盖天下万物之萌生，靡不有死。死者天地之理，物之自然，岂可甚哀。当今之世，咸嘉生而恶死，厚葬以破业，重服以伤生，吾甚不取。且朕既不德，无以佑百姓，今崩……布告天下，使明知朕意，霸陵山川因其故，毋有所改……令郎中令张武为复土将军，发近县卒万六千人，发内史卒万五千人，藏椁穿复土属将军武，赐诸侯王以下至孝悌力田金钱帛各有数，乙巳葬霸陵。"

考察团出西安城东二十里之白鹿塬东坡，即到霸陵。陵东临灞水，依山起陵，不另起坟，实乃崇俭恤民之意也。

《文献通考·卷百二十四》："文帝治霸陵，皆以瓦器，不得以金银铜锡为饰。不治坟，欲为省，毋烦民。"

对如此开明节俭的皇帝，后代行人路过此处，往往俯身而拜。东汉末关中战乱，诗人王粲逃亡途经此处，写诗云："南登霸陵岸，回首望长安。忆彼泉下人，喟然伤心肝！"可见霸陵在人们心中的美好印象。

在灞河对岸，埋葬着文帝母亲薄太后和窦皇后，这二位在"文景之治"中做出了卓越贡献的贤妻良母，也同样受到后世人们的尊重。

薄太后陵高五丈许，陵前毕沅立碑已仆毁。

窦皇后的墓在何处？考察团遍寻不得见。

灞水岸之铜人塬上有韩信墓。韩信本汉初三杰之一，但萧何、张良均陪葬长陵，而韩信独葬于此，大约是因其被吕后所杀之故。《关中胜绩图志》载，韩信墓前有庙，但庙已不存，毕沅所立碑也不见，墓呈钝圆锥形，高约四丈。

考察团分别丈量、拍照、速写、记录后，前往杜陵。

在前往杜陵途中，何正璜给大家说，杜陵也是远离咸阳塬汉陵群之帝陵。帝陵独矗一地，其主人汉宣帝也是独树一帜，在西汉十一帝王中，是一位精明强悍、文治武功都不亚于他的曾祖父武帝刘彻的帝王。其身世悲惨、境遇离奇，更是在帝王中绝无仅有的。

本来他是武帝的曾孙，祖父刘据是武帝太子，父亲刘进是嫡长皇孙，他本应顺理成章地世袭皇位。但是武帝晚年迷信，猜忌心极重，中大夫江充投其所好，说太子刘据家中埋木偶咒他早死。武帝大怒，发兵讨伐，太子也领兵对抗，酿成一场相当惨烈的宫廷内斗——这就是史上有名的"巫蛊之祸"。宣帝祖父以下三代均惨遭杀害。当时宣帝还是襁褓婴儿，也被收入长安监狱，连名字也没有，还病恹恹的，人称"病已"。恰好遇到一个叫邴吉的狱官，邴吉看到这个无辜的婴儿，就心生怜悯，便选择几位女囚精心抚养他，用自己的薪酬支付有关费用。一日，武帝听信一个巫

汉宣帝杜陵

师的谎言，说“长安狱中有天子气”。武帝便下令将狱中所有囚徒一律处决。邴吉拒不奉诏，保全了包括宣帝在内的所有的囚徒的性命。

后来，武帝对自己摧残骨肉的大屠杀有所醒悟，宣帝由此才变为平民。他的曾外祖母收养了他并精心抚养他长大成人，取名刘询。另一个叫许广汉的狱官把女儿嫁给了他。

作为平民的刘询，常常游乐于杜陵塬上，有时在村中小店寄宿，有时在街上买饼充饥，他深深地爱上了这片秀丽的山川。

在他成长过程中，宫内两位皇帝，一位突然去世（昭帝刘弗陵），一个是神经病（废帝刘贺）。这时，那个救他性命的狱官邴吉已是大将军府的长吏，邴吉极力推荐他执掌汉家天下，由大将军霍光决策，这位流落民间的幸存者登上了天子宝座。

宣帝刘询在位二十四年。《汉书》云：“由仄陋而登至尊，兴于闾阎，知民事之艰难……励精为治，五日一听政事，自丞相以下各奉职而进。”他对内，儒法杂糅，刷新吏治；对外，恩威并施，安抚边疆，使过去衰败景象逐步得以改观。史称他为“中兴之主”。

杜陵在西安东南灞水西岸古杜县故址。《汉书·本纪》：“帝高才好学，然也喜游侠斗鸡走马，具知闾里奸邪，吏治得失，数上下诸陵……尤乐杜户之间，率常在下杜。”下杜乃宣帝少年时游乐驰骋之地，对这个地方特别有感情，所以选作葬地。

考察团一行出西安南行二十里，即到杜陵塬。何正璜说，据查考，此地亦称鸿固塬，是古杜伯国之旧址。杜伯国为周成王时之封地，秦为杜县，汉曰下杜。

大家登上杜陵，但见地势高阔，北依长安，南对终南，东临浐灞二川，西眺关中平原，视界空朗，形势极佳。

陵山为一规则方锥形，与咸阳塬上汉陵同一形制。陵地有二重墙垣。据实测，外墙至陵底 143.6 米，长 469 米；内墙距陵底 25.1 米，长 232 米。陵南有毕沅立“汉宣帝杜陵”碑。陵园四周，以北门址较显，附近遗有砖瓦残片甚多，可想见当年建筑之盛况。

杜陵四周陪葬墓甚多，最大者为王皇后墓。王皇后之父奉光，少时爱好斗鸡，乃宣帝在民间时的玩伴，宣帝即位后选其女入宫为婕妤。许太子之母许皇后被霍光妻害死后，宣帝选“素谨慎无子”的王婕妤抚养许太子，并立其为皇后，元帝即位立为皇太后，成帝即位立为太皇太后，凡立近五十年，与宣帝合葬杜陵。虽同茔而别为坟，坟在杜陵东，故称东园。

此处视野开阔，环境优美，但终因陪葬墓太多，考察团诸人上上下下来回奔波，还是觉得劳累不堪。丈量、拍照等完毕，何正璜说，她想去看看许后陵。

许皇后即狱官许广汉之女，是宣帝尚在民间时娶的妻子。宣帝即位立为皇后。霍光妻为立其小女为后，在许后产后，串通御医将其药死。许后葬于杜陵南园。

何正璜说，许后于微时与宣帝相随，宣帝不忘故剑，登基后立其为后，竟为霍氏所害，实在可哀！而霍光虽有盖世之功，但因此全家被诛灭，其女虽立亦废，终于自杀。由此可知宣帝是十分宠爱许后的。她被害后，特选离其寿陵不远处一幽静高原为葬地。地临潏河上游，终南山下。后人因许皇后葬在这里，陵墓较小，遂名此塬为少陵塬。

众人从杜陵又南行十五里，到达许后陵考察后始返回。

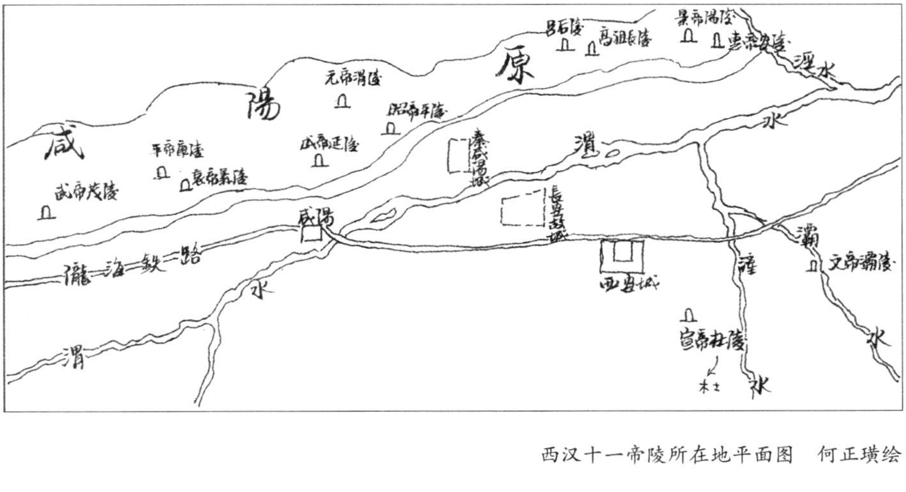

西汉十一帝陵所在地平面图　何正璜绘

8. 何正璜说西汉帝陵辨认之误

考察团自 1941 年 3 月 16 日开始考察汉陵，原计划不过三个月。岂料在考察中情况多变，一是有时被预防日机轰炸的警报声所阻；二是考察计划的临时变更，比如在赴汉陵途中遇到唐陵，为了不走反复路，就先考察了唐陵；再就是对汉陵考察内容的增加，如对霍去病墓前石刻群的模铸，即为原计划中所没有的，因那些雕刻太过精彩、宝贵，因而不惜用了几个月时间对其中几件翻铸了石膏模型……因种种原因，很难确定汉陵考察是何月何日结束的。直到 1942 年 6 月的一天，团里才召开了汉陵考察工作小结会。

在这次小结会上，何正璜重提大家在考察中对汉陵误认的疑问，并就此做了长篇发言。她说，她和王子云依据有关典籍和大家实地踏察成果，经过反复比对研究，认为：咸阳塬上九座帝陵中，除武帝茂陵与成帝延陵准确无误外，其余七陵的认定全都错了！之所以发生这样的误认，原因是：

第一，社会的不稳定，战乱多发，朝代更迭频仍，致使盗掘焚毁严重，陵园本来面貌遭破坏，客观上给辨认造成了困难。仅现在查到的盗掘焚毁记载有：

《后汉书・光武纪》“建武二年春正月……赤眉焚西京宫室，发掘陵园。”

《魏书・文帝纪》“……丧乱以来，汉氏诸陵无不发掘，至乃烧取玉匣金缕……骸骨并尽。”

这些还仅是蜀汉以前的事。此后经过两晋南北朝隋唐五代，长安历遭兵乱，其显著者如西晋建兴四年汉曜之陷长安，东晋永和七年秦苻坚之陷长安，乾宁三年李茂贞犯长安。不仅宫室被焚，近在咫尺之陵墓亦必遭掘发，所有当时之金石遗物，已无一可考，沧桑变化，面目全非。

第二，长安、咸阳二城址历经秦汉唐宋，多有迁徙变化，如果仅以册籍所载各陵的方位及里数，必错无疑。宋太主立国后，对前代帝王陵墓曾给予修整并正名立石，但当时戎马仓促，国势未稳，仅派人按册籍所记行之，未做细致考证，便让陵址所在村民于村口竖碑。如此草率，岂能不出差错！宋辽金以后，这些碑石又被毁坏不存，以致近代方志对各帝陵方位距离更是阴差阳错、张冠李戴。如此定案，众人因袭不查，更无变章骇俗之人出而纠正，有如周文王、周武王之陵，虽公认有误，每年政庑仍派大员扫祭，致使谬误流传。

现在陵前所存碑石，最早者仅为明代，且十不存一。唯可资辨者乃清乾隆陕西巡抚毕沅令各县知事代立之石碑。可惜这些石碑正如前述原因，九者错其七。

下面仍按本团所分四区分别加以订正：

茂陵区内义、康二陵之误——平帝康陵当为昭帝平陵之误，现认哀帝义陵不是帝陵，是后妃或将相之陪冢。

根据一：《水经注·渭水条》有“渭水又东汇成国故渠……东经汉武帝茂陵南，陵西北一里即李夫人冢……故渠又东经姜源北渠，北有汉昭帝陵，东南去长安七十里。又东经平陵县故城南，又东经汉大将军魏其侯窦婴冢南，又东经成帝延陵南，陵东北五里，即平帝康陵。故渠又东经渭陵南……又东经哀帝义陵南，又东经惠帝安陵庠”。

根据二：《汉书·本纪》“臣瓒注：义陵在扶风，去长安四十六里……康陵在长安北六十里，平陵在长安西北七十里。”

根据三：《三辅黄图》称“哀帝义陵在扶风渭城西北塬上，去长安四十六里。平帝康陵在长安北六十里兴平塬口，昭帝平陵在长安西北七十里，去茂陵十里”。

根据四：《元和郡县志》称“哀帝义陵在县北八里，平帝康陵在县西北二十里（这里所指之县，为唐之咸阳县，今之渭城湾）”。

依据以上记载，今之康陵，按《水经注》之顺序、《三辅黄图》所载之里数及《元和郡县志》平陵距唐咸阳县之里数，则实为昭帝平陵无疑。

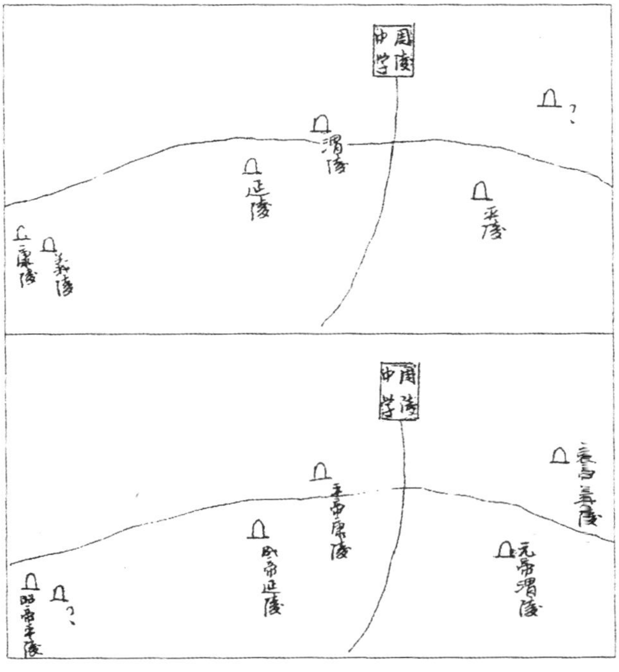

上：清毕沅立碑所定之各陵位置图　何正璜绘

下：考证后各陵真实位置图　何正璜绘

延陵区内平、渭两陵之误及哀帝义陵之所在——此区域内之元帝渭陵与昭

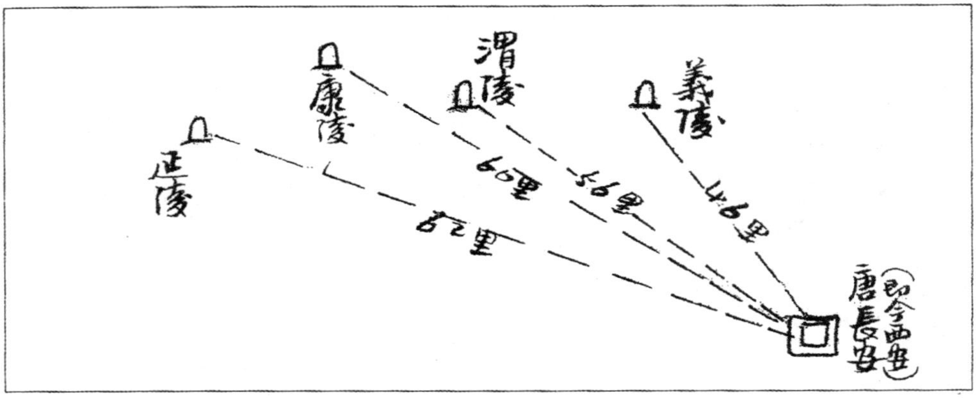

延康渭义四陵距离长安里程图　何正璜绘

帝平陵，一在周陵之东南，延陵之正东；一在周陵之西南，延陵之东北。前在茂陵区内之平帝康陵既系昭帝平陵之误，而哀帝义陵的辨认自然亦错了。那么，康、义二陵也应在别处无疑。依据《水经注》所载："故渠又东经成帝延陵南，陵东北五里，即平帝康陵也。故渠又东经渭陵南……又东经哀帝义陵南。"如此以延陵为中心，则延陵东北之元帝渭陵实为平帝康陵。而元帝渭陵应在延陵正东，即今昭帝平陵所在处。哀帝义陵则更在渭陵之东。又《汉书》臣瓒注："成帝延陵在扶风，去长安六十二里，平帝康陵在长安北六十里，元帝渭陵在长安北五十六里，哀帝义陵在扶风，去长安四十六里。"依据此所记之里数、距离，其由西向东之顺序，应为延陵、康陵、渭陵、义陵，如上图。

又，哀帝义陵既应在元帝渭陵之东，今渭陵东北五里处有一巨冢，其形制同其他汉帝陵，村人俗称为阳陵。而景帝阳陵绝不在此，致一般人多断为隋恭帝陵，因《隋书》称："炀帝幸扬州，留代王侑（恭帝）守长安，李渊起兵攻破之，执代王侑，饮以鸩毒。"当时为掩人耳目，以帝礼葬于咸阳北塬，故人多疑此为阳陵，乃隋恭帝冢，但并无任何确证。而今依《水经注》及《汉书》注所记，则此冢实为哀帝义陵。且《元和郡县志》亦谓："哀帝义陵在县北八里。"如以唐咸阳城计之，此陵恰在其北八里，更可证明其为义陵无疑。

长陵区内长、安、阳三陵之误——茂陵区内茂陵无误，延陵区内延陵无误，而长陵区内三陵的认定却全部错了，实在遗憾！过去日本人足立喜六实地踏勘时，已对今之高祖长陵发生疑问。阎文儒著《西京胜绩考》中，对此三陵亦有所辨证。陈子怡之《咸阳塬上汉帝诸陵考》对各汉陵之误认的考证尤为详尽。以上三人主要之依据，亦为《水经注》及《汉书注》等书之记载。关于长陵、安陵、阳陵之误认，我们查得的资料有：1. 郦道元《水经注·渭水条》；2.《汉书·地理志》；3.《汉书·本纪》

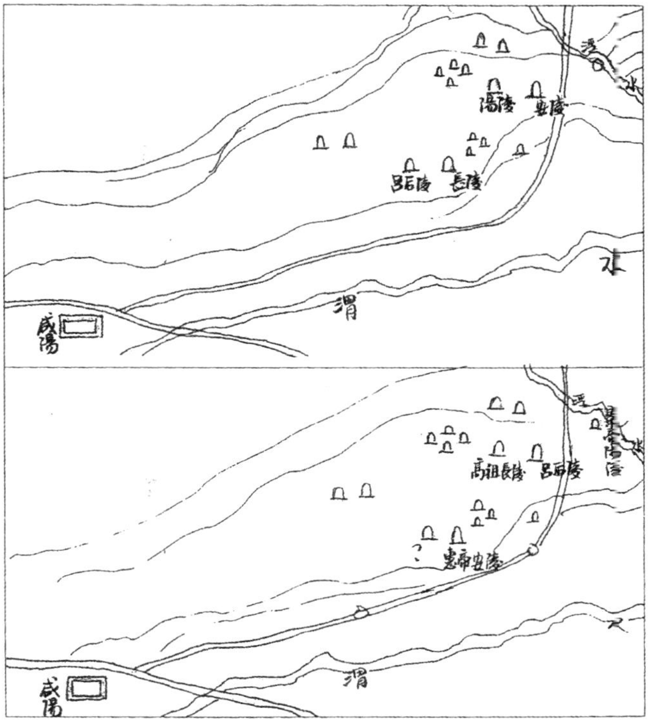

上：清毕沅立碑所定之各陵位置图　何正璜绘

下：考证后各陵真实位置图　何正璜绘

之臣瓒注；4.《史记集解》《汉书·本纪》黄甫谧注；5.《三辅黄图》；6.《史记·正义》引《括地志》；7.《元和郡县志》；8.《太平寰宇记》等。以上所举 1 至 5 为由唐长安城至三陵之方位、距离；6 至 8 为唐咸阳城至三陵之方位、距离，再证以《水经注》由西而东之顺序，以及《地理志》左冯翊、右扶风之分界，则显然能证明此三陵之确切位置：惠帝安陵最西，距长安近，距咸阳也近；景帝阳陵在东，距长安远，距咸阳也远；而高祖长陵，则居安、阳二陵之间。这是从各记载中归纳的结果，绝对再无疑义。

今既已确知三陵中间为长陵，则又产生一疑问，即长陵之东，毕沅认为安陵者，应为吕后陵。毕沅立碑确认的吕后陵在长陵西，这又是他们错认的一个旁证。

根据我团实地考察测量可知，长陵规模最大，计陵域长 365 米，陵基 150 米，陵高 28.1 米。这是因为高祖为创业之帝王，后世各帝对长陵也屡有修培之故。长陵附近陪冢也特多，东西北三面均有数座高大陪冢。《通志》：“长陵亦曰长山，其北有萧何城，萧何所筑以守长陵。陪葬诸臣萧何张良曹参纪信在其东。”《咸阳县志》：

“萧何墓在县东北卅七里，曹参墓在东北卅五里，张良墓在县东北卅六里，留侯陪葬长陵，距长陵五里。”如此，则以前所认定周陵以北十五里处之萧何曹参墓以及戚妃冢等，实际上均在这里。又依据《水经注》之记载，周勃、周亚夫墓，亦应在长陵东，皆因汉初功臣将相莫不以陪葬长陵为荣。如此众臣冢星拱之中心，亦足证其为长陵。

这样，就又产生一疑问，即景帝阳陵各种记载均谓在长陵之东，而长陵之东大冢已确定为吕后陵，而吕后陵东再无大冢，那么阳陵在何处？据《陕西通志·山川志》：“高陵县鹿苑原又名鹿台，在县西南卅里，东西长十五里，南北阔一里……原自咸阳县来，当泾渭二水之间，亦名奉政原，阳陵之所在也。”经实地考察其地形，在今错认阳陵及安陵之东，原之东端，有一兀起之高坡，孤立如山峰，村人通称为周赧王城。疑此地即景帝阳陵之所在。其地在今之所指安陵东约五里，离长安、咸阳亦各距五里，与各籍记载里数相符，认定其为阳陵的根据是充分的。姑且如此认定，待来日再做考证……

大家认为她说得有理有据，真实可信，因此一致同意她的结论，并决定由她写成报告，呈教育部和陕西省教育厅备案。

第五章　挥师中原
——考察龙门石窟及宋陵一瞥

洛阳龙门山中之佛窟，下临伊水

1. 考察洛阳龙门石窟

1940年上半年，抗战形势越发紧张，但河南洛阳尚未被日寇占领。河南本不在考察团考察范围，但洛阳龙门石窟太过宝贵重要，如被日寇轰炸破坏而事前又没有保存一份完整资料，那就太可惜了！另外，陕西陵墓雕刻丰富，但属于佛教的石窟雕刻则较少。而将来考察敦煌千佛洞泥塑佛像，如没有石刻佛像做比较，那将是另一种遗憾。所幸洛阳离西安不远，于是考察团临时决定，在考察陕西境内汉陵的空当内，挤出一些时间，于1940年7月至10月赴洛阳考察了龙门石窟。

洛阳是仅次于西安的一座古城，早从公元前8世纪起已是东周的都城，到东汉时代，在此建都达两百年之久。南北朝时期的北朝第一个朝代拓跋魏，也于6世纪前期由山西大同迁都洛阳。到中国封建社会鼎盛时期的隋唐宋三代等朝，也均把洛阳作为陪都。从东周到后唐，共有九个朝代在此建都。因此，洛阳同样是我国著名古都，古文化遗迹同样十分丰富。一是古墓多。洛阳的北邙山，紧靠黄河，南临洛水，地理形势与陕西的咸阳塬略同（咸阳塬亦名北邙山），也是帝王将相们的归骨之所，贵族地主均把那里看作是风水宝地，死后争抢着埋到那里，因此那里的古墓特别多。有民谣称："活在苏杭，死在洛阳。"二是石窟雕刻最为著名。离洛阳城二十多里的龙门石窟，便是中国佛教雕像遗留最多的地方。所谓"龙门"，是一座山峰被人工开凿疏通伊水时，分成东西两段，其形势有些像黄河流经陕西、山西两省的禹门口（亦称龙门），两山夹峙，伊水从中通过，人称龙门。两边对峙的高山如阙门，所以这里又称伊阙。该石窟是北魏后期，国都从山西大同迁来洛阳以后创始的。佛窟以伊水西岸的龙门山窟数量最多，约有大小一千余窟，加上对面的石窟，总数达两千余个，其间较大的佛窟三十五个，雕刻的大小造像近十万。其中最大石佛是奉先寺大佛，该佛像是武则天以多余的脂粉钱雇工雕刻的。

考察团到达后，主要以摄影、速写、拓印、模铸、丈量、记录等方法进行了考察收集。何正璜对三十五个主要石窟情况记录如下：

西山石窟二十八个，由北而南依次是：1. 潜溪寺窟，初唐时代；2. 宾阳北窟，

宾阳洞石窟门石雕装饰速写　王子云绘

隋唐时代；3. 宾阳中窟，北魏时代；4. 宾阳南窟，隋唐时代；5. 敬善寺窟，初唐时代；6. 摩崖三佛，初唐时代；7. 双窟，初唐时代；8. 万佛窟，初唐时代；9. 清明寺窟，初唐时代；10. 惠简窟，初唐时代；11. 老龙洞窟，初唐时代；12. 莲花洞窟，北魏时代；13. 石牛溪佛龛群，北魏时代；14. 普泰寺窟（十窟），北魏时代；15. 赵克师窟（有赵克师题名），北魏时代；16. 破窟，初唐时代；17. 魏字窟（有魏字题名），北魏时代；18. 唐字窟（有唐字题名），东魏时代；19. 奉先寺摩崖大龛，初唐时代；20. 药方窟（窟门刻有药方），北齐时代；21. 古阳洞窟，北魏时代；22. 王祥窟（有王祥题字），西魏时代；23. 火烧窟（经过火烧），北魏时代；24. 石窟寺窟，北魏时代；25. 路窟（靠路边），东魏时代；26. 净土堂窟（浮屠窟），初唐时代；27. 龙华寺窟，北魏时代；28. 极南窟（极南端），初唐时代。

东山石窟七个，由北而南，依次是：29. 四雁窟（窟顶雕有四雁浮雕），初唐时代；30. 莲花窟（窟顶有莲花浮雕），初唐时代；31. 看经窟（窟壁刻有佛经），初唐时代；32. 万佛窟（窟壁刻有万佛），初唐时代；33. 擂鼓洞窟北窟（洞中有声如擂鼓），唐代；34. 擂鼓洞窟中窟，唐代；35. 擂鼓洞南窟，唐代。

东山又名香山，是唐代诗人白居易隐居之地。白香山祠和墓都在山上。以上洞窟属于北朝的十三个窟龛中，以古阳洞和宾阳中洞最具代表性，而且都是大型窟。

如古阳洞，洞顶为直穹拱形，何正璜觉得很像陕西常见的窟洞。洞内两壁各雕出三层小佛龛，每一佛龛的龛楣多雕为极其精致的天幕，伴以飞天伎乐，变化多样，无一龛同样者。龛内多雕出一佛二胁侍菩萨，千姿百态，无一相同者。有的龛雕出造像题名。中国称为北朝书体珍宝的“龙门二十品”，古阳洞中就有十九品。何正璜一走进洞门，即感到琳琅灿烂，虽无壁画那样色彩烂漫，但立体雕刻的光影相互映照，其“色彩”变化可说是有过于壁画者。

宾阳中洞是北魏皇室开凿的具有典型布局的佛窟。正窟一佛二弟子和左右壁一佛二菩萨，都是标准的北魏后期的造型，无论佛或菩萨，都是浅笑迎人，用意在招引信众，不致令人生畏。这一洞窟中的整个规模，反映了皇室宫廷的堂皇气派。佛、菩萨的衣饰装扮得富丽绚烂，俨然成为一处天堂。

龙门石窟的唐代雕像，以武则天名义雕刻的奉天寺九尊大像最为著名，可谓是唐代雕刻的典范。它们是中央大佛、左右迦叶阿难二弟子和二胁侍菩萨，再加上二护法天王、二驱邪武士，他们分立于佛的左右，形成一个气氛森严的佛界天国。奉天寺又名“九间房”，原来是由九间长的大廊覆盖着，现在已成为长约 40 米的一露天大龛，中央是高达 17 米的卢舍那（佛名）佛坐像，其他是高低相配合的八个陪像。从艺术上说，风格是写实的，所雕虽是佛界，却是按照人间现实人物形象雕出的。

龙门奉先寺唐雕像全景

有人说，中央大佛的面容很像武则天，其他八个陪像是她的侍卫。何正璜说：“现代人哪个见过武则天？又怎么知道像武则天？”王子云说：“武则天一说是河南人，这含情脉脉的大佛，颇具媚态的脸型，确实像个河南少妇。”并说，他小时候家里请的小保姆，就是河南人，与这个大佛就非常相像。这说明雕刻家必然是从现实中取得许多美的形象，然后概括并雕刻出这样一个具有典型美的少妇形象。他指着卢舍那佛像说，你看那含蓄多情的眼神，那口唇，那眉毛，还有那鼻部的形态，都是令人百看不厌的。

这九尊佛像，不仅中央大佛无与伦比，其他八尊也是刚柔相济，配合默契，如恭敬顺从的佛弟子，温柔娴静的胁侍菩萨，威武雄壮的天王和凶神恶煞的武士，雕刻者都能按其不同身份和职责而给予恰如其分的刻画。

何正璜说：“‘极南窟’里的七尊半圆形高浮雕佛像也相当美！”王子云说：“你是说那一佛、二菩萨、二天王、二武士吧？那一看就知道是初盛唐时期的作品，雕刻手法简洁，人物肌肉圆满有力，显示出晶莹瑰丽的形体美，并特别具有一种装饰美。它与奉天寺雕像在造型手法上是不同的。窟外两侧两个警卫的武士，形象特别凶猛，其中一个左手托起一块大石头（实为宝塔），怒目咧嘴，好像随时可向来犯者砸去，这种夸张的手法，同样值得学习。”

大家置身这万尊佛像当中，犹如来到佛界天国。姚继勋问：“这俨然就是天堂了！这些佛呀菩萨呀，他们之间是一种什么关系？”何正璜说：“佛是这个国度至高无上的领袖。在不同经典里，佛的名称不同，但他们都是至尊。及门弟子以迦叶、阿难二人为代表，他们是佛的贴身随从。菩萨是道行还未达到入室弟子的地位，可以说是佛的外围弟子。艺术家为了宣传佛教，招引信众，往往把菩萨刻画成仪态高贵、容貌俊美、服饰华美、使人望而生爱的美少妇形象。这样才与大慈大悲又至高无上的佛相称，也才能吸引信众与佛接近。可以说这是中国艺术家在佛的形象上的一大创造。”

考察团一行在龙门共工作了三个多月，每天忙忙碌碌，拍照、摹绘、模制，收获颇丰。计有：1. 唐奉天寺菩萨、武士头像模制品三件；2. 唐极南窟菩萨、天王雕像（浮雕）模制品四件；3. 龙门东山峡谷唐雕菩萨像模制品二件；4. 龙门北魏雕像摹绘和速写图画六十幅；5. 龙门唐代雕像摹绘和速写图画八十幅；6. 龙门雕像摄影照片一百二十张；7. 龙门文字记录一册；8. 龙门测绘图十二幅；9. 龙门全景写生图一幅；10. 龙门古阳洞内题铭拓片三十张。

2. 宋陵一瞥

宋陵在河南巩县，巩县还在洛阳以东，虽然路程不远，但那里已是战区了。可是，已经到了洛阳，宋陵已近在咫尺，不去看看岂不太遗憾。于是，何正璜他们在考察完龙门石窟后，冒险到了巩县。岂料那里的局势比想象得还要紧张，于是只能到离县城最近的一处看了看，可谓只是一瞥。宋陵前石雕极为丰富，艺术风格也大异于汉唐陵前石刻，可惜不能做细致考察，只能等待以后的机会了。巩县尚有著名石窟寺，返西安途中（洛阳以西）还有渑池鸿庆寺石窟，可是，连一瞥的时间也没有了。

考察团一行于 10 月中旬回到西安。

宋哲宗赵煦之永泰陵全景

第六章　西安考察之二
——西安市内的佛寺道观

西安作为千年古都，历史上很多影响中华文明发展的重大事件都在这里上演。其中，佛教的传入和道教的诞生以及儒、景、回、袄各教各派的汇聚，使古都西安成了六大祖庭的聚集地，于是便建立了众多的佛寺道观。这些规模宏大、僧侣众多的寺庙，就成了人们静心修养、引进研究发展各教文化的场所。这些融入中国建筑、造像、园林艺术风格的寺院，客观上保留了一部分重要的中华文化。因此，对西安现存的寺庙宫观的考察便是考察团一项重要工作内容。

据不完全统计，西安曾经有过佛寺一百八十多座，道观一百九十多座，加上其他四大教派的庙宇，总数远远超过四百座，即是仅现存重要的寺庙也有几十乃至上百座。考察团只能就其中的一部分进行考察。

1. 考察东岳庙

东岳庙位于西安东门里路北。过去的人们，由于受生产力的局限，认为大山大川皆有灵。泰山乃五岳之首，且位于东方，称为东岳，庙由此得名。据咸宁、长安两县县志记载，此庙始建于宋政和六年，明弘治年间和清光绪年间进行过重修。庙宇建筑规模很大，正山门朝南，东西有偏门，北面也有门。院内东西两侧有厢房，中间有大殿、中殿、后殿，大殿前有石牌坊、石狮和石碑多通。后殿（也称老母殿）之东有儒释道三教道院，是道士们居住和活动的地方。此庙最有名的地方是大殿内的塑像及两边山墙上的绘画。

何正璜一行进到庙门里，但见房宇屋脊镇兽皆为绿瓷所制，廊柱上有浮雕，门上为镂空花纹，檐上下为彩绘，房顶上的龙首、小兽、角饰等皆为艺术品，精致瑰丽，

西安东岳庙

西安东岳庙泥塑及壁画

别具一格。院内有明清两代重建此庙的碑文。前殿后殿内两边山墙上皆有壁画，后殿四幅最为精彩：一小幅上绘一古装女子，身着战衣，手执长矛，神采飘逸，笔法生动。另外两大幅者，皆以仕女为人物，以亭台楼阁为背景，以远山流云瀑布为远景，中间更绘以云朵、松枝、疏林、怪石、野花等，疏密得宜，远近各有风趣。尤其以所绘仕女最为精彩，每幅中均有九到十人，或高阁阅读，或低塘垂钓，有聚而小语者，有单人靠墙全神听琴，有采花方归，有回眸一笑，皆婉丽可人，不落俗套，据说此为稀有之汉画。其构图、用笔、设色等，令一行人仅拍照不能意足，徘徊再三，不忍离去。

王子云在院侧地上拾得一古兽烛台，玲珑古朴，极为可爱。在他处得此物何易？在此弃于地者并不少见。

2. 到南门看唐华塔

唐华塔在南门里。何正璜看塔前明时重修所立碑的碑文，确认此塔确为唐时所建，与自己查阅的资料相符。此塔为以前宝庆寺的一部分。宝庆寺不在这里，在唐长安城之安仁坊，寺为隋文帝杨坚仁寿年间所修，是个以收藏经典为主的寺院。塔为唐文宗李昂时修，用五色砖砌成，所以这个宝庆寺塔又称“华塔”（宝庆寺也因此又称“华塔寺”）。塔高二十三米，六面七层，第一层边沿有龙凤浮雕，工细生动，二至七层每六个方面皆有佛像，第四层有一面为白色嵌入之雕刻，为玉石所琢，另一面有杨贵妃像，但太高，未可细视。

考察团在拓印华塔寺上之浮雕

“华塔为什么会移到这里？”同行的雷震问。何正璜说，唐昭宗李晔天祐元年，朱温挟持昭宗迁都洛阳，将包括宝庆寺在内的长安城拆毁变为废墟。当时驻守长安的节度使韩建重建了一个小长安城（人们称新城），仿照原来的宝华塔原型，在这个地方重建了这个塔。

3. 考察西安碑林

西安碑林位于南城墙内侧，是原来的文庙所在地。这里收有我国自汉至清两千年来的碑石精华，计有两千三百余件，碑石如林，是为“碑林”。她凝聚着我国历朝历代几乎所有书法大师们的心血和才华，我们所有中国人从小提笔习字所临的帖，可以说差不多全部出自这里。因为碑石上所刻又都是我国古代文化经典之作，所以说她又不啻为一座石质书库。因此，所有读书识字的中国人都受过她的滋润和教诲，她是中国文化的重要渊薮。

碑林的设置可以追溯到唐朝。当时刻了一批大石碑，置放在位于长安城务本坊的国子监内。唐末长安城遭朱温浩劫，节度使韩建在缩修长安（新城）时，把那批大石碑和城里其他重要碑刻集中到一起，加以保护。至五代后梁节度使刘鄩将这批碑石运进城内。至北宋元祐五年，漕运使吕大忠将这批碑石运到这里，修整房屋，将碑石按序排列，才有了今天碑林的基础。

西安碑林

何正璜和她的同事们进门前还有说有笑，进了门，一看见“碑林”两个端正庄严的大字，她不禁正襟敛神。良久，她又疾步走到那些没有埋入地下的碑石跟前，端详着、抚摸着，像见到了知己，有一种特殊的感情。她看了又看，摸了又摸，爱动感情的她竟流出了泪来。

当时，为了避免日机轰炸破坏，多数宝贵碑石已埋入地下。但碑林之碑多系国宝级文物，碑林又是考察团考察的重点项目，如不能考察、收集到相关资料，实为一大遗憾。可是，埋入地下，正是以防万一而采取的比较稳妥的保护方法。考察团颇为踌躇。经再三考虑，还是觉得掘出予以查看、拍照、拓印，从而保存一份资料为妥。于是就再三向省教育厅、碑林管委会去函商议。由于主管陕西文物考古工作的教育厅长王捷三也曾留学法国，与王子云有共同的思想和语言，因而诸事一路绿灯。碑林管委会接到考察团的公函和教育厅的训令后，专门开会研究，决定全力支持考察团在碑林的各项工作，从而将埋入地下的碑石掘出，使考察工作顺利、圆满完成。时任碑林管委会主任的曹仲谦先生之后有如下回忆：

记得教育部艺术文物考察团到碑林的时间大约在民国三十年麦收之前。团长是曾留法归来的‘洋博士’王子云先生。王先生祖籍安徽萧县，那时正值风华正茂之时，人虽威严庄重，却一点儿也不拿腔作调。他每日随我在碑林观碑，忙碌时辄亲试牛刀，勾画临摹，总是至日暮方罢。期间我尝自报家门，谓某碑出于名家之手，某碑书艺如何开张……言至极盛时王先生一边笑着，一边说：‘碑之书法优劣如何，固然是论碑之关键，但古往

唐《玄秘塔碑》

唐《大智禅师碑》碑侧纹饰

考察团在陕西省图书馆地窖中模铸昭陵四骏情形

唐景云钟立体拓片

今来，恐怕很少有人注意到碑侧边栏中的雕刻图案。忽视这一点，犹如一树红花无有绿叶，大约多少有点儿美中不足。’王先生的话，使我颇为震惊！我由是明白以往自视清高的论碑学子，学识中原来也有空虚之处……

在王子云的影响下，曹仲谦先生开始懂得了碑石边侧图案装饰艺术的价值。曹仲谦先生即将碑林中各名碑拓本一一制好，特函赠予王子云。王子云接获各拓本，尤对其中最富艺术价值之八种赞不绝口，曾回函致谢。

王子云在得到这八种碑拓之后，将其视为中国唐代石刻艺术之精华，逐一拍照，加洗数套，遍送国内学界名流以广宣传。一时碑林大智禅师碑（碑侧花纹两幅），道因法师碑（碑侧花纹两幅），隆阐法师碑（碑侧花纹两幅）及大雅碑（碑侧花纹两幅）四碑始脱颖而出，辉耀人间，受到海内外人士的珍重。五年之后，曹仲谦先生在其书中曾郑重其事地将以上四碑共八种图案予以附图记录。同时，曹先生还在其旁加注文字，对王子云首倡注重碑林名碑装饰图案资料之收集、宣传的功绩予以昭彰。文曰：“西京碑林世皆知为历代碑版荟萃之所，对于雕镂技艺多不注意。自陇海路通至西安，中外艺术专家来游碑林者渐渐瞩目碑侧之花纹，欣赏不置、遂令帖商打手槌拓纸上、携归展览。右列影片四幅特就精品摄出，以供国人玩赏。”就王子云本人来说，他不仅积极倡导重视碑林碑石装饰图案资料的搜集与宣传，而且对其中之精华者更认真研究，写就了不少脍炙人口的好文章。

关于唐昭陵四骏，大的十九块，小的六块。以上共二十五件。陕西省图书馆在1940年曾由馆长刘振之主持，将昭陵四骏并唐景云铜钟就地埋藏。考察团在1942年顺利起掘昭陵四骏。初拟将其搬移至室内以便工作，因原物过大不易搬出，遂定在埋藏地之地窖中就近工作。先命李松如拼对残石，逐一影拓，接着由王子云等人用石膏进行模制翻铸。在考察团工作之际，日寇飞机曾接连不断对西安进行骚扰轰炸，为躲避空袭，故所有工作几乎均在夜间进行，其难度是可想而知的。这批石膏模原运存于宝鸡城外一山洞中，不想在新中国成立前后被当作废品毁去了。

令何正璜万万没有料到的是，十多年后，这里竟是她终生工作的地方，碑林又是她研究的重要目标之一，同时又是她的安家之所（最初，陕西省博物馆即为碑林，很多职工的家也安在此院内）。以往，何正璜常常叹惜自己年幼时未能跟祖父多学几年书法而使自己的书法更臻完美，等她在碑林工作、整日置身在这个书法宝库时，她却没有练习书法的时间了。又一个令她没有料到的是，她的小儿子王蒙在这碑林书海的浸润中长大，后来竟成为有名的书法大家，倒是替她完成了这一大心愿，这是她最为意外之大幸！

碑林南端即为文庙，乃唐贞观四年所建，殿宇恢宏，古柏参天。院内有虞世南正书孔子庙堂碑、欧阳询正书皇甫君碑及智永禅师真草千字文碑。新中国成立后，此文庙即与碑林合并为陕西省博物馆，何正璜即到此馆工作。

4. 考察卧龙寺

卧龙寺位于碑林、文庙之东不足半里，始建于隋初，当时名“福应禅院”。至唐，因寺内有吴道子所绘观音碑，故更名为“观音寺院”。至宋，太祖数度莅此寺，与住持维果谈佛法，机缘相契，因维果春秋长眠，太祖遂更名为“卧龙寺”。后经明清民国三代多次整修，特别是光绪二十六年（庚子年）八国联军攻陷北京，慈禧太

卧龙寺石牌坊

后与光绪帝避难西安时，慈禧到该寺礼佛，赐银千两，整修全部殿宇，使之焕然一新。慈禧还给大雄殿题了“慈云慧日”的匾额。至民国二十二年，卧龙寺先后礼请一位叫“慈云”、一位叫“慧日”的法师做住持，与慈禧题的匾额应合得一字不差，是巧合还是神算？佛门的事，凡人是说不清的。

卧龙寺最兴盛时，寺院占地十五六亩，殿宇、廊庑、僧寮二百余间，住寺僧达二百余人，寺内有塑像五六十尊，碑碣近二十通，原藏宋版大藏经全部，共七千余册（后移至省图书馆内），可谓西安第一名寺。

何正璜一行到卧龙寺门口，但见寺门前石牌坊三门三层，满雕人物花卉鸟兽，式样别致，雕刻生动。前殿上方正中“卧龙寺”三字为康有为所书。整个院落虽略显凋敝，但气势还是相当恢宏。需要拍摄、拓印、记录的东西很多，大家忙了一下午，第二天又忙了一天，方克完成。

5. 考察董子祠

出卧龙寺不远，有董子祠，为汉时大儒董仲舒之墓。汉宣帝及后来的魏文帝曾过此下马礼敬董子，故当地人称此地为下马陵。规模不大，仅拍照留存。

6. 考察清真寺

一日，考察团一行到西安东门外考察八仙庵，途经大学习巷清真寺（西大寺），便入内观看。

清真寺是回民街伊斯兰教徒礼拜的地方。伊斯兰教是穆罕默德所创立，以《可兰经》为经典。因该教由回纥人带入中国，所以又称“回教”“清真教”。唐时，西域回纥族军队曾帮助汾阳王郭子仪平定“安史之乱”。唐代宗永泰元年，郭子仪从泾川回长安，带回一支回纥的军队将领和士兵二百多人，住在现在的回民街一带。他们学习唐王朝的法令、制度和汉族人的风俗习惯，后来人们便把这个地方称作“大学习巷”。西安城内的清真寺，在大学习巷和化觉巷各有一座，化觉巷的清真寺在东，称“东大寺”，大学习巷清真寺在西，称“西大寺”。据两寺内碑文记载，两寺均初建于唐代，明清时重修，寺内均无唐代遗物。化觉巷的东大寺比大学习巷的西大

化觉巷清真寺

清真寺阿拉伯文碑

寺大一些。东大寺木构、碧瓦，形式宏伟，礼拜堂内彩画精致，藻井天花图案风格别致。其他建筑也富丽堂皇。西大寺建筑布局庄严典雅，礼拜殿、宣谕台、邦克楼、阿訇斋设施齐全。殿内装饰均严格按照伊斯兰教规设计制作，无偶像陈列，也无动物纹样，这与佛教寺院是截然不同的。

考察团一行进入门里，整个大院悄然无声，环境极为肃静，地面洁净无尘。大殿廊柱上贴有回文示语，众人均不识。门内有一黄髯长发老者，正向两个青年讲授回文，何正璜等人不忍叨扰，便悄悄退了出来，决定另择时间再来。

考察团一行来到化觉巷东大寺。寺门首书为“清真大寺”四字。门内院中有大庭，庭内有两方巨碑。一碑上大书“道法参天地”五字，旁有大宋元丰时元章米芾书数字。另一碑上书“敕赐礼拜寺”五字，旁有大明天启时礼部侍郎董其昌等书，均名家笔迹，殊为宝贵。中殿后院，石廊石栏萦回曲绕，安静缄默有如仙境。院内有二石更为有趣：一为清官石，石高约三尺，上满钉铁钉。据说，此石极有名，官之清污皆可验之石上，钉得入，官必清，否则必贪官无疑。另一石为白虫石，高约四尺，上有白纹千万，据说纹为白虫所化，大雨时，千条白虫皆能蠕动。虽荒诞无稽，但颇为有趣。

大礼堂内，地面如镜，正面有一横匾，上书“能有有有”，意为“前生有、今生有、来生也有”。内有两柱，柱大合抱，上有对联“仰大化之流行化育无穷化人化物能化化，溯降生之往复生机不已生天生地更生生”。天花板上，红绿图案相间，金花满涂，堂皇华丽。堂内壁上遍刻回文，并将文字回成花纹，凑成极美图案。稍右有一高椅，乃讲经台。一小房内陈一石碑，已破一角，碑题为“天宝元年岁次壬午仲秋创建清真寺碑”。据说，此碑原在院内，因恐日机轰炸时毁坏，特移至室内珍存。

院旁另有一门，入内，只见荒烟衰草中耸立一座高大木坊，旁边石狮亦身首异地，半埋于荒草中。木坊上雕刻之龙，佼佼有生气，首须尾甲皆表现有力。另一横梁上雕之植物状花纹，刀斧劲力，气势磅礴，不是说两大寺中无唐朝遗物吗？何正璜以为此物实非唐以下所能见者。

又一日，再次考察了西大寺。

两寺需记录、拍照、拓印的东西很多，众人手脚不停，总算圆满而归。

清真寺明砖刻照壁中心装饰
何正璜临摹

7. 察看罔极寺

罔极寺也是在去考察八仙庵途中遇到的。寺门首有一匾额，上书“唐建罔极寺”五字。入内，殿宇修洁，仅有老尼主事。殿内有一石雕，佛首极佳，但无身躯。询问老尼，言师父不在，不知来历。照了相，做了登记，便退出，径往八仙庵。

8. 考察八仙庵

八仙庵位于西安东关北火巷，是西安最大、也是最有名的道教庙院。

道教是我们汉民族自创的一种宗教，它是给道家的哲学思想体系披上了一件宗教外衣，因此道家与道教的区别是显而易见的。道家是哲学思想体系中的一个学术流派，始祖即春秋战国时代楚国的李耳（即李聃，亦称“老子”），经典著作是《道德经》，其核心思想是“道”，即崇尚自然，主张遵循、顺应自然法则，反对妄为。其哲学具有丰富的唯物主义和辩证法思想，是中国传统文化的重要组成部分。它和儒家一样都不相信鬼神，正是儒、道这两种思想，中国才始终未成为被宗教统治的国家。

道教是一种宗教，它给道家哲学包裹了一层宗教外衣，即东汉的张道陵创立，其《灵宝经》《章醮》等是重要道教经典。它的主张还是以道家哲学思想为指导，总结和传授许多人与社会、与自然相处的准则以及自身修养、处世的道理，倡导修炼内丹，注重人的内在修养，教人为善。当然作为宗教，它行施符箓禁咒之法，讲

西安八仙庵山门

求仙、炼丹和医术。

道教中著名的两大派，一是“正一道”，道士有家室，食荤，称“家道”；二是“全真教”，道士必须出家，不食荤腥，不结婚，讲全神炼气、自我修炼、得道成仙。八仙庵属于全真教派系。

道教崇敬的八仙即钟离权、张果老、韩湘子、李铁拐、曹国舅、吕洞宾、蓝采和及何仙姑八位神仙，其中多数是道教信徒们根据历史上修炼成果显著的真实人物故事演绎而来的。

八仙庵始建于宋朝，后经元明清各代修整，规模宏大，气象庄严。山门外有影壁，庵内有牌坊、殿宇、客堂、寮房。从山门进去，到后殿共三进，并有东西两个跨院，东院是四合院，内有吕祖殿、药王殿，西院为监院，即道士们居住的地方。

何正璜一行到来时，八仙庵刚进行过整修，整个庙院红漆焕然，整洁富丽，三重牌楼门高大宽敞。最前一门外有一高大石碑，上书“长安酒肆”四字（此处为唐时兴庆宫，五代时是商业发达的长乐坊，以酿酒卖酒为最盛，故此地也称长安酒肆），两边小字为“唐吕纯阳先生遇汉钟离权先生处”，门上所饰图案简单美观，异于寻常。

进得门里，何正璜迫不及待地向正殿走去。她想，那里一定供奉着包括何仙姑在内的八仙塑像，而何仙姑是她最为崇拜的偶像，甚至希望自己有一天也能成为何仙姑，美丽、善良、神通广大而无所不能，扶危济困，为人间扫除一切不平事，从而不辜负祖父、外祖父和所有亲人对自己的期望。她曾写过一首诗，其中两句是："世上一切皆随缘，天上仙姑本姓何。"

她走到正殿里一看，那里供奉着的是太上老君像，朱座金颜，华贵而不失庄严。经询问，才知八仙像早在战乱中被毁了。

9. 察看西门内迎祥观及路途所见

迎祥观在西门内不远处，由理教会主持。殿内供三大牌位，不见偶像，但铜器皆白亮如银，葫芦光润可爱。观内有一土台，原为钟楼遗址。有一碑，述此观创自唐景龙二年，初名景龙观，后明皇迎老君像入内供奉，改今名。睿宗时督制一铜钟，重三百余钧，高丈余，径八尺，司晨暮，声彻城内外。

仅照一相留存。

回程路过莲湖公园，此园为明季秦藩王妃放生处。湖水引之通济渠，中植莲花，因而得名。大门内有一抗战将士纪念碑，方形无顶。

迎祥观（景龙观）钟楼

出莲湖公园不远即万寿宫，清初时建，雍正时重修。其宫前有湎泉，据说是李自成破西安时，邑令吴从义誓死御之，力战无功，合家投泉就义。后人感其义，因名吊忠泉，并立碑志其事。

万寿宫对面为西五台，台上有寺院，台基创于唐。此寺大士殿最为精丽，四面外墙皆有壁画。台基甚高，登台四望，包括大小雁塔皆隐隐可见。

10. 考察广仁寺

广仁寺在西安城内西北角，离西五台不远。该寺是西安唯一的藏传佛教喇嘛寺院。

该寺建于康熙四十四年，当年康熙巡视西北，为加强民族团结，御批在西安修

广仁寺

建广仁寺，作为康藏及西北地区的喇嘛去北京朝觐路过西安时的一个住宿之地，也是班禅、达赖的行宫。

喇嘛教是西藏的一种佛教，分新旧两派，旧派穿红衣，称“红教”，新派穿黄衣，称“黄教”。广仁寺属西藏黄教寺院。

该寺初建时规模很大，气势雄伟，兼具清代建筑和喇嘛教建筑特色。分前、中、东三院，前院有前照壁，藏汉文盘龙旗杆两根，木雕牌坊三道以及钟楼、鼓楼、可容纳五百人的经堂。中院有照壁、御制碑亭、山门、大殿、二殿、藏经殿、斋堂、寮房等。东院为班禅、达赖的行宫，设施更为齐全讲究。整个建筑群三百余间，占地一百余亩，规模之宏大，布饰之庄严，皆在西安各寺院之上。

由于战事频仍，该寺多次遭到损毁，特别是1931年夏天，寺内一批私藏的炸药自燃爆炸，给寺院造成极大破坏。后由杨虎城出面拨款修复。

考察团一行进得该寺，无不为该寺雄伟气势所折服，工作起来似乎都不敢大声说话。

院内有一大理石缸，白色中略带米黄，系一整石雕成，花纹为莲花状，据说，此缸由崇仁寺移来。大殿额有“庄严净土”匾，字为康有为书。殿内金光耀目，佛饰及案上诸物皆华丽异常。大佛左有一佛画，取材于藏传佛教之事，色彩庄严，勾笔生动，构图佳妙，实为精品。

出广仁寺，不远即玉祥门，门为冯玉祥主陕时所开。出得玉祥门，但见黄沙漫漫，一行人都疲倦至极，坐在土堆上小憩，分吃些绿萝卜以解饥渴。

11. 考察小雁塔

小雁塔在南门外西。团里派王子云、何正璜、姚继勋三人前往。一大早，三人乘一骡车，车身摇摇，蹄声嘚嘚而行。

小雁塔在荐福寺内，现中央十七军团最高司令部驻在寺内，因考察团有教育部和陕西省政府介绍信，所以进出并无阻拦。此寺址本隋炀帝之藩宅。隋亡唐兴后，唐高祖李渊将此地赐给雍州都督萧瑀为“西园”。萧瑀的儿子娶唐太宗的长女襄城公主后，夫妻俩仍住这里。公主死后，此地又成为唐中宗李显继位前的住宅，李显在位仅五十五天即被废为庐陵王，迁到了别处。在唐高宗死后百余日，武则天为高宗追献冥福而在此建“献福寺”，后武则天题“荐福寺”寺额，遂改此名。

荐福寺修成后，这里先后云集了许多国内外高德大僧。最著名的是义净三藏，范阳（今涿州）人，十八岁立志游印度，三十七岁从广州出国，“奋力孤行，备历艰险”，经二十五年，历三十余国，得梵本经律近四百部，不啻为唐玄奘第二。以后他在此寺办规模宏大译经场，中国、印度高僧都有参与，声名盛极一时，与玄奘主持的慈恩寺译经场、不空主持的大兴善寺译经场并称为中国佛经翻译史上最著名的三大译场。

小雁塔为唐代景龙中宫人集钱所建。塔计有浮屠十五级，原高 45 米，因地震塔顶损坏，现高 43 米，底层每边长 11.38 米。比大雁塔略小，故称小雁塔。明嘉靖己卯年地震，塔裂为二，癸亥地震又合二为一，后每有地震则裂裂合合，唯不倒塌，至今塔中仍裂尺许，自顶而下呈一垂直线，实为离奇之事！

同行其他二人选角度摄影，何正璜记碑文。据碑记，此地本为唐京城开化坊，塔在唐末已颓朽，至宋政和时，泾阳县有一老者梦见此塔，醒来犹觉塔在眼前，后到寺中，见此塔与梦中之塔一模一样，顿感夙有因缘，便把家卖了补修此塔，方复旧观。碑文记，此塔自建成至今，明显开合凡二次。

荐福寺小雁塔

寺内古槐甚多，皆悬木牌书其年月于其上。院内原有一大铁钟，现移于一室内。铁钟古锈斑斑，叩之仍有清越之声。据说此钟出之武功河畔，一村妇捣衣，忽闻衣下石出巨响，发之，得此钟，高三丈，径丈余，此乃“雁塔晨钟”是也。

小雁塔及荐福寺是西安仅次于大雁塔之最为有名的寺院，可收录记载之物也多，一日不能完成。后又抽一日，派何正璜等五人再去。到寺内，何正璜速写，梁启杰上到塔上测绘，李炳章、夏子欣二人拓印。工作半日，凑巧塔门开启，五人进去稍坐。见塔最下层改成两间房，一为驻军参谋室，一为起坐间。塔身中空有阶，站在塔内可直望到顶。也可旋阶而上，每层有砖痕可见。塔顶有一小庙，据说竟是一伤兵所建，亦是奇事一桩。

小雁塔西，即为种桃树千株之玄都观旧址，东为唐相裴度宅第，谓绿野晋公堂。皆久废而不得见。

12. 考察大兴善寺

出荐福寺东南行不远即到大兴善寺，具体位置在离南门2.5公里处长安中路西侧。

大兴善寺的前身是位于汉长安城内的“遵善寺”，始建于西晋泰始年间，北周明帝加以扩建后改名“陟岵寺”。隋承周后，隋文帝将陟岵寺迁至现址，以其过去的封地名（其在北周时封大兴郡公）和所建新都“大兴城”，将此寺内新修的一座佛殿命名为“大兴佛殿”，而此寺又占据当时的“靖善坊”整整一坊之地，所以在开皇二年，取“大兴”“靖善”之意，将此寺更名为“大兴善寺”。

该寺是当时京城内首屈一指的大寺，“金碧辉煌，壮甲海内，佛殿风格犹如太庙，碧瓦飞甍，殿宇巍峨，法侣摩肩，朝贵延首，举唱宗乘，名闻诸方”，规模壮阔宏伟，可见一斑。

自唐玄宗开元四年开始，该寺礼请印度僧人善无畏三藏、金刚智、不空等先后来传授密宗。不空和尚在此寺翻译密宗经典五百余部，从而使该寺成为中国佛教密宗的发源地，也是长安城翻译佛经的三大译场之一。

据说，日僧空海曾来此寺学教，不但住在该寺，而且还当过该寺的住持。

大兴善寺山门

大兴善寺后殿

至唐会昌年间，当朝宰相李德裕支持唐武宗李炎大举灭佛，拆毁全国寺院四千余所，大兴善寺也未能幸免，遭到严重破坏。后历朝历代均有修复，才有目前之状况。

何正璜一行来到该寺，见已不如想象中之规模，但仍有不少应该收集记录的东西。工作一个上午，即乘骡车往大雁塔。

13. 考察大慈恩寺及大雁塔

大慈恩寺在西安市南郊，略偏东，离城约八里，在大兴善寺东约三里，小雁塔东约五里。

唐朝的京城分宫城、皇城、外郭城。皇城在外郭城北约十里。大慈恩寺在外郭城，即当时京城的东南隅之晋昌坊，南临曲江。当然，大慈恩寺当时是在京城以内的。

汉时，这个地方属乐游塬之延伸地，汉宣帝在乐游塬上造乐游庙即在此地。后至隋，改为“无漏寺”。唐贞观二十二年，高宗居藩时，一日天阴雨，手心辄痛，遂思念母后，思报慈恩，乃将汉隋古刹改建成大慈恩寺，并请高僧玄奘及弟子窥基、圆测等于寺中翻译佛经。至永徽三年，玄奘请于帝，于寺中仿西域制度，在寺内建一十五层高塔以为藏经之用，名雁塔。塔砖表土心，时间长了就长出草来，至武后长安年中，终于摧毁。武后及王公施钱重建为十层，后又由于各种原因的损坏，只剩下七层。五代后重修一次，一直保留至现在这个模样。

之所以名“雁塔”的原因，众说颇多。一为雁形说，达亲国有塔五层，最下一层为雁形；二为雁落说，在此塔落成时，恰有大雁落到塔上；还有葬雁说，一菩萨化身为雁，因布施而舍身，葬于塔。葬雁说似从玄奘《大唐西域记》中的一段佛教故事演绎而来。但唐僧在书中讲得很明白，西域把佛塔就叫作“雁”。因此，“雁塔”即“佛塔”的意思。因长安城内有两座巨塔，便以“大”“小”区别之，因而有“大雁塔”“小雁塔”之名。

慈恩寺不仅是佛教重地，也是自然景观和人文景观的名胜之地。当时很多重大佛事活动在这里举行，同时，很多重大文学、艺术、社会活动也在这里举行，与唐人的生活有着极为密切的关系，即使新科进士们也把自己的名字题在这里引以为荣耀（即影响深远的“雁塔题名”）。

何正璜等一行来到慈恩寺门前，不料寺院也被驻军所占，他们没带有关证件，不得入。王子云不得不到小雁塔找驻军首长，适逢当天是总理逝世纪念日（3 月 12 日），首长都不在，只遇一副官。王子云说明由来，副官便通知总务科姓徐的科长接洽。不料此徐科长曾在北平艺专念过书，与王子云竟是校友，两人谈得十分投契，考察团进大雁塔自然不在话下。徐科长当即打电话通知那里，并且赠“来宾证”一枚，以后可以自由出入。

唐大慈恩寺大雁塔

考察团一行便在慈恩寺受到热情接待，可在寺内任意察看。

据说刚建成时，该寺院规模很大，有十三个院落，近两千间房屋，何正璜等进去后，发现规模并没有传说中那样大，现有各殿堂房屋均为驻军所占，不便入内。殿前有“重修慈恩寺碑”数通，东边有小塔数座，再东有题名碑近百通。塔在院后，塔四面皆有拱形门，门沿皆有石刻佛像，刀法极流动有生气，实为不可多见之佳作。正门两旁有褚遂良书“大唐三藏圣教序碑”（是唐太宗为玄奘所译佛经写的总序）

及“三藏圣教序记碑”（是唐高宗为《圣教序》所写的纪文），两碑碑额及碑上碑下皆有佛像雕刻，均生动可爱。据说，序碑有两块，内容相同，一存碑林。因褚氏当年是被太宗请到金銮殿上书就的，回去后他感到欠佳，便又在家里重写一遍，而太宗不许改，仍照前书刻碑。褚氏自己又将后书刻一碑。后人评论，前碑历史价值高，后碑书法好。

由于工作量大，一日不能完成，后又派六人前往，但接待人换了，不允许登塔。王子云便给小雁塔打电话，那边派一人前来，这边才开锁启门，方进塔里察看。

塔共七层，经实测，一层高一丈二尺，二层三丈二尺，三层三丈四尺，四层二丈四尺，五层二丈一尺，六层二丈，七层一丈六尺，总高一十九丈余。塔内木阶回旋，地为砖，各塔角均有小铃。每层壁上皆被游人题字写满。每层四边皆有孔洞可向外瞭望。塔顶有佛像数尊。登顶向外一望，但见四方迷蒙，目及数十百里，鹰鸽飞翔其旁，大地绿毯无涯，古坟垒垒，直如大海罗星，杜陵历历在目，极为清晰。

在大雁塔奔忙数日，各项工作方才就绪。

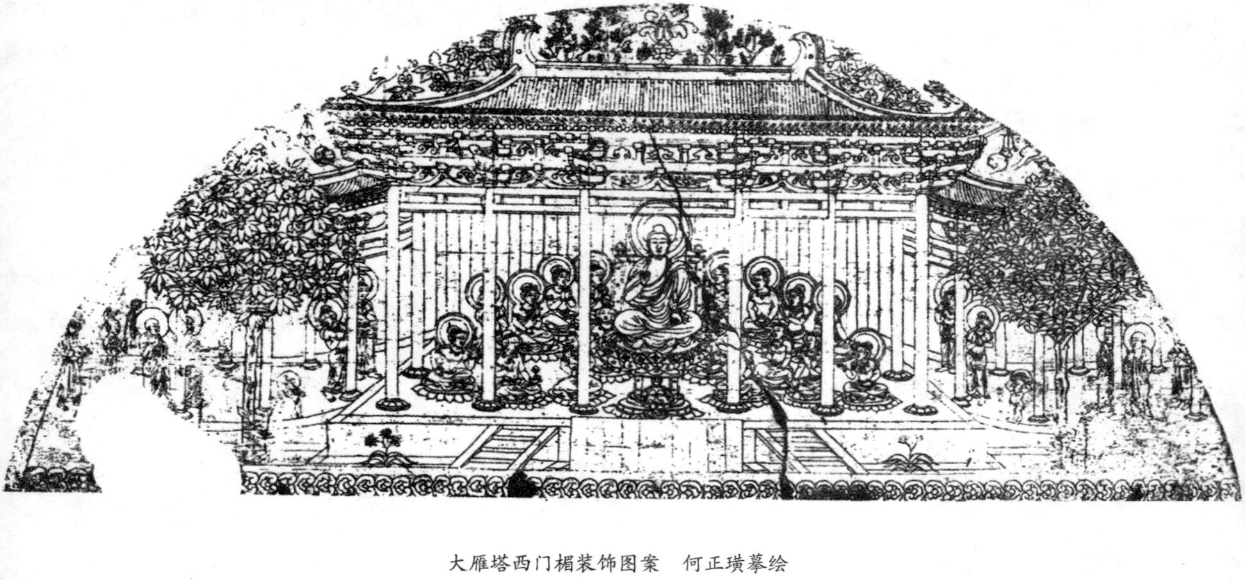

大雁塔西门楣装饰图案　何正璜摹绘

14. 曲江及附近其他名胜

那天离开慈恩寺时间尚早，众人便南行往曲江察看。

往曲江途中，平郊漠漠，一望无际。郊野路旁，石兽、石坊、翁仲等存毁者比比皆是，古都文物之胜，实令人感慨不已。

南行约三里，抵曲江。此乃秦汉之宜春苑，隋之芙蓉池，因其地处长安城外东南郊，来往极为方便。当时这里丛林叠翠，江水澄清，芙蓉盛开，是长安第一胜景。至唐开元年间，唐玄宗大兴疏凿，开黄渠，引潏河，流水丰沛，以其曲折似广陵江，故名曲江。池水面积达七十万平方米，南有紫云楼、芙蓉园，西有杏园，花卉环卫，岸边宫殿连绵，楼阁起伏，池内烟水明媚，花光人影，景色十分动人。每月最后一天与每年七月十五中元节时，这里最为热闹，车马盛装、笙歌画舫、樽壶酒浆、欢声笑语，一片盛况。每年三月三上巳节，皇帝也率嫔妃来此游览，按当时的习惯，及第的进士，皇帝还要在这里赐宴。一些诗人学士也喜欢来这里饮酒作乐。他们把盛有酒的酒杯（羽觞）放到曲流之上，酒杯顺水漂流，得者畅饮，是为长安八景之“曲江流饮”。豪华热闹程度，唐代大诗人们在吟咏曲江的众多诗文中均有反映。

15. 寒窑

池东上鸿沟岸名武家坡，是王宝钏为薛平贵守贞十八年处，谓之“寒窑”。入门，乃一天然山洞，颇为深曲，隔为两层，上下各有王宝钏薛平贵塑像，壁上遍题游人诗句。

据说，荠荠菜为此地遍产之物，独鸿沟中被王宝钏十八年采食净尽，至今棵苗难寻，近乎神话。

摄影后，乘车前往宋家花园。

16. 宋家花园

此宋家花园，为长安名人宋聚五氏之祖茔，其中植花种竹布置亭馆，遂为近郊名胜，每年春秋之际，多有游人前来观赏。园以竹篱为门，内有一阁，额书“城南草堂”。草堂东西两边各有一亭，亭内各镶石碑一通，园内有人工山石、水池，又广种花木，环境宜人，颇为幽静。

中午，在吴家坟吃大饼面条。人饱骡足，继续西行，半晌抵木塔寺。

17. 考察木塔寺

此寺建于隋，原为隋文帝为献后所建之禅定寺，宇文恺以京城西有昆明池，地势卑下，奏建木浮屠以镇禳之，建成后易名庄严寺，明时被毁。清重修，又遭毁。今仅留残垣败础。此寺建筑颇为特别，全以青砖筑成，呈一圆洞形，像窑。门窗花格也精，二壁为砖雕，也甚可取。拍照、记录后离去。

18. 考察城隍庙

西安都城隍庙正门面对西大街。

“城隍”之“城”，指护城之墙墉，“隍”指护城之河沟壕堑，所以城隍就是城池。把城隍变成神，是由“社神”演变而来，城隍神就是城池的保护神。从明朝开始，城隍神的级别和人间的知府、知州、知县相同，各管自己所辖的城池。西安的城隍是“都城隍”，前面加个“都”字，意思是他可以管各州、县的城隍。

城隍庙都信奉道教，西安城隍庙也不例外。

西安都城隍庙

西安都城隍庙内戏台图样　卢善群绘

西安城隍庙始建于明太祖洪武五年，后历明清两代五百多年间，毁毁修修近十次。清雍正元年大火焚毁、当年川陕总督年羹尧重修影响最大,因为他是利用拆明秦王(朱樉)府的木料砖瓦重修的，动作也大，恢复、扩充了原来的规模。后又经历过一次大火和重修。

考察团一行到来，在门口首先看见一座木牌坊，结构甚为精巧，拍了照。进去后，意外地发现这座庙院不像其他寺庙是清静之地，反倒像个市场、庙会那样热闹，进门两边商贾云集，买东西的、看热闹的人来人往。经询问才知，这个庙早与“会”相结合，既是烧香拜城隍的地方，也是西安人买东西看热闹的地方，里面竟然还有一座别具一格的戏台，梁启杰甚感兴趣，当场便画了起来。再往里走，才发现这个地方分庙院和道院两部分。道院分布在东西两边。大殿青砖碧瓦，宏伟壮观，殿门上全是精致的木浮雕。待梁启杰绘完戏台建筑图后，大家也各自完成了自己的工作。

归途中路过开元寺。寺在钟楼东南角，相传为唐玄宗与胜光大师于延庆殿论佛，感佛恩德，令天下各州府均建开元寺一所。可是，寺已不见，仅存部分建筑，地方竟沦为风月场所。闷闷中，何正璜心中疑问颇多。

路上，她说：“钟楼这个地方在唐时应是皇城中心位置，这地方怎么会修佛寺？玄宗是‘崇道抑佛’的，他又怎么会令全国修建佛寺呢？”众人也不解。

19. 察看牛头寺

2月5日，天气晴和，考察团一行三人，坐骡车，出南门，行二十里至韦曲，谓樊川。樊川乃汉樊哙之食邑，有唐韦安石别业旧址。据说，旧时颇富林、石、花、亭之盛，惜今已不存。旁有海惠寺，亦不存。

车又行三里，上皇子坡，有牛头寺，为唐贞元十一年所建，宋太平兴国中改为福昌寺，明隆庆五年重修，又改称牛头寺。众人对寺名“牛头”颇为不解。何正璜说，据《长安古迹考》云，一为“系牛头山祖师遍照所居”，二为“遍照负牛头”之事，其圆寂后，此寺就叫此名。所谓“遍照负牛头之事”，是传说净业寺的律宗创始人道宣律师，不服遍照禅师的道行，一日邀请遍照相会，遍照负一牛头前往。

牛头寺

道宣设宴款待，不料饭菜迟迟做不好，遍照说："菜既未熟，我负一菜，请试用之。"说着便将牛头置于案上，自己先就大吃起来。吃毕，就下山走了。道宣追至沣峪口，见遍照在河边破腹洗肠，惊异万分，从而知道自己没有遍照的道行高，再没了与遍照比高低的念头。

梁启杰说，如此说来，该寺叫"牛头"不谬。

何正璜说，据史料记载，此寺唐时建筑高大雄伟，寺内树木参天，位置甚佳，在附近又开辟了洗肠沟、杏花坪、九龙潭、龙堂塔院等名胜，使该寺成为当时重要名刹，而且成了僧侣百姓、文人墨客的游览胜地。连武则天也曾到此寺观赏游览，并写有一诗："岩顶翔双凤，潭心游九龙，酒中浮竹叶，杯上写芙蓉。"

如今虽已破败，但仍存有两殿，后殿后面几间洞室中菩萨罗汉像也基本完好，特别是院内两棵老态龙钟的古树，仿佛在叙述着这里的沧桑。

20. 拜谒杜公祠

从牛头寺出来又行不远，即少陵塬东塬畔之杜公祠。因杜甫故居在此处，后人为纪念他，故建此祠。此祠约建于明朝嘉靖年间。

杜甫生活在唐朝开元盛世至安史之乱年间，目睹了大唐王朝由盛而衰的社会现状，写出了大量反映当时社会生活、揭露统治阶级的残酷和劳动人民苦难的诗篇，具有崇高的爱国主义思想和同情劳动人民的情怀。他有感于自己"致君尧舜上，再使风俗淳"的政治抱负不能实现，便携家眷在这里生活了大半生，他的很多诗篇就出之这里，这里也是他的第二故乡。

祠庙不大，有大殿一座，内有诗人造像一尊，两边厢房数间。殿左侧碑廊中有明清两代重修此祠碑六通。小小院落，幽雅清爽，颇合诗人一生清贫却高尚的精神品格。

此祠地处少陵塬上，远接终南，近揽樊川，山光水色明媚，是人们来瞻仰杜甫祠和浏览城南景色的风景区。

下得少陵塬不远，有很多窑洞，到跟前察看，窑洞均切山为室，深五六丈，高

杜公祠

约二丈，内涂精白石粉，因而洞内十分光亮，还装有电灯电话，窗大而美观，窗外幽篁成林，白阶曲栏。整个建筑融科学与古雅于一体，似比西式建筑还要舒适。四处遍植梅树，现正值梅花盛开之时，空气中梅花的香味沁人心脾。梅深处，有一西式剧院。丘下有水泉二三处，泉水平地而起，清莹可爱，味甚甘，大旱不涸，霖雨不溢。但水从何来？不可思议。

经询问得知，此乃张学良在陕时所修，为其别宫，他和赵四小姐多住在这里，住建国路公馆则并不多。

21. 考察华严寺

又一日，考察团一行再上少陵塬考察华严寺。该寺乃华严宗之祖庭，在少陵塬东部，牛头寺在其西北，樊川在其西南。

华严寺砖塔

寺建于唐贞观十五年。寺前有塔两座，一为四面七层，高十三米，是初祖杜顺禅师塔；一为六面五层，高七米，是四祖清凉国师塔，是二人灵骨所在地。华严宗是根据从印度传入中国的《华严经》发展出来的中国佛教的一个派别，主张与人无争，调和佛教各经派矛盾。其五位祖师，个个才识过人，著作颇多，为华严宗的创立、发展都起过重要作用。由于杜顺法师对《华严经》的研究和对华严宗的创立，深受唐太宗的赏识，华严宗在当时及以后影响很大，吸引很多国内外僧人到此学习，因此华严宗传至高丽、日本。

寺内殿宇已全部损毁，除二塔外，再无其他。

由华严寺出来再行不远，至杜曲。杜曲分南杜北杜，杜曲谓北杜。二曲皆名胜之地。韦杜两家为历代显官，唐人有俗语“城南韦杜，离天尺五”。

22. 考察兴教寺

赴兴教寺途中有兴国寺，现改为兴国中学，均为水泥建筑，已无古迹可寻。

又行五里抵兴教寺。该寺是大名鼎鼎的玄奘法师灵骨塔所在地，是慈恩宗祖庭之一，也是樊川八大寺院之一，在国内外均有重要影响。

玄奘，俗名陈祎，尊称三藏法师，俗称唐僧，河南缑氏（今偃师）人，生于隋朝仁寿二年。他十三岁出家，二十一岁受戒，唐贞观三年他二十八岁时，从长安出发到印度取经，在印度潜心学习研究佛经十七年，四十四岁返回长安。回国时，唐太宗李世民亲自在朱雀大街举行盛大欢迎仪式，长安城几乎全城出动欢迎他，可见他是当时人们心中最受尊崇的一位僧人。

回国后，他在朝廷支持下，召集天下高僧、学者，先于弘福寺设立译场，后迁至慈恩寺，展开规模巨大的翻译工作。共译出佛经 74 部，1335 卷，创立唯识宗（亦称慈恩宗），还自创著作五种，对中国文化的发展和对外文化交流起到了重大作用。

玄奘于唐麟德元年，在玉华宫（在陕西宜君县）圆寂，享年六十三岁。他的灵骨被安葬在白鹿塬。举行葬礼时，周围五百里群众一百多万人前去送葬，当晚有三万人在其墓旁寄宿。人们对他的爱戴和敬仰之情由此可知。

唐总章二年，唐高宗下令，以隆重仪式将他的遗骨迁至樊川杜曲。

兴教寺也和其他寺庙一样，在历史上经过多次毁毁修修。考察团一行到来前不久，刚经过朱子桥捐资重修。朱子桥（1874 年—1941 年），名庆澜，字子桥，浙江人，曾任督军，人称朱将军。其热心地方公益，曾皈依印光法师，为居士。该寺青檐朱

兴教寺

门，焕然一新，门首有“护国兴国大寺”题额，内有三殿。前殿正在修葺，尚未竣工。后殿额题“兴教寺”三字为康有为书。殿内佛像也为新近上金，灿烂异常。寺右门外有三塔，皆唐式，角悬小铃，塔外护以曲石回栏。中间塔五级，左右二塔皆为三级。中塔额题“唐三藏塔”，字为大虚法师书，塔下级有门，内供玄奘塑像，像极传神（何正璜觉得与自己小时候读《西游记》印象中唐三藏的形象极吻合）。塔上层有碑文，字体、刻工均佳，塔下葬玄奘法师舍利子，塔背面有唐中丞李宏度撰碑，惜已模糊难辨。左塔为窥基（窥基是尉迟敬德的侄子）葬地，右塔为圆测（圆测是朝鲜新罗王的孙子）葬地，亦各有碑文。

殿内有“慈恩塔”纪事，记三人事迹甚详。

回程尚有五十余里，骡车加速，人亦一身风尘，疲惫不堪。

23. 察看崇仁寺

崇仁寺在西门外。王子云曾一个人前去察看，未能找见。今王子云又叫何正璜、梁启杰、姚继勋四人同去。

该寺本隋秦孝王舍所立，贞观十二年迁于安乐坊为修缮寺，尽度太宗嫔妃为尼以处之。后又迁附近之道德寺于休祥坊之太原寺内，为崇圣宫，又为太宗别庙。仪凤二年，将前二寺庙并为崇圣寺。明朝天顺年间，崇圣寺东边佛光升腾。又八年，秦藩在此创修治地，得古玉、石佛像、钟磬及刻碑等，筑台作殿以祀，成化十二年工毕，改称崇仁寺。清乾隆年间重修，为当时西安最大丛林。同治年间回民起义，该寺毁于战火。

王子云一行找到地方后，看见的是仅存的颓垣败瓦而已。

但是，著名的“大秦景教流行中国碑”却存在该寺，后埋入地下，七八百年后在此寺地下被掘出，成了轰动一时的盛事。

24. 关于景教寺和“大秦景教流行中国碑”

唐太宗李世民是一个胸襟开阔、能兼容并蓄的开明皇帝。在四海平定后，人心思定，要求社会向前发展、改善人们生活是社会主流，在中央集权空前巩固的前提下，唐王朝顺应时代潮流，一时蔚然盛明，社会经济文化得到空前发展，长安城逐步成为八方来朝的国际大都市。丝绸之路的开通，造船业的发展，使中外交流更加频繁，周边国家的人来学习的、布道的、经商贸易的络绎不绝，长安人口达到百万以上，其中突厥、日本、高丽、新罗、百济、波斯、阿拉伯、印度乃至罗马人，就占相当大一部分。据史料记载，贞观四年，东突厥一次入籍长安的就达数千户，常住长安的波斯人达三千余口。这些各色外国人中，就有很多职业传教士在演绎他们的真经圣典。在唐初宽松包容的文化气氛中，长安城不仅佛寺林立，其他各教各派也相继建起了自己的寺庙。据记载，有大食人旺各斯在长安传播伊斯兰教、建清真寺，有波斯人何禄布祆教建祆教寺，阿罗本布景教建大秦寺（人称景教寺）……当然，它们也难逃脱在后来的灭佛运动中被毁的命运。

大秦景教流行中国碑

景教寺在当时长安的义宁坊，今日已毫无踪迹可寻。但“大秦景教流行中国碑”却

王子云在清理荒草泥土中发现的无首佛像

有幸保留了下来。在经过八百八十多年的历史风雨后，于明朝末年，在崇仁寺南边掘出此碑。传说，“明崇祯间，西安守晋陵邹先生有幼子曰化生，生而隽慧，甫能行便解作合掌礼拜，二六时中略无疲懈，居无何而病，微瞑笑视，倏然长逝。卜葬于崇仁寺之南，掘数尺得一石，乃景教流行碑也”。

此说自难凭信。欧美学者根据当时耶稣传教士的报告，判定明熹宗天启五年（1625年）掘得此碑较为确实。其后又经回民起义，重修之碑亭及寺院俱又烧毁，遂使此碑暴露旷野，幸未遭毁损，诚属天惠。欧美业界觊觎此碑，借口保护，主张移往欧洲，因而派丹麦学者何乐模等来西安，出银三千余两购得此碑，准备运往伦敦。正在秘密商量搬运之际，为北京政府得悉，急电陕西巡抚，命妥加保管。其时陕西省高等学堂教务长王猷君，擅长英语，爰当此折冲之任，百方交涉，始得解除契约，允许何乐模模铸，原碑得留在故地。陕西巡抚为加意保护计，将此碑移入碑林。惜近日又因避免日机轰炸毁坏，再次埋入地下，考察团也不得一见。希望将来人事、经济上许可，考察团也可模铸一通，一方面如此碑一旦损毁时，仍可留其面貌于国内，另一方面，即使原物无恙，而国人不能尽来陕观览，也能有副本陈列于中央或其他省博物馆中，供国人学者参考。

同来的西京筹委会夏先生又说一故事：此崇仁寺在极盛时期，寺内塑有五百罗汉以祀之。在回民起义即将开始之前，近邻各县皆见有各式之和尚背负行囊匆匆向西而行，尤其咸阳桥上，更是三五成群、鱼贯而行者达一日一夜之久。乡人皆疑惑不解。未几回乱大起，全寺尽毁之。有人考证事先逃亡之僧人，皆来之崇仁寺，因而叹其先知，联臂西行而避其大劫。

夏先生今日谈起这一传说仍津津有味，而此寺却无力恢复旧日轮奂，罗汉像更无力重塑，想诸罗汉当亦无意东返矣。

王子云在其遗址荒草中，发现无首佛身数个，雕刻之精美为中国各佛身中所仅见。但均大如真人，笨重不可搬动，也怕惹起麻烦（若僧人弄坏则不大在意，若外人运走则可能引起风波）。王子云又不忍此杰作湮损于荒芜中，后又特至佛教协会交涉，经允可，派姚继勋又去拍照数张，并准备再派人去模铸。

此后，考察团又先后考察了香积寺、净业寺、至相寺、百塔寺、仙游寺、云经寺、庆山寺等，虽尽最大努力，但仍有些寺庙未能前去考察，甚为遗憾。

第七章　西安考察之三
——访问西安收藏家

西安古物多，爱好收藏的人也多，他们手上的东西是不能不看的。经行内人介绍，并开出名单、地址，考察团利用重点项目考察的间隙，按图索骥般地拜访了不少收藏家。

1. 访问花老先生

民教馆有一位花姓职员，谓其父曾去敦煌，归来携古物甚多，考察团一行数人 1 月 20 日至其家。其父出迎，并茶点招待，稍坐即观赏各物。

房中悬一中堂，画面为高山大槐，笔力苍古，为宋时物。又一画框内置工笔画，绿石红栏，工细无比，亦宋时物。桌上一漆瓶，红雕花细底，上再雕多人松间下棋状，为清康熙时物。又一小黑漆盒，以贝壳磨平嵌之成纹，光色闪闪，配置得宜，约为与瓶同时。再拿出一木匣内盛之物，一为白玉宋瓶，扁圆形，两面各雕龙凤，极为精致；另一为汉代玉蟾，浑润可爱。更有鼻烟壶三，一为雕漆，一为瓷，一为瓷上起凸花，皆精致可爱。

其父子又展画于厅上。首为一张人物画，人物凡二十有余，各冠饰不同，似象征星宿之类。其父说，此画得之于兰州一木塔寺中。次为一帝王像，丰颐华冠，端坐于宝座上，座为绿玉所制，镶以金龙，四座腿上雕玉龙无数，遍嵌宝石，红绿相间。整个画面组织端雅细腻，所用绢料也极考究，为唐或宋时物。再展一幅为唐代百鹿图，有一百只不同姿势的鹿，只是一侧有缺损，余八十余鹿。近处之鹿，不仅形肖，且因阴阳色彩适当，成为立体，丰若骨肉可现，或正行，或饮水，或伫立，或回首诸状俱栩栩如生。画上近鹿体大纹显，远则体小隐约。过去常谓中国画不懂透视，何正璜观此画后认为，中国古代画家并非完全不懂此中奥妙。再一幅，为一官吏坐于案前，铺纸提笔着凝思状，旁有三人各呈一物立于前。其父云，此画为敦煌石室中出。最后一幅为一贵妇坐像，旁一侍女垂鬟捧茶而立，人物面目已模糊不清，衣褶笔法流利，服装为宽袍大袖，领下金扣为提。应为宋画。

看完画，其父又将考察团一行引入一别室，拿出一铜瓶。此瓶阔口细腰，古色斑斓，为宋代物。又一瓷瓶，与铜瓶大小相似，韵味浑厚，古朴典雅，紫身绿缘，为宋钧窑出品。

看完各物，在房中饮茶小憩，双方相顾长叹。花老先生本贵州人，数代前来陕，平生喜欢古玩字画，曾于敦煌带回很多古物，分赠亲友。现因日机常来轰炸，自藏古物多已转移乡下，约以后有机会请他们再来观看。王子云说，伦敦巴黎博物馆中皆有中国各代珍品，我国历代文明皆远超各国，却不注意收集保护，以致失散众多，殊为痛心！日寇凶残，却知道珍视古物，每占我一地必搜尽名画古物运归其国。今失地已多，不忍多想。今幸西北地区仍在我们手中，其地古物多有历史及艺术价值。但愿人天共佑，使本次考察收集能有一个圆满结果。

2. 一访阎甘园老先生

又一日清早，王子云、姚继勋两人，要去拜访西安著名金石藏家阎甘园老先生，何正璜这几天虽然累得腰疼难忍，但还是与他们一同前往访问。

阎老先生已七十七岁高龄，然而仍健康如壮年。其家屋乃中国传统派式，颇雅丽。长廊、阔院、雕门、修阶，均古雅整洁。

老先生将他们迎入室，寒暄毕，即出一幅赵伯驹所绘之山水，为工笔。宋以前作画均无题跋，故不知所绘为何处，但画中四山八水五亭七阁连贯有序，设色华丽，可知所画为某处宫殿。笔法精致无法形容，金檐碧瓦，朱柱白阶，鲜艳如现代所绘。画上人物共七人，画幅横长一丈。

看完画，阎老导众人到院中，从积雪中拂拭一个半截唐代石刻屋宇，高一尺四寸，莲花屋檐斗拱俱全，瓦为绿色，玲珑可爱，为清代出土。

院中更有一唐代四龙柱，高四尺，径亦四尺，四龙互相盘衔环绕成一圆柱，苍劲古老，颇有艺术价值。

阎老又领他们到一室内，室内陈列琳琅满目，有如故宫陈列所。室右陈一编钟，绿锈覆盖原色，高二尺，悬于八尺高的紫檀木大架上。木架雕刻也极雅致，绝非近代工匠所制。室正面两侧各置一个紫檀木百宝橱，橱高二尺五寸，全镂空于二分阔木料上，所雕花木变化多端，精致异常。阎老云，此木坚而脆，用力不及则刻之不深，用力稍重则砰然而碎，施雕其上实乃为大不易。众人赞叹为神人所雕。

左右外侧各置大金鱼缸一个，左为乾隆时物，右为康熙时物，纹饰皆精美可观。并列有大瓶两个，高四尺，一为雍正时物，一为乾隆时物，皆浑厚大雅。

百宝橱中更置小件艺术品无数，尤以红白珊瑚艺术品为多。

廊下有千佛碑一通，高六尺，四面皆雕有佛像。前后两面宽三尺，正中佛像最大，两旁边宽仅五寸，然也雕佛像两列。此碑为北周或隋之物（因两佛雕风格相同）。

院内雪地中弃一石雕小佛，拾起细看，也极精美。阎老说，南大街被炸后，在一古董店中得之。院中另有二尺见方石板一块，厚约三寸，上面浮雕车载经典，四人维护一持羽扇者，构图颇具图案趣味，尤其车轮、羽扇线条，直如现代图案勾线，整体如一块木刻，乃晚唐制品。

阎老介绍，何正璜记录，梁继勋拍照。阎老又说，汉及以前所雕走兽皆不似真，至唐才力求真似，至武则天为最盛，安史之乱后则又衰退。谈到这里，他又引导大家至廊后看一唐时石雕，石高四尺，宽亦四尺，厚约五寸，石板上雕佛像三，立二坐一，其衣褶、手腕皆如西洋雕刻那样注重比例。此佛乃女人形状，富态端庄，温柔可人。佛下皆有密书小字，均为武周年号。虽为千年前之作品，实可为现代雕刻之蓝本。阎老说，此雕像来之宝庆寺，寺为武后时重要之寺宇。后此寺衰败，众多佛像皆湮于土，后来不知何时又陆续出土甚多，式样皆与方才所见相同。经人收集整理，皆陈列于破败寺内。清末时，寺宇改办学校，请一日本教员，姓早溪，他把寺内佛像悉数廉价购去，装满十几辆大车，也无人阻拦，一代珍品远离故国而去。后又掘出者，多被敲碎作补墙填路之用，实为可惜！

阎老又说，西安汉城有一石马，有如真马大小，马足上勒有年号，风姿奕奕，有如活马，现仍立于荒草之中。何正璜告诉阎老，他们已去看过，是大夏雕无疑，只是无力保护，实在遗憾之至！

时已正午，家人呼之用餐。何正璜三人辞出，阎老约下次再看他的储藏室。

3. 拜访何乐夫先生

从阎老先生家出来，他们三人在街上随便吃了点儿东西，即去拜访何乐夫先生。何先生在西安政治学院任教，是西京筹委会龚姓职员介绍的。何乐夫的名字与何正璜父亲何立夫的名字只一字之差，听起来像兄弟似的，何正璜就先有了一点儿亲切之感。到了何处，何先生欣然出迎，一白发老教授也，与何父形不肖却神似，何正璜便觉心中暖暖的。

何老曾任职城固西北联大，现任政治学院国文教授。进之室内，但见新旧书籍铺天盖地，几将室内占满。而床上则被薄褥单，除桌椅笔墨外，一切陈设俱无。生活用品者，有半截洗脸用毛巾、半筒黑人牙膏而已。衣着也极简朴，一灰布衣，一黑棉鞋。房中也无茶杯、火盆、烟缸之类。富贾与硕儒享受未免过于悬殊了！学士清寒至此，令何正璜感慨再三。

何老先生曾任北平某研究所研究员，也曾在陕西各地做古物考察，对陕西省地理及古遗迹较为熟悉。他说，宝鸡城外六十七里处有青峰山，山上有一万寿禅院，院内有元代壁画。元代建筑遗留极少，故这个寺院的建筑及壁画弥足珍贵。宝鸡东岳庙中也有壁画。城东十五里处有斗鸡台，即著名掘得宝物处。斗鸡台一建筑内西壁也有壁画。何老说，他曾在那一带见过一个宫殿用的巨形大梁，梁上绘雕俱工，惜已被匠人劈成小截改作他用，实为痛心！扶风县法门寺土堆上堆积很多唐刻画石材，花纹极好。岐山周公庙内唐碑很多。蓝田县不久前曾有古鼎、瓦头出土。西安东十里铺发现陶片及瓷器。南院门古董店有一真实汉砖，也叫亭长砖。王子云询问西安考古会藏品情况，何老说，那里的藏品为避免日机轰炸，多已藏于地下。他拿出一些残砖碎瓦，经王子云辨认，均为唐或唐以前物。他又在室外指一“”形陶质物，说此物出土于秦始皇陵墓道内，是排水管道之一截。平常的排水管道为圆形，埋于地下极易压碎，做成“”形则科学多了。又取来一秦砖，亦出土于始皇陵园中，长一尺四寸，宽五寸，高三寸，现已凿成砚池。

何老又引他们到一后院，入圆门，进走廊，有平房三大间，现为学生宿舍。他说，此处为慈禧避难来陕时所居之室。何正璜听到此，便将三室一一认真察看，因为她的祖父曾被慈禧召来西安，并当面封她祖父为四川候补知县，她想寻找、体味一下这里还有没有她祖父的气息。当然，她只是默想于心，并没有说出来。

从屋里出来再看此房，屋脊上有龙，于夕阳中闪闪有光，异于常见者。何正璜让姚继勋拍照一张留作纪念。

从后院出来，何老又领他们到省考古会参观。考古会离此不远，出校门走几步即到。

一进考古会大门即见有二石兽，皆似龟，长六尺，高四尺，为明代物。二兽当中，有一经幢房子，唐代物，半埋于雪堆中，拨雪再三，也仅见其雪上五层，均有雕花，圆座不得见其详细，亦一一拍照。再往里走，有一碑，为明洪武年间所刻黄河历代入海图，高五尺，宽三尺，上刻各代黄河河道及沿流各地名。再行，有一大佛首，高五尺，城西南二十五公里处出土，颇浑厚，面略方，大家一看便知为北魏时物。一内室已被蛛网占满，因古物已被封埋，室内地上仅余秦汉砖瓦碎片而已。另一空室内有一特大脊兽与一大汉砖。廊外堆石像一截，胸部凸起，衣饰华丽，知为女像。其足部乃雕为半放之文明足，众人从未见过此类足式，均不得解。何老说，此物出之开元寺地下。另一室仅陈汉代瓦器十余件，汉灶及香炉各数件，其他为随意堆放的表册、公文、旧书报之类。何老说，本拟呈请省府将古物陈列让人参观，但时有警报，唯恐被炸，故被搁置。

何正璜一直腰疼未愈，跟着考察半天，一会儿写生，一会儿记录，还要不时拿出软尺丈量尺寸，少不得弯腰扭动，致腰疼更剧，勉强看完，即告别何老返回住地。

4. 拜访王幼农先生

又一日，何正璜与王子云二人持省教育厅所开列收藏家名单，去拜访一位叫王幼农的先生。到其家，大门开处，出迎的是一名壮汉，与王子云对视半天，两人均瞠然无语，何正璜在一旁甚为惊恐，以为遇到了仇人！半晌，王子云对壮汉说：“我实在好像认识你。”其人亦云：“我简直像昨天看见过你！”至此，两人各自低头思索、摇头否定，终不得解。王子云又说：“不行，我们太面熟了！”其人亦说：“我们好像曾经是朋友，起码在哪里会过。西安？重庆？”王子云问：“贵姓？”其人答：“王。”并回问：“贵姓？”王子云亦答：“王。”其人又问：“你在哪里读书？”王子云答：“法国。”又问其人：“你在哪里读书？”其人亦答：“法国。”至此，两人握手大笑，同时说：“我们原来在巴黎见过面！”何正璜也释然而笑。于是恭请进屋入座，边喝茶边谈，方知此人为巴黎大学之博士，刚才正在家读书。何王二人要访问的，是其父亲。王博士说，他爸爸已七十多岁了，仍在赈济会办公，现不在家。所藏仅书画而已，无金石类藏物。闲谈中，王博士说：“在重庆时，听法领事馆内人谈德军进占巴黎时，不走近路而故意由凯旋门大道直入，法国方面情形凄惨。法大使在重庆于收音机中闻得德国大军经过情形，当即拔枪自杀，幸膛中无弹，为其夫人夺下，其内心痛苦可想而知。”何王二人听了莫不凄然。何正璜内心更是想到，哀他人之际，更当以悚然自警也！

当日下午，王子云与新招入团的夏子欣二人又到城北探访一位收藏家，其他同事也各自作业去了，何正璜因腰疼甚剧而独自在家。但她闲不住，顾不得腰疼，仍趴在桌上根据速写绘一碑石的边饰花纹。她计划要画秦剧行装、面谱、道具及各处所见边饰图案共四十幅，如今尚未完成。至下午4时，画好两幅，即又到附近清真寺采集图样，在后殿画得四幅而归。

5. 访问收藏家柯莘农和高先生

又一日，何正璜因腰疼稍缓，原准备到一寺内临画，但见天气和暖，便同王子云、雷震二人同去拜访收藏家柯莘农先生。到柯先生处，答以今日因为药王盛会，亲友多来打扰，不便将所藏拓片取出供览，请改他日再来，并介绍到其邻居高老先生家访问。

高老先生，江苏人，先为某单位艺术文物研究者，后因经济关系一变而成为文物贩卖者，至今已有数十年，言下颇有忏悔愤慨之意。他说，经他手之古物均一一售予外人，内心颇觉惭愧，但衣食无着，不得不昧良心将国中古物售出国。他也曾将两三件交予政府，但官家反坐以罪，谓为盗墓人，所交古物也不见下落，并未归为国有，令人极为伤心。现仍小有买卖，但良心总觉不安，亦无法罢手。

其家房屋虽小，但颇整洁，香烟袅袅，经卷盈案，桌上几上并陈各代佛像颇多。他首先拿出一鼎一瓶，让王、雷二人察看，鼎纹一般，瓶刻纹作龙虎状，盘旋奔跃，颇为生动。最后拿出一对陶塑小狗，刚放到桌上，何、王、雷三人皆为之欢呼，其形态之活泼，几欲跳起而吠也！细观之，确为汉代物，原为古人殉葬之用，于扶风县蒋庄镇出土，土瓷质，全身轮廓精确，任何一面观看皆生动有趣，即使列于西洋雕刻之前，也绝能过之。何正璜说，若非亲见，真不信两千余年前古人竟做出如此之杰作。王让雷拍照多幅。

从高先生家出来，三人又返到柯先生家。柯取来一瓷瓶，高一尺三寸，淡绿色，二鱼立身合成瓶体，二尾合成瓶底，二口合成瓶沿，整个构图匀称自然，此宋瓶无疑。拍照完坐下喝茶，柯说："俗称南砖北瓦，故北方之瓦最为有名，南方则以砖多，但多为六朝之物。北方也间有出砖者，但非周即秦，年代较远……"

正说话间，有客人来，三人即辞别而归。

柯先生是西安著名拓片收藏大家，两次探访均未能一睹其所藏拓片，何正璜们自然心有不甘。又一日，王子云、何正璜、梁启杰、雷震四人再次到了柯先生家。因为已见过两面，已属熟人，到柯家后，四人便开门见山地说要看他的拓片。柯先生说，拓片原本甚多，因今日皆已疏散他处，现家中仅留存花纹砖拓片数十种可供参观。说着，他便一一拿出。

先是凤翔出土之秦砖拓片两张，长二尺，阔一尺五寸，纹为秦代特有风格，考察团见过很多，但此片较为清晰。继之拿出汉代瓦槽字纹五张，均为“买曹者后无复有大吉”，但字体各不同，有一张较小者，字为“后子孙吉”。又出北魏石刻造像一张，乃河南出土。汉珪刻字，按珪，人皆知其为祈雨之物，但其实物则人所罕见，即珪上字纹亦见者甚少，今能见此拓片已属不易。其实物早已存列于美国博物馆中矣，其字纹为“延熹七年五月九日巳时日入时雨”十四字。另一秦砖上之字甚多，有“海内皆臣岁登成熟道毋饥人”。后又陆续拿出，汉砖最多，平面上为图案式花纹，整齐美丽。砖侧则为各种吉利语，多为“千秋万岁”“长乐未央”或“子孙益昌”“富贵昌宜宫堂”……文字中并夹图画四种，即青龙、白虎、朱雀、玄武等，各物以各种简单而富有趣味之线条表现之，极类最新式之绘画。尤其有特大朱雀一只最佳，若夹于现代绘画中，无人能识之也。另有一张拓片为四虎，其构图及线条之运用，令他们四人感叹不已，两千年前之笔法竟与法国沙龙画派同一形趣，实在令人不可思议！此物现在美国，全中国仅有拓片二份，此乃其一，长七尺。以上秦汉砖等，现国内亦仅存有拓片且数目亦少，若子孙不肖，则我们后人连睹此拓片亦不可能。实物已分存欧美各国博物馆中，成为他们的珍贵之物品，我国人却难得一见，甚至根本不知。他们除叹惜外，还能说什么呢！

不觉天色已晚，告辞出来，归途忽遇大风。回到家，其他一组同事也已从广仁寺回来，摄取大莲花缸及石狮、佛画等像，邹道临竟折回桃花数枝，方知春天已来。

晚上，何正璜作画两张。

6. 再访阎甘园先生

又一日上午，何正璜、王子云和西京筹委会的夏子欣三人到华塔寺看陈典尧模铸龙凤情况，拍了一张工作照以备存档，回到住处准备再去访问阎甘园先生。正在绘画的梁启杰也要去，四人便一同前往。

一进门，阎先生便直接把他们引入后边的贮藏室。一入室内，但见满地满架皆为各式古物，比普通的古董店大两三倍还要多，真是琳琅满目，美不胜收。阎老将古物的年代、出处一一向他们解释，因他们并非顾客，仅为研究人员，所以一切均依实而言，即使伪造品也据实相告。首先看两个陶马，一马缺一耳，缺处呈孔状，确为汉代遗物，与汉城石马同一格式，与旁边另一个唐马比较，两者大不相同，唐马目鬣胫蹄无不与真马相似，与昭陵六骏格式相同。二者相较，风格各异，难分优劣。汉代作风浑厚，唐则灵活精致。

再看宋代砖刻。这几天何正璜正在摹绘一砖刻纹样，但不知为何代，此砖中间为一个宋代胄甲战士，其中有纹样与她所绘相同，知为宋代，心中甚喜。

又看秦砖数块。秦砖花纹极美，刻为人物鸟兽及边饰纹样等。据阎说，是他一次散步时见一马槽，隐隐有纹，知非常物，村人不自知，因以廉价将整个马槽购回，洗净后，全系秦砖且有年代，现已为不可多得之珍品也。

又有三代时玉簪，陈列有五六支，其长度自五寸至八寸不等，色亦苍绿不等，男女所用皆有。女用者为“”状，男用者仅一直杆状，一端尖锐而已，手量之甚沉重，不知古人发上如何能禁得起如此重簪。难怪杜工部句有“白头搔更短，浑欲不胜簪”呢！

再看古代兵器，多为周代遗物，有刺刀、宝剑、匕首、长鞭等，表面皆生斑斑绿锈，但一宝剑埋于土中数千年，而锋口尚可见光芒，可想当日之锋利，柄上有花纹，一如周代鼎上所刻者。

潼关所得之罗汉十余尊，不甚佳，为宋元间物。

唐代石佛、木佛，从这些佛像身上可见其时战士服装，某处为铜，某处是革，由此可知北周、隋代之佛与唐代之分别。前者垂身之璎珞繁重，每根大小杂编，自二三列至四五列不等，而唐代则仅单列。六朝时飘带直形，至唐代即成曲波形。北魏前半期佛无莲座，后半期方有。隋时佛头已有发。

木刻桃花女，高三尺五寸，面貌温柔俊美。

一唐代三彩骆驼，高二尺，尚佳。

一大狮子头，汉物，极丰满雄伟。

其他偶像，除佛像外，还有道教偶像，头有发髻，衣饰亦不同。

一石枕，一方刻一汉龙，有一角，一方刻汉符，纹曲难识。

铁花，乃一工艺品，以铁炼至极柔做各种花卉、鸟虫等，不仅生动，而且具有艺术趣味。据说，今日此种匠人已绝迹。

贝壳嵌成大点心盒，上下三层，每层十格，精巧可爱。

象牙花篮，雕镂甚精，悬于一象牙架上。

螺瓶，用数千螺壳组成一瓶，别致可爱。

牙笏，长三尺，阔三寸，为人臣执而上朝者，光洁黄润，牙纹紧细。

汉代铸钱用之铁柱，枝杈四面，若不解释，实难知其为何物。

隋代石刻释迦佛首，云发为螺旋状，面光洁，唇秀美。

汉代瓦香炉，有盖，有文字。

博山炉全套。

元缸、宋缸各一口。

汉墓出土陶质锅灶全套，虽为模型，但具体而形肖，亦不失比例，因与一小仓、小廪为一套，更觉生动可爱。阎老就此细讲“仓”“廪”二字之象形。

汉代饭锅，为真实之物。何正璜见之大惊，说其形与日本现用之锅完全相同。

一土俑，高二尺五寸，细长无臂。据阎说，此乃汉武帝时“巫蛊案”中，太子咒武帝埋于地者。何正璜心中想，此说纯为附会，因史载太子用的是木偶。

汉代玉觞，所谓龙觞之物，大可容酒六两，色苍绿，形如荷叶。

汉砖一块，上刻一龟，长蛇绕之。此青龙、白虎、朱雀、玄武之“玄武”也。

瑛石二、灵璧石三，据说，瑛石出之广东英德县。灵璧石甚为珍贵，但何正璜他们不能识。

陨石一块。极重，形甚怪。

汉武帝鼎湖宫瓦头一，出蓝田县。

秦瓦头一，上有“维天降灵延元万年天下康宁”十二字。

华山上瓦头二种。一种上为“与华无极”，一种为“与华相宜”。

苻秦瓦头一，上有“大秦万岁”四字。

周螭龙瓦头，函谷关出，瓦头上一篆“关”字。

周螭虎瓦头四、大鹿子鹿瓦头各一，均甚美。

汉高祖汉城出瓦头一，上有“当王天下”四字。

石勒光初年砖一，乃生圹中物。

隋开皇年佛碑、瓦棺各一。

铜镜，上有许由洗耳、巢父牵牛而去之刻纹。

周攲器，“”形，即孔子所谓“虚则攲，中则正，满则覆”之盛水物。

此外，玉、石、鼎、铛、镜、砖、瓷、瓦等，多得不及细细观看。观看中，已将佳好者一一拍照、记录。时已正午，何正璜一行四人已饱食一顿精神大餐，欣喜不已，像酒足饭饱一般，尽兴而归。

西安古物多，喜欢古物的人也多，何正璜等在西安停留期间，但有时间便去探访。

仅经王捷三、曹仲谦、陆槐庭等人介绍、引见去拜访的著名收藏家还有薛定夫、段绍嘉、夏子欣、李问渠、陈尧廷、李幼鹤等人，对他们精心收集的各类文物珍品摩挲留恋、赞不绝口并多摄影留存和文字记录，幸而直到半个世纪后的今天，那些珍贵的文物早已风吹云散不知去向，我们却仍可从这些照片、文字中得以窥赏。可是在笔者这类外行人看来，就有点儿不胜其烦。但对于他们，一则是工作，二则也是爱好，因而乐此不疲。笔者怕读者劳累，他们再拜访了谁，又看了什么东西，就此打住，不再赘述。

7. 西安街头见闻和几件趣事

何正璜在西安街头，常见家户门头内多有一石龛神像，多为佛像或土地神像，且多为近代制品，也不精致，不知是何种风俗。一次在花先生家问及此事，花老答曰：“回人起义时，左宗棠大军追剿，回汉不能细分，以致错杀很多汉人。汉人为自保，就在家门前供一石龛，内置石像，而回人信伊斯兰教，无此风俗。此乃一时应变之为，能否成为风俗传下去，不可预测。”

考察团来西安时间为1941年新历元旦之后，不久即为旧历新年。1月26日是除夕，早晨下雪，落地即化。街上人来人往，货物塞途，人们为过年做最后准备。暮色初降，炮声渐起，延绵不绝。

初一早晨，王子云拿着印制的贺卡到在此地新交结的朋友家贺年。午后，何正璜拉着王子云到街上游玩，但见街上景象一如武汉，家家闭门，联红字新，锣鼓震耳。路边赌局大开，成人皆围而摇之，小儿则燃鞭炮于途，皆着新衣，女孩更头缀一彩结。钟楼前，一群踩高跷者摇摆行走，路人则围观喝彩，不过并非宣传什么，仅为过年热闹而已。

对此一派太平兴隆景象，何正璜实不可解。难道这里的人们还沉浸在盛唐时期吗？前方的将士已与日寇血战了四年，晋豫鄂绥等已陷入敌手，这里与炮火连天的前方仅一步之遥，潼关黄河岸边朔风中的哨兵恐怕紧张得连眼睛都不敢眨，这里竟能有如此安泰与狂欢。是商女不知亡国恨呢，还是在皇城根下生活了两千年的臣民，不把小日本放在眼里呢？她不知道自己是该喜还是该叹！

考察团新年也未放假，仅在一起聚餐一顿，初一下午照常工作。何正璜在去卧龙寺途中，见石匠铺五六家，皆以所购旧石碑截改成新石制品。堆在店前的大堆旧碑中，不乏石刻画佳作。其中有刻一人临危全家痛泣之浮雕画，表情真切，身体比例合度，实为不可多得之物，而今已被凿成数段。可想而知，数日后，连此片段也不可见了。又一家店前旧石碑堆上，有一长碑，上面全以线条刻成一宫中人物、山石、宫殿、台阶等，线条流利，布局大雅，人物神情生动如能闻其声。何正璜抚之再三，爱得不忍离去，想想它几日后的命运，禁不住心中发酸。又一家石堆中，见一石碑上刻有二鹿相逐，其肌肉骨骼、蹄腿跃动有力。何正璜画了幅速写以记之。

西安民居家门前之石龛

1月30日，何正璜收到七爹的来信，告知其外祖父已于本月19日在重庆南岸家中逝世。惊闻此噩耗，何正璜顿觉痛苦万分，禁不住放声失态。她离重庆时，外祖父已多卧少起，心中虽已知道终有这一天，但不承想南岸一别竟成永诀！而今音容犹在，人却离去，且永远不得相见。想想自己自幼母亲去世后即教养于老人膝下，捉笔教字，细语释疑，慈祥温暖如在昨日，至今而后世上更少一人念及自己了。她拿出外公临别时写给她的“温暖、避风、休息”六个字的那张纸，犹如又见外公一般，紧紧搂在怀里，俯床大哭一场。

2月2日，天暖如春，比之江南还要暖和，实非何正璜之所料。上午，全团开过会后即休息一天。何正璜又拉着王子云到街上去观灯。不料西安街头彩灯遍布，比武汉的新年街头还要热闹得多。鸟兽各形，红绿各异，都很新奇精致，如金鱼、螃蟹、黑羊、金狮、白兔、荷花、牡丹、蚱蜢、玄鹤、纹豹等皆惟妙惟肖，各动物双眼皆以琉璃为之，既圆又亮，特别可爱。何正璜购了两个，一为绣球，一为青蛙，准备送给李先生的小孩。何正璜手不提灯已十多年了，今天提着这样的灯笼嬉笑过市，高兴得像个小孩。

下午，她便和王子云提着那两个灯笼，到西门外李先生家探访。到了那里，李先生一家正准备出门游玩，因此他俩便跟着李家到郊外散步。

到了郊外，王子云与李先生在前边说他们的话，何正璜与李夫人及小孩跟在后面闲谈。李夫人说：“长安市上多丽人与事实不符。”何正璜说：“长安市上多泥人。”两人大笑。何正璜又说：“这里的传统比南方要盛。”李夫人说：“是呀，

民间娱乐节目之一，王子云绘于1942年

这里的人特重视过年，连生意也不做了。市面上初一至初三都关门回家过年了，多数要到初五呢。你看这一路上除售鞭炮、火花、泥人、矛刀等儿童玩具外，别无他物。妇女儿童皆着盛装，连男人也皆穿新衣……”何正璜看着李夫人的新衣说：“看看你，都有四个孩子了，也穿得多么鲜艳靓丽！”李夫人哈哈大笑，低头看看自己的新衣，拍打两下说：“过年嘛，我也跟秦人美一回！”

日朗风微，暖洋洋中，满眼都是节庆气氛。他俩陪李先生一家在郊外逛了一会儿，即告辞返回。

平民食堂，王子云绘于1942年

回到家，何正璜顾不上休息，赶紧抄呈文、写陈部长信及附件，誊会议记录，直至暮色降临，才站起去煮年糕为晚餐，手都僵曲不能伸。

在繁忙紧张的考察工作中，何正璜与考察团同人仍竭尽全力、不失时机地征集了大量珍贵文物。这些珍贵文物中最可瞩目者首推唐中宗时代皇后韦氏的家族韦顼夫妇合葬的石椁。大约在1943年的冬季，王子云曾兴冲冲地来到教育厅，说他们在西安城内大湘子庙街发现了唐代石椁石板十余块，其上遍刻细线图案，十分珍贵，力促教育厅出面将其征集收藏。教育厅派人怀着看宝的心情跑去观看，见这些石板极为平常，丝毫看不出珍贵之处，有弃置之意。唯王子云坚持收集并送往碑林保存。后来请示教育局长王捷三，他对王子云十分尊重，力命照办，方使这批石板得以归存碑林。后经仔细研究，知道这些物品原系唐中宗皇后韦氏家族韦项与妻裴氏之葬具，其上线刻图案十分优美，确系珍贵文物。由此可见王子云当时的眼力，推想假若没有王子云的这次发现，或将此珍宝永远沉匿，实在是万分可惜的事情。

除却以考察团名义公开实施文物征集外，王子云还不断以个人身份去接触位于西安南、北院门的古玩市场，通过与和茂永、荣茂斋、德苑长、古秀轩、吉庆轩、集贤斋、悦雅山房、一文集、艺苑斋、九鼎斋、华茂轩、敬心玉、积古斋、古秀山房等几十家古玩店铺的频繁交往，获得了大量弥足珍贵的文物珍品。当年曾开设吉庆轩古玩店的李长庆先生在后来接受罗宏才访问时说道："王先生在我那里看到一件西汉女俑，十分喜爱，执意要买。这件俑别人曾出至十万元（旧币），我都未卖，但王先生软磨硬缠，硬是掏了七万元就买走了，就这他还嫌贵。事毕我见王先生蹲在第一市场与人力车夫一起吃大碗面，我这才知道所谓的'洋博士'，腰中并没有多少钱，于是我对自己刚才的举动不免暗自谴责起来。"

在王子云先生于古玩市场内所购获的各类文物中，以瓦当为大宗，计有一百二十多种。这些瓦当的来源多是从回民古玩商人手中所购。为此刘汉基、李凤祥等回民老古玩商人曾如是回忆："民国三十一年（1942年）以后，常见一位操着外地口音的人来北院门买瓦当。此位购瓦当者与别人不同，挑选时总是兴致勃勃地将相类者摆放在一起，反复摩挲观赏。某品花纹奇异，某品文字布局得当，常如数家珍。最奇者是这位先生看重云纹瓦当，并说此类瓦当千变万化，

汉云纹瓦当

汉长乐未央瓦当

汉鹿纹瓦当

唐韦项墓石椁线刻贵妇图

穷极经营，最可叫绝！记得一次在北院门的一间铺子里，光云纹瓦当就买了十几个。事后经向人打问，知道这位先生姓王，是中央政府派来的大学问家！”

在一年的时间内，王子云购集到各类不同的文字和各种云纹瓦当一百二十多种，其中较为少见的约有二十种，都是从他自己生活费用中节省购得的。经逐一加印，编成《秦汉瓦当艺术》一本书上下两册。其中也有不少的云纹瓦当。“以新科学方式对其进行系统分类排列并辅之以艺术赏介着，则唯王子云先生一人首开纪录。若从坊间今存所有瓦当艺术书籍以窥其踪，自不难体会到王先生当年的良苦用心。从这一点说开去，考察团及王先生个人对中国瓦当艺苑所做出的贡献，实在是不可泯灭的！”（罗宏才语）

2月3日，上午何正璜在家作画，下午和王子云、姚继勋同去碑林，参观“西京征募河防将士急救药品艺展”。此展第一、二室为胜利品展览室，有缴获的敌旗、信件、照片、枪炮子弹、发电机、出征时所得赠之光荣旗及千人针等。尤以所获日军大小旗帜为最多，且多为破碎者，此乃我前方将士以血肉换来之战利品，不可以寻常物等闲视之。旗之四角多有“武运长久”等字样，这令何正璜不禁想起战事初起，她在东京之时，出征军士联袂于途，欢送者赠送这些东西时之激昂情形如在眼前。而所赠之各类旗帜，今日却在此看见，他们当时会不会想到侵略者会有此下场！此外尚有血衣数件，也是何正璜在东京曾多见士兵穿着者。千人针一物，何正璜在东京街头和浴室中最常见。在浴室中因多为熟人，贯知她是敌国人，无人送她。而在市上，被拦于途中者则很多，她多报以仇视目光并掉头而去，受拒者亦不知她是华人，大为莫名其妙。千人针之物，缝制赠送者至诚至信，接受佩戴者以为上前线可以安然无恙，今则赫然陈列在我方战利品当中，日人之愚昧迷信由此可见一斑。

第三至第十室均为普通陈列，此外另有一特产室。这些室内较有艺术价值的计有：于右任之条屏，谭延闿之单屏，康有为书“忠壮”二字，张之江书“乐其可知”四字，戴季陶与张继条屏各一，苏东坡中屏，程潜隶书，雷鸣远神父书“全牺牲，真爱人，常喜乐”横条，朱熹中堂等均为佳作，尤以雷神父所书最为可贵。画中佳作有：“八蛮进贡图”全幅，色彩精细鲜整，唐寅“饮马图”，赵子昂“归猎”，齐白石“白鸡”，无名氏“晴沙集影”，“陶渊明后半生事迹连环画”，仇十州人物、鹰、熊图，八百罗汉，元萨都剌花鸟卷，宋夏珪“溪山无尽图”，无名氏“洗象图”“晨妆”“三美松下品棋”，成亲王扇面，元王振鹏“荔枝图”等皆令人驻足观赏。此外，尚有孙中山开国时祭明陵照片、六朝铜鸟镜、长乐未央瓦头、汉鬼灶、唐莲花镜、汉诸葛弩机等。最佳者为出土马首，骏雄生动，可谓名骥之首，标价仅三十元，考察团拟托人购买。还有古钱币甚多，如汉钱、开元钱、西夏钱、宋钱、五代钱、周钱、王莽朝钱、太平天国钱、回族使用的铜钱等等，排列成行，既多又佳。此外还有宋粉定水缸、雍正粉彩套杯、宋雨过天青之钧窑器皿、四块古墨锭（上刻山水人物）、岐山甘棠、华山老子系牛树等小部件，亦颇为喜人。宗教方面，除佛教画像极多外，有西康宣化使诺那呼图克图活佛亲笔书白伞签字心咒，黄教始祖宗喀巴所服之背心，黄色西藏袈裟，大喇嘛或活佛才能穿用的黄背心（织工精美异常，非平常之物）。墙上挂有喇嘛佛像，佛像边有绘此方法步骤：“西藏佛画师即为喇嘛，绘像于绘绢上，亦有取棉布涂抹石灰或一种粉末以代绘绢者，先用穿有小孔之板穿出轮廓，再筛木炭粉末在上面，印出轮廓而画之，色彩凡俗浓稠，施之以胶，虽遇湿气而不受损害。”另外有贝叶二张，此物产自印度，密书经文于其上。

特产室售毛皮、香烟、药品、补品等，走廊有李必蕃师长绝命时之遗嘱原文：“误国之罪死何足辞，望我同胞继续杀敌。”旁边有烈士范筑先遗像，令人为之肃然起敬。

出门处有一幅大壁画，约三四丈宽，画勇士于战马上以矛刺敌，众骑两面对阵，奋杀正酣，题为“成吉思汗远征图”。门口树上悬一大笼，内有军鸽两只，丰羽明精，体型大于普通鸽，足胫上系有日文番号，也为战利品。

参观完毕，离开碑林。

碑林大门外，卖拓片的店铺一家连一家，其中一店铺正在拓碑。何正璜等三人即进去参观，见其拓工技术相当娴熟，与原碑纤毫毕肖，所出拓片真不愧产自碑林这块风水宝地！全中国的儿童，哪一个习字起步，不是从摹写这里的拓片开始的呢！考察团拟从这里招募一两名拓工。听西京筹委会夏老说，西安有一个叫李松如的人能拓立体碑像器皿，正托人寻找，但愿他能早点来团工作。

到家后，何正璜问王子云何谓“立拓”？王子云说，拓印金石器物的总称，我们叫传拓。

这个行业至少唐初就已经出现，但这个行当太生僻，操此业的人少之又少，至今也没有这方面的权威著作，所以，说法、方法各不相同。一般把这个工作叫传拓。传拓这个叫法各地不同。有的地方叫擦拓、扑拓，有的地方叫捶拓、打拓等等。传拓包括平拓、立拓和影拓。

平拓，就是在平面碑石或其他平面物品上拓印，多用于拓印碑文、浅浮雕、线刻画和刻在其他金石器、木骨贝器物上的文字或图画，这是最常见的一种。

立拓，是在立体器物上拓印出有立体效果的拓片，多用于拓印圆雕或其他金石器物等。

影拓，是拓印出器物在人眼睛中呈现的形状的拓印方法，拓印的大部分是“影”，而只有少部分是实物本身。此拓法最难掌握，需要有一点儿绘画基础或会摄影才行。比如一件青铜器中的圆形鼎，除非我们在它的正上方看它的口是圆的，侧在任何一方看它的口，都变成椭圆的了，三条腿也可以看见，但是我们无法用一张纸在实物上拓印出椭圆的口、拓出三条腿。假如我们站在固定的位置、画出与器物完全同大（非常严格，要一丝不差），或者用相机拍下来，放大出与器物同大的照片，然后把画出的画或放大的照片刻在木片上，从木片上平拓出来，这就是影拓。当然，其中器物正面部分还是从原物上拓印，效果才会更真实美观。

王子云说：“说起来简单，实际操作起来是很复杂的。我是清廷垮台后在故宫接收委员会工作时，多次看一位老拓工拓印并让他手把手教我，才学会的。”

十多天后的2月21日，何正璜、王子云都正在家里作画，突然李松如来访。观其人、听其言，何正璜一眼就看出其为一清寒之士，虽有长技而不被世人所识所用，以致其衣食不得全。而他俩则如获至宝，热情款待后，王子云给了他一些钱，让他买些纸，先拓几幅，看过之后，再商量长期合作事宜。

李松如，名李友松，松如是其字，西安人，出身碑帖世家。其父李月溪（1881年—1946年），字士恒，曾创造立体拓印昭陵六骏之法，在西安一带颇负盛名，深受关中耆宿毛昌杰、于右任赏识。松如承父衣钵，专事拓印，尤擅立体影拓。

又过了几天，何正璜王子云一同到李松如家，看他拓印的作品。进门后见他正在其小院内拓一门墩石之全貌。见二人来，他放下手中的活，将二人引入室内让座后，即拿出几幅作品让二人观看。二人边看边连连点头，王子云更是喜形于色，分别指出几幅作品的优点和不足，李松如也心悦诚服地微笑或连连称是，两人似伯乐遇良驹、良驹遇伯乐，相谈甚欢，当即决定聘其到团工作。考察团幸遇李松如，在以后的考察中，得以获得大量弥足珍贵的拓片，特别是把昭陵四骏（其余二骏已被盗往美国）、碑林石碑掘出后由其掌拓，后又拓印霍去病墓前石刻、汉唐陵墓石刻、景云钟等大型器物，所拓之拓品其至珍至贵，为世所罕见。开始，李松如自恃在陕身负盛名，自视清高，对王子云的意见不以为然。但王子云不以为意，仍继续不断地、和蔼地指出他的优缺点。李松如终于认识到王子云不是平庸之辈，心悦诚服地接受了王子云的指点。在王子云的指导下，他的拓技也更进一步。两得其美，乃快事一桩。

李松如作品——虺螭夔纹鼎拓片

2月9日，明日即为元宵节。晚餐后，因王子云有事要做，何正璜一个人到街上游玩。街上热闹得几近疯狂，尤以火花最为盛大。有细长与短圆两种，前者燃后直冲云霄，万点小火成一条亮光直贯明月，有如彗星，然后又变成一个火球，骤然直下，又如流星；后者则一经点燃，即成三尺高、三尺大的圆形光屑，灿烂跳跃，如火树银花，闪烁夺目，遍街皆是，车马为之侧行。整个大街人山人海，车水马龙，家家锣鼓，人人新衣，彩灯连道，火花满天，一派太平盛世景象。前方将士若看见此情此景，不知会做何感想？

元宵节之夜，何正璜拉着王子云又到街上去逛，见今晚更比昨晚为甚，满天烟火几疑幽王又博妃子笑。人行道挤满行人，摩肩接踵，不行自进，幼儿啼号，村妇呼唤。马路上龙灯、狮子灯、鱼灯、采莲船等络绎不绝，火棒、火花、火团、火炮连绵不断，满街花火成林，噼啪之声不绝于耳。屋顶上、树杈上、店前台阶上都是人。一行灯队走过，人群则左右涌动如海浪。街上贮水大缸被挤碎者比比皆是，水流半街。何正璜二人也置身其中，人行亦行，左顾右盼，火焰扑衣，一惊一乍，随波逐流，进退不能自主。数小时后挤到一背街元宵店中，要两碗元宵坐下，才得以喘息。

何正璜吃了一口元宵，看着街上的人潮说：“仅此一街上的壮年即可成一师之众，中国人口如此之多，小日本还敢欺负我们，为何？”王子云说：“欺负我们不团结。倘若全中国人民扭成一股劲，小小日本，岂敢践踏我一寸领土！”

两人玩到半夜方归。

2月下旬的一天，何正璜、王子云、雷震三人到四府街访薛先生不遇，却见途中扶老携幼，戴花粉容，乘车者、骑马者、步行者皆往同一方向而去，不知何事。经询问，方知为药王盛会。药王洞（街道名，在北城墙根）离此不远，时间也尚早，三人也想观其风俗，便融入人潮而行。走不远即见一彩楼，到跟前方知已到药王洞。三人以不行自行蜂拥入内，则见另有一片低地，长宽二十余丈，中间搭建一临时小戏台，

长安市上元宵节　王子云绘

黑花脸正在其上大唱大舞，远近围观者至少有两万余人。自台边起直到城墙上，黑点无数，人头攒动，蔚为大观。如此大场面实属少见，较元宵夜之盛况，除焰火外，有过之而无不及。三人甚为惊奇，会期、地点均未登诸报端，为何城乡民众皆能鲜衣绣履联袂同来，不错时间、不错地点，皆兴高采烈、如醉如狂，实为任何民众运动和团体所不及。

至4月初，考察团在西安考察工作基本结束。人员虽然仍将住在西安，但日后工作将转入西安以外地区。为了总结以往工作，展示成绩，以鼓舞大家的士气，也为向有关方面汇报，团里决定将以往工作成果举办一个不对外公开的小型展览会。何正璜却在这时患上了疟疾，浑身骨痛，心不舒畅，不思油荤，但仍不敢休息，加倍服了奎宁，支头忍痛誊写这几个月来在各考察点所做的笔录，整理出所画速写及临摹的作品，幸在展览会开展前夕，将自己的一份成绩交了出去。

展览会如期于6日开展。金石拓片、建筑装饰、工艺图案、民俗摄影、文字记述等布满了民教馆的整个展览大厅，内容丰富，蔚为大观。虽为不

1941年4月6日，考察团在西安举办考察成果展览会。图为何正璜王子云在布展

考察团在西安举办的考察成果展览会一角

公开展览，但开展那天，省市有关单位人员、西安各界的朋友还是来了满满当当一大厅，第二天以后来参观的人仍然络绎不绝，真不知道这些人是怎么得知的。来参观的人中，虽然其中大多数人明知西安这些文物古迹，但把它们如此这般地画下来、拍照下来、记录下来，并把它们汇集到一起所起到的效应，还是产生了一股预想不到、令人震撼的力量，从而鼓舞人们的爱国热情，并对考察团的工作赞叹不已。更有一些人建议将此展览对社会公开。但团里知道，此展览没有经过精心准备，因而还是粗糙的，不宜将此公开。不过对拟议中的将来在重庆、南京、上海等城市的公开展览更加充满了信心。

第八章　西安考察之四

——唐陵寻访

唐陵是考察团在陕西的重点考察项目之一。

何正璜在讨论唐陵考察会议上说，唐朝是我国封建社会最兴盛的一个朝代，是我国古代文化的鼎盛时期。这一时期不仅大一统的中央集权进一步巩固，而且经济发达，文化繁荣，是创造文物史迹最为宏伟富大的时代。这个时代也最为开放包容，不仅国内各民族融洽相处，各种思想派别共处共荣，对外来文化也能兼容并蓄。她不筑城墙，国门大开，是我国历史上对外开放、吸收世界文化、创造我国新文化最有成就的时代。自汉开通丝绸之路后，中西文化交流在唐代达到高峰，形成了长安、罗马两个政治经济文化中心，带动欧亚两个大陆的繁荣和发展，也使大唐本身声名远播、八方来朝，局面隆盛。当时的中国成为世界上最有影响的国家而卓立于世界民族之林。何正璜说，唐朝也是妇女地位最高也最自由的时代，而且出了一个女皇帝。

由于唐朝经济发达又广通商贸，尽敛天下财富，从而使大唐王朝民富国强。在这样背景下，使统治者有条件为自己生前建造豪华宫殿，为死后建造宏大辉煌的陵墓，从而使唐陵与前代各朝陵墓有着显著不同的特点：

一是以山为陵。就是选一个巍峨峻拔的山峰，在其主峰向阳地段的山腰部位凿石开洞为墓道，进去后在山腹中营造山内宫殿，在宫殿内安放棺椁和随葬品（其实，后代帝王并未全部按此例置陵）；

二是陵前地面以上的陵园以长安城的格局设计，建筑由众多的殿宇阁楼组成的

唐太宗昭陵，位于陕西礼泉县

宏大建筑群；

三是陵域面积大，最小的陵周也有十公里（如献陵），最大的达六十公里（如昭陵），陵域内林立着功臣近戚们的陪葬墓；

四是陵周四门外的神道两侧置放形体巨大的石雕群，雕刻题材广、数量多，雕刻技艺精致，如同大型石刻艺术展览走廊；

五是随葬品丰富精美，这是根据有关文献记载及流传于世的被盗掘品可以知道的。

唐王朝自公元 618 年高祖李渊开国至 907 年哀帝李柷灭亡，历时二百九十年，共二十一位皇帝。其中，唐昭宗李晔、哀帝李柷均被藩镇朱温杀死于外地，陵在何处尚不得知，其他十九位皇帝均葬于陕西境内渭河以北第二阶梯塬上，各背靠北山高峰（第一阶梯塬上为汉陵）。因唐高宗李治和女皇武则天合葬一处，所以在陕唐陵共十八座。

考察团的“考察唐陵计划书”报陕西省教育厅后，西京筹委会张溥泉先生得知了这一考察计划，表示筹委会愿和考察团共同进行这一工作，于是考察团又拟一份预算报教育部。经核准后，与西京筹委会组成联合考察组，于 1943 年 8 月中旬，由西安出发，开始对唐陵进行考察。

联合考察组于 8 月 17 日晨按时抵达火车站。可是因乘车人多，未能挤上正式班车，只好上了一趟货车勉强而行。原计划在三原站下车，在车上又听说三原四座唐陵中有三座都在平地里，现正值玉米即将成熟而尚未收割，对于测绘工作极不方便，于是便临时改赴富平考察在那里的五座唐陵。又遇秋雨连绵，土地如稀泥，根本无法行走。正巧获知陕西省政府即将举办“西北文物展览会”并邀请考察团参加，于是考察组只好又返回西安，直到 9 月方才二次成行。

另外，考察团在考察汉陵时，已顺路考察了礼泉县的唐太宗昭陵及乾县唐高宗李治和武则天的乾陵，在此，为了读者对唐朝的历史概况有个清晰的了解，我们不按考察顺序而按唐朝的历史顺序对考察工作进行记述。恰好，按团长王子云的指令，何正璜在大家踏勘每一座唐陵前，利用间隙，给大家讲一讲陵中主人登基前及执政后的情况，相当于简述一下唐朝的历史，我们也把她讲的内容记下来，以便大家对唐史有个概括了解。

1. 考察唐高祖李渊之献陵

李渊（566 年—635 年）祖籍甘肃，生于长安，为十六国时西凉太祖武昭王之后。祖父李虎为后魏左仆射，封陇西郡公，死后封唐国公（这是唐朝‘唐’字的最早由来）。父亲李昞为北周安州总管，柱国大将军，袭封唐国公。母亲独孤氏，与隋文帝独孤皇后是姊妹。李渊七岁袭封唐国公。长大后，先后在北周和隋代两朝任职，隋大业十一年任山西、河南抚慰大使，次年任太原留守。当时，农民起义已在全国各地兴起，隋朝的江山已处于风雨飘摇之中。

大业十三年七月，李渊调其四子李元吉为镇北将军，留守太原，自带三万大军进兵关中。十月，与其长子李建成、次子李世民会师长安城下，当时隋炀帝被农民军困在江都。李渊十一月攻陷长安，俘获留守长安的隋炀帝儿子代王杨侑。

但李渊并没有马上称帝建国，而是“备法驾迎代王即皇帝位于天兴殿”，“遥尊隋炀帝为太上皇”，自封“唐王”掌握实权，避免“弑君篡位”的恶名，在“尊隋”的名义下等待时机。大业十四年，隋炀帝被右屯卫将军宇文化及杀于江都宫，李渊遂施计逼杨侑让位。杨侑不得不在长安举行隆重“禅让”仪式，宣布逊位于李渊，唐王朝随之建立。

李渊称帝后，立长子李建成为太子，封次子李世民为秦王，三子李元吉为齐王。但是当时形势仍十分严峻，李密、窦建德、杜伏威率领的农民军以及王世充、宇文化及等军阀仍有很大势力，严重威胁着李唐政权。李家父子又经过十年血战，才先后消灭了各地起义军和割据势力，巩固了李家王朝的统治地位。

李渊在登基前能审时度势，高瞻远瞩，老谋深算地建立了李唐王朝，但他称帝后贪恋女色，失去了创业的志向，表现得昏庸无能。对外作战的重任全部落在李世民的肩上。在一场场事关重大的战争中，李世民充分展示了自己的军事才能，立下了赫赫战功，威望也日益高涨，这就引起了太子李建成的猜忌和怨恨。在李渊的默许下，李建成开始谋害李世民。李世民在忍无可忍的情况下，发动玄武门之变，杀了李建成及弟弟李元吉。李渊看事已至此，便见风使舵，说：“此我夙心也。”李世民掌握朝政实权后，逼李渊让了位，尊李渊为太上皇。贞观九年（635 年）五月，李渊病死，终年七十岁，葬于献陵，庙号为高祖。

献陵在三原县城东五十里处大程镇永谷村。其陵制由太宗李世民决定："山陵制度全依汉长陵故事，务实崇厚。"意思是按汉高祖刘邦的长陵规模建筑献陵。秘书监虞世南两次上书，援引汉文帝霸陵"既因山势，虽不起坟，自然高敞"，建议薄葬。李世民虽然听了这一建议，但未完全执行，只是缩减了一些规模。房玄龄等以"汉长陵高九丈，东汉光武帝刘秀原陵高六丈。九丈则太崇，三仞则太卑，请依原陵之制从之"上疏，太宗基本上是按此规模建献陵。

考察团一行在此考察献陵前，已先后考察了懿宗简陵、玄宗泰陵等九陵（不含更早前考察过昭陵及乾陵），现在身处蒲城，因此，本次即是从蒲城再转三原县城。到三原县第二天下午 1 点乘火车，仅能乘一站，至独李村下车，由乡公所派车来接。登车北行，路边尽是排列整齐的白杨树。一路阳光普照，秋色宜人。行八里，过清水河，由此即可望见塬上献陵隐约现于秋禾之中，在夕阳的照耀下，呈绯红色，极美观。何正璜在车上乘兴画了一幅献陵远景速写。

当晚住大程镇公所。第二天早饭后即去献陵。陵在镇北五里塬上永谷村，塬下有"大宋新修高祖庙碑"。说是"塬"，但从塬下看，如山一样高耸，爬行半里方达塬上。此塬也名白鹿塬，塬宽约五华里，塬坡陡峭，塬上平坦，田垄相望。陵在平地上，田为唐陵陵田。

唐陵以山为陵，自太宗昭陵始，但以后也不全如此。除高祖献陵外，尚有敬宗庄陵、武宗端陵及太祖永康陵（唐太祖即唐高宗李渊之祖父李虎，其并非唐朝皇帝，李渊建唐后封其为唐太祖，葬三原，其陵谓唐太祖永康陵，也称康王陵）等共四唐陵为平地起陵。

献陵呈钝方锥形，颇高大，顶略平，如覆斗状。底基四面均整齐，每边约 105 米，南北两边稍长，略呈矩形。陵前石刻有华表、石兽、石虎各一对。陵东西北三门外仅有石虎各一对。何正璜记各石刻具体情况如下：

1. 华表一对东立西倒，倒者底座及上盖仍可见。底座两层，下层四棱，每边 2.3

唐献陵前石雕走虎

米，上层圆形，周雕螭龙纹，姿态遒劲，殊富有艺术价值。柱八棱，高约4.5米，底端每边宽4.5米，全体刻有规则之蔓草纹，一如早唐之碑侧装饰。柱顶上端雕一狮子作蹲踞状，造型优美、矫健，益显华表之高耸伟丽。

2. 石兽一对均倒没，仅石座尚存，座长3米，宽1.6米。西边石座之上残余一兽足，计三爪，绝不类飞马或天禄所有。兽已埋地下，西侧微露，经发掘审视，颇类犀牛一类，兽头狞猛可畏，惜因时间限制，未能全部掘出为憾。日人足立氏著《长安史迹考》，谓此两石座不知作何用，又推测为石马遗址，均非也。

3. 石虎一对，作行动状，雕极精优卓绝，全体比例及全身筋肉表现均极尽自然生动之能事，且富有早唐艺术造型简约之特点，可谓为我国陵墓雕刻中最优之作品。同时，可与法国大雕刻家彭氏之名作“白熊”比美。虎身长约3米，高2米，其石座高矮与虎之比较亦极相称。

4. 陵前有毕沅立“唐高祖献陵碑”，并有清代康熙、乾隆间祭先祖文碑八座，其中之一已仆地。

5. 在石虎与毕沅碑之中间遗有门枕石一对，石长1.4米，高0.5米，厚0.4米。

6. 陵之北门离陵280米处有石虎一对，其位置距离均与陵前所见者相同，唯两虎均已倒地，东侧仅存石座，西侧尚露地面，其雕刻作风与陵前同。

7. 陵之东门离陵230米处有石虎一对，唯仅有一石座可见，在石虎与陵墓中间有门枕石一对，门外3米处遗有高仅半尺许之砖瓦堆二。

8. 陵之西门现时为一农村所在，唯二石虎尚可见，且已被乡人利用为门外坐石。

据日人足立氏于清末光绪间之调查“献陵之东、北、西三面各有门址一对，互相并立”，今门址可见者，仅有东门门枕石外之砖瓦堆，且仅存有半尺许之痕迹，行见数年后，此东门基亦将被农耕湮没矣。

宋《长安志》有“献陵在县东北四十三里之龙池乡唐朱村，封内二十里，下宫去陵五里”。献陵陵垣面积较诸其他唐代山陵约小一半，唯今实测陵垣之四周，尚不足十里耳。但献陵之前阙门度其地位距离当在塬下，则又为村庄湮没不可见，所谓下宫，或即在塬下之宋代祭庙遗址处。

30日晨，再度去献陵从事测量坟墓之尺度并踏勘附近各陪冢，因献陵陪冢比已见其他唐陵为多。

据《唐书·太宗本纪》：“贞观十一年十月赐先朝谋臣武将及宠戚亡者，茔陪献陵。”《通志》载，献陵陪葬者有楚国太妃万氏（高祖贵妃）、馆陶公主（高祖第十七女）、河间元王孝恭（太祖曾孙西平怀王安子）、清河王诞、韩王元嘉、彭王元则、道王元庆等十三人（均高祖贵妃美人所生）、并州总管张纶又刑部尚书刘德威、沈叔安、营国公、谭国公、巢国公等计有二十五人之多。

现在献陵之陪冢可见，在陵之西北方有冢五六，东北方有冢二十余。均因限于时间不及踏勘考证，仅陵东北约一里处之陪冢有神道碑可见，额书“大唐故司空开府仪同三司□□□之碑”，碑文隶书尚可辨。据载“系……景皇帝之孙义学王之子……于永徽二年岁次辛亥十月诏陪葬献陵……”唯书者姓名不易辨出。碑在冢前约百米，高约4米，宽1.3米，座石长2米。

登献陵东望，约十五里处见有高大之冢墓一，据云乃汉高祖之太上皇陵，地属临潼。

唐代帝陵多系山陵即以山起冢，以省人工修筑之劳，唯高祖献陵由平原起筑，故可为唐帝陵之另一体制。据《通鉴纲目》载：贞观九年，自高祖崩，太宗诏山陵依汉长陵故事，秘书监虞世南上疏，劝谏“宜依《白虎通》所陈周制，为三仞之坟，方中制度，事事减少，事竟之日，刻石于陵侧，书令封大小高下之式，明器所须，皆以瓦木，合于礼文，不得用金银铜铁，使后代子孙，并皆尊奉，一通藏之宗庙，岂不美乎，且臣下除服，用三十六日，已依霸陵；今为坟垄，又以长陵为法，非所依也，伏愿深览古今，为长久之虑”，疏上诏所司禅议，司空房玄龄等以为“汉高祖长陵高九丈，光武原陵高六丈，今九丈则太崇，三仞则太卑。光武为中兴明主，遵为成式，实谓攸宜，请依原陵六丈之制从之”。按汉代尺度较唐尺为大，汉尺六丈约合唐尺五丈，故献陵今日之高度约到五十尺。

唐代帝陵自营造献陵起，皆采简略，太宗与其后文德皇后更遵守此旨。《新唐书·文德长孙皇后传》：“文德皇后长孙氏……及大渐与帝……诀曰，妾生无益于时，死不可以厚葬，愿因山为垄，无起坟，无用棺椁，器以瓦木，约费送终，是妾不见忘也。……及崩，谥曰文德，葬昭陵，因九嵕山以成后志，帝自著表，序始末揭陵左。”故唐代十八帝陵（在陕西关中者）除高祖献陵、敬宗庄陵、武宗端陵以及太祖永康陵等四陵于平地起冢外，其余均遵照太宗昭陵建制，因山为垄者。

午后继续在献陵工作，拟从事陵前石虎之拓印，乃因高原平野四面有风，致工作半途而废。乃即下陵到塬下进行宋庙碑之拓印，碑甚高大，额书“大宋新修高祖皇帝庙之碑”，碑文行书因下半已被砍毁，故全文难以辨识。该碑末书有“开宝□年”字样，唯就碑文考证，当日献陵之下宫即在庙碑附近，唯由此去塬上献陵似不及五里耳。

傍晚，考察组一行返大程镇住所，接西安来电，以参加陕西省12月举行之西北文物展览会事，促即返西安准备。因气候转寒，大家因事前携带衣被简单，现已不敷用。现在所在地有火车，交通方便，拟全体人员皆返西安，一俟展会结束后，继续其他陵考察工作，并定于明晨即转去独李村车站，以便搭乘当日去西安班车。

2. 考察唐太宗之昭陵

唐太宗李世民（599年—649年），是高祖李渊第二个儿子，母亲太穆顺圣皇后，诞生于其父武功别馆。幼时遇一相面先生，谓世民有“龙凤之姿，天日之表。年将二十，必能济世安民”。李渊遂为之名“世民”。李世民自幼聪慧，临机果断，不拘小节。及长，雄杰好武，广结豪杰，领兵后治军严明，作战有方，屡败隋军，李渊封其为右领军大都督。唐王朝建立后，任尚书令、右武侯大将军，晋封秦王，加封雍州牧，旋率兵四处征战，先后消灭了割据陇西的薛仁杲、刘武周势力，击败、招降了窦建德、王世充、刘黑闼领导的农民起义军，为巩固新生的李唐王朝立下了赫赫战功。在创建唐王朝政权过程中，李世民的功业远超其兄长太子李建成和其弟齐王李元吉。李建成深知李世民不会甘居其下，便联络李元吉，设计让李世民喝下了他们的毒酒，致其疼痛难忍，吐血数升，几乎丧命，双方斗争日趋白热化。李世民当然不会束手待毙，与手下暗地策划应变。这时，李渊为了平息儿子之间的矛盾，准备召他们入朝，和他们当面协商解决办法。李世民抓住这个机会，先发制人，在李建成、李元吉毫无防备的情况下，预先埋伏杀手，在二人刚进玄武门时即被杀手用弓箭杀死。这便是史上著名的玄武门之变。

面对此事变，李渊别无他法，只得将李世民立为太子，两个月后传位给太子。李世民登上了皇帝宝座，时年二十八岁。

继位后，李世民尊父为太上皇，立妃子长孙氏为皇后，子李承乾为太子，次年改年号为“贞观”。

李世民深知“天子者有道，则人推而为主；无道，则人弃而不用”。继位后任用魏徵、房玄龄、杜如晦等贤良之士，虚怀纳谏，励精图治，依靠文武大臣，开创了政治清明、社会安定、经济发展、文化兴盛、疆域辽阔、民族和谐、八方来朝的新局面，成为我国封建社会不多见的文明盛世，史称“贞观之治”。

那么，后世所公认、所赞赏的贞观之治，李世民的英明和他的治国理政的特色究竟有哪些，有团员问。何正璜说，归结起来，史家总结有下列几条：

一是承认皇帝不是超人，其认识也有局限性，反对“万事独断于一人”，建立健全中央三省六部、总数不超过六七百名官员的中央机构，广任贤良，任命多名宰相组成高效率的宰相集团，发挥统治阶级的集体作用；

二是“不以赦代律”，认为皇帝的旨意往往是出于一时之喜怒，不能奉为金科玉律，不能凌驾于法律之上；

三是任贤纳谏，后世称赞他“拔人物则不私于党，负志业则咸尽其才”，“其听断不惑，从善如流”；

四是充分认识到民众的力量，认为民是水，君是舟，“载舟覆舟”是其为后世广为传颂的名言；

五是宽刑减法，轻徭薄赋，推行均田制、租庸调法和兵府制等经济刑法制度，减轻百姓负担；

六是坚信“中国既安，四夷自服”，不筑长城，大开国门，开通贸易，接受外来先进文化。

又有团员问，何谓租庸调法？何正璜说：是在均田法基础上实行的田亩制度，即规定受田男丁，每年向国家缴纳粟二担或稻三担为租；缴绢二丈、绵三两或布二丈五尺、麻三斤（非茧乡则纳银十四两）——此为“调”；每丁每年服役二十天。如不服役，则每天输绢三尺七寸五分——此为“庸”。

唐昭陵六骏之什伐赤

李世民在位二十三年。贞观十七年，太子李承乾谋反，事发被废，改立晋王李治为太子。贞观二十三年，李世民病逝，享年五十一岁，葬昭陵。

昭陵位于礼泉县东北一百里的九嵕山主峰上。九嵕山之北是泾河，之南是渭河，主峰海拔一千一百多米，气势宏伟，地势极佳，是李世民生前狩猎常去的地方。因此，他亲自选定这个地方作为他的墓地。昭陵由当时著名美术家阎立本精心设计。陵园方圆一百二十里，是唐陵中最大者。

1941 年 10 月下旬，考察团一行从茂陵驿出发，各乘一辆手推车，一路向北，蜿蜒在田野阡陌上。正是秋意极浓的天气，荞麦深红，麦苗嫩绿，芦花雪白，交织成一幅极美的图案，平铺在无尽的田野里，虽推行七十里，但众人仍兴致勃勃而不觉劳累。黄昏时到达昭陵小学，被招待在一孔窑洞中过夜。

第二天，学校派两名熟悉地形的学生，陪他们上昭陵。由山下到达山顶约十里，沿途到处是熟透了的野枣，小而红，能解渴，只是酸得人打战。俩学生一口乡间土话，虽仍是北方话，但夹上土语就很难懂了，常惹得大家大笑。说说笑笑不觉已行五里，在山坪中即可见有石刻的羊被埋在土中，一看即知是唐物，也由此可知离昭陵不远了。

再二里，见一座座巨墓遍列山间，数点不清，间或有石碑，但因久经风雨，字迹已模糊不清，且多仆倒在地。巨墓格式犹存，整齐雄壮，各为名家大墓无疑。考诸史籍，知陪葬昭陵的妃嫔、王子、公主、驸马、大将、功臣、文士等，不下百余人。墓地前都有或残缺或仆倒的石马、石羊、翁仲、华表等，遍山皆是，可见当日盛况非同一般。

再行三里，抵昭陵。凿山为陵，高耸云表，群山拱侍，气势恢宏，在中国历史上写下极灿烂一页的大唐创业者和他的文德皇后，即埋骨于此山中。

陵前有毕沅所立石碑曰“唐太宗昭陵”。再近为砖门，门前三洞，为后人所筑。再上为祭台，即历代祭祀所在地。祭台两边有残墙甚短，即举世闻名的“昭陵六骏”原存处，再上就是山陵。

太宗生前虽再三嘱咐务必简约，足容一棺即可，但实际上仍十分可观。何正璜查阅有关史书记载，太宗寝宫建造得仍华美无比，“闳丽不异人间”。陵园周围不仅有许多建筑物，而峭壁之上还修筑了栈道。《唐会要》记载：“因九嵕层峰，凿山南面，深七十五丈为元宫，缘山傍岩架木梁以沟通交通道路，悬绝百仞，缘山二百三十步，始达元宫门，顶上也起游殿……有五重石门。”守陵的宫女们沿着栈道进入元宫，像太宗生前在皇宫一样去供养侍奉。后来为了墓葬的隐秘安全，才将栈道拆除。

陪葬者也是按太宗遗诏办理。据考证，陪葬昭陵有王子十一人，公主二十一人，驸马十八人，嫔妃八人，宰相七人，此外还有温彦博、房玄龄等功臣名士陪葬在这

唐昭陵六骏之飒露紫

里。考察团一行各行其是，拍照、丈量、绘图、记录，因山上风起云涌，不能久停，便相携下到祭台前休息。

刚坐下，两个学生便来到何正璜跟前，向她叙述父辈对六骏的爱戴和怀念之情，并向她询问六骏目前的情况。何正璜对他俩说，六骏中的两骏（飒露紫和拳毛騧）已被盗卖至美国，另四骏……何正璜的后半句话到了嘴边，原想说“在省图书馆内地下埋着”，但又觉得不宜说得那么具体，便说：“另四骏已埋入地下，很安全，请你们放心。等把日本鬼子赶走，你们就能看见它们了。”她又问：“你们知道六骏的来历吗？”她以为他们不会知道，准备给他们说一说，没想到两个学生脱口说：“知道。”其中一个继续说：“六骏是太宗爷打天下时骑的爱马，它们都是有赫赫战功的。一个是青骓，是平定窦建德时骑的；第二个是什伐赤，是打王世充时骑的；第三个叫特勒骠，是打宋金刚时骑的；第四个是飒露紫，是平定东都时骑的；第五个是拳毛騧，是打刘黑闼时骑的；第六个是白蹄乌，是打薛仁杲时骑的。”看着两个孩子如数家珍般流露出对六骏的那种挚爱之情，何正璜不禁心情激动，差点儿没有流出泪来。

3. 考察唐高宗李治及女皇武则天的合葬墓——乾陵

在唐帝王十八座陵墓中，乾陵是最为名声卓著了。其中的原因，就是陵中埋葬有中国历史上唯一女皇帝的缘故。作为同为女性的何正璜，对乾陵的兴趣远不是本次考察时才产生，早在她青少年时期对它就有兴趣，而且屡屡萌生想了解它的愿望。

高宗李治生前没有为自己营造陵寝，甚至也没有选定陵址，死得又过于突然，所以陵址是在高宗死后由武则天选定的。关于选乾陵还有一段流传甚广的故事：高宗死后，武则天命当时朝野闻名的大术士袁天罡和李淳风为高宗选择风水宝地，二人遍游九州，半年后回来禀报，都说把陵址选在好畤县（乾县）梁山。武则天派大臣前去察看。到了梁山，二人不约而同地指着半山腰的一个地方说："就是这里。"大臣问："何以为证？"袁天罡说："我在这里埋了一个铜钱。"李淳风说："我在这里钉了一个钉子。"刨开土，李的铁钉正好钉在袁的铜钱的方孔中。回来如实汇报后，武则天十分高兴，便决定把陵址确定在梁山上。

武则天命吏部尚书韦天价、户部郎中韦太真二人共同负责营造，工程按照"因山为陵"的葬制，依梁山山头作为陵冢，在山腰凿洞建地下玄宫。工程非常浩大，"山陵穿复必资徒役，率癯弊之众，兴数万之军，调发近畿，督扶稚老，铲山背石，驱以就功"。经过一年的劳作，墓道、玄宫初步挖好，葬了高宗后，工程继续进行，直到二十多年后，中宗李显重启乾陵玄宫隧道，合葬母后武则天，主要工程方才完工，直到睿宗始全部告竣，历时五十七年之久。

乾陵建好后，从远处看，恰像一个仰面而卧的美人，陵冢之梁山山峰像人头，山上碧绿的树木像秀发，稍南东西对称的两座挺秀的小山像浑圆的乳房，再往南，平坦如砥的黄土塬像其修长的身躯。因此，人们便把此陵山称作"奶头山"，把乾陵想象成仰天而卧的"睡美人"。如此想象和称呼，皆源于陵中埋葬的是一位女皇帝的缘故。

乾陵之所以盖过其他唐陵闻名于世，除其中埋着中国唯一女皇武则天外，还因为其工程之浩大、陵域之广阔、殿宇之巍峨，特别是有中国那座独一无二"任人评说"

的无字碑和近百座形体巨大、雕刻精美的石刻群。至于为什么名陵为“乾”，何正璜从小就跟身为《易经》专家的外祖父读《易经》，乾为天、坤为地是常识，因为一望而知，乾者，天也，大也。自秦始皇始，所有中国封建皇帝无不把“上、天、高、大”用到极致，称呼、谥号如此，陵墓也如此。除因地名命名外，其他如“昭、献、定、桥、泰、崇”等莫不如此。唯对资料中乾陵的另一俗称“姑婆陵”不得其解。

由西安到乾县城，由于县里预先接到省里通知，所以县长非常热情，给每人配了一头灰色小毛驴。这动物非常温顺，蒙县长的细心，怕万一毛驴不听指挥，便给每头驴配了一个驭手。由驭手牵着前行就十分安全了。驴蹄嘚嘚，驴脖子上的小铃叮叮当当，考察团一行悠闲地行进在蜿蜒的麦田小径或崎岖的山道上，直至梁山麓下。给何正璜坐骑配的驭手是个十来岁的半大小伙子，性情开朗又伶俐，一路上不停地在和她说着话。小伙子的土话时时引起何正璜的笑声。在说到乾陵时，小伙子用了“阿婆陵”三个字。何正璜让他又说一遍，问他：“你会写字吗？”小伙子说，他已小学毕业了。何正璜就把手伸给他说：“你写写这三个字。”他在她的手里一笔一画地写了“阿婆陵”三个字。原来“姑婆陵”就是“阿婆陵”。又问他为什么这样叫？

唐高宗与武则天合葬之乾陵，陵在陕西乾县。
当地百姓云，不得在此有辱骂武氏的言行，否则将雷雨大作，且屡试不爽

陷入泥土中的乾陵前之翼马

小伙子说："里面埋的是武阿婆嘛！我们这地方把奶奶就叫阿婆。"原来如此！无意间，长期困扰着何正璜的小小疑问解开了，心中甚是高兴！

又行不远，何正璜眼前一亮，突然发现一边的麦田里卧着一尊石刻翼马。她从驴背上下来，快步走到石马跟前，但见马身比真马还要大些，英气十足地半埋在泥土乱草里，马腹以下已不得见。长长的鬃毛软软地披在颈上。她伸手去摸一摸，真怀疑它不是石质。马的眼睛正望着这远来的旅人，流露出稚气的惊讶，让人觉得十分可爱。众人也纷纷停下来，围着这尊石马细细地端详起来。这个说，你看它的嘴，像刚刚嚼过东西。那个说，它好像要嘶鸣了！大家都觉得它是一件不可多得的艺术珍品。

大家又回到刚才的小径上。给何正璜牵驴的小伙子指着前面长长带状的田地说："这就是御道，现在种上麦子了。"大家放眼望去，果见带状麦田两边，整齐地排列着两排石雕刻。先是如同前面见到的那种翼马和其他石马共八尊，再往前就是石翁仲，翁仲比真人还要大一倍，巍然兀立，高冠丰颐，形象伟岸，两手从宽袖中伸出来，扶握着一柄长剑，态度悠闲而严谨，充分显示着唐代石刻工匠的智慧。这样的翁仲有五对，每对相距三丈。接此是两方巨碑，左为著名的述圣碑，记高宗一生事迹，乃武后撰文，中宗御书，字体秀劲，可惜碑已折毁成数段，能辨识的字迹已不多。高宗算不得英主，所述定多虚妄之词。唯文出武后，或有历史价值，特让拓工立刻椎拓备存。右边丰碑屹立，乃著名的无字碑。碑形状四方，光洁如玉，高耸屹立，犹如一面大镜。不同的人，定能从中看到不同的景象。传此碑石乃于阗国进贡之物，不想却成了历来凭吊人们的签名簿。自五代以下至清，历代都有，反使无字不实了。其中也有有价值者，如《大金皇帝都统经略郎君行记》，刻于金天会十二年，为女真文。之所以有价值，是女真文的石刻存世太少之故。

再向前近半里，即是梁山正峰所在，也即是乾陵御寝所在。陵麓正中，立有毕

乾陵前六十一王宾石刻像

王子云在乾陵石刻鸵鸟前写生

沉所书之巨碑，上刻“唐高宗乾陵”五字。两旁分踞石刻巨狮二头，只有这么伟大而精致的石狮守护在墓前，石狮混合着地中海及西藏高原的艺术手法，流露在狮子的鬈毛、丰吻、爪尖及全身肌肉上。它们昂首雄踞，为了它成长的时代是那么雍盛，而向万里以外来此的旅人表示骄傲！

在石狮的两外侧，是排列整齐并大大有名的乾陵番酋。这些石人恭谨地分列两边，一边是二十五尊，一边是二十四尊，高约三尺，装束衣饰各不同，但是大体都是狭袖束腰长裤翻领，简直就是今日欧洲人的装束，可惜头部全被敲失，不能看到他们的面部。何正璜在荒草中寻觅了半天，竟拾着一块带鬈形下须的颌部。由这一点卷毛，她断定他是一个欧洲中亚细亚的人。据记载，他们都是西域各国的酋长，被唐太宗降擒而来到长安，高宗奉安时，他们都到陵前来尽礼，这是一种胜利的凭证、武威的夸耀。武后是最好胜的人，特命刻工依照各酋长的面貌衣饰，一一刻成石像，背后并刻上国别姓名，使他们永远拱手恭立于乾陵两侧，以示傲于当朝，并垂威于后代，是盛世唐朝炫示的标志。何正璜却想到如今国家濒危、家园沦陷，恣意妄为者竟是小小的日本！这鲜明讽刺的对比，心情如何难堪！

何正璜静静地伫立在陵前，遥想当年之经营，至今已榛芜满目。令她为之沉默。加之白云黄草，秋风萧萧，使这座天然的金字塔，于凄凉中又显出一种幽森的庄严。她又悄悄地走近陵中，抚碑小立，默想着墓中人一生事迹，不觉又是一番感叹！

乾陵无字碑

何正璜心中也深为中国史上唯一女帝武则天不平，在她幼年时，就听过人们对她酷毒的批评。及稍长，又听过人们对她是那么轻蔑辱骂，直到自己读了历史，透过男人所写的历史内幕后，她才恍然于人言之失当，早就想代这位超人的中国妇女辩护，想不到今日竟真的立在她的墓前，抚着仅仅只刻有她丈夫名字的巨碑，不平的心是更深了。

以一生书写历史的这位女皇帝，就长眠在这咫尺之前的墓穴里，幸运的梁山，担任了永远覆盖她的任务，使庸王英后，同此蒙埃。可叹时间的无情，一逝不归，墓内人在当年虽是功盖宇宙，言成经典，一举手可奄有江山，但至钟漏歇时，亦仅占有荒山一片土，埋骨成灰，与茂草野艳，争向西风而已。

众人忙了一天，收获颇丰，又近黄昏了。秋天的夕阳像一个清朗的梦，淡淡地染涂在陵前的石刻行列上，使每一石刻都拖成长的黑影，构成了一幅冷肃的画面。驭手牵过灰色的乘骑，让大家骑上，告别了这唐代的古陵，而走上归途。何正璜偶然回首，但见梁上尖峰被衬托在金色的晚霞里，一行秋雁，肃肃地向陵后飞去。

4. 考察中宗定陵

中宗李显定陵，位于富平县宫里乡狮子窝村北，在县城北约十五里。

考察团一行 8 月 29 日清早由大樊镇出发，北行三里达陵前。陵之附近甚荒沍，仅有一小村可借住，地名重庆窑。在定陵右上端有所学校，考察团一行人即住学校仅有的窑洞中。其时尚早，同人绕陵前后一周，见陵前石刻行列位置与其他陵大致相同，内阙门二基相距约 160 米，每基三边约为 17 米，其东阙门基之下层有石板四块长约 2 米，厚 0.5 米，形类柱基。由此柱基可测得当日石柱之直径为 0.8 米，门基上部土堆之版筑层亦隐约可辨。

陵前石刻较各唐陵为古，有早唐风，按中宗为唐代第五帝，其石刻自应与高宗乾陵媲美。陵前石刻主要之石兽，在其他唐陵则为飞马，而定陵则为类似鹿形之巨兽，其有角，乡人亦名独角兽。此独角兽亦有两翅，形状与飞马相似，唯体积特别巨大，高达三米。其他石刻体积亦较他陵为大，石马格式与各陵亦不相同，形态均较为优美古朴，唯石翁仲之雕刻造型与章陵相近，体积较大而已。关于陵前石翁仲有谓为文武朝臣者，定陵所见东西两列均系双手持剑，且衣饰亦同，唯稍异者，东侧立者系小须近汉族，西侧立者则为连腮须，近西域番人。

定陵北门在山后平地上，附近有居民数家。其阙门基仅两边者尚可见，石狮已全部埋没，石马仅存其一，且亦半陷地下。内阙门之外，也有一无字碑，另在外阙门内石兽行列中则少鸵鸟一对，此为与他陵相异点。

定陵所在之山名凤凰山，因山形如凤凰得名。山之前部呈一圆顶像凤头，左右伸出如二翼，背后并有凤尾形之山坡。

此山以产黑色大理石著称，现山顶多已凿空，石塘有深达数里者，据云为清末以前所开凿。自宣统年间即立碑禁止，现碑犹存在。

30 日晨 5 时即起，准备赴陵前工作。天又小雨，遍地滑湿，无法外出，于标坐中过去数日，踏勘工作所得资料如下：

1. 陵前华表西边已倒没地下，仅有一角可见，应挖掘出东边者。仅存华表座，

定陵远望　王子云绘

亦应将柱石发掘出土。

2. 陵前石马东侧者多已没入沟中，仅露尾部者有二，陵前无字碑之东遗有石人半身，头已没入土中，均极应发掘出土，以免从此湮没。

3. 西门石狮已倒与地平，应发掘扶立。

4. 北门门基亦没其一，石马亦没地下，应发掘并竖立标识。

5. 陵上凤凰山顶被开成多数石塘，应加修整，就附近遗弃之小石子加以填平，并严禁再行开凿。

午后雨稍停，即趁机先去陵前拓印巨大之石兽。唯因风大，不克完成工作，致中道停止。

8 月 31 日，雨后放晴，得正式开展工作。早饭后拓印人员重去五里外之章陵拓印鸵鸟，摄影人员则去六里外之北周文帝陵摄影，其余人员分别清查陵前石刻数量距离，并绘陵山全景之写生图画。到陵东南一里外之陪冢踏勘，冢甚高大，呈方尖锥形，冢基每边各 16 米，冢前百步有石狮一对，仍完整存在，其他无遗迹，附近仅有绳纹瓦片可见。在此冢之东南方可望见者，更有较小之冢三，此均为定陵之陪冢无疑。据富平县志载，唐中宗定陵在富平县西北十五里龙泉山，《唐书·睿宗本纪》曰："景云元年十一月巳酉，葬孝和皇帝于定陵。"宋著《长安志》称："定陵在富平西北周文乡郭门村，封内四十里，下宫去陵五里。"

定陵石刻较特异者即为独角兽石刻，此在他陵为天马，而此陵则为鹿形之独角兽，此兽在唐代陵墓前唯咸阳塬上之武氏顺陵有此相同的一对，其他未曾经见。考东汉及六朝陵墓前多有天禄辟邪石刻，如南阳汉宗资墓及金陵一带之六朝陵墓前均有此类雕刻物。《汉书》注称："符拔一角为天鹿，两角为辟邪，状似虎有髯须，尾有茸毛，大如斗。符拔一名桃拔，似鹿，长尾一角者或为天鹿，两角者或为辟邪。"《后汉书·班超传》注："符拔形似麟而无角。"按麟为麒麟之牝者，似鹿而大，牛尾马蹄有肉角又一不履生芊不食生物，圣人出，王道行则见。

则定陵所见石兽，形似鹿而牛尾马蹄有肉角，当汉代之符拔神兽麒麟演化而来，以其胸前有翅，更可断定为西域传来之动物，此与鸵鸟、翁仲及御马卫士服饰均系西域所有。由此知唐代文物崇尚奇异，以吸收异族役使西番为无上光荣，此则于唐陵雕刻装饰物中明显见之。

定陵独角兽头部连底座石之上层高 3 米，身高 2.1 米，腿高 1 米，头长 1 米。兽之座石分三层，上层系连兽一起雕成，工程极大，座厚 3 分米，中层座厚 6 分米，下层座厚 8 分米。

在他陵石刻行列中均有鸵鸟一对位于石兽之次，但定陵则无此物，且就其地位距离亦无此物建立之位置，此为与他陵不同者，应留待将来考证。

在定陵石刻中更有特异者即无字碑之建立，此在唐陵中唯高宗乾陵前有此物。长安史迹著："乾陵门前右有于阗国献奉之无字碑，高约二丈，碑侧刻雄大之云龙纹，其螭首雕刻与普通唐碑无异，唯两面无一字，殊难悬测，一般即呼之曰无字碑。"今定陵所见者与乾陵无字碑绝相一致，唯不同者，乾陵无字碑系立陵右侧，其相对之左侧方有述圣碑，而定陵此碑则立于左侧，其相对之右侧已无他碑存在，仅较远处之土堤下遗有残毁之番酋像体躯三段。此在乾陵则无字碑与述圣碑前各立有番王像二十躯，以示盛唐之尊大。想定陵最初亦必有此类造像，唯今已为农耕湮没耳。

5. 考察睿宗桥陵

9 月 4 日早 5 时即起，饭后即赶去一里外之桥陵，见陵前石刻多完整存在。其排列面积似较他陵为大，因石刻行列以内之土地未被农人垦耕，故陵前地面平坦、辽阔，更显得山陵之伟大，唯陵山形势不如定陵之整齐、均衡。且他陵石刻行列相对之终点适当后山之凸出处，颇类人工所筑成之半圆形坟墓，而桥陵石刻终点适为陵山之凹入处，虽有凸出之半圆形山坡，但并非与石刻行列相对，究竟玄宫系在山坡之某一部分，颇难断定，且此凹入痕迹疑系后人盗掘所致，亦未可知。

桥陵石刻远较他陵为优异，且多完整存在，兹摘要记述如下：

1. 桥陵两石兽雕刻特异，与定陵所存者颇相类似。以其造型则相近于麒麟，而不类天禄，胸前两飞翅成圆形云纹，与古代亚述飞兽雕刻更相接近，且头部做怒吼状，此为他陵所未经见者。

2. 桥陵鸵鸟造型亦极优异，因他陵鸵鸟除高宗乾陵以外，均系短足，颇类鸽或鸭而失去鸵鸟形体。今桥陵所见者高足长颈，颇为鸵鸟之写实，凡欲认识鸵鸟者，可据为优良之标本，且全身羽毛均雕出，实极生动美丽之至。

3. 桥陵石马亦堪与定陵比美，而更异于他陵，且形体巨大、姿态互异，所有鞍配等，雕工亦细致精美。

4. 石翁仲之姿态比例及衣褶雕刻亦均优于他陵，且细审各人形象不同，肥瘦不一，疑为当时朝廷侍卫之写照。唯左右两列均作连腮须，此又与定陵仅一边作此造型者不同。

5. 桥陵石狮雕刻更优于他陵，造型雄伟卓越。左边张口披毛，右边闭口鬈毛，雕工之精优实为罕见。

遍观桥陵石刻全部，其雕刻艺术价值可与定陵相并称，且其石兽之造型亦更迥异于他陵，此为应注意研究者。按睿宗与中宗均高宗武后之子，其时因武氏篡唐，亲子被忌，以致两人在位均极短暂，乃其陵上石刻反而如此卓越，其伟俊巨大一如武母杨氏之顺陵所有，此足证艺术制作时代之划分至为明显，尤以武后之专权期间人力物力充分役使，故能有此奇特之表现。此等文化艺术观点固不宜与政治之论断相提并论。

唐睿宗桥陵前　王子云绘

9月5日起开始在桥陵工作，唯因天气阴晦，陵前石刻不宜摄影，仅进行鸵鸟之拓印工作，并做陵垣四门之勘查。桥陵所在之山为丰山，陵垣适位于四周山麓平地处，垣之四边各长五里，垣内面积二十五平方，而陵前至石刻行列之外终点亦为五里。由此

至最远之外阙门又为五里。则全陵周围四十里，此与县志所载唐陵之制度“封内四十里，下宫去陵五里”相吻合，所谓下宫当在内阙门附近无疑。

清初对于各唐陵陵之垣曾重加修筑，唯并非旧有陵垣。仅就陵山玄宫所在地之周围筑一短墙，迄今各陵多有同样之墙基可见。据蒲城县志载，清乾隆四十年，知县冯方业奉文修筑陵垣，周围长百丈，高六尺，厚三尺，守陵户十名护陵，诸陵并得准惠陵稍减。此长仅百丈之陵垣绝非旧有每边五里之陵垣也。

唯桥陵外阙门门址所在处适为村庄湮没，此与丰陵同样，因附近农村连接致将遗迹毁灭也。

桥陵东西北三门均在山麓平地。东门基址附近已住有居民，两门址均被毁没，仅石狮尚在；西门则门址及石狮均可见；北门则石狮一对尚完好，石马三对仅存其二，余均倒毁，其中一马似坐仰，姿势颇生动，为他陵所未见。

绕行陵山一周后，仍返至陵前清查石刻位置距离，得见石刻数量比其他唐陵为多，因他陵石马至多四对，石翁仲至多八对，而桥陵则有石马五对，翁仲十对，因完整存在，因此石刻行列愈显富丽宏大，此为优异于他陵者。

在陵前华表之倒毁处遗有石人

王子云在考察唐睿宗桥陵前石狮

头颈，比实体略大而远较翁仲为小。戴乌纱帽，眼鼻均已被村童砍毁，唯唐人体范当可见，此或系御马侍者之雕像，但在他陵未曾发现。当即就便埋于附近已倒地之鸵鸟侧，免再被毁坏。

在朱雀门之石狮附近遗有 0.7 米见方之石座四块，上凿 0.1 米直径之圆洞，疑为门下枕石或番王座石。又再前不远之门基前，遗石人体躯三块，均已倒地残损。想系为番王像被毁没者，在中宗定陵无字碑前亦有此类石人残躯发现。

陵前内阙门基址附近残砖瓦片甚多，但仅有简单斜纹，而绝无如章陵、简陵所见之荷瓣纹者。

6. 桥陵陪冢及其特殊发现

9 月 6 日至 7 日进行桥陵踏勘工作，7 日晨拟即出发陵前从事陪冢之踏勘。临行前，忽据小学教师周君报告谓桥陵陵垣之东南角楼基址附近曾于前年出土碑石一方，上刻文字无可识者，殊为奇特。当即赶往陵前查访，果得见此碑石。碑系方形类似墓志石，唯无盖，每边长约 0.7 米，厚 0.15 米，上刻近似篆书之文字八行，每行八字，间有可识者，唯因各字之笔画组合颇多，类似符咒，故全文难以联系识别，在碑之四边另有题字一周。由此题字可断定为道教一类用以镇压陵墓之墓石，并与睿宗德妃窦氏有关。德妃为睿宗母武后所杀，景云二年追封昭成皇后，亦陪葬桥陵。此石或系为当日招魂安葬之经咒。在石之上下两侧并有龙蛇及奔马等线刻，其奔马仅长 15 厘米，姿态绝美，勾线流利生动，殊类名作。当就碑石拓印数份，借作考证。

早饭后出发，由白庙小学东行约三里，先至金仙公主墓，墓已湮没，仅见土坡，墓前有毕沅所立“唐金仙公主墓碑”，已倒地。墓上遗有雕刻残石一方，长约 1 米，厚 0.5 米，上刻一狼做前进寻食状，极生动，似为碑座或其他装饰。此石雕刻绝伦，在艺术上有重大价值。惜现露遗墓上，一任风雨剥蚀，殊为可惜。右旁更遗有没入地面之石板一面，甚平滑，其一边呈不规则之半圆形，上凿有凹槽三个，呈扇形，石长亦一米余，是否为碑之残段殊难确定。因时间限制，不及掘出考证。距墓前五十米处有唐碑一，甚高大，建有碑楼，数里外即可见。碑无额书，碑文亦全部被砍毁，且蒲城县志未载此碑文，刻碑年月及书写人均无从辨识。

由金仙公主墓南行约三里，有双冢屹立，附近人传为郭震墓。在郭墓西北约半里处有两大冢，亦无碑刻。唯冢各有唐刻石狮一对，座石一对，似为翁仲座。此二冢是否为陪葬太子或后妃则无可考证。唯在唐陵制度中，墓前能建立石狮及石翁仲者，位在太子公主以上。唯冢之高大均出于他冢。郭震墓因墓前无碑刻，亦无石刻，故无从考证。据《唐书·郭元振传》，元振名震川，武后当朝以有奇才，并拜为凉州都督及安西大都护，睿宗立召为太仆卿，进同中书兵部尚书。及玄宗诛太平公主，睿宗御承天门诸宰相走伏外省，独元振统兵扈帝事定中书者十四夕，晋封代国公。今此双冢是否郭元振墓难以确定。

彭国公李思训墓在郭墓之东偏北约半里，墓甚低，墓前约百米处有神道碑一，即著名之云麾将军碑。碑立于开元八年（720年），唐书法家李邕撰文，字体雄劲、飘洒，为唐碑中有数之杰作。据闻明清以来，日事拓摹，尤以清末官吏每往瞻仰，即须役使当地人民并残毁田禾，因此碑之下段已全部砍损，今虽建有碑楼，但仍难免有全被毁坏之危险。李思训乃唐宗室，开元初封彭国公，善画金碧山水，风格遒劲，为北宗之祖，今其墓碑亦为名书家李北海所撰书，人杰物灵，可谓相得益彰矣。李思训墓前有石羊一对，其头部已残毁，但因系盛唐作品，故姿态自然有生气。唯下部已埋入土中，无从得窥其全部形体为憾。在云麾将军碑楼附近之田垄中发现残石两块，上刻细致凤鸟线纹，姿态生动，绝似六朝物，惜石不盈尺余，无从断定为何种残石，仅暂埋于附近，留待将来考证。

李墓之东约二百米处，为凉国公主墓，墓前有毕沅所立碑。较远处有石狮一对，其形甚小，再前百步有神道碑一，乃明皇御书，苏□撰文，隶书字大如杯口，甚挺拔。额刻“大唐故凉国公主碑文”，碑头已损，原有碑楼亦毁，下段埋于砖瓦堆中。碑宽约1.5米，两侧花纹已剥没。

鄎国公主墓在凉国公主墓东偏南约二里，墓前有毕沅碑已仆地，再前八十米处亦有神道碑，且同为明皇隶书，开元十五年（727年）立，额书“大唐国长公主神道碑铭”。碑高约3.2米，额高1.5米，宽1.7米，形体巨大，为唐碑中之较显著者，书法亦远较凉国公主墓碑为优，螭首雕刻亦精美。按公主为睿宗第七女，乃崔贵妃所生，生而贤美，殁后陪葬桥山。

在鄎国公主墓之西北约二百米，东北约五百米处均各有一冢，唯以冢前碑刻已湮没，故无考证。

由鄎国公主墓再进而东约一里，乃让帝惠陵，亦可为桥陵陪冢之一。让帝宁王宪为睿宗之子，本为太子，因玄宗曾招淄王起兵定乱，有功社稷，特以帝位推之，及玄宗即位乃追谥为让皇帝，名其陵曰惠陵，乃葬桥陵下。《唐书·宗室传》有‘让皇帝宪开元二十九年薨，葬桥陵旁，号其墓曰惠陵”。又《蒲城县志》载“让皇帝乃元宗兄宁王宪，逊位元宗，开元二十九年薨，追尊为帝，葬惠陵，陪葬郑王锷嗣宁王琳得安王询及蔡国、代国、霍国三公主”。此陵另有多数之陪冢。唯因限于时间，无从踏勘，仅见代国公主墓在惠陵之东偏南约一里处，墓前神道碑开元二十二年（734年）立，楷书，末署“男聪书”，碑身较小，无碑楼。

此帝陵名为帝陵，实则规模殊小，且因在平地上，故绝不类唐帝陵之庞大。《长安志》称“陵在平阳乡，封内一十里”。现四周陵垣阙门及角楼基址今仍可见。冢较其他陪冢为高，冢基每边45米，呈锐圆锥形，陵前有毕沅所立碑，唯石刻仅有狮及翼马各一对，且体式亦小。翼马两翅之雕刻则颇类桥陵石兽，而足下四蹄则系凿空者，故造型颇类真马。

7. 考察玄宗泰陵

唐玄宗又称唐明皇，名李隆基（685年—762年），是睿宗李旦的第三子，母亲为德妃窦氏，武则天的嫡孙子，垂拱元年生于东都洛阳，唐朝第七位皇帝。

唐玄宗也是唐王朝帝王中比较著名的皇帝之一。有史家称其为半世英明、半生糊涂的皇帝。他在执政的前半期，继承唐太宗多项治国理念，励精图治，扭转了武则天晚年乃至中宗时期的混乱局面，使唐王朝得以中兴繁荣，开创了史称“开元之治”。在其执政的后半期，自以为天下从此太平了，不思进取，恣肆奢欲，怠于政事，整日沉湎于与杨玉环的爱情之中，远良臣，近佞人，重用像李林甫、杨国忠那样的奸臣，终于酿成了安史之乱。玄宗逃出长安，至马嵬坡又遇羽林军哗变，逼杨贵妃自杀，自己也结束了皇帝生涯。

泰陵位于蒲城县东北三十里之金粟山。

考察团一行四人，于9月18日结束对穆宗光陵的考察后，吃过午饭，前往泰陵。至傍晚方到金粟村，夜宿泰陵小学。到泰陵小学后方知，金粟村属蒲城县人和乡，附近以金粟命名的村庄有好几个，小学仅此一所。小学原为国民小学，教员王先生颇有见识，特呈县府将小学名称改为“泰陵小学”，意在保护泰陵。

一夜大风怒号，第二天仍未稍止，气候骤寒，水已结冰，山野中飞沙扑面，无法出外工作。饭后赶往三里外之泰陵前，时已夕阳西下，就陵前雕刻巡视一周，其残损情形几与光陵相似。因墓道中间亦被山洪冲成深沟，故石刻多半倒折。陵山势形与桥陵类似，唯近看则显出合抱之局势，令人有幽邃雄伟之感。

9 月 20 日到 22 日间均阻于此地，特有大风致酷寒无法工作，直至 23 日天气始稍转变，重到泰陵前继续踏勘工作。

23 日晨，再去泰陵步测陵前石刻距离，何正璜记述如下：

1. 陵前华表一对均倒地，西侧者已不可见，八棱柱甚短，高仅 2.5 米，盖高 1.5 米。

2. 飞马一对均完整，姿态雄健生动，尤以东侧造型特异，做昂首退立状，充分表现马之野烈性格，以雕刻艺术价值论，当可与肃宗建陵之翼马媲美。

3. 鸵鸟一对均倒地，造型类章陵所见，即足颈甚短，殊不类鸵鸟。

4. 石马五对均倒毁，东侧尚有残段可见，西侧已没入荒草，唯马前均有御马卫二，现仍有可见者。

5. 石翁仲十对，东侧立者四，其中二头已断去，西侧立者二，余没灭。

6. 朱雀门内石狮一对均倒地，体躯颇小，雕刻亦欠精致。

7. 陵山前毕沅所立“唐玄宗泰陵”碑无碑楼，且离朱雀门基址颇近。

8. 在朱雀门外遗有番王像数躯，分立两侧，左侧有一立者已无头。

9. 陵山形势虽佳，但陵前石刻行列距陵山甚近，故气势似欠宏大。

唐玄宗泰陵前之翼马

10. 陵山之下坡有清代修筑之围墙犹在，其南向之山坡中段适当玄宫羡门处，有被人开凿之痕迹。

11. 陵山之上据云有柏树甚多，但今已无一棵可见。杜甫诗“金粟堆前松柏里，龙媒去尽鸟呼风”，因泰陵山即名金粟山已足证唐代此山已有林木。

考泰陵所在之金粟山，乃富平蒲城一带。泰陵陵山之东尽头再东即达黄河岸。此山距蒲城其他三唐陵均较远，就今日之地理环境论，殊觉荒僻。唯泰陵陵山系明皇当年自行选定，据《大唐新语》载：“玄宗初谒桥陵，见金粟山有龙盘凤翔之势，谓侍臣曰：‘吾千秋万岁后宜葬此地。’”

玄宗当时已欣赏此山之形势雄伟，足资为帝王之山陵。《长安志》载：“陵在蒲城怀仁乡，封内七十六里，下宫去陵五里，陪葬元献杨皇后及内侍高力士。”现陵前陪冢可见者仅有东南二里外之高冢一，据云即高力士墓，但无碑刻，传闻原有李勋所书神道碑，但已毁没。毕沅《关中胜迹志》亦谓高力士墓前碑大历十二年立，行书。《蒲城县志》亦载：“扬州大都督高力士神道碑大历十二年立，石中断，每行仅存二十余字。”今墓前百步外，尚有残损之唐碑头露出地面，螭首似为唐刻，唯无字可见。在陵前之正南方约三里外立有宋庙碑一，高大一如景陵，额书“大宋新修玄宗庙碑”，亦系张仁愿书，系行书。碑阴刻有宋明人士游唐陵之题字甚多。碑之螭首雕刻亦绝精，盖宋初艺术，实可与唐代并称。据乡人云，数年前曾在宋庙碑附近掘得陶明器，多颇类唐代物，是否与泰陵有关，难以断定。

9 月 24 日，四人本拟再赴陵前做拓印飞马工作，乃昨夜狂风又作，今晨不止，又以小学房屋甚少，何正璜等四人堆挤于半间厨房中。因感留此食住均成问题，且以大风中不易进行拓印工作，为节省时间，遂决定即日离此转往蒲城县城。

8. 考察肃宗建陵

大唐王朝自玄宗李隆基后半期以后，盛世不再。自唐朝第八位皇帝李亨起，后世史家称为中唐的开始。中唐以后，再未出现过像李世民、武则天那样英明果敢的皇帝，或昏庸，或短命，或碌碌无为，均没有可大书特书的功绩，唐朝由此开始逐渐衰落。中华文化重要发轫之地陕西，盛于唐亦衰于唐。自唐后，中华文化中心逐渐东移，并从此远离陕西，陕西终成为偏居一隅的地方区域。这是历史的必然，还是家天下的政治使然？个中的经验教训，太值得我们深思。

唐肃宗建陵前之翼马即将倾倒，王子云在察看。

建陵在礼泉县东北三十里之武将山南麓，以山为陵，东与太宗昭陵相对，西与高宗、武后乾陵相望，北靠叠嶂群山，南为一望无际的沃野，形势颇为壮阔。

考察团一行早在1941年10月，在考察太宗昭陵后即到建陵进行了考察。

建陵陵区周边四十里，分内城、石马道和陪葬区三部分。内城在最北部，呈南宽北窄梯形。考察团实测，内城垣东墙1524米，南墙1050米，西墙1373米，北墙879米，面积145万平方米。城垣内沟渠纵横，地形复杂。城垣四门，东青龙门与西白虎门相距1338米，南朱雀门与北玄武门相距1206米。中间羡道清晰可见，直到山峰南面半山腰处。陵园四隅角楼遗址尚清晰。正中偏北有砖砌牌楼一，内中有毕沅立“唐肃宗建陵”石碑。司马道两侧及三门之外有石刻多座，计有石狮四对，石人十对，石马五对（马旁各有牵马人），鸵鸟一对，翼马一对，华表三对。

9. 考察代宗元陵

元陵位于富平县西北三十里赵家窑之北檀山上。

富平县境内共有五座唐陵，即中宗定陵、代宗元陵、顺宗丰陵、文宗章陵及懿宗简陵。考察团于 1943 年 8 月中旬从西安出发至富平，先近后远，先考察了懿宗简陵后，方于 8 月 25 日由富平庄里镇出发赴元陵。

事前请乡公所代雇脚力未果，适该村甲长马某来镇赶场，即着其引导前往。出镇东北行，渐登上山坡，乃中途又值小雨，幸行程甚短，十数里之路途，一小时即达。地在赵家窑北约半里，居民仅有数家。到后即由甲长安排住于村外小学中，行装甫却，雨亦暂停，即利用时间登元陵所在之檀山。先至陵之西门，再转北门。西门在西山坡下，两门基之间现已被山洪冲成深沟。石狮已无踪影，门基址亦为农人耕去其半，想见数十年后，必将尽行没灭而绝无踪迹可寻。北门在檀山后坡下，由此可遥望简陵之西门与北门。其阙门基址可见。元陵北门阙门基及两石狮均仍存在，唯狮已做斜倒状，雕工粗糙，矮小已失狮形。阙门外并列石马三对，其行列距离同于简陵。右边者均已倒毁，左边三马首足均毁去且亦倒于座侧。石狮背后有石门枕一对，唯尺寸特小，恐为近代新置者。附近砖瓦片极多，乡人为耕地便利，多捡堆一处，几成小丘。近前细视，其中不乏唐代花砖残片。按元陵北门其石马行列在阙门以外与简陵北门所见，石马行列均在阙门之内者不同。

离北门越檀山之最高处俯视全陵形势，遥望陵前约六里处，亦有外阙门一对隐约可见，与近处阙门及石刻行列构成子午线。此亦证明前在简陵前五里处所见者双冢确为阙门无疑。元陵所在之檀山，产细质青石，极坚韧。山顶多有已开之石塘，远望山头呈参差状。全山东西平行，长达三四里，元陵适居其中。陵前亦有两山脚合抱如狮虎之两足，此与简陵相同，当同为人工修筑所致，亦可想见当时工程之浩大及役使人民之众，此等足以改变山形之工程实不下于始皇时代之修筑长城也。

下时绕至陵前，见清毕沅所立“唐代宗元陵碑”，位于偏西之山足下，以指南针测视，与陵门及石刻均在

一子午线上。碑楼已倾，其前半楼后十数步处有石板层叠之门垣一处，显系近人所为者。陵前朱雀门基址离碑楼约一里，两门基相距约五十米，附近瓦片亦多，唯两石狮已倒没，仅有一石座之边缘尚隐约露于麦田中。

由朱雀门基至内阙门基长达540米。其间原有之石刻多已倒没地下，现所能见者仅有最高端之石华表及翼马各一对。华表东边已倒地，且仅余一截，而缺少顶盖，两边立者呈矩形之石柱各面均有花纹，现仅正南一面刻纹尚可辨，为类似唐碑侧之蔓草纹。东边已倒之华表其埋入土中之两面花纹甚清晰，可施拓印。翼马雕刻不见精致，头部甚小，颈部特长，唯昂然屹立之姿势雄伟生动，而无形中表现出唐代特有之精神。两马均垂尾，腹下及腿部均刻有云纹，颇具特点。按代宗元陵仅次于肃宗建陵，以时期论，其雕刻当足以代表中唐作风，唯因残毁特甚，惜已不足窥得其全貌为憾。

除华表翼马而外，仅左列离翼马约140米处遗有无头之石翁仲一躯，另有离此百武之张家窑居民门前，遗有翁仲座石二，农人废物利用，已就座石原有之旧穴改作石臼。又另外有翁仲二躯镶入附近关帝庙之墙垣下，作为基石，实堪痛惜。

8月26日，乘雨后新晴，开始在陵前加紧进行拓印及摄影工作，力争当日完工，明日即可转移至章陵。

10. 考察德宗崇陵

德宗崇陵位于泾阳县北约四十里之嵯峨山。

考察团一行于1943年11月在三原考察完唐太祖永康陵，转泾阳县考察德宗崇陵。到泾阳县后，经询问方知崇陵所在之嵯峨山有一半属于三原，崇陵之部分则在泾阳县内。为节省时间，大家决定先赴三原界内之嵯峨乡，然后再间接转往崇陵。

11月2日晨5时起床，饭后即赶程出发。由陵前镇西行即遥遥望见嵯峨山影，并偶然可看到山坡之凸凹，由此知距山不过二十余里。西行约八里，下塬过清水河，越过深沟两道，河水仅一小溪可见，过河再登塬西行十里，樊村嵯峨乡乡公所即在村内。村在塬下之深沟中，乃浊水河所在。沟深陡险峻，梯田层层相叠，有多至百余级者。由此远望崇陵，位于嵯峨山前，形势雄伟，远在其他山陵之上。

到乡公所，适乡长他出。询知此去崇陵尚有十里，仅陵之东门二石狮所在之山脚属于三原地界，即决定先住东门附近，再进行陵前之踏勘。并由乡公所派乡丁一人导往过浊水河，再登塬约八里到崇陵下。该处因山地荒僻，仅有一小学之窑洞可借住，地名麻惠村。因陕人读“惠”“喜”不分，故叫麻喜村。村有农民七八家，均窑居。今日由陵前乡来此，一路所见小村亦多有完全窑居者，在村外稍远处则绝无房屋形迹，仅偶有小树数株可见，至者始知为掘入地下之窑洞。其挖掘方法颇巧妙，庭院、房屋及出路、大门均有一定之方式，整齐清洁，阳光亦充足。且此等窑洞冬暖夏凉，坚固实用，固极适宜于本省之地质及气候环境也。

11 月 3 日晨 5 时，准备于早饭后出发崇陵。乃昨夜西北风起，天气忽变，今晨风雨交加，有雪花可见，气候骤寒，山地尤甚。考察团五人被困于一小窑洞中，洞外朔风凛冽，大有欲工作而不可能之势，身边没有参考书可看，何正璜更感苦闷寂寞，如此竟日，风雨仍不见停。

11 月 4 日下午，雨稍止。午饭后，因时间尚早，五人便跋涉登陵踏勘。先由东陵门上山绕行山后，经北门而达西门，因陵前距离远，未能即往。何正璜记述如下：

1. 崇陵东陵门（青龙门）在麻惠村南约半里之山坡上，西阙门基址甚高大，石狮一对亦完存，狮之背后有座石四块，当为门址所在。

2. 北陵门（玄武门）在陵山背后之深谷中，因该处地域甚大，且有深谷，故两

考察团在拓印唐陵前石雕立马

阙门基相距特远。石狮一对完存。唯石马三对、石虎一对均已倒毁于荒草丛中，几无从辨识。仅遗有二三石座及无头之马躯一，石虎则见于较远之农田中，在阙门附近有空窑洞十余座已无人居。此门之左右两侧均有横山脊向后延长成一深谷，出谷偏西即嵯峨山之主峰所在。因崇陵陵山位于嵯峨山之东南一里许，两山不相连接，由玄武门外远望陵山背景，呈一极整齐的三圆顶，拟为人工所修筑而成者。

3. 西陵门（白虎门）在陵山南坡以西之山坡上，其与陵山中心之距离远较东门为近。此因门外乃一极深之山谷，受地位限制，无法建立于远处故也。且因山脊上之地位小，故两阙门及石狮距离亦较东门为近。

4. 崇陵陵垣因四面全在山坡上，未经农耕湮没，故垣墙遗迹犹存。南垣由东南角楼西延，经陵前石狮之后直至西南角楼，均有甚显著之痕迹。北垣则由玄武门之门址起，东延至东山坡，西延至西山坡，亦有遗址可见。此为踏勘山陵以来之特有发现，可据以实测山陵陵垣之实际长度。

5. 就目力可达者有东南及东北两角楼址可见。东南角楼址在山前一平原上，东北角楼址则在麻惠村后之山脚下。唯目测此两角楼址与东陵门址并不在一子午线上。

11 月 5 日晨 5 时，早饭后即出发，到距住处五里之崇陵陵前。因崇陵陵前亦系两山合抱形势，故被山洪冲击之深沟有三道之多，且有深达十余丈者，因此须曲折绕行十余里始达。陵前石人马所在处，附近乡民名为“石马行”，因崇陵陵山形势特别宽阔，陵前地位甚大，故石人马行列亦较他陵为长，距离陵山亦较远，其局势之伟大，为其他山陵所不及。唯石刻作风因德宗在位已为唐代文化中衰时期，故体范颇类晚唐所有者。

崇陵陵山位于嵯峨山之前偏东处，与嵯峨山不相连接。陵山东西横亘长约二里，两端有横山前抱，形成簸箕式。陵山三峰并列，整齐平衡，似曾加以人工修筑者，唯中峰之前偏东处有一深沟，致中峰之南坡已被山洪冲成凹下形势，此或为遭受发掘之痕迹。

何正璜记下陵前石刻存没情况：

1. 华表一对均立，唯西边之一底座圆座弃置一边，未置柱下，殊为奇特。或为已倒而被重立者，但亦颇费解。

2. 飞马一对均立，雕刻体范类似景、光诸陵。

3. 朱雀一对东立西倒，造型拙劣，不类鸵鸟。

4. 石马五对，完全倒毁，御马卫士数躯似可见，由此可考证唐陵石马有御马人者，至少当德宗崇陵起。

5. 石翁仲十对，立者十三，倒者七，雕刻矮小粗劣，全身高约 2.5 米，唯东西两列装束面貌均不相同，想以职位而分者。

6. 朱雀门内石狮一对均立，西侧张口披毛，东侧闭口鬈毛，狮高约2米，雕亦拙劣。

7. 在朱雀门基址外，遗有番王石座十块，唯其中两块类似门枕石，西侧并有番王像一躯，作披西式斗篷之装束。

8. 石狮之内有门枕石四块，排列整齐，即朱雀门址所在。再后为毕沅所立“唐德宗崇陵碑”及定界碑，由此去陵山尚有半里，想系受地形限制而立此者。崇陵定界碑为其他唐陵所未见，清乾隆四十年（1775年）立，中书“唐德宗皇帝之陵”。侧书全文录下：“接唐书永贞元年十月己酉葬神武圣文皇帝于崇陵，是年改祔葬昭德皇后王氏。”《长安志》称：“封内四十里，下宫去陵五里。”《陕西通志》称：“崇陵在泾阳县西北四十里嵯峨山下，今筑围墙，垣周方六十丈，高六尺，不开门，自垣南拜坛以下，及石人石兽所立至道口，俱不许耕种，四周立石为界。查勘陵户四名，每名给口食地二十亩，税地一顷一十四亩，共一顷三十四亩。清丈注册，不得侵越封内。禁不许掘煤、烧窑、穿井，每年本县官春秋亲祭稽查，特揭示。赐进士及第兵部侍郎巡抚陕西西安等处地方兼都察院右副督御使赞理军务兼理粮饷毕沅题，泾阳县知县方承保书并立。”

《蒲城县志》亦载：“清乾隆四十年，奉文修筑唐陵陵垣，其制度尺寸与崇陵相同。是清初对于关中唐陵曾一度整顿，唯其所筑陵垣围墙系在陵山之上，故周方仅六十丈或百丈（蒲城各陵周围百丈）较之旧有陵垣方周二十里者，相差殊远。”

11月6日再度来陵前从事拓印华表装饰图案及定界碑，并测量各石刻距离。因交通困难，故工作殊为费时。午后并赴陵前五里之双冢，探访测视是否为崇陵外阙门，由陵下塬始达。因崇陵虽为山陵，而其地势则又类似献陵，陵前平地仍位于高原之上也。至双冢旁，得见并非平行，似为陪冢，而非阙门。崇陵陪葬志书少有记载，陵前冢墓因少碑刻，故无可清查考证。

11. 考察顺宗丰陵

顺宗丰陵在富平县城东北四十里处之金瓮山。考察团一行1943年9月1日尚在中宗定陵考察。因定陵石兽格式特殊，决定上午进行拓印，下午赴顺宗丰陵，一直到下午1时始得完成，当即快速收拾起行，由村人代备轿车（有篷之牛车）一辆载运行李。在未到曹村镇以前约半里处得见一寺庙遗址，近视之有清康熙年间碑记，知原为集灵宫遗址，乃顺宗大行灵舆所至之地，由此度顺宗丰陵之山当距此不远。

9月2日早饭后去乡公所求为派人领赴顺宗陵，乃遍询均不知陵墓地址所在，问金瓮山之名亦无知者。仅云在此西南十里外有唐王陵，此盖指中宗定陵而绝非丰陵。不得已，乃就昨日所见之集灵宫遗址取得子午线方位，向镇北三里处的山坡进发，至则果然发现一倾斜之华表石柱孤立在地田之上，一望即知为唐陵所有物，但除此以外，竟绝无所见。举凡他陵所有之阙门遗址及石刻行列，此处均无从寻觅，即陵山亦不及他陵之整齐，系未加人工修筑者。按顺宗为唐代第十一位皇帝，唯在位仅八个月，享祚既短，其茔葬或见潦草从事，否则虽经农耕湮没，何致仅存一华表残柱也。

再进至山麓近处，见有毕沅所立“唐顺宗丰陵碑”一块，题字及立碑年月均与他陵相同，唯由此实测至华表所在之距离仅及他陵之半，亦证此陵规模特小，其他石刻是否多已湮没地下，殊无可考证。

由陵前越过西山坡登上山陵背后最高处，旋由东山坡环绕再返陵前，竟亦未发现陵垣四门任何遗址及雕刻物，知此陵之营建以及近代毁灭之情形必甚特殊，若无此残段华表竖立者，则丰陵将完全湮没了。

凡艺术作品为仅存者其价值必益见高贵。此丰陵仅有之华表已陷入地中

唐顺宗丰陵前，王子云和雇用的民工在清理华表周围的泥土

三分之二，现仅有二米留于地面，如此八棱柱上所雕刻之线纹装饰竟特别清晰。除在前数陵华表柱面所见之大蔓草纹样外，尚有飞仙及狮虎可见，此弥足珍贵之资料不容轻易放过，乃即觅得附近村庄甲长专门雇民夫二人为发掘华表之陷入地下部分。一面施工、拓印，如此经过六小时之工作，直至午后4时，始得完成两份。此丰陵仅有之收获必当高出其他唐陵甚多。

归途过曹村镇西门外关帝庙，四观其前后，殿壁画塑像均系清初作品，尤以壁画所画为郎世宁式之风景，建筑结构优异，殊有保存价值。现该庙前殿已塌毁一角，后殿住有乞丐，如此数年后，恐即为炊烟熏毁，此极宜注意禁止。

12. 美原镇及转往蒲城中途

9月3日，发曹村镇拟转往蒲城，因富平境内五唐陵中，丰陵已为最后之一陵，由此接壤蒲城，其境内尚有五陵也。事前托由乡公所代雇大车一辆运行李什物。8时，离镇东行三十里，到美原镇，乃秦汉二代时富平县城所在。据县志载，频阳古城在今县东北五十里，乃秦厉公立县所在，其南有王翦宅即秦赐美田处，故曰美原。王翦故里名千口村，以家有千口故名。据志载：始皇二十三年，使李信伐楚败归时，王翦病居家中，始皇疾驾入频阳，授上将印佩翦身，授兵六十万。后三日，翦发频阳，始皇降华阳公主……北迎翦于途，诏即遇处成婚，翦行五十里列兵为城中，坚设锦幄行合卺礼，信宿公至，随翦入都诏频阳。别开主第，并名相遇处为华阳。至今该地犹名华阳县。在今县之南三十里。

唐初，亦设县于美原，何正璜查县志，上载该处有著名唐碑四，其名称如下：

1. 美原神泉诗碑，武后垂拱四年立，尹元凯篆书，阴额题云“大唐裕明子书”，此碑已于宋哲元主陕时迁移西安新城小碑林。

2. 美原天庙碑，玄宗天宝八年，县令王岩甫氏撰文，书刻飞逸可爱。

3. 永仙观主尊师德行碑，年月及撰人均缺，仅有碑文及篆额。

4. 美原县尉张昕墓志，开元二十四年十月立正书。

上午10时，到达美原镇，镇甚大，镇垣南门有五个之多，其大可知。考察团一行到乡公所，请为引导游观全镇一周。时适逢场，全街市人烟拥挤，不利观览，旋至民教馆。馆址系旧日寺宇，内有佛塔一座，高五层，砖砌斗拱，尚古朴，唯系清初重修。该馆藏有唐十六棱经幢残段一，长仅尺许，但字体遒劲，颇类柳书。又六朝石刻承座为一螭龙盘旋图案，此与西安图书馆所存者相类似。因该馆馆长外出，其他不克细审。继中心学校有唐碑一，传为王羲之书，但字迹模糊不可辨，询及县志所载之碑刻，则鲜有知者，限于时间，不能久留，故无法探其究竟。

13. 考察宪宗景陵

景陵位于蒲城县西北三十里处金帜山。

考察团一行于 1943 年 9 月 9 日由桥陵转至景陵。到后第一印象即此陵雕刻之拙劣而不合比例为已考察各陵所未见，且已大半残毁。前列翼马及鸵鸟造型均颇滑稽，令人无从体会唐代雕刻之优越崇大。但据之蒲城一般人士凡晋谒唐陵者均集中宪宗景陵，对桥陵则少有知者。宪宗为唐代第十二帝乃唐室中兴之主，故宋明后各代对于唐陵祭奠亦均集中此陵。陵前献殿遗址及祝文碑刻特多。唯在陵墓雕刻方面因其时唐代文化艺术处衰退时期，故竟如此拙劣。何正璜将其存在情形记于下：

1. 陵前内阙门基一对已被农耕埋没过半。

2. 华表一对均已倒毁，左边之石柱已断折为三段，右边之石柱尚完整。柱长约 4.8 米，远较桥陵为短。

3. 飞马一对均完整，唯雕工粗劣，比之简陵所见者犹不及，全身比较不相

唐宪宗景陵　王子云绘

称，颇类明清时代物，而马左蜷尾右垂尾，腹下亦有云纹。

4. 鸵鸟一对左立右没，造型矮小，不类鸵鸟。石宽 2 米，高 1.5 米。

5. 石马五对，仅倒损其二，雕工甚劣，马之造型垂首无神，显示沮丧衰颓之气象。

6. 石翁仲十对仅存其六，余均倒毁，体躯瘦小，全身高仅 1.5 米，衣褶表情均不及他陵之丰满自然。

7. 朱雀门基址一对尚高耸，附近荷纹花砖甚多，尤足证晚唐始有纹样繁多之砖瓦。所谓文化愈退化，艺术造型愈繁杂，此在中西各民族均有同一之现象。

8. 门内石狮一对，亦矮小粗劣，左没右立，狮高 1.5 米。

9. 由石狮再近约 280 米处有献殿遗址，审其砖瓦片为明清时代筑建，外垣宽 70 米、深 8 米，垣内偏北有献殿基址，基址宽 11 米、深 7 米，四角遗有柱座石。献殿前垣中开三门，其东南角并有碑亭遗址，其祭碑可见者，有明洪武成化及清乾隆等御制祝文碑，均矮小且多已倾斜欲仆，行见与遗址残砖同归于尽。

10. 毕沅所立“唐宪宗景陵”碑在献殿之后，由此直对献殿及殿前石刻行列，适成一子午线。

11. 景陵之前石刻行列所在之地区与桥陵同样亦未加垦耕，唯中间已被山洪冲击成为深沟，则此陵石刻之倒没必亦多。

10 日起，继续踏勘景陵之山，并在陵前进行摄影工作。早饭后登金帜山巡视景陵陵垣，见北门在山后另一山坡下，东门之址不可见，西门则甚显明，唯两狮已没地一半。陵山形势略同桥陵，而山形之变化较多。

远望陵前东南方约三里外有陪冢数座，唯多低芜。据《长安志》载：“陵在县西北十五里，陪冢后妃三：懿安郭后，孝明郑后，王贤妃。”而对将相名臣则未有记述。

距景陵陵前约一里外之西南方有大冢一，冢前石狮一对，石翁仲一对，体范虽小，但必为后妃太子之尊。

陵前五里有宋庙碑一，额书“大宋新修唐宪宗皇帝庙碑”，碑甚高大，螭首雕刻可与唐碑媲美。碑末有“张仁愿书”，字体行书，甚遒劲，碑身宽 1.5 米，高 4.5 米，下系方座。碑阴有宋崇宁年间游唐陵题字，唯无碑楼。据《蒲城县志》载：“陵南下宫有宋新修庙碑，春秋致祭载，会典每届十年，遣太傣致祭一次，若遇庆典，祭告不拘年限。”现庙碑附近遗有殿宇基址砖瓦片极多。庙碑因限于时间，未能拓印。

因景陵石刻损毁特多，可资收集之资料甚少，11 日原拟转往距此五里之穆宗光陵，乃前夜忽又阴雨，整日不休，致大家不得不暂留景陵学校。早饭后，校长王君出示其最近在校院内掘得之铜佛数尊，其中一件最小者长仅二寸，但姿态造型优美，确定其为唐物无疑。旋又在院内井边见遗有唐刻八棱佛幢一，高尺许，满刻佛像，亦系修筑校舍时掘出者，大家看后，嘱咐其妥为保存。

14. 考察穆宗光陵

光陵位于蒲城县北三十里尧山西麓。考察团一行对景陵考察后，在景陵小学吃过早饭，即从小学所在地义龙堡出发，东行约七里，已越过光陵外阙门址。此行仅有脚夫一人引路，对光陵所在地不甚明确，即尧山之名亦鲜有知者，最后询问‘唐王陵”，始有村农告知就在不远处山坡下。但已越过一里许，遂即折回，转上山坡，过一小村即达光陵前。则此陵荒芜残毁之程度远在已见各唐陵之上。石人马行列已全数倒折，陵前墓道被山洪冲成沟渠，附近农人为灌溉便利曾于墓道掘井，因此石刻之湮没者更多。其雕刻之矮小拙劣一如景陵，殊无足观。仅飞马较胜景陵一筹。因马已倒地便于拓印，特就此做拓印工作。顺便巡视陵垣石刻存在情形，何正璜记录如下：

1. 华表一对均已倒损，且左列之一已没入地下不可见。

2. 飞马一对均已倒弃地面，唯无残损。

3. 鸵鸟一对已没入地下，仅右边露有残石。

4. 石马五对右列没其三，左列全湮没地下。

5. 石翁仲十对已全数倒折，且多已没入沟中，其身段大小与景陵同，唯帽为飞

唐穆宗光陵　王子云绘

翅式，纹饰甚复杂，面部亦系连腮须，双手拱立持剑与他陵无异。

6. 朱雀门内之石狮一对亦全倒，雕工特劣。

7. 狮后约 280 米处有毕沅碑，亦倒地。

8. 陵前墓道中，即石刻行列中间有深沟两道、水井二、水池一，地未垦耕，荒烟蔓草凄凉特甚，唐室衰败之象与陵前石刻相互映衬。

宪宗与穆宗父子时代，唐室中宦官专权，结果一为宦者所弑，一为宦者所立，其时政治混乱，文化衰微。于陵前雕刻作风之拙劣，就充分可知当时唐代精神面目。

因光陵雕刻物损毁特甚，不足所望收集的资料，大家拟当日即转去玄宗泰陵。乃因拓马工作未能完工，不得已，暂向陵前一关帝庙之小学借宿，并请为代烧晚饭，幸得允许，这一比较困难的问题又得以解决。

9 月 18 日起继续在光陵进行拓印石马工作并踏勘陵山四周。见东西门及北门之址均被农耕毁去过半，石狮仅有西门可见，其他鲜有可见者。

15. 考察敬宗庄陵

庄陵位于三原县东北三十里处荆原。

考察团一行六人，于 1943 年 10 月 27 日，在三原考察完武宗端陵后，由大程镇转往十里外之敬宗庄陵。早 7 时出发，离镇西北行，仍由去端陵之缺口处登塬，经端陵继续西行，沟壑甚多，几经转折，约三里下塬，过一河床形之沟地，而转至地势较矮之另一塬上，再三里，即达庄陵。因该处地面较宽大，故陵前石刻行列数量及距离均较端陵为多为长，唯在内阙门基址以外高塬边亦仅数丈。陵前墓道且无沟渠，但石刻亦因农耕而倒毁甚多，大家略小憩后开始工作。何正璜边察看边做记录如下：

1. 华表一对均倒毁。

2. 飞马一对东倒西立，式同端陵。

3. 鸵鸟一对东立西没，式同景陵。

4. 石马四对均倒没地下，仅东列有可见者。

5. 石翁仲十对，湮没过半，立者仅有四座，雕刻似比端陵较胜一筹。

6. 朱雀门内石狮一对已半陷地下，雕刻矮小拙劣。

7. 庄陵坟墓与端陵同样亦呈锐圆锥形，底基方形，且底基大而坟墓小，与端陵同样，显然为未经修筑完成或被发掘毁损者。

8. 庄陵与端陵同样均在塬上平地，在陵前内阙门外即达塬边，由此层层低下，坡度甚陡，故目力仅能看到塬下较远处，因此两陵之外阙门之有无并是否存见，均无从测定，且当时之陵路如何开辟，今亦无可考，仅见有沟形之道路以通塬下。

庄陵前石人

何正璜查宋敏求《长安志》载庄端二陵陵垣里数："庄陵在三原县太平乡胡村，封内四十里，下宫去陵四里。"又："端陵在三原县神泉乡腾张村，封内四十里，下陵四里。"今实测庄端二陵其陵垣面积远不及其他山陵为大，则所谓封内四十里者，当系另一范围。其两陵之下宫必均在塬下，因时间限制，众人不克踏勘为憾。

16. 考察文宗章陵

考察团一行于当年 8 月 27 日由元陵转往章陵。两陵相距仅五里，仍托甲长代雇几名脚夫背负行装，大家则随脚夫徒步前往。离马家窑东行约半里，过檀山东坡，

章陵南门前仆倒的石人

见元陵东门阙门基甚为高大，只是石狮已湮没。另观察陵东门较西门离陵中心要近二分之一，诚然为地势限制所致。门址附近花砖甚多，何正璜挑了两块完整者不忍离弃，却又太重。正犹豫间，一脚夫过来说愿帮她拿一块，何正璜就自抱一块前行，众人皆笑其“背着石头下山”。王子云最能理解她对古遗物的痴迷，走过来接过她怀中的花砖，继续前行。

考察团到达章陵前，见石刻行列多数已倒毁，完整者仅有翼马二、鸵鸟一及翁仲四。何正璜等鉴赏后，认为翼马刻工次于元陵而优于简陵，比例适当。鸵鸟结构优美。众人旋即登陵之所在天乳山山顶，遥望北门阙址仅存尺许小堆。有石狮一对、石马三对，均已半陷地下，仅有头背可见。其行列位置同元陵。复由此下陵，经毕沅所立章陵碑再至陵前步量各石刻距离。

28 日晨 5 时起，天又小雨，趁早饭未成之暇，将昨日在元陵所拾得之花砖数种施以拓印。参阅县志关于章陵记载仅有下列两则，宋敏求《长安志》曰：“章陵在富平县西二十里永门乡洪波村天乳山，封内四十五里，下宫去陵三里，陪葬杨贵妃。”《唐书·武宗本纪》有：“开成五年八月壬戌葬元圣昭献孝皇帝于章陵。”

饭毕，一部分人赶赴章陵，做拓印鸵鸟工作，何正璜等三人由领队带领去距此五里外之依山寺探访。因据《富平县志》记载，檀山之北有檀山寺，内碑碣甚多，其著名者有三：一为檀山安众寺碑记宋景祐建袖诵莲经文泰述并书额。二为金李郡太夫人墓志大金大正二年立张天鉴楷书。三为唐五郎洞碑，在檀山寺后，洞内碑记

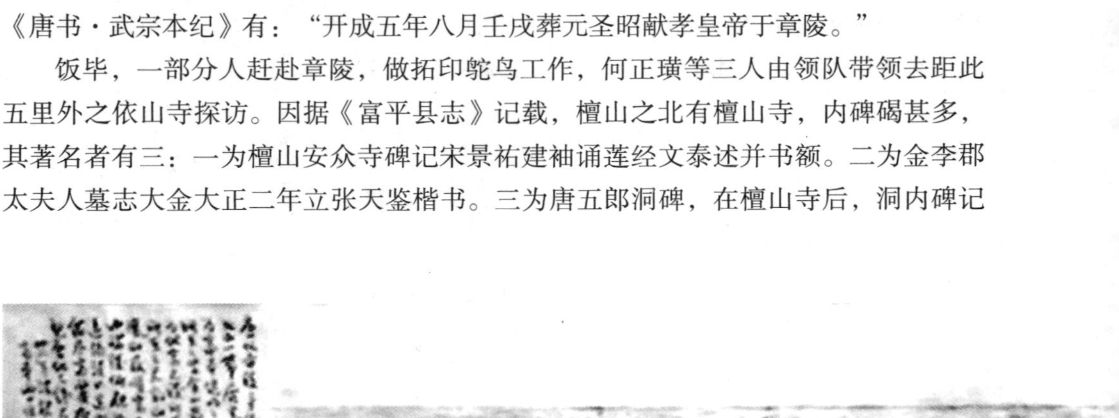

懿宗第五子。此依山寺位于元陵檀山之北，疑为檀山寺之误。至者始知确非檀山寺，而为明代建之依山寺，山名清凉山。寺中现遗有明万历及嘉靖碑各一，并有正德年所建灯台石础一，其余佛像均为新修。寺在檀山北之高山坡，群山合抱，气势甚佳。

去依山寺系由村人代觅一老者为向导。老者对唐陵津津乐道，讲富平县境之唐五陵，远近人士莫不闻名。由此足证唐代陵墓之著称，虽系村民，亦尽能知之。何正璜三人由依山寺返西陵堡，小雨仍在继续，及赶至章陵前，见雨中拓印无法进行，且此间距西陵堡住处过远，往返工作殊为不便，众人当即决定即日转往五里外之定陵，拟候天晴再由定陵转来补充工作，遂差人至西陵堡取行李，并托甲长代雇毛驴两头负载行李等物件冒雨出发。由章陵至定陵须先转往大樊乡，然后再由乡公所介绍前往。由章陵去大樊乡计约十里，比由章陵去定陵远一些。一路风雨交加，又系东南迎头风，行走至为吃力，且因气候骤冷，致人多手躯冻僵而失去知觉。七里处有座宫里桥，桥甚长，系天然土桥，下临十余丈之深沟，陡险可畏。过桥，见一大冢外有墙垣，知为北周文帝成陵所在。宫里桥有居民十余家，且有小铺数家。余等过此因气候过寒，不得已在小茶店中喝开水取暖，唯一小壶竟索价十二元。

据富平县志载，北周文帝成陵在县境凤凰山。《南通志》曰："宋太祖建庙于陵前。"《周书·文帝本纪》曰："太祖文皇帝于魏恭帝三年十月甲申冬葬于成陵。"《文帝列传》曰："文帝元皇后魏泰帝三年十二月合葬成陵。"成陵墓冢系尖圆锥形，较咸阳塬上之汉陵为低，然十数里外即可见，附近小冢甚多。陵前有毕沅所立巨碑书"北周文帝成陵"，另有宋碑一，即宋太祖所立，碑额古雅，格式别致，有螭龙形式而未刻出。碑额书"大宋新修后周太祖文皇帝庙碑铭"，碑宽约 0.12 米，厚约 0.25 米，下半已没入土中，现高出地面者约 4 米。

本图为陕西富平县境内之唐五陵全景图，长 2.83 米，宽 0.3 米，王子云绘。
此写生图由懿宗简陵所在之紫金山最高处南望，自右而左为代宗之陵所在之檀山、文宗章陵所在之天乳山、中宗定陵所在之凤凰山及顺宗丰陵所在之金瓮山。诸陵俯视关中平原，沃野千里，远望渭水，遥望终南，山水合抱，气势雄壮，充分表现唐代的伟大气魄。王子云尚绘有《唐十八陵全景图》，长 6.21 米，高 0.15 米，尽管是作者在繁忙的考察中匆匆而就，但作品还是充分地表现出了大唐的雄伟精神。

午后5时抵大樊，雨已停止。乡公所在村外，到后由副乡长朱君接待。中心学校地甚宽广，且系新建，即住于该处。何正璜躺在炕上，长长出了一口气，两日疲劳顿觉安适。大樊乡公所及中心学校校舍系旧庙改建，建筑经过，系由全乡筹款公建，一切物质人力均由各保甲抓派，并拆用全乡庙宇数十所，其所消费之材料甚为可观。陕西素有毁庙兴学之风，此于保存固有文物遗迹实有莫大妨碍。

17. 考察武宗端陵

武宗端陵在三原县境。1942年10月初，考察团在三原考察完高祖献陵后，因陕西省将于12月举办西北文物展览，遂返回西安做了些参展准备工作，至10月24日，一行六人又由西安搭火车直来独李村，拟仍借住大程镇，继续三原县境内其他唐陵之踏勘工作。考察团一行抵达端陵前，见陵之地域比献陵为大，而坟墓则小一半，且系圆锥形，唯陵垣之四门及角楼基址甚明显高大，故全陵陵垣布置颇易看出。自

端陵神道东侧之石刻

此次出发以来踏勘唐陵十余，因均系山陵，且四门及垣迹多已湮没，献陵虽在平原，但四门基址均已没灭，因此，对于唐陵陵垣及四门门基之位置，直到看过端陵始得完全明了，此不能不说是考察唐陵以来的最大收获。

端陵石刻因系晚唐，其雕刻程度与景、光诸陵相类似，石翁仲形体亦小，且石刻数量及排列距离均比其他山陵为小，此或因限于塬上面积地位不得不如此耳。又陵前亦冲为深沟，故石刻多半倒损，且将有完全没灭之危险。何正璜赶紧详细记石刻存没情形如下：

1. 华表一对，东立西没，没者仅见棱角存者，座宽 1.6 米，柱高 5 米，刻大蔓草花纹，现有两面可见。

2. 飞马一对均倒地，西侧已没入地下。

3. 鸵鸟一对，均倒仆无从见。

4. 石马三对，均倒毁，且与鸵鸟、飞马等堆积一处，间有御马卫士体躯二尚可见，马身高 1.4 米，长 1.8 米。

5. 石翁仲六对，东侧立者四，西侧立者一，余多埋入地下，四面均有狮纹线刻，石翁仲连座高 3 米，式小而劣，如景、泰诸陵。

6. 内阙门及朱雀门基址一如他陵，朱雀门基每边长 14 米。

7. 在朱雀门外遗有石座五，类似番王像座石，唯类新石或系早入地下，今始出土者，座之一面刻粗线花纹。

8. 朱雀门内石狮一对，均完存，狮高连上座 1.6 米，雕刻粗劣无足观，东侧闭口鬈毛，西侧张口长毛。

9. 陵前有毕沅碑，碑楼顶已塌毁。

10. 陵呈圆锥形，唯底基仍为方矩形如献陵，其平面呈回形，立面呈三角形。

午后继续端陵石刻踏勘工作，因塬上村庄甚少，附近无可借住，当晚仍返大程镇，故踏勘工作遂致中止。

26 日晨一行人再次来到端陵，进行陵垣四门测量工作，见端陵北陵门除阙门基址及石狮之外有石马两对，半数倒损。在狮之背后有陵门基址，王子云指挥拉尺丈量，何正璜记录：基址长 20 米，中开三门，门宽 2.9 米，每门有门枕石两块并列，石长 1.3 米，宽 0.7 米，厚 0.4 米。附近砖瓦片甚多，显然为原有之陵垣门址，此为他陵所未见者。

端陵东西陵门门址石狮及阙门基均可见，其两阙门相距约 40 米，而北陵门西阙相距 64 米，南陵门（朱雀门）两基相距 90 米，故四门地位面积均不相同，此因南北两门之外有石刻行列，故规模特别大。

18. 考察懿宗简陵

唐懿宗简陵在富平县西北约三十五里紫金山上，是与西京筹委会联合考察唐陵的第一站，由西安出发的时间是 1943 年 9 月 18 日，不意正逢关中雨季，联合考察团一行被困深山达半月之久。天一晴，即由西京筹委会夏子欣领队赴简陵。路上先经镇东七里之董家庄，访本地耆宿张扶万氏，因何正璜曾闻他知道有关唐陵考证之文字记载，拟借来一阅。至则彼正病危无从得见，深以为憾。返镇后，由乡公所代雇推车两辆运行李工具等，径赴简陵。出镇二里，过永昌堡，越火车道北行，见道旁有灰土层并绳纹陶器瓦片甚多，疑为史前遗物及居所遗址。再进即走上山坡，十里抵陵怀堡，即简陵所在处。将行李安置于该堡新建之小学中，找到甲长商定住食办法，并请先为预备晚饭。陵怀堡属今之信正乡第八保，内仅居民五六家，皆胡姓，乃陕西已故军人胡景翼氏之故乡。简陵即在堡外东北二里之山坡上。

饭后，因时间尚早，即登山探访。山名紫金山，陵墓系就山前圆形山丘筑成，山脚左右合抱形似虎踞，故有虎头山之称。登临其上，可眺览陵前十数里外，石川河横贯山前，背山面水，形势极佳。陵后山势较高，陵垣之玄武门址居其上，以有石马存在，故俗称为石马岭。登临该处，可俯视简陵全部结构。整个陵垣呈一四方形，东西南北四门，各距五里。四门之外，尚有角楼四，相

王子云与拓工在唐陵前槌拓鞍马

距亦各五里，现基址均犹存在。该地居民俗称为四大四小。东西两门仅石狮及阙门门址各一对，北门南门各有石马两列，尤以南门（朱雀门）石兽为多。

20日起拟开始简陵踏勘测绘之工作。天未明，即风雨交加，致已经计划之工作日程不得不告停顿。且大雨整日不止，何正璜事前借得《富平县志》，聊可消磨时间。其中关于简陵文献仅有下列两则，《唐书·僖宗本纪》曰：“乾符元年二月甲午葬昭圣恭惠孝皇帝于简陵。”宋《长安志》曰：“陵在县西北四十里紫金山，封内四十里，下宫去陵七里。”

关于富平县境内之五唐陵（即中宗定陵、代宗元陵、顺宗丰陵、文宗章陵及懿宗简陵），本地人概名为唐五陵，并以“章元丰定简”呼之。据县志载，五陵均于清乾隆四十年（1775年）奉文诏募陵工筑墙防护。

21日，两日连雨，午后1时方告小停，因风势转变，有放晴之象，同人苦闷之余，均不觉喜形于色。午后2时，乃携测工直上简陵最高处之石马岭，历尽泥泞，跋涉艰苦。经陵垣之西南角楼及西门遗址，在角楼处发现有唐瓦片甚多，且有朱色彩绘者。其楼基地已被农耕平去过半，将被湮没。西门门阙土基及石狮一对均尚存在。石狮位于门阙内约19米处，两狮相距14米，外向蹲踞于双层石座上，唯石座已半没地下。高约2米，长亦如之。胸下前足部宽约1米，雕工颇粗劣，且全体比例不相称，显示唐代艺术之末期风格。二阙门土基每边约27米，高仅及半，下方上圆，呈钝圆锥形，两基相距约62米。

由西门继续登山，曲折约二里许，而抵陵之北门（玄武门），即石马岭所在。其阙门土基较西门为高，版筑层犹历历可数，现呈锐圆锥形。两基相距约52米，其四边亦多已被农人耕去，以致每边仅尚有15米。阙门内列有石虎一对、石马三对、石狮一对。虎狮均向外立，马则对立。马之右侧均有御马者，作卫士胡服装束。其衣饰冠带，俨然与敦煌佛画所见之唐武士不约而同。雕刻作风，石马及石虎较好，石狮则与西门所见者同为矮肥不合比例。唯足部筋肉仍能表现出唐代雕刻特有之力量。各石刻大小：石虎高约1米，石狮高约2米，石马头部高1.5米，身长亦如之，尾部高1米，均不过石座之二层，其高宽尺度与马之体积比例适称。

石虎立于右者已损坏，且离座已二三尺。马则右边者二立一倒，左边则全倒。御马武士已全数倒损，断头缺臂，离开原来地位甚远，行将全部埋没地下，极应设法收集，庶免此古代石刻从此无形湮灭。在石狮后部约5米处遗有石门枕一对，长仅1米许，似非唐物。

石马岭地属耀县境，唯该地农民皆系耕种简陵地，故完粮仍归富平。北门左边仅有居民十数家，多窑居，景况殊为贫苦。

22日为在简陵正式开始工作之第一日。早饭后测绘拓印人员分别出发，余等再

简陵朱雀门外之石雕

登石马岭从事石马之拓印，因石马体积巨大，且岭上不时有风，以致工作殊感困难。幸赖同行多人共同协作，结果拓得石马左右两面之拓片各一幅。虽所得成绩不多，然已费去整日时间，午后4时始相继下岭，多越岭绕道过陵前，看新掘出之鸵鸟石刻，此系昨晚嘱该堡甲长代为雇工发掘者。此石刻已中断，仅余下部，全部形体已不可辨，仍嘱工妥为掩埋，以免被村童损毁。天时尚早，乃利用此多余时间详查简陵前石刻位置及存在情形。简陵前门有阙门四，分内外两层。外层离陵约三里，其基址亦为圆锥形，且有版筑痕迹可见。在外阙门内80米处，有石刻东西对列，今仅西边尚散立成列。首为翼马，次为鸵鸟（即朱雀鸟），再次为石马三，再次为石人三。各石刻体积比例以翼马为最大，胸前两边均有翅做飞展状，或系六朝陵墓前之天禄辟邪演变而来，其体积几高出真马一倍以上，唯刻工粗拙，疑属晚唐作品，其他石马石人亦拙陋不合比例。其各石刻间隔距离为：翼马鸵鸟间相距10米，鸵鸟石马间相距27米，其间疑原有他种石刻，今已倒毁不见者。因三马之间亦各距10米，石马与第一石人翁仲之间相距16米，第一石人与第二石人之间相距30米，第二石人与第三石人之间相距43米，疑其间原来应有多数石人存在，为今所不能见。而东边之一列除最前之翼马已倒地破损外，其余均因山洪冲流已一无所存。由西列第三石人至内阙门门基，相距约 40 米，其间在 25 米处遗有石座两个并列，其大小与石人座相等，唯石人已不知去向。内门基址内 24 米处有石狮一外向，由其位置推测当原为一对。由石狮再进二百余步即为毕沅所立石碑，中刻“唐懿宗简陵”五字。碑之左右有小字两行，上行为“赐进士及第兵部侍郎兼副都御使陕西巡抚毕沅敦书”，下行为“大清乾隆岁次丙申孟秋知富平县吴□□立石”。原碑三分之二已陷入土中，在此附近遗有建筑物之基石数块及多数碎砖烂瓦，疑即为献殿遗址所在。

24 日完成简陵工作，拟即转往离此七里之代宗元陵，唯因在该地之住所尚未接洽，因此仍须折返至庄里镇，请示乡长派人导往。时风雨交加，冒雨出发，由陵怀堡南行约五里，雨稍停，中途忽见两巨冢并列，趋前端视，由子午线测定，始发现此乃简陵最外之阙门遗址。两门基较陵前所有者为高大，底基四周每边约 21 米，呈钝圆锥形，两基相距 175 米。附近唐代砖瓦残片特多，拾得纹样不同之残砖四种，王子云于此绘速写简陵远景一幅。由此门基遥望简陵，颇觉形势雄伟，因感前人心胸气魄之宏大，实为今人所难及。

第九章　西安考察之五
——西安郊县探古

西安近郊各县，在人们的观念中是西安的一部分，包含在“大西安”这个概念当中。这些县和西安一样，文物荟萃，满地是宝。任你踏上任何一处土地，那里都有说不尽的掌故，任你看见的任何一堆黄土，那底下就埋藏着需要述说半天的人物。考察团存在的五年当中，以西安为大本营，出出进进、来来往往，在大项目考察间隙，对西安各郊县的考察也是力尽所能，而且收获颇丰。

1. 咸阳访古

咸阳离西安很近，乘陇海路车西行，经三桥驿即到。咸阳最初给人的印象，就是一座秀丽的古式城楼，凭渭水而耸立。虽然渭水金黄，不能现出城楼的倒影，但是在水少的北方，这已经是很值得赞赏的了，何况水上还有桥，水中还有船，水边还有杨柳，简直说得上十分妩媚。

何正璜随考察团在考察汉陵、唐陵期间，曾抽四天时间和两个同人到咸阳考察，事后写了《咸阳访古》游记，详细记述了她在咸阳考察所得：

咸阳，在两千多年前，曾经是东亚最繁华的都城，从秦孝公至始皇、胡亥，都以此为首府，尤其在始皇并吞六国之后，徙天下高贵富豪十二万户于此，使咸阳平地跃成为一个豪丽的都会，造成了咸阳的黄金时代。

和伦敦之跨越泰晤士河、巴黎之跨越塞纳河上一样，咸阳也跨越在滔滔的渭河上，金黄的渭水、飞檐的城楼，每当夕阳西下时诗与画所交织的晚景，使这安详的古城充溢着神秘古朴的情调。

咸阳桥，非同凡桥，虽也经历代的修补，但它的位置仍是唐时咸阳桥的故址，今称西渭桥，一名咸阳桥。著名的杜甫诗“车辚辚，马萧萧，行人弓箭各在腰。爷娘妻子走相送，尘埃不见咸阳桥”，即指此。唐代多事西域，役者皆以出阳关为言，在告别帝都长安后，亲友多远送至咸阳（当时称为渭城），王维诗“渭城朝雨浥轻尘，客舍青青柳色新。劝君更尽一杯酒，西出阳关无故人”，亦是咏的此桥。岸边桥头净是杨柳，送行人于此置酒折柳，以饯远人，自来称为销魂桥。唐太宗初即位，突厥入寇，进至此桥之北，太宗以万骑径诣渭水上，隔水凭桥，与颉利定盟，那气概真够英迈的。但不幸在一百三十年后，唐玄宗天宝之乱，安禄山陷潼关，玄宗携贵妃等黎明出延秋门西奔，亦是过的此桥。立在这朽桥废址边，想到曾在这桥上发生过的一些往事，不管是英武或是凄凉，我们目送滔滔渭水，只觉得有无限的苍茫。

“咸阳古渡”的船更是非同凡船。虽然是一只大的粗木摆渡，虽然前后皆方，形容笨重，可是它的悠久而光荣的历史，是无可比拟的。从周朝一直到今天，它一直在这一个固定的航线上来回，破旧之后的承袭者，仍是一样的尺寸形式，沿传至今，成了关中八景之一的“咸阳古渡”。《县志》载：“古渡通陇通蜀，过客众多，窾坎之声，彻夜不息，为秦中第一渡。”你站在船头上，看着笨重的桨，打着黄浊的水，也许不感兴趣，但是你再想想，当埃及人在尼罗河上画点描线的时候，这渡船即以这种敦厚的姿态，在这儿开始来去，一直到今天，也被载在它上面，和几声道地的秦腔，一同渡过渭河，你一定会满意地笑了。

咸阳古渡为关中八景之一，在咸阳南门外渭水河岸，自古至今往来渡船不绝，摄于 1956 年

姜太公墓在咸阳北十六里，墓前有清毕沅题碑，摄于 1947 年

何正璜一行三人过渭河，抵岸即为咸阳。城很小，街上很安静，但市面并不萧条，一切像是西安的缩影，于是便投宿新昌旅社中。

由县教育科长引导，首至民教馆，原址为凤凰台，内藏古物颇多，佳制亦多，但因堆积无序，灰尘厚积，令人不起好感。其中有一从汉墓掘出的瓦棺，却是罕见的珍品，四面各有不同的浮雕，两侧是一龙一朱雀，两端是一虎头一虎负猴，手法是那么的活泼遒劲，令人对汉代遗作产生极深的钦佩。

大厅两壁山墙上，有明代泥塑，大约系佛教的故事，有亭台，有树木，有云和水。

在这些里面，又错落掺杂着四五十个人，面貌动作都不同，看样是罗汉，衣褶飘举，虽是匠人制作，倒真鬼斧神工。

继至地方法院，原是安国寺故址。殿外廊下，有唐代寂照和尚碑。此碑在金石中颇有地位，为唐代名碑之一，乃无可和尚所书，碑极完整，无一毫毁损，字画清晰如新刻，字体秀劲可爱，碑头也精致美丽。碑下石座，色式均显与碑身不合，应系故宫大殿之柱础，上有线刻二人弄乐器，及一半裸舞女，刻作俱佳，不可多见，辨其作风，当为北周之物。

殿前有联禅，意颇佳："佛教幽玄，犹如云挂山头，行到山头云更远；禅宗奥妙，恰似月浮水面，拨开水面月还深。"

出安国寺，天已黄昏，饭后在渭水之湄向西南闲步。过渭水南岸经一荒草乱石的岸边，导游者告此即钓鱼台，乃姜子牙在此垂钓而得遇文王处，并指点一石上的凹痕，说是姜太公跪此钓鱼时的膝印。大家都笑了。不过，这一带的渭水边，本是周人生活的范围，相遇于此河滨，倾心高谈，那情形真是太美好了。太公不拿名刺及介绍信去求见于辕下，不托人拿金条礼物走太姒的内线，而默默地垂钓在这草丛河边，更好的是文王不以西伯骄尊，竟肯闲步到此，竟肯和一个老渔夫攀谈起来，竟肯只顾爱才求贤，不问派系就重用了陌生人，这真是上古的事情。他们望着一如古昔的蓝天黄水，久久肃然无语。

新月已上，心身交疲，漫步缓归，一宿无话。

次日，何正璜一行决定先到古咸阳城一游。城在今县治东北约二十里，今复名渭城，由教育科员引导，乘小驴前去。

十里，有地名杜邮亭，即秦代大将白起伏剑处，在此徘徊颇久。再前进约二里，有唐代望贤宫遗址。唐玄宗由蜀返京，肃宗奉迎于此。今日宫址自是全毁，荒凉一片，想明皇一代英主，遭蒙尘之辱，痛宠妃之死，回銮到此时，其心情也就与今日的景色相去不多了。

由此再向东北行，不远处又有秦代望夷宫遗址。宫为始皇所建，用以望北夷，据说原建高有五十丈，本是始皇的得意之作，不料后来赵高使阎乐即弑二世于此宫内，是又一幕悲剧舞台。

附近，有正阳洞，传说是汉钟离修道之处，因不顺路未去，但如此胜地，对远望中的一树一石，也觉得有些仙风道骨了。

抵渭城，有如汉故长安城，唯较为热闹，有集镇可食息，滨于渭水处适有砍倒的大树甚多，秋阳可爱，因系小驴于石，大家坐在横倒的树上，吃着咸阳的名产"琥珀糖"。

临渭河，是蜿蜒三十余里的土坡，这实在是地球上最豪华的土地之一，谁也难以想象这些黄土上曾经有过怎样华丽的场面。这三十里范围中，有秦时统为咸阳宫的宫址，始皇初破六国，统一天下，即令人仿各国原有宫殿，一座一座地列筑于咸阳北坡上，各充以该国原有之特珍，即宫女亦按籍分配，是吴，是楚，是燕，是齐，都各个保持原有的地方性，而又聚集在一起，于是天下的精华灵秀、奇宝异珍都集中在这三十里之内，这就是杜牧误为阿房宫的实体。《阿房宫赋》上所叙的奢丽繁华，实在都只是咸阳宫的内幕。

可惜的是楚霸王项羽进入咸阳，杀秦子婴后复燔焚咸阳宫，据云大火三月不灭，于是一切智慧及物力总结晶的建筑与工艺，都一时成了灰烬，一代精英豪华，即成焦土。两千载漫漫岁月逝后的今日，若还想在这断续起伏的北坡土塬上，寻觅当年秦宫的豪华，实在是一件伤心的滑稽事。

渭水幽咽地流过土坡，日光在水波上闪闪地跳成金线，他们迷惑在无边无涯的想象中，终于互相失笑了，琥珀糖在哀吊的情绪中失了甜味，大家不自觉地向渭水投入了一声沉重的叹息。

第三天，8时出发，大家在街上吃饸饹作早点后，即雇人力车三辆，由县督学二人乘自行车引导，出咸阳门，直趋郊北之咸阳塬。

咸阳塬一名毕塬，亦名毕陌，东西绵亘二百里，南北十数里，无山川陂湖，独成一片高原地带。“原”之定义，南北人是异意的，他们以前总以为“原”乃平坦之地，到陕西以后，才知秦地地势特别，平地上忽绵亘一片高原，塬的面积非常大，在塬上也觉平坦宽阔，但在平地上看塬则是一带山冈，考《尔雅》谓“广平曰原”，塬上皆有民田，故诗有“周原朊朊，堇荼如饴”文句。《西都赋》曰“提封万里，疆埸绮分，沟塍刻楼，‘原’堤龙鳞”，可见“原”在中国古代是很被重视的。尤其是这最名贵的咸阳塬，简直就是周汉两代的家茔，不仅仅是帝后等“陛下级”或“殿下级”的埋葬地，同时也是二朝中名臣大将贵戚名流等的归骨之所。平时在他处有一座周陵，有一座汉墓，便成了一个古迹，而这咫尺在望的塬上呢，竟有将周汉两代主要陵墓一网打尽之势，使人有到过此处后，对一两个古墓大有“曾经沧海难为水”的感觉。

在塬下下车，慢步爬上塬边，人力车也被推到塬上，以备乘用。

登塬一望，大陵小墓，成百成千地遍布塬上，直如大海星罗，参差起伏，一望无涯，令人惊呆在严肃与缥缈里。

何正璜非常钦佩这些黄土的耐久性，两千余年的风霜雨露，它们竟仍旧这样整齐地屹立于此。守陵的十几万家豪族，早已沧桑几变，不余一人。飞檐画栋的享殿陵园，也皆毁失净尽，只剩下了遍地的花砖纹瓦。阳光在这里也如月光一样地含着诗意，将崇陵高墓的黑影，投射在那些破碎的砖瓦上，是怜惜还是讽刺，只有它自己知道。他们在此三分钟的“怔住”中终不成话，于是向前走。

第一座到达的是周成王陵，陵高约三丈，不甚整齐，陵前除毕沅所立巨碑外，有康熙来祭时的满文碑。旧日御道享殿的遗址已极模糊，御道上生满荒草，打碎的石块丢在道旁，微风吹拂着陵上的野草，一切显得非常荒芜，非常凄凉。

何正璜、王子云夫妇在周文王陵前

离成王陵不远的正东，有周康王陵，形式规模与成王陵相似，陵前也堆了几块清代的祭碑，蓬蒿齐胫，说明好久好久都没有人迹到过陵边了。

稍东北一陵，较周陵远为高大整齐，其形正方，正是汉昭帝的平陵。昭帝是武帝的幼子，武帝于晚年杀其母钩弋夫人而立之，全赖霍光辅政，在位数年即逝，死后又无子嗣，是汉代最无声无息的皇帝，但是陵的规模很好，修整雍容，颇称汉家风度。

何正璜在考察中于周穆王陵前，摄于1947年

由此向北，有周陵中学，接洽后入内，由该校训育主任引导参观校后之周文王陵及武王陵。此校本为周文王和周武王的祀祠旧址，有清初所修的享殿，现改为礼堂，里面供的文武王及周公的神位，堂上锦以黄缎，上绣龙纹。

出校门后，一冢当前，呈不规则之长方形，墓前有巨碑，上书“周文王陵”四字。墓后又有一冢，稍大，但不修整，则同前亦立巨碑，书“周武王陵”。武王陵前碑碣很多，但最早的仅有明洪武年的，其余乃明清二代帝王来祭时所立的小碑，汉满字均有。两陵气势皆平凡，式样也低芜，毫不能引起来人崇敬的情绪。开创宗周八百年天下的创业人，是埋在这样草率的土堆里，倒令何正璜颇为意外，仔细一想，真太浅薄，中国古代本不作兴厚葬，尧舜死后都尚不树不封，周代离上古不远，应是犹有俭约古风的。

周代是由渔猎时代蹈上农业时代的跳板，为封建制度的制造者，但是由渔猎时代遗留下来的自由任性快乐的生活态度，却并未被繁文缛节的礼教完全支配。最富感情的《诗经》，即是周代的产物，从那里面，他们感受到了生命的"光与热"。何正璜从小就喜欢那些朴素、坦白、直率、热情的语句，好像听见了一片原始风的歌声。

陵上草长，临风摇曳，校中某君捡折一草赠给何正璜，据说此草名"筮草"，乃文王陵上之特产。除文王陵上有此外，尚有曲阜孔子墓上亦生此草，草一茎九歧，卜筮时可用为蓍。她很喜欢这样的纪念，珍贵地将它藏下。

由此向东北不远，有周公墓，亦低芜失形，墓前有碑书"元圣周公之墓"。《史记·鲁世家》："周公在丰，病，将殁，曰：必葬我成周，以明吾不敢离成王。周公即卒，成王亦让，葬周公于毕，从文王，以明予小子不敢臣周公也。"《尚书》有"周公薨，成王葬于毕"，注曰："不敢臣周公，故使近文武之墓。"何正璜立在这小墓前很久，因为周公是她所知道的第一个古人名。那时她才五岁，大人们正在谈着鸡蛋，她觉得自己也能厕身相谈，后来越听越不懂，才知道那是一个人名，是"姬旦"。后来在中学时代，她又开始喜欢他辅助成王的那种行为，并且为此去学习《易经》，想不到今天会站在他的墓前，她确有很多说不出的感触。

反身向西、再向南约二里，由延陵上向正西眺望，隐约可见的许多巨陵，即是他们前次已去过的汉武帝茂陵及李夫人、霍去病、卫青、霍光等人之墓，前次已详细地游览过，今天更不必远去了。日已正中，三人拿出干粮及柿子，就在延陵上野餐起来，何正璜觉得烽火漫天，偷闲在这垒垒古陵群中闲逛闲坐，实在是难得，尤其能陪赵飞燕吃这一顿草率的野餐，更是别有风味。

餐后，未及休息，即乘上人力车，返向东行，拟去离此约二十五里的汉高祖长陵等处。

沿途穿墓过坟，回绕殊多，墓有大的、有小的、有方的、有圆的、有尖的、有长方的、有不成形的、有高如山丘的、有低于地平的、有丰碑屹立的、有破烂崩裂的、有巍然独耸的、有数墓相连的……可说是中国坟墓展览会，集坟墓之大成。但是这与其他各地的乱冢不同，它的内容有一个共同点，即都是"玉库"。千载前后，次第归骨于此的，莫非"贵人"。贵人们在人间享尽了高爵厚禄之后，尚携带了无数的金珠财宝进入地下。这群墓中除了一小部分是名士外，其余尽是帝王、皇后、妃嫔、公主、驸马、王子、公卿、宰相、大将等，真是"土下无白丁"。在这样冠盖云集的盛会中，这片土地真是豪富之至。他们为时间所限，匆匆乘车而过。车辆所经，尚能一瞥碑石，而在路线以外的，则不能一一拜访了。

下午3时余，始到达吕后陵下，乘车久久，致下车片刻始能举步，他们又立在一群极修整方正的汉陵前了。

迎面的是吕后陵，汉代各后均合葬各帝陵中，而吕后却另起一陵，规模格式毫不含糊，当日临葬时的哀荣，可以想见。虽然她也曾称制八年，但何正璜并不钦佩她，觉得她是不能和武则天并论的。

向东南走几十步，即是汉高祖的长陵，是有汉一代创业人刘邦的埋骨所在，是在咸阳塬上，也是任何土地上出现的第一座汉代的陵寝。

现在，长陵的修峨方整，确是仍旧，只是守陵的豪族万户，已是一人不见，且塬上无树而坟密，简直连樵牧亦绝，因此除了这几个远客外，竟是杳无一人。所谓的萧城，更是毫无遗留，秋风荒草中，能说明它们当年的豪华尊严的，仅有半蚀的丰碑耸立陵前而已。

附近巨墓至多，因前已考察过，一望便知有萧何墓、曹参墓、戚夫人墓、赵王如意墓、周勃墓、扬雄墓等。

向东望，约十里外，有高陵两座，是汉惠帝安陵和汉景帝阳陵。惠帝陵更远些，是所有汉陵中最东的一座，已近高陵县境，陵前不远即泾水入渭处了。

此外，记载上知确葬咸阳塬上而今已找不出确切位置的，尚有周共王、周宣王、秦惠文王、悼武王，大将白起、汉班婕妤、阶恭帝、唐丞相元稹、袁天罡等，各墓位置毫无根据，且蔓草没膝，实无法一一寻觅，即令就是近在咫尺，也无法得知了。

何正璜等站在高处，咸阳塬尽在眼底，丘陵起伏，绵绵不尽，可并不是画中的山！黄浪一片，茫茫无涯，可更不是画中的水！它们全是周、秦、汉、魏、隋、唐以来，帝后公卿将相们的坟。这片土地是荣幸的，每一小块黄土中，即埋葬了一个在史册上占了好几页的"人物"，包裹满了金玉、珠宝、史话、逸言、英雄和美人，人们在此，是更鼓励了"大丈夫固当如是也"的事业心，还是加深了"色即是空"的宗教感，则是各人的见仁见智了。

各代陵墓中，自是汉陵占特殊地位，不论其量之多，已包括了文宣二帝以外的九陵，即形式上，亦高如山丘，方整如新砌，峨峨杂群墓中，佼然独异。何正璜禁不住诵起"乐游原上清秋节，咸阳古道音尘绝。音尘绝，西风残照，汉家陵阙"之句，缥缈苍凉，韵有余哀。

日渐西移，荒陵岂能终夜，三人匆匆下陵，觅得已入睡的人力车夫招呼西返。

第四天是他们逗留在咸阳塬上的最后一天，晨7时，即起程专赴离此（渭城湾）二十余里之顺陵。

顺陵据《长安志》说是武则天的母亲杨氏之墓，谓武后追赠其母曰孝明皇后，墓号顺陵，但普遍传说又认为是武后之父的葬地，又有乃武后父母合葬之墓之说，不知

何正璜在唐顺陵观天禄，摄于 1944 年

究以何说为是，但意为武后为其亲所营的墓茔无疑。

近二十里，郊野中即可望见疏密不等地布立有许多巨大石刻，范围很广，两端相距约有一里。在各石刻围绕中，有尖形巨墓三座，一座居中为主，即顺陵。

顺陵位于平原上，离各代墓群而独立，四门遗址，虽已不存，而为当日陵门标志之门前巨大石刻，则非常完整地巍然耸立。东西北三面各有蹲式巨狮一对，南门（即朱雀门）则有立式狮一对，并在此立狮前的五丈远处，特有巨大之独角兽一对，相向而立。此独角兽约高两丈，为一整块青石刻成，首顶生一角，状颇怪特，考其渊源，当系由汉魏之天禄辟邪变化而来，刻工除雄伟惊人外，其精致亦在水平线上。他们在此下骑，步览各处。

四门上虽均有石狮，但形态只有两种，三人欣赏了南东二门上的蹲立四狮，深觉唐代艺术之精优，实非今日所能望及。手法是那么熟练，细而精美的鬈毛，流利而精致，但毫无损于整个结构的雄健。它们真是盛气凌人，骄傲而雄壮地吼向着来人，好像在说：“我们是唐朝的！”

顺陵并不高大，并且现在也并无碑碣，珍贵的顺陵残碑即是原在墓前的。按顺陵残碑，乃武三思撰文，唐睿宗丹书，嘉靖年间地震时倒地碎裂，后被无知村人用为修筑河岸，觅得之残块是碑石上所遗留的唯一笔迹。

相传为运顺陵石刻，渭河上曾辟渡口，今观石刻之精致与伟大，均驾唐帝诸陵之上，而且地势旷平，卓尔不群，可以想见武后当年的威盛的确不凡。

顺陵游完，三人结束了四日来的访古行程，今日须赶回咸阳城，且须搭夜车返回西安，故在顺陵耽搁了一小时之后，即匆匆起程南返。

一路上，回首望，北山高岗绵亘，尽是唐代帝后尊贵的陵寝。侧首四顾，周、秦、汉、魏各代帝王墓地，密如星棋。他们创造了历史，历史叙写了他们。历史不断地在延长，他们却安恬而永恒地长眠在这咫尺之间的一片土地里。他们所创造的帝业，千秋各有定论，而他们憩息的冥宫幽园，却曾有几人肯远来凭吊？断碣荒草，黄土而负，使何正璜几乎忘记了这里原来还是人间！

2. 美丽的临潼

1941 年底，何正璜与王子云等四人赴临潼考察。临潼在西安东约五十里处。

在西北，冬日旅行，并不是件快乐的事，但是他们想赶在“双十二”这一天到达骊山，所以 12 月 10 日便站在长安车站上，等待陇海路东行的绿钢皮的到来。

夜里 11 点，火车停在临潼驿站里，还有两三点微光，能勉强照着旅人各自寻得路途。夜风掠面如刃，令人不敢迟疑，冲着迎面的北风，直奔向离站最近的一家鸡毛小店要了两间房。

一个驼背老叟，用豆光小灯领何正璜夫妇进入一间小房，房中土炕上铺一块破席，另外一块木板一头钉在墙上，算是桌子，此外一无所有。老叟转身即走，并带走他的小灯，他俩被丢在冰冷陌生的土屋里，何正璜从包中寻出烛来燃着。窗外北风呼呼地响，烛焰也摇曳不定，她手僵不能解开行李。深夜了，多少人在甜梦中，谁知道冬夜的天空是这样的灰暗而沉重。

次晨起来，霜重赛雪，踏地嚓嚓有声，乌鸦三五，在霜地上徘徊，此外一片漫漫的郊野。可是回首一看，发现美丽绵亘的骊山如紫翠交嵌的锦屏，耸立在东南方，四人被这块瑰丽的山色所引诱，早早离开黑屋，决心冒着晨风立刻继续前行。

由车站到城中，据说是五里，一路全是煤渣大道，宽整平坦，两边时有挺直的白杨，树外是无尽的被浓霜盖着的田野。

半小时，抵临潼西门，城门小巧有趣。他们想先安好宿处再入城，所以人力车并未停下，车绕城墙而行。在城与路之间，弯弯地流着一渠清水，在重霜中毫无冻意，一定是流自温泉。这小水渠一直和城走着平行线，做成了这小小古城的护城河。沿途白桦和垂柳赖这温柔的灌溉，竟在枝头上保存着绿色的叶子，这是其他各处所见不到的。约半里，绕过南城门，向右转直对骊山，至此白桦更密，整行夹道，成群的白鹅，散步在路的两旁。迎面一座木牌坊，上书“在地阳春”四个大字，坊后一面国旗，被北风吹得平展地啪啪作响，勇敢明朗，对寒冷毫无怯意。不一会儿车已拉到华清池大门前，内中有中国旅行社办的温泉旅社，四人即下榻于此。

长生殿遗址，摄于1956年

在这里可以获得辛苦和寒冷的报酬了，也可以令人有到了陕西而不到临潼将是一种大遗憾的感觉。冬天在此几乎失掉了威风，池水清碧，粼粼地绕着掩映交错的亭台，水中还留着残断的荷枝，白鸭子们在里面活泼地追逐，这样的景色，对于他们真是很生疏了。在小桥上站了好一会儿，才跟着茶房走上转弯抹角的重阶，停在一间小房前，开开门，居然明窗净儿，室外闲散地长着绛色的野菊。他们刚从鸡毛小店来，立刻就满意了。

早餐后，即由华清宫边门沿小径上山。霜才化冻，小路崎岖泥泞，极难攀登，但是已有许多士兵越她而前，何正璜不愿贻笑彼等，努力登上。待得上至悬崖时，手已因攀折荆棘而刺破，鞋上的湿泥也已重有几斤了。

站在这里，虽然仅及全山之少半，但是已经可以望见临潼的小小城垣。城呈不规则的方形，县署文庙等建筑，都清晰地排在眼底，华清宫全址更近在足下，四郊的景物地势，也一一可指望着。

人言骊山幽僻处，尚遗有古代巨柱，据说是当日始皇建阿房宫时的骊山阁道废础，因其在深山之内，未能往睹。不过他们四人亲履渭河南北、骊麓前后，考察当日阿房宫的旧址遗痕，其范围之广大辽阔，实是令人难以置信的。

继续向上登攀，有一处浓林茂叶青苍特甚的地方，今名中山林，而在唐代时，此地乃是有名的长生殿。当日的长生殿，并非寝殿，乃是皇帝去朝元阁听政以前整沐之所，后妃所不能到的地方。而明皇因特宠贵妃，曾携贵妃两度莅此，一次是天宝四年（745年），玄宗幸骊山适逢贵妃生辰，特命大设宴乐于长生殿，恰好忠州递进荔枝，开笼香满一室，李龟年因作“荔枝香”之词曲以献，杜牧名句之“一骑红尘妃子笑，无人知是荔枝来”，即是咏此。再一次是天宝十年（751年）七月七日之夜，明皇于夜半时，休退侍卫于东西厢，凭贵妃肩而立，仰天密誓，当时各情，在《长恨歌》及一切外传中可见。何正璜说，当时连侍卫尚且休退，白香山老先生如何得与闻其誓呢？

今日长生殿的遗址，当然是毫无存留，他们也无法想象当日的豪华迤逦，只觉得若在此有一高台阔郭，于风清星密之夜，登临眺望，是非常适宜而有特殊风趣的，因为这是明皇贵妃艳事的舞台，不觉联想到不久前曾去吊临过的马嵬坡边的黄土孤坟，有一种说不出的感触。风吹林梢沙沙作响，似乎是当年环佩笑语的余声。

除长生殿外，在唐代，这附近百里之内，都是精致的离宫别苑、珠楼绣阁。现在虽然都已荡为烟雨，但尚可考其旧址，指其方位。

时间尚早，大家决定继续登山。约半小时，到达骊山第二峰上之老母殿，殿宇似甚古老，中居老道士，正殿内供骊山老母像，即传说中李筌受教黄帝阴符经之老母，白眉银发，微笑端坐，颇有慈和之感。

此处因较高，乃骊山西峰之巅，立于殿门前，可遥见渭水风帆，景色甚佳，并可望见骊山全景。骊山，绵亘五十里，山之本身，崇峻不及太华，绵亘不如终南，幽异不及太白，但为一皇旧居，娲圣所兴，又加周秦汉唐以来，多代游幸，经历朝刻意经营，骊山便跻身名山之列了，加之温泉出自山麓更非他山所能及。尤其在唐朝，骊山东西二峰下，遍植各种花卉，四季望之皆如锦绣，因名二峰为东西绣岭。锦绣之山岭上下，又布满金碧玲珑之宫馆楼院，遥想当日的盛况，真是骊山的黄金时代。

烽火台遗址，摄于1956年

从这里向西望，可以看见附近一个稍低的山头上，有一座寺宇，现名老君庙，因其内久已荒芜，不过那却正是唐时朝元阁的旧址。王建诗：“朝元阁上风初起，夜听霓裳玉露寒。宫女月中更替立，黄金梯滑并行难。”由此可以想到朝元阁当日的豪丽，现在虽然遗迹不存，可是还有一点儿前朝的风韵，即是白杨现仍浓茂，这和杜诗句中的“朝元阁上西风急，都入长杨作雨声”很相符合。不过秋夜风紧时，白杨的残叶，只好落在荒庙的尘土中，而不能落在黄金梯上了。

下山坡，走过山沟，又上更高的山坡，是为东绣岭。山峰绝顶上，有腐砖一堆，乱杂在黄土荒草中，这乃是有名的周幽王烽火台遗址。幽王宠褒姒，褒姒不好笑，王欲其笑，乃举烽火于骊山以戏诸侯，诸侯慌忙赶至而无寇，褒姒乃大笑。后来犬戎寇境，幽王再举烽火，诸侯以为戏，皆不引兵来救，幽王便被杀于骊山之下。她过去觉得是很有趣的故事，想不到今天竟亲临其址，实为意外。

冬季日短，不觉已是将近黄昏，即由烽火台东坡下山，沿山腰东南行，路既狭曲，又为荆棘乱石堆满，颇不好走。黄昏中到达石瓮寺，因寺前有石瓮谷，谷中有水，瀑激如飞泉，水击石臼，如瓮形，因以寺名。据说西壁谷下有玄宗题诗及王维山水画，现已遍觅不得。昔日寺僧于飞楼上，悬辘轳斜引修埂，长二百余尺以汲瓮泉，出红楼高树之梢，想那景象当颇有趣，可惜现在也不再有，仅仅剩得清泉，终年淙淙激涸而已。

由石瓮寺侧，择路下山，及抵旅社，已暮色深深，人也疲乏不堪了。

又一天，因昨日一天太疲倦，今晨起床后，即往温泉中入浴。温泉在旅社范围以内，由房中下石阶二重即到。汤室分四种：一为双人池；二为单人池，其地相当于昔日之御汤，是九五之尊的皇帝沐浴的地方；三为贵妃池，一名海棠汤，又名芙蓉汤，即当日太真“春寒赐浴华清池”的所在；四为长汤，乃昔日妃嫔宫娥共浴之处。前三种皆酌收浴费，第四种则令人自由沐浴。各地皆布置得雅洁舒适，泉水温凉适度，且温泉清澈，不带其他温泉所有的那种硫黄味，浴后能使皮肤滑腻轻松，更是别的温泉所不能及的。即不论其历史趣味，而只这本身所给予游人的嘉惠，也是使人对它非常留恋的。

此温泉最初被人建为沐浴之所，远在秦始皇时，当日砌石起宇名骊山汤。唐贞观十八年，重新营建宫殿，名温泉宫。天宝六年改名华清宫。据说当日的宫殿建筑以及内部温泉的设备，都是极其豪丽奢侈的，关于这地点及人物的事迹，在温庭筠长诗中，描写得很好很详细。

他们于午后起程，至离此地约有十四里之始皇陵。路上风大，逆风而进，一小时方抵达陵下，因陵之坡度甚缓，所以四人很快都登上陵顶。顶上广阔平坦，高朗可以远眺，唯风极大，衣发乱舞，不能久立，乃下。在陵的中段、有阶处小坐休息。

这就是历史上描写得峻苛可畏的秦始皇的葬地。他们现在所坐的这小山丘似的黄土中所埋葬的，乃是一代帝王的遗骨。

陵形似一自然之火山，四面弧度甚缓，顶微凹而远望修平，高约二十五丈，中部有整齐之阶段。陵基四方形，每方约千六百余尺，陵基外围有长方形之残垣遗址，想为当日之外院。若以外院周围估计，占地约万方以上。陵边以迄外院附近，瓦砾残片俯首可拾，堆积最多之处，几乎成一小丘，完整者甚少，而字纹花纹犹可于各残片中拼合，得以辨识。其花纹与汉代各陵上所见似无大异，以秦汉相去甚近，其纹饰同一风格，当属可能。唯遍行陵上，完整无隙，实在令人不信项羽曾以三十万人来发掘过的。陵前无一碑碣，即毕沅在历代各陵上皆立有之巨碑，亦付阙如，是毕沅不承认始皇是中国帝王之一，还是恶其为人而故意不立，实不可解！陵近骊山之麓，有细泉由山谷中流出，细草茂深，虽在冬日，牛羊仍得徜徉于陵之四周，享其盛馔，景色蔼然，似乎在这巨冢中，埋葬的并不是在史册上以刚戾骄奢峻苛著名的秦始皇。

日暮风紧，乃相率下陵，走向归途。沿途因拾取砖碎片过多，沉重不克速行。一路上晶莹透明的石块甚多，溪边更遍地皆是，因此地接近产玉的蓝田，或亦含有玉质，农人多以此类美石筑阡陌或短垣，闪闪发光，这样美丽而阔气的阡陌，倒也少见。

第三天起身较早，因为今天他们需要整天工夫，到离此二十里之新丰镇往返，并且要于当晚乘火车返回西安。

在草草早餐后，即乘骡车向县之东北行二十里抵一小镇，即古之新丰驿，今称新丰镇。镇上极热闹，远驾县城之上，市上最多的是韭黄，鲜嫩异于他处，是本地名产。

新丰古名骊邑，到西汉时，高祖定都栎阳，其父居宫不乐，乡思极深。高祖因在此处建一新县，衢巷栋宇、市井风物，悉同其故乡丰邑，并且移徙故乡友旧居之，名为新丰，太上皇才大为高兴。据说当日新丰与丰县相似之程度，是故人所带来的鸡犬都能自识其家门院篱，可见是完全一样的，这真是一件有趣的事，也只有昔日的帝王才能做此有趣的事了。

在唐朝，似乎新丰是一个很繁盛的地方，记得王维与白乐天常于诗中咏及。王维的《少年行》“新丰美酒斗十千，咸阳游侠多少年。相逢意气为君饮，系马高楼垂柳边”即是一个例子。在小茶店稍歇，即登上新丰南塬，塬临下河边，俗称“项王营”，实际上是一片荒丘，颇为荒凉。塬上有一小碑，上刻：“汉代名区，南原鸿门楚霸王宴高帝处。”这便是有名的古鸿门坂旧址，项羽驻兵四十万与沛公会饮于此，想象当日一个成功的皇帝和一个失败的英雄在此举杯的情景，营帐森严，剑光灿烁，与今日的衰草乱石相对照，实不胜今昔之感。

由此更五里，有幽王陵，位于戏水塬上。更十里，则有周代名臣扁鹊之墓。相反的方向约五十六里，有秦朝子婴墓，但皆荒芜不堪。

临潼因近长安，所以风俗等多半相同，不过细细访察，探问到几点有趣的，何正璜附记在自己的日记里：

立春之日，家家皆吃春饼，名为“咬春”，这个咬字，我觉得用得太可爱了，春而加之以咬，其情趣可知！其次，正月二十，户户人家都制一种极薄的面饼丢掷屋顶上，名为“补天”，据说是纪念女娲氏的遗风，这真是新颖的话。再就是妇女虽作浓妆，而首上必饰以白布，问其道理，乃因山名太白之故，这也真是想入非非了。

临潼，这天宝年以来的小古城，虽然他们在这里只耽搁了短短的四天，而竟历遍了周秦汉唐各代的遗迹，令人沉醉于明丽的山水之外，更沉醉于深深的历史趣味中。时代虽已改变，而骊山依旧瑰丽地耸立，温泉依旧清莹温柔地渗流，令来游的旅人得到在其他古迹中所得不到的实际赏惠。在战时，它是被丢在冷淡中，但相信将来这美丽的小古城，是会有一页灿烂的记载的。

到了车站，绿钢皮又停在站前，他们跳上，找到座位，从窗口中，紫翠交嵌的骊山，慢慢远逝在暮霭沉沉里。

3. 赴耀县考察

赴耀县时，候车无聊，何正璜取纸来画小贩速写，引起宪兵干涉，幸又来一长官，知为中央正式团体，所绘并非测绘乃人物速写，特允他们成行。车行特缓，因铁路初通仅近一个月，不敢速行。沿途乡民多出外观看火车，以为奇异，夜7时方抵耀县，车站尚未修好，入城之路亦未成路，乱石堆中行向城门。因地处陕北，检查特严。经至县府，李县长出来招待，并讲此县特殊情形，不时有冲突，处此境况中颇难办事云云。各旅馆已满，介绍至一西京小学暂住，校址宽大幽深，房间亦裱糊整白，乃知为历年祭黄帝陵之大员所居之处。他们一行人一身疲倦，即早早休息。

第二日早点后，由教育科段科长招待他们参观耀县碑林。现计收有碑石及造像共五十七种，尽为六朝时之石刻，字画及雕刻具有一种唐代即已失去之古倔率朴之趣味，其在纯艺术评价上似在西安碑林之上，可谓艺林之精华。有一小石棺上刻有极细之花纹，颇称精致，但恐乃六朝以后物。一坐佛凝神朴重，完全为希腊趣味。据说，此小碑林之来历，则称各碑原在城南广元寺内，十之有九湮没，山洪暴发，将碑暴露沙上，爱好者即分别收集。民国二十一年，保安大队队副雷天一氏，集各散于民间之碑尽收为公有，筑室以聚之于此，因成此林。现耀县仅有一胡姓者能拓碑，特令其来指点，嘱其即时拓出。

他们即前赴药王山，由唐姓督学随陪。出东门，名丰门，门外有一石人。据说远处尚有一铁牛，村人迷信，以之置此云可镇除水患。

唐督学，邑人，故对耀县各事极详。途中寂寞，因讲述耀县之八景。一为太玄古洞，洞在药王山，深三十余里。相传药王在山修炼时，一龙患病，化为老人前来求医。药王抚脉知其非人，令其变成原形，老人乃逝去，仍变一龙，由山崖中穿出，因成一巨长石洞。二为万佛神钟，乃实有一钟，但不知其年代，亦仅较常钟略大，唯声尚清越。俗谓此钟一响，则西安可闻。三为泥潭仙乐，地在城北郊处，有一泥潭，每日中午有小水泡由底上升，连串成珠，且隐隐有仙乐之声，但人声若响，则仙乐即停。四为傅宫晚照，

耀县小碑林一角

耀县药王山

传有一石臼地，在各傅宫之处，中有水清莹，不照近影，而能返照数十里外之情景。五为漆沮汇流。唐君回首遥指县城之南，果见漆沮二水滔滔合流于此。六为锦阳叠翠，亦在近处，离城不远，绿柳如雾，即得名之故。七为公冶古墓，乃公冶长之墓。八为宝鉴祥光。因耀县在西北处有山名宝鉴（上有石，丰年即可见石光耀无比，县以为名）。宋杨六郎征番时，遗刀于山上，时发祥光，远照十数里。所谓八景，多为迷信，殊为可笑。正说笑间，已抵药王山下，药王山一名北五台，以别于南五台而名，亦系五山对峙，顶平如台。东曰瑞应，南曰起云，西曰升仙，北曰显化，中曰齐天，有石桥曰通天。他们由此曲折而上，达一道观名白云宫，修洁高爽。众人上山消暑之后，得此小憩，如入仙境。据说，每年祭黄帝陵之中央大员皆招待于此，于右任院长也曾在此养病。但山上有一最大

药王山摩崖造像

缺陷，即缺水，除雨水外，滴泉俱无，全赖下山至县城边去挑河水，且河水每年例涸，其时取水各须至四五十里外求得。是以山景虽佳，而荒芜特甚，仅有一二处寺观，平常百姓均不居此。药王山之得名乃由药王。所谓药王，乃隋唐时之邑人，名孙思邈，因治愈皇后之危疾，封为药王，后即在此山修行，因名此山。现山上寺中尚刻有其所遗之海上仙方，刻诸石计十余块，人正在自行拓取，传极灵验，邑人自唐以来凡病皆唯此碑是赖。有一关帝庙内二壁有壁画，亦不见佳，时代甚近，只拍其一。

前往参观最负盛名之石窟，入内，见有石洞六，中可贯通，内盛坐立佛像共计二十余，多为半浮雕，圆腕美胸，式样极佳，衣褶飘带已至技艺纯练之度。然他们断定除一两尊朴倔者外，实为隋唐作品。有一两尊如西洋美女之写真者，当为盛唐时物。因各时代艺术表现风格各异，一目即可辨知。北魏欲成唐代之精丽固不可得，而唐代欲仿六朝之憨朴天真，亦绝不可得。佛像最大者立像高五尺，大坐像高八尺。考察团一行在此拍照甚多，拍毕又参观。

4. 赴黄帝陵祭始祖

1943 年清明节，考察团受陕西省政府邀请，派人参加祭奠黄帝陵活动。4 月 3 日，何正璜等三人按省府通知要求，下午 5 时到长安车站集合，和各界祭陵人员一道乘专列赴黄陵县。晚 7 时开车，第二日凌晨 3 时到耀县，换乘汽车，于晚间抵达黄陵县，夜宿县中心小学。第二天 4 时起床，5 时匆匆吃过早饭，所有祭陵人员开始登陵。

黄陵一名桥陵，因在桥山上之故，在陵前看，桥山并不高，只是一个高丘，沮水环流山下，呈一半圆，使山成了桥形，地势颇为特别。山后又有华盖山的三个高峰高耸，好像帝王用的华盖，俯冲着这桥山，而与沮水合抱成一圆形，就在此一半山一半水的圆形合围中，植有六万株苍翠参天的古柏。在这多古柏的丛绕正中，即是轩辕黄帝的陵地所在。高山与流水隔绝了外方，而使这十里方圆之地，自成一翠绿的岛。在陕北这样荒凉枯燥、黄沙漫天的地方，竟有这样幽森美丽的仙境。没有来过的人，有谁会知道中华民族的始祖就长眠在这一小块土地中！是因为埋了他，这地方才如此美丽的，还是这山水奇特的形势，原是为这伟大的人而生成的？进入此

何正璜、王子云在黄帝陵前

神圣肃穆之地，何正璜的心情非常沉重，一步步向陵前走近，她的感情充沛到极点，也严肃到了极点，待走近碑石时，热泪忍不住滴了下来。

来到民族始祖的墓前，何正璜俯念战乱无已，万方多难，继往维艰，开来不易，悲伤、惭愧，感动得不能自已。

绕墓一周，得见坟丘低小，较秦汉各陵之庞大修整，适成鲜明之对比。我国远古本主张葬地不树不封，黄帝墓因当时万民感戴又加历代培修，才有此小丘规模，也可见古代的质朴了。

墓前有一小亭，内置毕沅所立之巨碑，上刻“古轩辕黄帝桥陵”。碑后近陵处，新立一碑，刻“黄帝陵”三字。

天已大白，祭陵队伍也走上来了。主祭官和陪祭人员都佩戴了红黄各色的绫条，缓缓地引导着县中同来参加的学生、军队及民众们，都在陵前依次排列好，音乐队则在陵侧排立，亭上扎满白花，亭前摆了供案，案上陈设酒醴、果品、祭菜、杯箸、香炉、烛台及面制花供一副，案旁分置二花圈，上款同为“中华民族始祖黄帝灵鉴”。6 时 3 刻，仪式开始，全体肃立后，即由乐队奏哀乐，乐声飘曳在万株古柏间，袅袅环绕，复被高山送来衰微的回声，人皆肃立若塑，音乐在此已尽到它最大的使命了。接着全体向陵行三鞠躬，墓上黄草飒飒作响，一时情绪至为严肃。接着恭读祭文，读者音调不错，很能配合此时的气氛，再由主祭人献香、献帛、献酒，献毕又奏乐，于是礼成。由主祭人领导绕陵一周。

祭后，大家沿汽车路徒步行至半里外之黄帝庙，庙背山麓，临沮流，旧建已毁，此为省府新近所修。首为大门，过石道为公室，又过长甬道，为一券棚，再过一坡道，为月台，后即享殿，势颇轩敞，据云殿中昔祀黄帝像，风后、力牧（风后、力牧系黄帝的两个大臣）诸臣配享，现已失，仅供一黄帝而已。

庙中共有古柏十五株，真是黛色参天，又高又茂，它们所经过的兴衰沧桑，假若它们能说话，真应当是一言难尽。尤其是其中二株，更异同列，一株在大门内，干可十围，皮坚如铁，并不比别的高多少，只是特别茂，一大片地都被这一株巨柏遮满了。立在树下，抬头看，像在一片深绿的森林里，树下立一石碑，上刻“黄帝手植柏”五字。另一株在享殿前，与其他古柏也无甚差异，只是干皮皱裂，有如钉痕，树下也有一碑，题“挂甲柏”，旁注“汉武帝征朔方还挂甲于此”，不知武帝有何异甲，竟经一挂之后，树上即留下钉痕，经两千年曾不见愈，真是奇异。

第十章　甘青古道，悠悠驼铃之一
——青海行

敦煌千佛洞是考察团考察项目中的重中之重，因此，考察团在到达西安不久，即1940年3月，就派先遣队赴敦煌，考察团在西安的考察工作基本结束后，全团才移师甘肃省首府兰州。兰州成了考察团第二个落脚点。

考察团是中央的一个团体，任何一个地方大员对中央来的组织和个人均给予热情接待。考察团到达兰州后，甘肃省政府及该省教育厅、民政厅等都非常热情，安排在甘肃最高学府——甘肃学院内下榻。住下不久，即接到甘肃省政府主席谷正伦的请柬，邀请考察团全体成员到省府后花园、兰州有名的胜节园接受宴庆。陪同的有甘肃省教育厅厅长郑通和，民政厅厅长王艺圃，甘青宁三省监察使高一涵，中央研究院西北史地考察团劳干、石璋如等。虽在抗日时期，但宴请规格如同陕西一样，是相当高的。开宴前，谷主席致欢迎词，王子云致答谢词。从形式到内容，都是官样文章，自不必细说，但在宴席上却有意外收获——结识了民政厅厅长王艺圃。此人是一位美术爱好者，对考察团这样的艺术团体便赞赏有加，当场表示愿对考察团工作给予全力支持和帮助。宴会结束后，他又建议考察团在赴敦煌之前，先到青海塔尔寺看一看，那里的壁画非常值得一看，并说，他可以以谷主席的名义给青海省政府主席马步芳打电报介绍考察团。当时，青海省被西北大军阀马步芳、马步青兄弟控制，他们根本不买蒋介石的账，也不把任何中央团体放在眼里。因此考察团对青海的考察心中是没有底的。现在假如有了邻省政府主席的介绍，那就是另一回事了。所以，王子云当即决定，改变行程计划，先赴青海考察。

1. 青海行

去青海，是何正璜向往已久的事。偶然得到这样的好机会，当然不愿放过，虽然昨天她还在发疟疾，整整烧了一天。同伴们都劝她留在兰州休息，可是想去青海的心，胜过了疟疾，带了奎宁携上行李，和同事们一起出发了。考察团一行乘汽车，穿过黄河大桥，公路便越来越窄。又四十里抵河口镇，乃甘青、甘新两公路的分岔点，人和汽车很多，骡马也多，考察团一行人下车吃饭，坐在街边一条长凳上，吃完简单的臊子面和大饼，便又继续前行。

何正璜因身体不适，上车后便闭目小憩，等她睁开眼睛，黄河不知在什么时候也不见了。窗外流着一条碧绿的水，同伴说是大通河，水很急，两旁都是高山，公路相当狭。过一木桥，两端有省府马主席写的匾，上书“陇路通达”与“令居古塞”，此处为甘青二省交界地，桥东为甘肃，桥西即属青海，桥在两省之间。水在桥下像急注的美酒，又清又绿，此地名享堂峡。

过峡二里许，抵享堂镇，时方午后1时，本可继续前进，奈格于限制，车即停此。大家搬下行李，下榻于唯一的旅舍中。招待所为青海省府所设，要公干的人才能被允许住，但经住下，则不收一文钱，是名副其实的招待。

时间还早，何正璜虽头昏身倦，但还是挡不住好奇心，与同伴们到镇上游览去了。

镇上破烂荒凉，约有二百家住户，略有小店，说不上市面，不过有旧土司衙门，其土司即唐时平黄巢之乱的李克用的后裔。据村人说，自改土归流后已衰微，现其子孙连温饱也难得，颇有怨言。其家谱及历代画像均尚完存，可供阅览，但大家只是匆匆过此，对此勋业起家今又没落的家系，可惜没有时间多研究。

次日，5时起，继续登车成行。今日所经之路极为崎岖，与其说是公路行车，不如说是一匹老牛辗转滚爬在沟壑中比较恰当。大家已经分辨不出公路的路基了，汽车沉重地呻吟在一大片乱石堆里，也再看不见路旁标示里程的小碑石。司机为了这种路要多费汽油，在慎重之外又生了怨恨，叨叨咒骂不已。过此乱石堆后，又是接连不断的大陡坡，多半都是两旁很高，当中极低，而低处又正是一座很狭窄的小木桥，

青海省藏族寺庙塔尔寺，摄于 1944 年

汽车要从高坡上快快驰下，不偏不倚地通过小桥，更要接着冲上对面的高坡，在此一上一下中，许多汽车和旅客都曾被抛碎在这些深谷里。

一直经过的都是乱山重叠峭壁危崖，路面仅容一车，这里可说是青海通东面的咽喉。十里左右抵乐都，车停县城外，因来往汽车都在这里午餐，故甚热闹，并且柳树成行，小亭三四，颇足憩息，旅人们都在柳树下扑打着甘肃或青海的沙尘。

离此十八里有屈坛寺，为明代永乐太子出家处，因匆匆路过，考察团未能前去探访。

饭后司机因前途再无险路，面上也不觉解了冻。大家得到这种暗示，一路悬着的心才总算放下了。

路果然平坦了，上午的惊险像噩梦一样也过去了，车跑得很快，似乎在飞。将近西宁时，路旁有一大广场，场上远远地扎了五六十座白色的尖形营帐，许多戎装整齐的骑士，正在练习冲锋。天灰暗，风很大，一切显得十分严肃，大牙旗被风吹得啪啪乱响，马蹄掀起黄色的沙尘。司机说这是青海省在训练壮丁，后来知道那广场就是汉代大将赵充国屯兵湟中时练兵的地方，由今日这些骑士们的雄姿，可以想象到两千年前赵将军的劲旅和大汉的声威。希望今天这些关西的健儿，都是国家新的细胞、新的力量。

从此一路绿荫夹道，大树像受检阅的军队整齐均匀地排列在两旁，从树隙中又透出殷红的土山，景色相当悦目，如此直驰西宁城下。下车后派人去省府接洽，大家则在赵段长房中休息。

去省府接洽的同伴传言，省府请全体迁到昆仑大旅社去住，于是他们便搬了过去。昆仑旅社是全中式的华丽建筑，专备省府招待入境宾客，不得当局许可，绝对不可能入住，但能入住，宿膳各费又多半由当局招待。考察团住了大小三间房，房中都是明窗净几、绣幕绒褥。一时间上饭来，有很大一盆鸽蛋。后来每天都是如此，据说此地鸽子特别多。

西宁城的清洁朴素与安静，都是可称赞的，路面全铺黑色的碎石，没有一点儿灰尘，水沟很深，在西北更是少见，全市空气很清新，一种安详和恬的气息绕护着全城。

市上没有人力车，这是那时中国城市中罕见的，人们轻轻地走着，偶然有一辆自行车，也不乱用喇叭叫，很轻地溜过去。再就是很难看见一个女人，连普通北方常站在门首看街的大闺女和小店中坐镇的老板娘，在此竟全然不见。何正璜便是街上唯一的女人了，人们用一种不自然的眼光看她，使她感到很不是滋味。

抵青翌日，阴雨霏霏，寒气颇重，西宁本来较兰州温度低，一下雨更凉了。在城外冒着小雨，立在湟水之湄，别有风味。麦苗尚浅，想起“四月南风大麦黄”之句，南北的气候相差太远了。湟水发源于青海喀尔藏岭，过湟源县，在西宁与大通河合流，再入于黄河。在西宁城外的这一段，流得很急，远远就听见波涛的吼声，小雨点落在河面，像煮沸了的水。一些工人在忙着建一座桥，已搭好架子，很多长木料从上游被水冲下来，快得像一支箭，但是工人能够在急流中将它们一根根截住，并且熟练地排在河坝，以备搭桥之用，那种敏捷的动作，非常可爱。何正璜出神地站在那里看了半天，一身都淋湿了也未觉得。

下午赴马主席之宴，席间有青海省各界首长十余人，由马主席分别介绍后，按次入座。这是一个别致的宴席，何正璜平生第一次的回式宴会。

回教是禁烟酒的，所以席间没有汉式酒席的喧哗，餐具晶亮鉴人，式样也名贵美观，菜肴丰盛至极，也相当别致。一种菜的外表，就是一件艺术品，最后的手抓鸡及抓羊肉，尤为特具风格。鸡和羊的大块，不是筷子或叉子所能胜任的，于是就直接用手来抓，抓一大块到面前，再用小尖刀细细剜着吃，这原始的吃法，使他们想到了游牧民族的生活。饭间换了几次红茶，饭后又有一杯热奶茶，席上的点心及筷子以外的餐具都类似西餐的，可爱的小杯、小壶、小刀、小叉摆了一桌，一切清洁而又美丽。

2. 考察塔尔寺

到西宁的第二天，考察团一行到黄教圣地的喇嘛寺——塔尔寺去观光了。黎明时省府派常秘书做导游，雇马车三辆，6时半出发，经南峙道右直向南行，一路树苗密布，生气蓬勃，这便是青省十大中心工作之一的造林初步成绩。小雨初晴，空气清鲜，道旁小渠流水潺潺有声，景色颇不寂寞，路旁田间坐有一排排的农家少女，戴白布尖笠，上绣黑花，更将景色点缀得温柔可爱。行二十五里至唐马镇，又十五里至清水河，又三里至老幼堡。由此至鲁沙尔镇约七里，均行山峡中。马车旋坡而上，颇感疲乏，午后1时始达镇上，下车步行至半里外的塔尔寺招待处。事先省府已通知该镇特税局长吴君招待一切，又有寺中交际部门的二老爷前来照料。稍事休息，当即入餐室午餐，这是他们平生初次的藏餐，颇为特别。其菜半已汉化，只是饭全是青稞粉与酥油的混合物，何正璜、雷震他们几个南方人对此颇不习惯，不若回餐之令人怀念。

餐后特向二老爷询问寺中组织，承以半通的汉语答复各情形如下：

寺中总分经典与管理两大部门，经典部以主教（藏语名法台）、活佛（藏语名阿拉黑）及喇嘛（阿卡）为主，管理部门则以大僧官及所属大老爷、二老爷、三老爷为主。主教由活佛中选出，三年一任，为经典部最高权威，受寺内一切最高的尊敬与享受。其他活佛则各自分居，生计自理。该寺喇嘛现约有三千五百余人，均受寺规严格管理。大僧官则总裁寺内一切事务，大老爷掌内务，二老爷掌外务，三老爷掌钱粮，人有专责，各不紊乱。

谈毕，由二老爷引导各处参观，首往讲经堂。适值该寺每年旧历四月例，全体必诵经四日之第三日，走廊及正殿下满坐喇嘛，互凭长条矮桌对面席地而坐，桌上满置小铜碟，内盛净水，喇嘛手中各执藏文经一长页，每日由晨4时至晚4时共诵经七次，每次念毕散在院中休息，或作叩首礼，并更换净水。喇嘛身披红布，看去只见一院红色。他们进去时适逢休息已毕，开始诵经，喇嘛正各归原位，净水亦已换好，一时在大法台指挥之下齐声朗诵，声震屋瓦。何正璜细看那庄严的法台，着黄缎绣衣，样貌不过二十来岁，据阔台之上，以黄缎圆幔伞障屏其后，双手交叉满面冷气，大有凛然不可侵犯之势，称之为无冕的帝王实不为过。但喇嘛们则大有逊色，每人均稍觉佝偻，或系长年俯坐之故，污秽的红布长年缠在身上，与露在外面的细弱的右臂，均予人以身体不够健康之印象。这些以佛经为终身事业与唯一皈依的黄教僧徒们，他们的眼中，人生是怎样的呢？诵经声音洪亮，尤其是几个十一二岁的小喇嘛，在休息中天真活泼，如世上其他同年龄儿童，但法令一下，马上就坐在地上，低首诵经。

继登讲经堂楼上，堂高阔雄伟，隔成三间，右供宗喀巴塑像，中为天官像，左为释迦像，均系全身佛像，作风纯为西藏式，庄严生动，优美有力，加之座前燃点千余小酥油灯，供器复系巨大银制品，因此全成一片光影，璀璨富丽至极。

接着前去大金瓦寺，此乃塔尔寺之最精华部分（藏语名塞尔东杰母），该寺全部屋瓦均系镀金，辉煌闪目。殿外有旃檀树一株，砌有小石栏保护，据云系黄教创建人宗喀巴氏埋葬胞衣之处，因灵感上生此树，传言每片树叶上皆有宗喀巴坐像，何正璜好奇地窃取一片，但亦不见有何异状。

殿外有极光滑的木板几处，那是喇嘛及信士们叩头之所，大家初次看见这种費

塔尔寺内讲经堂僧侣们诵经，摄于1944年

力的叩式，才真正了解了什么叫五体投地。若在他处见此，还会以为是练柔软体操哩！姚继勋想一试其式，但伏倒板上后就再也爬不起来，像一只僵直的青蛙，大家都大笑了。板上因长年有人不断叩首，手足伸伏处尽成深槽，据说每年要换板一次，换时板槽已磨穿了。看着那些你起我落在板上不断叩首的人们，何正璜不禁想到若以此种毅力与恒心去做任何事，都会有惊人的成就吧！

殿内供宗喀巴巨像，此外满供尺余高的小金佛，尽属西藏式与印度式，长目细腰，姿态极为优美，据说都是信士们由各地来此朝礼时贡献的，数目约在五千尊以上，全为镀金。

殿前所供银器，式样繁多而别致，铸工极精细，大者为一人高，雪亮耀目。殿中除有数千小酥油灯繁如明星外，还有二巨灯高悬像前，全为珍珠穿成。在这一片辉煌中，香烟袅袅，淡淡地萦绕着这些金银珠玉的宝光。

殿后有藏经木柜，内藏有黄教主要经典二部，一名干吉尔，一名丹吉尔，据说是释迦牟尼亲撰，原版在西藏，为塔尔寺之寺宝。

转至大金瓦寺之大经堂，堂中巨柱林立，柱上满缠绣幔，有人物、野兽、龙纹等纹样，全堂约可容两千余人，为程度较高之喇嘛郑重诵经之所。室内光线阴晦深暗，巨柱的阴影交投地上，给人以神秘之感。

寺之内外廊下，均有一圆桶状物，中有轴，可以转动，藏语名“玛尼”，上写藏文之六音真言，据说凡转一次，即抵念经一遍，故转之者极多。

由梯登上屋顶，顶上平旷如屋顶花园，上面错落有几十个五六尺高的经幢，全为金质，铸工细致精美，金光四射。屋顶亦尽属金质，像这样数十方尺内全是黄金的地方，何正璜是见所未见，即是镀金，看样子也镀得相当厚。只此一层镀金，以今日的金价估计，也是一个惊人的数字。有人说塔尔寺整个财产足偿庚子赔款而有余，话虽不敢确信，但总观各处，其富庶实在是令人惊异的。

走下屋顶，参观大经堂左侧的大厨房，中置巨锅五口，据说每锅可容纳白米一

何正璜在塔尔寺留影，摄于1944年

石、牛肉八百斤同煮，每年开厨一次，供全寺食用。煮时将厨师以铁链系于柱上，为免落入锅中也。

何正璜在塔尔寺大活佛舍利塔下，摄于 1944 年

大经堂北有印经堂，为印刷藏文经典之所。离此约五百步为花寺（藏语名约特纳亭），中有宗喀巴之母负水休息之石，再左为小金瓦寺，又名大护法殿（藏语名藏肯桀母），内尽有虎豹野牛等活物之剥制标本，如入生物标本室，唯制作不艺术亦不科学，形态既不逼真，且有腥气。所供偶像亦均属恶神，丑陋可怖，据说乃表示护法神庄严之意。柱上均包有整张虎皮，殿后有凶恶可畏之木质面具甚多，乃每年正月与六月跳神时所用。总之，此寺内尽属凶形怪状之恶神之像，夜深一人来此，当能受惊成病。此寺屋顶，亦全为金质，但非平顶，不能上。

小金瓦寺前有白石僧塔八座，传为年羹尧平罗卜藏丹津之乱中参加叛乱之八大喇嘛的葬地。

至此，考察团一行人即返回招待处休息，晚餐后天已全黑。

第四天，大家由向导领着，登上铁山。在山上鸟瞰塔尔寺全景，旭日初升，白粉墙壁染上淡黄的阳光，配着黄金的屋顶，组成一片夺目的黄光。红衣喇嘛行其间，寺内传来清越的钟声，这绵亘五里的梵宫绣院，使人感觉到宗教有超人的魄力与圣穆。

早点后，由吴局长继续引导参观各地，首至一小活佛私邸中。该处整洁幽静，入门后有喇嘛出迎，告以来意，喇嘛即引小活佛出见，不料倒是个极可爱的孩子，圆头圆脸，大黑眼珠在长睫毛下流露出无限的活力与智慧。小小人儿也披着红布，捻着佛珠，天真大方地站在一群远来陌生的客人前，毫无拘泥不安之态。据说这小活佛今年十岁，生于青海一农家，六岁时老活佛逝世，由转生法选来此地，今已四年，由四位喇嘛每天教以经典大意。何正璜亲昵地问他话，他摇着头表示不懂，但答复所用的天真微笑，给予何正璜以极难忘的印象。

入其室内参观，卧室中很简单，有小桌、小椅、小床、小蒲团等，壁上并挂西画一张。经室中则颇富丽，壁上悬有前代活佛之遗容及中央各要人题赠小活佛之旗匾等。地上铺厚毡，小桌上有佛像、佛经、佛灯等物。喇嘛用一把大而精美的银壶给每人倒一杯香醇的奶茶，色味都很像咖啡。他们稍坐了一下，便在院中与小活佛合摄一影即辞出。

何正璜、王子云与塔尔寺小活佛合影，摄于 1944 年

继而拜望大法台的官邸（藏名大拿廊），适值法台往大殿诵经未归，因此更得自由地参观其内容。邸乃历代法台公居之所，卸任后迁出。邸中富丽不减寺中，楼分上下二层，朱柱长廊，画梁粉殿，都代表法台的尊高在一切之上，番画满挂殿中，柱上亦全为锦绣所包裹，一切华贵幽静。楼上为其客室、卧室，布置亦极为富丽。楼上下空屋极多，即使办一中学亦足敷用。

此外山麓遍处为活佛等散居之屋，名廊前，一名加尔瓦，屋角顶上有一矛状物以为标志。

参观毕，返招待所稍事休息，赴鲁沙尔镇游览。镇上小店林立，所售者多为藏族人民及喇嘛日常所用各物，奢侈品亦多，其交易仍用银洋，所以法币在此折合价值颇觉物价昂贵，何正璜购藏刀一柄，索价一元，付法币三十余元。

街上时见藏蒙各族人往来。藏民多为喇嘛，以红布绕身。蒙古族人体格较魁伟，腰系利刀，颇有武士遗风，右袖坠悬不着，腰间束带，请其拍照，在言语不通情形下，竟蒙允诺，颇为意外。镇上汉商亦多，刁滑难缠，令人头痛，其平日予蒙藏同胞以不佳之印象自是必然的事。何正璜又在镇上购得番女用大银戒指一枚，以为游青纪念。

第五天，昨夜雨声不停，何正璜深忧今日不能成行，但黎明却得小晴，大家皆喜，嘱车夫驾车喂马，以备转返西宁。

早点后起行，吴局长招待数日，临行更远送至镇上，盛意可感。

别矣塔尔寺，这佛国的圣城，这烽火中的宝岛。望着金瓦粉壁、飞檐巨厦，在车外一一退去，五日来，何正璜一生中特殊风味生活，使她有无限感触填满这临别的情绪中。

车于途中徐徐而进，偶然回首，见雪山高耸，银岭嵯峨，精神为之一振。青海气候寒冷，下面落雨，山上则必降雪，他们次日看见这样璀璨晶莹的银屏，都非常愉快。

山路中忽见迎面来了一匹白马，上面骑着一个十五六岁的藏族少女，缓缓地走近，旁边随行一个同年龄的男孩子，手中拿着长鞭。那藏族女孩竟是那样的窈窕端丽，美得令人惊异。

车于下午抵西宁城，仍宿昆仑旅社中，因明日即将东返，何正璜又到街上购物少许，并赴省府辞行。

3. 美丽的青海湖

到青海，青海湖是绝对不能不去的。考察团一行回到西宁的第二天，即到青海湖一游。从西宁出发，骑着骆驼，一摇一摆，在驼铃的陪伴下，走了三天，来到了日月山下。因已错过祭海的佳期，从山麓到海边是意外的冷清。山麓下莽莽草原上，稀疏地错落着几个蒙古包。雪珠似的羊群，从绿色的远处，成千累万地滚涌而来。红衣的牧女，躺睡在包外绳边。远远有一声声持续高亢的热情牧歌，随着黄昏的驼铃吹送过来，吹怔了他们听惯爵士音乐的俗耳，吹破了草原大地的寂寞。

绕过日月山，一直走到黄昏，才得达到海滨，借住于一灰白色的蒙古包中。蒙古包扎在湖滨较高处，主人是稍通汉语的藏族人，殷勤地迎接他们寄宿，并为备晚餐。包内设备简洁而完备，一盏小酥油灯照着小佛龛，光线从包的圆顶中倾泻下来。主妇在门外捣乳制成酥酪，主人则在包内为他们煮砖茶、烤羊脯。兽粪的火光，烘得何正璜脸上都染上比青春还鲜艳的红润，她对这毡做的房屋和多辫的主妇，对这澄蓝如雨后晴空的大湖，及那常年积雪不知名的原始银岭，无一不觉得惊讶与新鲜。但她和大家都沉于缄默，因而包外风掠草原、浪拍沙岸的声音，均清晰可闻。

晚餐后，何正璜立在包外，四顾苍茫，夕阳的光辉，由十多里外一个蒙古包一个蒙古包地反射过来。这里的风声，似乎挟有一种神秘的韵律。遥望日月山已呈深蓝，牧笛驼铃亦均消失，她已沉没在游牧时代的旷寂中了！此时，她忽然想到汉唐时代和番的公主们，青海的浪涛，当尚能记忆她们细碎的环佩、轻微的叹息以及凄清的琵琶。今远来海滨，乃是一个后世的旅人，虽不能了解那些帝女的哀怨，却也蓦地感到无端怅惘！

青海湖是全国第一大咸水湖，海拔三千八百余米，几乎高过泰山一倍，所以虽是水滨，不是山顶，却大有“高处不胜寒”之感。古称西海、鲜水、卑禾羌海，到隋代才有“青海”这个名。蒙古族人称它为“库克淖尔”，西藏人称它为“措温布”。远古时海面极广，北魏时湖周有千余里，唐时亦尚有八百余里，今则仅有五百五十里，碧波浩瀚，极目无际，其气势之沉雄、神采之英朗，实非我国东南诸湖所可比拟，直使画家为之搁笔，歌者为之罢唱！

夜色沉沉了，一轮明月从地平线后冉冉升起，何正璜离了蒙古包和同事们，拖着孤零的影子，走向湖滨，乳酒的热烧着她的心，极想一吹海风，以解酒醺。

此时，明月在天，海潮如啸，虽然只是初秋天气，海边已寒风瑟瑟，反而感到薄凉，

何正璜考察青海寺庙，摄于1944年

她加披了一件深红色的外衣，带着微醉，独自在海边迎风小立。月光冰冷地淋满了她的全身，海水在咫尺前的月光下沉雄而灿烂地起伏着声响，那声响不同于剑阁的夜雨，不同于三峡的湍流，而另有一种说不出的悲壮苍凉！她不自觉反复地诵念着“沧海月明珠有泪”之句，多少早已生了苔藓的红尘旧事、宠辱爱憎，竟蓦地一齐涌上心来！她能忍受太华嵩岳极峰上的苍茫，她无动于杨柳岸桃花湖轻波涟漪的凄恻，而在这磅礴万顷、鱼鸟并绝的青海之湄，却不能不蓦然感到自己的脆弱。

湖中有数小岛，最大者俗名“海心山”，据说峰峦纯白，上有小寺，每年冬季湖面冻结时，僧人踏冰上岸，取来一年之粮，除此即与人世长隔。她真希望能一晤此永年独自在孤岛中以诵经为生活的僧人，想象他们一定不会像鲁滨孙在荒岛上的着意经营，也不一定会像拿破仑在荒岛上的惶惶图遁，他们一定是极安心而甘心的，自己默默地走出海来，再自己又悄悄地走回海中去。她也不能想象这白浪滔天的海水，在冰结时是何种景象，一如不能想象那位殉道者般的僧侣在出海入海时是如何寂寞的心情。海水是咸的，海浪是起伏的，但是那僧人的心情，竟是如此惊人地恬淡和宁静！今夕，月已如银，海浪如绣，他们一定正在长跪诵经，月光照着经卷，涛声配着钟声，物我两忘，色相并空，那里应当已经不再是“人间”了。她抚着由人间带来的创伤，在这升华的圣洁情绪里，默默地使自己尽量遗忘那些褪了色的恩怨。肃立湖滨，极目西望，冀能稍一领略梵界的清音。而事实上，不唯海面辽阔，钟声是绝无一闻的可能，即海心山，亦因远在二百里外，已为视线所不及，但一片波涛汹涌，冷月高悬，虚无缥缈，烟雾迷蒙而已！

第十一章　甘青古道，驼铃悠悠之二
——甘肃访古

兰州，自西汉以后，多个朝代曾以“金城”命名并在此设郡县，她位于黄河上游之五泉山下，山水环绕，气势壮阔，曾为古丝绸之路上重要枢纽城市。其近代城市规模及市内古建筑，和西安一样，多为明朝所留。明时驻守兰州之肃藩王和驻守西安的秦藩王都是朱元璋的儿子。秦藩王给西安留下的古建筑有钟楼、鼓楼、城墙等，肃藩王给兰州遗留的也有钟楼、鼓楼，还有藩王府后花园的“节园”及著名的渥桥。

1. 考察渥桥

渥桥又写作“卧桥”，位于兰州西门外，是西北地区木建桥梁之冠。王子云、何正璜、姚继勋等从青海返回兰州后，即赴西门外考察渥桥。

此桥用层层叠叠的木料做成一个大拱券，拱券上是廊式通道，上有覆顶，两边有明窗，下有坐栏。人走在上面，犹如进入厅堂，既可坐下休息，亦可凭窗眺望风景，结构十分巧妙。何正璜走上去又跑下来，赞不绝口，称其为“艺术桥”。他们对桥进行了丈量，姚继勋拍了照，何正璜做了记录，并在本子上画了速写。

兰州渥桥

2. 考察金天观

何正璜一行考察完湿桥再往西不远就到了金天观。此观始建于明朝，规模较大，除正殿、后殿外，最显著者为正殿前西边之走廊。正殿供奉著名道士王清像，后殿即雷祖殿，塑有雷祖像，左右雷霆将吏，即风伯雨师。正殿前东西两廊著名的是明代所绘之壁画，内容是道教神话故事太上老君应化图，即描写道教祖师老子一生事迹的图画，形式是连环画，连续画出太上老君八十一化故事的庞大场景。东廊从北向南共四十一化；西廊从南向北，由四十二化至八十一化，刚刚好画满两边走廊。东廊最南端是一大幅雷霆出巡图，与之对应的是西廊南端一大幅雷霆回宫图，规模宏大，每廊长约三百米，壁画出之明代名画师之手，内容虽荒诞，但其手法技巧仍令何正璜惊叹不已！她认为此画无论规模或技法都在河南永乐宫、山东太岳庙之上。此画与常见的佛教故事画不同之处在于，佛画内容是佛界天国，而此画画的则是明代的人间生活情景，其价值尤为重大。他们拍了照，画了速写，做了记录，即赴下一个考察点。

兰州金天观壁画

3. 考察庄严寺

庄严寺在西门以内。何正璜一行由金天观来到此寺。寺为唐建，明代重修。来之前，何正璜从资料上得知，此寺有三绝：一是佛、菩萨造像形象特别生动，璎珞装饰特别华美，裙带迎风飘举，写实如同面临天仙，此为塑之绝；二是元代人所题“敕大庄严禅院”寺额，字体遒劲，直逼唐代大书法家颜真卿，此乃书绝；三是正殿观音画像，姿容美好，所披衣裙，纱薄透体，色彩艳丽如新，此画绝也！相传此画为吴道子所画，更是三绝中最为著名之一绝。

但他们到后，大失所望，因此寺早已被市民众馆所占用，整个寺内面貌已经全非，所有三绝已消匿净尽，大家不禁连呼“可惜，可惜！”遗憾而去。

4. 考察大佛寺

大佛寺在兰州东门外，原名普照寺，唐建，明朝重修。大佛寺，顾名思义，其寺著名在大佛。可是，考察团一行到其寺一看，同样抱憾而归，因其寺与庄严寺命运相同，寺被某群众团体占用，大佛早已被毁，仅存金泰和二年所铸大钟一口。

兰州北塔寺

5. 考察城隍庙

兰州城内城隍庙，规模不亚于西安城隍庙，可惜已完全改为商品交易市场了。考察团到此唯一收获是何正璜买了一个小葫芦。小葫芦形体小如核桃，系本地特产，上刻人物花鸟虫鱼，刻工精细，小巧玲珑。刻工虽不及广州象牙雕刻那样费工，但所刻纯属中国线刻画，加上题诗，确是可供人把玩欣赏的艺术品。至于城隍，大家都把他忘了。

6. 做客拉卜楞寺

初春的兰州，正是杏花与梨花盛开的时候，黄河业已解冻，春的魅力正在向人们逐步施展。那时抗战的烽火，虽仍盛炽，可是兰州却因远在西陲，花香代替了火药气味，这里一片鸟语花香。

忽然在 3 月 10 日的清晨，民政厅长王艺圃先生到甘肃学院来找他们，带给他们一张漂亮得惊人的桃红色喜柬（在抗战时后方各地确是不可多见的），说：“你们考察团有了好的考察机会了，这是拉卜楞的请柬，千载难逢的蒙藏贵族联姻大典。你们运气真好，我向他们驻省办事处介绍过你们，他们特请我转来喜帖，欢迎你们去观礼。”又转身向何正璜笑道：“我都想去，但可惜命苦，这几天省府要开的会太多，不能奉陪，只好以后借何女士的大作卧游了。”

何正璜接过喜柬，除了当中的汉文外，右边的藏文，左边的蒙文，竟都一字不识，

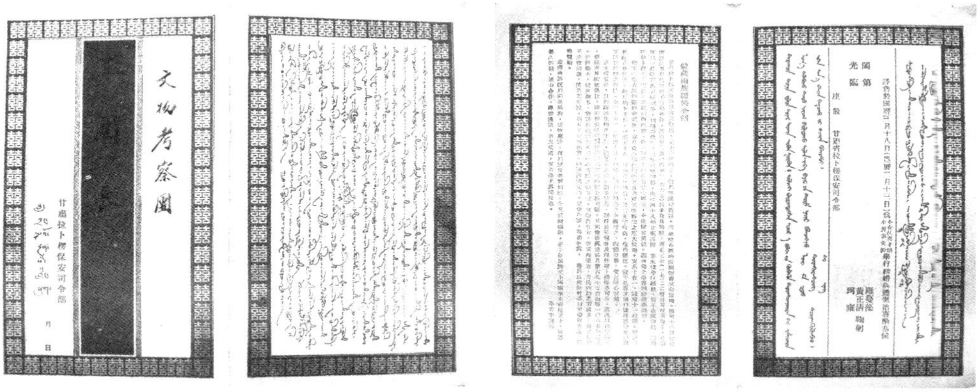
文物考察團
甘肅拉卜楞保安司令部

蒙藏贵族联姻大典邀请函，摄于 1943 年 3 月

只见一边横弯弯，一边直弯弯，真是有趣。这种三种文字的帖子，他们还是首次看见，它代表一个热闹而富有民族风俗的婚礼仪式，这种民俗资料是考察团最想收集的，春光中有此佳遇，大家的愉快心情，真是无法形容。

王厅长辞去后，他们即开始准备，因为时间匆迫，明日即需起程，于是忙着买胶卷，备干粮，收拾一切必需的行装。

晚间，与即将同去的杨处长及贸委会的薛协理商量好了两件重要的事：一件是交通工具，拉卜楞虽属甘肃省，却是在甘青川康四省的交界处，从兰州去，要有五日四夜的路程，并且全是翻山越岭，又没有正式的旅店可住宿。车用来作此行的交通工具，绝不可能，即系最简单的独轮木车，也走不了那崎岖的山路。马也不行，因为大家均没有连续骑五天马翻越高山的信心。滑竿还可以，但五日的山路不忍如此。结果，选定了“架窝子”。“架窝子”又名“骡轿”，结构和滑竿差不多，不过两端是两匹骡子，上面有篷而已。这种交通工具虽是原始，但在如此交通情况下，却是非它不可。第二件是送礼，杨处长代表省府致贺，有公家备好的礼物，薛先生和考察团都不好意思过于白叨人家，虽然办事处人一再声明，只要肯去，他们已经感觉非常荣幸，不必送任何东西。但大家总觉不好，于是商量好，各买了两块一尺五寸长的大茶砖，算作贺礼。

3 月 11 日出发，上午 10 时，架窝子才架好，大家吃了早点，由骡夫照料，分别上了架窝子，一阵呼喝声中，八匹骡子都开步了。何正璜坐在队伍的中间，刚坐上去，心中甚为忐忑，但骡子是训练有素的，快慢左右，完全合拍，所以坐在上面，倒很安适，出兰州西门，一直向南走去。

何正璜坐在上面想，今天坐在这特别的乘物中，到一个奇特、陌生、有趣的地方去，自己简直变成爱丽丝了，越想越高兴，差不多要笑出声来。

架窝子

等她定神回到现实来，发现骡子的脚是白的，向下一看，才知道这地方不久刚下了雪，雪也落在梨树上，好像已经是开了花似的，特别好看。可是路却有些泥泞，不到天晚，就停下了，据说只走了四十里，所停之处名蒋家湾。

队伍今夜将歇宿的并不是什么旅馆，叫作骡马店，连人带骡子都歇在一处。晚餐由店家预备，大家坐在店外，以避烧饭用的牛粪气味。

皋兰山在这里更好看，并且山上也下了雪，在夕晖中映得真美，王子云画了一张速写。

饭好了，大家进去吃。原来是顶黑的面，又宽又厚，像一条条皮带，不但油盐酱醋一概没有，而且还有粪味，大家面面相觑，不知如何是好。最后因为天冷，不吃热食物不行，只好撇过一次汤，拿些肉松和咸菜出来和上，勉强吃了。吃完，薛先生向杨先生说："你是卫生处长，今日如何？"杨先生将两手一张，做了一个鬼脸。

夜宿土炕上，炕内生火，是热的，燃料仍是牛粪，这气味令人难以忍受，但能不睡吗？何正璜再不觉得自己是爱丽丝了，像卖火柴的小女孩，缩在炕上，但还是很快就睡着了。

第二天，走不远，就开始上山了。先走山沟，弯弯曲曲，又走山窝，四面高山围绕，又走山脊，两边深谷如削，处处都令人害怕。中经一段，地名沙沟，地形复杂，真是山回路转，令人迷离，据说是有名的土匪出没之地。土匪利用此处弯曲多，行人前后相离二丈远即不得互见，土匪将前面一人摔入山谷中，后者毫不得知，如此一一摔去，即使大批行旅，亦可打劫。过沙沟后，骡夫才说此情形，否则可真要把大家吓坏了。

11时，到达一小村，不知其名，在那里午餐，饭后续行。下午过洮河支流之唐汪川，水颇深，有摆渡可通。晚抵一镇，镇名亦为唐汪川，为临洮县属之一大镇，有一宿店，较昨日所过者大而富，有饼有面，面也略白些。附近有一大片果园，全是梨树，梨花含蕊半放，已有幽香，顺风吹来，颇为袭人。何正璜折来一枝，插在架子上。

第三天，又下雪了，雪中过牛心山，但未至山顶，即有一甬道通过，这甬道直穿牛心山而过，省却不少上下之苦，不知是哪位工程师的大作，值得褒扬。下午抵镇南坝，有三五家人家，是瓦屋，很难得，在此打尖，喝了开水，歇了骡子，继续走。雪很大，虽然落在骡背上一下就变成了水，但是每个人的顶棚上却堆起了一层雪，何正璜插在架子竹竿头上的一枝梨花，也被雪覆盖得更白了。何正璜想，这一队行旅自己不觉得，若有一人在远方，将这一队人马和山画入画里，一定会很好看。

当日下午，赶抵河州。

河州又名临夏，是回教中心的地区，因事前省府有通知来，大家被招待住在马步青所开的一家商行里，一切床毯帘帷俱甚讲究，大家住过骡马店，倍觉今夕享受之丰适。

时已黄昏，何正璜仍到街上一游。市面不大繁荣，因此处仅对“草地”有交易，故市上所售，亦均是“草地牧人”所必需之简单物品，但因地处夏河之滨，土地肥沃，农产相当丰美。

河州是回教中枢，并且人才辈出，他们所自豪的是全国从未有一县之内能出六位省主席的，河州则以边区一小县，连接出了马骐、马麟、马鸿逵、马步芳、金树仁等六位主席。

第四日，出城向西，极目所视，尽是麦田，回教男女青年，多在田中工作，女人多着绿色衣裤，戴蒙面纱，仅露眼部。何正璜觉得如同土耳其人，她们的清洁与勤奋，是颇堪钦佩的。

续行，过一镇，又入山路，山路崎岖，经一土门关，乃番汉交界处，有山田，田中有很多番女正在耕种，穿皮衣，戴皮帽，系红腰带，帽下露出无数小辫和一块饰满银器之彩带，老远望去，就非常“打眼”。何正璜突然想起自己的曾祖父，他当年在番地工作，其情景也是这样吗？在不到十里之内，遇此迥然不同的两种少女，真是边区的奇观。她们也看何正璜，这一看中，亲切胜过了惊讶，她们虽是回藏二族，但和她一样，同是中华民族的女儿，她们都是优秀的民族细胞，她希望当地政府能常常关照她们。

沿夏河行，河浅，但颇曲折，水面有浮冰一层，冰下可闻水流淙淙作响。河两岸全是峻壁崇岸，使夏河成了一个挣扎的象征。何正璜觉得夏河这名字很可爱，持“民族西来说”的人们，以为夏河实是中华民族东移的第一程。观夫书经“用肇造我区夏”，以及“华夏”相连的用法等，总觉得这条夏河与我们的祖先很有点儿关系。

夏河既曲，大家沿河行着，亦随之而曲。极尽崎岖之能事，一时顺河边小道，有时无路，需得翻越高岗，一路上无一村庄，偶有建筑，必定是庙。在沙沟寺午餐，餐后更行过一镇，颇大，有三四十家人家，及到近处，当地人群前来围看。镇的壁上写有以汉藏两种文字合书的国民公约，后见各镇皆如此，亦边省之风景也。

夜宿晒经坛，是位于山窝中的一座小型庙宇，其中设备，却具体至微。四周另外无一人家，可谓深山孤寺。

入夜将睡，忽有人群声。敲门颇急，喇嘛迎出，隔门问答半晌，又都是藏语，不能懂。大家甚为吃惊，不知发生了何事，后来喇嘛进来，用汉语告诉他们，才知道拉卜楞大寺恐路途不靖，特派了士兵数名前来保护，于是大家相见。来兵四人，皆骑马，着寻常便装，露右臂，除腰间插番刀外，不见有何武装，想是因此地已属拉卜楞大寺范围，特来迎迓以示敬意。

第五天，朝发晒经坛，加上来迎的士兵，一行一共十余人了，四名士兵前导，在桥湾午餐，餐后西行不久，远远望见大批人马，簇拥飞奔而至，马蹄沙尘中隐见刀光矛影闪动，令人不觉惊讶，但因前导番兵镇定如故，想当不致是何恶遇。果然，在走近后，为首一人翻身跳下马来说明来意，原来是黄正清司令派的所属十三庄士兵前来迎迓。为首的戴极高之皮帽，言行庄肃，颇似白金汉宫前的守卫，拿出浅蓝色的绫质哈达几条，很恭敬地亲自绕在各位客人的颈上，此谓之献哈达，乃藏人之大礼。同时二三百名士兵，一齐在马上高高举起手中所执各式武器，以为示敬，但见刀剑戈戟、长矛短鞭，如回到了中古时代，也像扮演一幕古装的武场，又像是在拍摄一部武侠影片，令人好不迷惑。一时，首领一声号令，刀矛横下，马首一齐回转，旌旗摇曳，反身导路。他们的架窝子，就在这三百骑武装骑士的后面缓缓而行，真是“威武”至极。何正璜以此种威武而奇异之仪仗出行，实在有些好笑，觉得亦是平生之一奇遇矣！

十里，尽在平原上走，路道虽不宽整，但因仪仗威严，也就有了行御道的感觉。尤其端坐轿中，拂分幕帷，流目四顾，大有中古时代阿拉伯王子公主出行的风味。

行行重行行，又是十里，在将越一小山时，有黄司令派的一汉人代表及夏河县之李县长骑马来迎，大家见面寒暄后，即一同越过小山。

当三百名骑士一一驰过山顶时，大家发现一幅惊人的画面展开在他们的眼前：

约在六里方圆之内，一概是满满的白色平顶，三四层楼的高峨大厦，整洁而嵯峨地展现在这边省荒山中。这就是他们此行的目的地——东方的梵蒂冈拉卜楞大寺到了。

大家下得山来，越过夏河，进入这如古代希腊城市一般的寺境，衷心感觉新奇，如入另一世界，又若身在梦中。何正璜以前以为拉卜楞是和塔尔寺一样的画壁金瓦、雕柱飞檐，不料却是全白色的西式建筑，若非没有汽车来往，简直会以为是到了纽约。境内一切极其安详恬静，“寺”与“市”的区别，或即在此。

被招待入他们特设的招待所中，有客室卧室等布置，并有十余个通汉语之喇嘛派来做招待，来往照料，殷勤可感。

在招待所内晚餐，与塔尔寺相同，是牛羊肉与酥油青稞粉等，饭毕，略事休息后，因黄正清司令已数派代表与骑兵相迎，今既到达，他们特去拜访。

黄氏所居，亦为寺境内之一座大厦，名保安司令部，由守户喇嘛通报，黄司令出见，行握手礼，并以不流利之汉语寒暄。黄氏身材魁伟，可称得起是“巨人”，昂然直立，威仪逼人，内着黄缎紧袖里衣，外披藏式大红缎长袍，四周全镶以很宽的貂皮为饰，下着高底藏靴，可是头上却戴一顶礼帽，为人似极精明。虽汉语不大流利，但是出言非常确当，嗓音低而洪朗，不愧是拉卜楞大寺所辖四省藏民政权的实际统治者。

返招待所，何正璜写当天日记时抄录喜帖上所印之“联姻介绍”，以说明拉卜楞之历史及现况：

甘肃拉卜楞，汉唐时属藏族牧地，元太祖建帝业，衍为蒙藏错牧区，遣弟哈布图哈萨尔邻黄河南旗地，传至十代孙哈民诺谚洪果尔，饬第四子袭固什汗，递传至清康熙四年（1665 年），授多罗贝勒职，雍正元年（1723 年）晋封黄河南亲王，并将旗属三札萨克俱封辅国公，以同奉佛教，两族感情弥笃。康熙四十八年（1709 年），甘家高僧嘉木样学行超绝，亲王由藏迎拉，献地建拉卜楞大寺弘法。嘉佛感报德施，供奉亲王夫妇遗骨于大经堂，永使僧民顶礼，嗣后佛之俗眷姻娅绵弈罔替。

亲王辖蒙古族和硕特前头旗，奄有青海同仁同德及甘肃夏河等县间之广大牧地。支系十有一，谚称十一支箭，历设三札萨克分治之，牧民约七千户，五万五千人，因与藏民错牧，语言文字俗尚，几均藏化。亲王札喜才朗以妹序袭胞兄前亲王滚贡环觉之爵位，年二十有二。旗内大致，仍秉请慈亲罗曼藻之命处理之。淑懿温恭，蒙民倾心爱戴。

嘉木样五世，自西康理化转世主教，胞兄黄正清氏偕来赞襄，历任司令及现任拉卜楞保安司令。嘉佛以法学圆融，蒙藏两族皈依佛法，国府册封辅国阐化禅师嘉木样呼图克图尊号。甘川青康藏边区及蒙古北平五台山等一百零八寺均属之。教权广大，僧民众多，实居西藏六大黄教中心寺院之第五位。其领教有方，望重西陲者，黄氏弼助之力居多。黄之长公子恭宝朗嘉，汉名黄文源，与女王年事相若，精通汉藏文语，思想新颖，英勇有为，委员长蒋公曾委以军委会参议，借资臂助。

蒙藏两族，既以同奉佛教，感情雍睦，复以历世秦晋相连，今又新缔婚姻，必能通力合作，建设边区，其意义尤为深长也。

由此介绍中，得知政权及教权实已集合，在治区内，政治即是宗教，信仰即是法令，拉卜楞是四省藏民生活动向的司令台，同时是心理上的圣地。他们服膺维谨、仰高称尊的心情，与其说是对政令的顺从，不如说是对活佛的虔诚，他们分不开什么是人，什么是神，他们的统治者是在神人之间，他们不必了解政治的设施，统治者的任何咳唾，都是当然的真理。他们已将善良而纯洁的灵魂全部不加任何考虑地交付与支配者了。这次袭黄河南亲王的札喜才朗小姐，与黄正清司令之长子兼为活佛胞侄之恭宝朗嘉先生联姻，在藏蒙二族的前途上，是有很大意义的。

正各自休息，忽报黄司令来回拜，他们于是出迎，全招待所中人更是沸腾了。黄氏仅小立后，即行辞去，行时喇嘛一路闻声匍匐，黄氏昂首缓行，若无所见，出门上一精致之骡车而去。

今夜未再外出，各早休息，呼喝方便，寝处亦极阔气。

第六日早起，他们在“招待”的引领下，登上招待所的平顶上，鸟瞰全寺风景及建筑，只见静静的夏河清莹地半绕寺区而过。一片平顶白色高厦，沐在淡淡的旭辉中，来往净是喇嘛，他们喃喃地走过来，又喃喃地走过去，红色的袈裟，在白建筑中特别显得鲜明。远近送来一阵阵轻微的诵声及钟声，一切浸沉在极其严肃的、安详的气息中。

何正璜立在这平顶上，心境非常安恬，既不羡慕他们，又不可怜他们，因为她与他们之间，距离实在太远。她不能了解他们，也如他们之不能了解她一样。她心中想：“他们喃喃一生究竟为了什么？”而他们又何尝不奇怪，你们碌碌终日，又是为了什么？他们现下在空门，但是心情却有寄托，他们有以极乐世界为归宿的希望，这种美丽的希望，使存在于人间的这几十年生活，变得有目标、有意义、有价值，一切情感在希望的憧憬中得到了升华，他们生活或许空虚，心理上却不空虚，而世人则适与之相反。她不觉对自已的生命存在方式起了疑问。

中午，黄司令请他们在司令部午餐，这次请在楼上，几净窗明，布置简单名贵，壁上并悬有中央要人们送的一些题字及匾联等。政治气味在这所屋子内胜过了宗教气味，因此处为保安司令部也。

总管嘉错君当招待，并另有译员一位。宴前，黄夫人并出见，年四十余岁，着华丽之藏服，容颜端整，仪态大方，微微鞠躬为礼，未发一言，即款款退去。这固然较汉族夫人之陪舞、鸡尾酒会者为“古板”，但较前去西宁赴马主席宴时，马夫人之绝不一出，则又开明多矣。

宴中无可述，饭菜均为藏式，与塔尔寺所食相同，主人敬酒频频，此酒为乳制，味甘酸，不惯饮者多不喜，而据惯饮者言，则其甘美又非他酒所能比拟。何正璜也随饮一杯，人间事，做一尝试何妨。

席间，楼下院中忽奏乐，时响时停，问翻译得知乃欢迎藏民送礼之贺客者。时已宴罢，黄氏歉辞以有事待办而退，嘱嘉错君陪览各处，他们即下楼，至前院中见喇嘛持长短喇叭呜呜吹奏，藏装少女多人，更做各式舞蹈，以娱客人。

客人络绎不绝，所送礼品大约均是现洋、豹皮、狐皮、猞猁皮、貂皮、獭皮及藏人手工所织之“褐子”等。他们立于廊下静观，一藏民自提名贵之皮毛一捆，后随一衣着破旧之藏人，背一桶状物，内满盛雪白之银圆，由接待送礼者引至大厅中他们才看见里面已堆满了皮毛及现洋。皮毛并未分类，堆了大半间房，现洋也已堆成高丘，当这藏人倾其桶内之现洋时，白亮之光、铿锵之声，令何正璜呆了半天因为她有十多年未见过一块现洋了。尤其是这成山的现洋，恐怕除了当年银行的出纳，常人也定少见及，他们手包中尽是法币，谁知道许多银圆原来却在这里！送礼人将物放下后，即由招待在院中为其置一碗羊肉、一碗酒、几根似油条之食物，送礼者即坐下休息，一面吃酒，一面看舞蹈，吃毕即辞去，临行由招待拿出一只生羊腿送礼人即藏入怀中，欣辞而去。他们看完这有始有终的一段，也就辞出，因接连送礼者不断，而礼物及仪式均完全相同也。

出门后，看见一路向司令部送礼的，不绝于途，何正璜心中不觉非常难过，藏民背着沉重的现洋，提着名贵的皮毛，毫无表情地进去。现洋既未点数，皮毛也未开视，送多送少，送好送坏，实无人得知，并且始终没有留下姓名，送与未送也无人查问。在这种情形中，他们并不考虑少送，送坏些，甚至不送，相反的，他们仍旧抱着能开金石的虔诚，自动地、陶醉于宗教的感召，将几十年甚至一生的辛苦积蓄，默默地都倾倒在那大厅里，然后用褴褛的衣服，拭着污秽的手，抱了一只全世界最昂贵的羊腿，回到那破旧的帐篷中。那帐篷远在“草地”，穷困随着他一同跋涉归去。

下午，参观夏河县城，城与寺相距约三里，途中经过许多喇嘛家眷的居处。县城很小，番汉杂处，由李县长招待，参观小学一所。县内一切小而陋，无可观，在此做县长，未免寂寞，但以临夏河之滨，尚可散步。

返招待所，杨君借了一件藏衣、一顶藏帽、一柄长藏刀，要王子云为他照相。薛君说：“杨处长穿番衣，更年轻了，简直成了杨四郎，就要被留在番邦了。”杨君也不示弱，反攻他：“薛平贵才是番邦最喜欢的，他就在这儿吧，我回去向薛太太说，不用守寒窑了。”大家都笑起来，他们二人的姓真巧了，好像故意编成似的。

第七天，听说寺外今日有“赶场”，他们忙着起身去参观。场摆在夏河沿岸，规模宏大，卖的东西五光十色，有吃的，有用的，有牛羊马匹，熙熙攘攘，交易频繁，何正璜选购了小番刀数把，大粒红念珠一串，红花一包，藏香一束，以为纪念。她因无现洋付款，乃以法币合现洋计算，故价值颇昂。

离场北行，参观拉卜楞的个别寺宇，大概均以一所为一单位，一单位中经堂僧居俱全，所属喇嘛亦有一定，凡属此单位之喇嘛，自剃度始，一生的食宿行动均由此一院负责。

最后到大经堂，即拉卜楞大寺灵魂所在，乃活佛嘉木样五世之居处，连日无暇，今日特去拜访。

由译员前导，并由喇嘛层层招待，他们在大厅中晋谒活佛。嘉木样活佛在正座中和蔼而庄严地起立，光头，穿深红色喇嘛教衣，年三十余岁。他的态度恰到好处，“和蔼”说明了他原来是“人”，而“庄严”却又暗示他同时又是“神”。

活佛离开了黄缎大伞的宝座，向他们走近，并且伸出右手来，何正璜这时真有点儿受宠若惊了。他和男客们握过后，对她稍稍踌躇了一下，但是仍旧握了手，她回首发现全院的喇嘛，都不知在何时全伏到了地上，他们为活佛的尊严和施福，感动得不能昂视了。

活佛向总管嘉错吩咐，译员告诉他们，活佛想留他们午餐，他们当即道谢并辞出，顺便参观大殿各处。

大殿及大经堂一切，与在塔尔寺中所见大致相同，可以“富丽庄严”四字包括之。

这一次午餐，洋气得很。餐桌根本就是长方的，上铺洁白桌布，桌上满置雪亮之杯箸刀叉等银制品，菜肴是每人一份，可谓“藏菜西吃”。菜点均与各宴大同小异，但饭则特别，乃酥油拌米，米晶莹如珠，轻腴可口。奶茶奶酒，添酌不已，手抓鸡及手抓羊肉之鲜嫩，尤非大都市中所能一尝。

嘉木样活佛亦参与进餐，这使何正璜大感兴趣。在席间，她更感觉到，活佛和他们接近，对于他也是一件愉快的事，虽然他大部分时间是“缄默”，绝不轻易发言，那也许是习惯，也许是保持尊严，但他简单的动作及表情，已经坦白地告诉他们，他希望知道些宗教以外的“人间”。他固是至高无上的活佛，一掬笑中，尊严掩饰不了青春的活力，何正璜平时喜欢朗声大笑，尤其在盛筵上，但今日不敢，她恐怕活佛会感到过分的惊奇。

餐毕，告辞出来时，嘉木样一一握手，显然他对于他们这些俗人，并不“讨厌”。他的地位，不许可远送，可是他却一直目送他们走出殿门，自己在匍匐的喇嘛群中，依依独立甚久，无语亦无表情，这给予何正璜很深的印象。

第八日，天未明他们即起，赴司令部。被招待在大厅之上位，得见新郎恭宝朗嘉君（汉名黄文源），已由其父母打扮停当，着黄缎暗花大袍，绲宽貂皮边，高底藏靴，头戴覆盆式高顶藏帽。容仪不仅端整，简直可以称得起轩昂。他是这次联婚大典的主角，真是天之骄子，父亲是全权在握的黄正清司令，叔叔是众心所归的嘉木样活佛，夫人是成吉思汗嫡系的黄河南亲王。

仪仗起动，三面缎质大三角旗领路，长号短笳，一齐吹奏入队，接着十三庄所属士兵三四百名，每人背长枪一支，也排成行列。新郎骑上一匹高头白色大马，由其另一个叔叔在后骑马随送，父母送至门前，其母频频拭泪，团员们才知道是入赘，公子从此要从蒙习了。

藏蒙联姻主角：新郎恭宝朗嘉（藏）
新娘札喜才朗（蒙）

其实，女家的王府就在司令部不远的地方，互相可以望见，但因要表示新郎是从外面来的，特沿夏河向西绕行了十里，在返回时，王府也派蒙兵百余人及女家亲属多人，远远相迎。全寺喇嘛以黄伞长号出动，在王府附近迎接，一直闹到9时，迎送人等群集王府大门外下马，新郎被簇拥入府。王府门外道上，均以红白颜色画成图案，颇为美观，让新郎在图案上走过去。入门铺大红毯，由红毡步入大厅，厅内布置华丽，灯彩四射，炫人欲昏。首由其叔代表活佛诵经，同时并举行羊鸡等祭祀仪式，祭毕，新娘才由新房中被扶出来，扶上侧面一座，与正座上之新郎并肩而坐，由喇嘛献茶，再由寺中长老出来，祝颂一大串新婚的吉利话，并述亲王世系来历等。说的是蒙语还是藏语，何正璜他们一概听不懂，只听听翻译低声而片断的译词，即行退出厅外。

新娘札喜才朗，是一位标准的蒙古小姐，她的身份、她的财富、她在蒙人心中的地位，都可以使这婚姻成为美满。

她穿一件浅枣红色长缎袍，绲的獭皮边，项上戴了好几串珊瑚珠，顶大的足有碗口大，并于胸前悬一金镜，重约数斤，如此打扮，以致上重下轻，行走一步，也需扶持。这么大的珊瑚珠，不知现值几何，颜色红湛可爱，但因戴得太多，反而不及一粒之好看了。

新娘之母出来招待。这位老夫人，是当年有名的高加索美人，今虽已年近五十，但和新娘立在一块儿时，却还令人不信其为母女。王子云为她们照了两张相，

蒙藏联姻，王子云绘于1943年3月18日

可惜那时兰州不易购得好胶卷，致令此难得之机会，未能留下满意的痕迹。

午间，在王府赴宴，未发现多大之蒙古风味，一切非汉化即已藏化，这说明了今后此地蒙藏势力消长之趋势。因言语不通，除杨处长代表省府略作贺词外，其他人只好笑而不言。

下午，亲王府犹强留晚餐，他们因连日疲倦，想休息，便婉辞返回了招待所。

第九日，回媒。黎明不久，新人一对即由蒙兵拥返司令部，拜见黄氏父母。何正璜他们去时，新人已到了有一会儿了。新娘今日珊瑚珠取下了很多，金镜也已卸去，身穿淡红色缎质宽袍，系黄缎腰带，比昨天似乎好看了些，从前看元代皇后画像，眉毛都画作一字形，今特注意看她，却并未剃改，仍是任其天然。她不大笑，也缺乏少女风度，她看着何正璜，毫无表情，和看见空气一样。

一会儿，嘉木样活佛也来了，入门看见客人，殷殷握手，如见故人，这在庄肃中飘出的一丝友情，颇能令人为之感动。

恭宝朗嘉君，有游牧民族的雄健体魄，同时又有受过良好教育的举止，确是藏族的英俊，并精通汉语，不知者初不信其为藏人。国家对此优秀之藏族青年，似不应仅予一无聊之空衔，以他的地位声望及年龄，均应尽量施以向心力，使他不仅可作为汉藏交融的桥梁，并且可以因他而逐渐奠定藏民的百年基业。边省多故，人有离心，念祖宗创业维艰。今蒙藏新联婚姻，如能把握时机，循循善诱，使广大草原边区如练有系，庶主权无缺，版图完整，既免代庖之辱，又去征伐之苦，为国家谋长远者，得功得罪，仅在一念间。

王子云为新人合画了一张像，并且送给他们。新郎高兴地举了起来，新娘也开颜一笑，这位蒙古的伊丽莎白公主，总算难得地笑了。

司令部又坚留午餐，为陪新人，而考察团即将东返，也很乐于留此。

餐后，嘉木样向译员说请求王子云也为他画一像，王当然欣然答允，并且画得很仔细，很像。画毕送给他时，他的喜悦之情冲破严肃而流出，笑了一个身为活佛所不当有的笑。

临行，他们正式向所有主人告辞，感谢他们几日来的盛情款待，告诉各位主人，他们明天即返回兰州了。

黄司令与恭宝朗嘉君殷殷相留，并谦逊了许多招待不周的话。嘉木样则默立一边，一言不发，大家和他们一一握手辞出。嘉木样送到厅前阶上，黄司令及恭宝朗嘉送到门外，当他们在门外回首时，看见嘉木样像一座红色的塑像一样，兀立在黄昏的夕阳里，目送着他们——这是嘉木样和他们的最后一面。

嘉木样五世

返招待所，收拾行装后，即拟早睡，以备明晨起程。而喇嘛来通报，活佛派人来挽留他们再住一天。他们为此盛意非常感激，但只有对来人说明，因时间关系，不能多留，明日必须返兰，谢谢活佛美意。不过他们希望活佛能送他们一点儿小纪念品，以为永远的纪念。

第十天，这是他们在拉卜楞的最后一个早晨了。架窝子业已架好，大家即将东归了。正束装待发时，黄正清司令亲来送行，并派人搬上赠品：送杨处长三匹高大的褐色马，三匹“褐子”；送薛协理三匹“褐子”；送王子云夫妇三张整狐狸皮，两匹“褐子”。团员们都颇出意外，不料他们竟如此多礼，尤其是杨处长，看见这三匹毛光发亮的大马，高兴得厉害。

同时，嘉木样也派人骑马送纪念品来：送杨处长一尊小金佛，送王子云夫妇一张他的题名照片、一块题字的黄缎子、一尊金佛，以为纪念。大家为此重礼惊呆了，依依之心更胜过喜悦之情，何正璜抚着那尊小佛像，不觉热泪盈眶。

架窝子空着先行，大家步行后随，黄司令、李县长、活佛代表、嘉错君、译员等均要送行，坚辞不获，一直送过夏河才停步，礼隆意周，令人铭感。

别众人后，他们仍随架窝子步行，走到小山麓下高岗上，王子云在此拍下了拉卜楞全景。

这是何正璜对拉卜楞的最后一瞥了，几日来的经历恍然若梦。这一片白色大寺，原是缥缈的仙居，她匆匆地来，又匆匆地去，返回到那熙扰的红尘中去。只有珍重，珍重此行的收获，它将是她一生中最堪回忆的一段！

十三庄士兵均驻马山顶，待他们上山后，一直护送到晒经坛，才敬礼转去，另余八骑，一直送到土门关外。

7. 谒成陵

成陵，即元太祖成吉思汗陵。其陵原在内蒙古，抗战期间，国民政府为避免日寇离间蒙汉民族感情，特派大员以隆重盛典将其骨匣奉安至甘肃榆中县兴隆山中，给予精心保护。

提起成吉思汗，何正璜的心情和所有中国人一样，感情是复杂的。但蒙古族人民引以为骄傲。蒙古族是中华民族的一部分，因而，我国各族人民也应以其为骄傲。那么，何正璜也以骄傲的心情，给一同去谒成陵的同人们说起了我们这位中华民族的英雄。

公元13世纪初，亚洲东北部突起轩然大波。其激涛之顶点，竟使欧亚两洲都被卷入亘古罕有的大风暴中。此事即为蒙古大帝国之兴起。

蒙古族本为斡难河源之游牧民族，因风云际会，四邻一时均无强敌，加以其骁勇善战的民性，及太祖成吉思汗之雄略壮志，因此，在公元1206年漠南北各部公推“成吉思汗”尊号于斡难木涟之源。以后的十余年间，灭花剌子模、服印度、掠波斯、伐西夏、越高加索山、侵入俄罗斯，金戈所指，无不降服。迄后太宗窝阔台汗，更继之征服波兰、匈牙利、奥地利、德意志、罗马尼亚、意大利等处，英勇的骑兵直踏欧洲心腹。及至世祖忽必烈，更结束宋朝，并南下安南、爪哇等地。至极盛时，东起太平洋，西迄地中海、多瑙河、波罗的海，南达印度，北至北冰洋。如此巨大的疆域，不单为中国有史以来最大版图，亦为世界空前绝后的庞大帝国。

每年的5月5日，是祭成陵的日子，这一年（1942年）恰逢考察团在兰州，承甘肃省政府柬约，这天早晨，考察团一行赴中山堂集合，8时成行。兴隆山属榆中县，在县西南十五里，离兰州仅一百里。9时半即到达。

兴隆山为陇右第一名山，亦名争秀山。满山松柏，苍翠丰茂，与西北其他黄土山迥然不同。此时梨花与丁香正盛开，在绿丛中露出一圈粉白淡紫，幽素可爱。山下有云龙桥，飞架小溪上，桥身如虹，因背景之幽绿，更衬出小红桥的玲珑美观。登山有修整之石级，几经曲折，抵半山，有一白云宫，成陵即在此内。

入寺，见满院蒙古族守陵人及蒙古族来谒者忙碌往来。一切已布置就绪。大殿内高供骨匣三尊，据云正中乃太祖，两边为其后妃，均外裹以黄缎，上书蒙文。匣前满置香、烛、灯、花等供物，地上则以大铁盆盛兽肉五大堆，据云此乃晨间所杀之白马五匹，为祭祀中必要之牺牲，犹汉例之太牢少牢，以其刚煮至半熟运来，尚热气腾腾，腥腻之气盈室，并且一马仅切成四五块，首足整见，颇为可怕。壁上高悬成吉思汗大幅画像，白须银发，二目炯炯灼人，手执红矛，威仪跃出画面，令人不敢逼视。这蒙古英雄铁木真，这七百年前叱咤风云威震一世的怪杰，曾使大陆万里之内，如同私园。凡人只要通蒙古语，怀金虎符，即可往来如室中。欧亚打成一片，同尊此蒙古可汗为世界之共主，其盛其雄，实为古今中外所罕见。何正璜望其画像，抚其骨匣，不觉万感丛生。

殿内左隅，置一长戟，粗如手臂，长约二丈，尖端上有毛发一大捆。据云此戟乃成吉思汗临战时所用武器之一，蒙古语名“俗尔顶”。传说成吉思汗与西夏激战，眼看即将战败，天突降此戟，遂转胜。此后，他为纪念其武功，每杀一人，则断其一发系此上，久之成此大束，闻之令人悚然。因此一捆毛发，实代表百十万人之生命。其武功之夸耀，亦即万千青年遭受杀戮之标记。细视发捆，虽稍有粗细深浅之不同，但均系黑色直发，可见不是征欧时所杀者，何正璜肃立戟下，不觉感觉到民族间隔阂之可惧。

蒙古族风俗，大殿内不许女子入内，今日因守陵人忙于布置及招待，倏忽间使何正璜得乘机而入内。尚未浏览完，守陵人来，见她在殿内，慌张以蒙古语向通译人诉说，何正璜即笑诺而出。正在此时，祭陵大典于号声中开始。

祭典由谷正伦主席主祭，高监察使率各界首领陪祭，各首领及祭官就位，继鸣炮鸣乐，继上香献帛，继读祭文，旋即鸣乐礼成。

继之，由塔王王子以蒙礼致祭，仪式亦甚简单。除王子在陵前以银怀尊酒叩首外，由着新衣之三蒙古族人手捧高大银壶，满盛烈酒，举与首齐，往来旋行，口中咿唔不已，举至陵前，即跪下俯地叩首，半刻方起，起后复旋行如前。最后有二蒙古族人以双手托黄帛一段，恭置牺牲之上，再由举酒者将酒淋于陵前燃着的一堆松枝上，即未再见动作。唯蒙古族乐尚未停。

入前廊进午餐，谷主席劝在席各人快快吃饭，告以若再不吃完，则蒙古族人即将以所煮马肉送来，以示敬意。若不食，则认为侮辱，若强吃则有所不惯。席间各人闻此，均连口食尽，离席起身。一刻，果然二蒙古族老人捧上马肉一大盘，见已散坐，似不知如何交代。谷主席即命人赏以千元，二人欣喜道谢而去。

考察团一行饭后，有的登上山顶一探太白泉之胜，有的于山下溪边择石小坐。何正璜因疲乏，在小红桥畔休息。溪水潺潺，梨花瓣随水而逝，闲观颇得幽趣。

8. 考察酒泉文殊山佛窟群

敦煌千佛洞是考察团的重点考察项目，自 1940 年春至 1943 年中期，用了三年多时间。在这三年多的时间里，他们从兰州到敦煌的来来往往中，途经酒泉、张掖，考察团利用时间对这一带的佛窟群也进行了考察。

河西走廊是古丝绸之路的通道，也是佛教由敦煌传入中国腹地的必经之路，因而佛教在此地留下行迹是很自然的事，其主要遗迹即在祁连山中。

文殊山是祁连山的一个分支，距酒泉以南约三十里。山不高，却显得非常幽邃而有佛国气象。文殊山之寺，修建在一处大峡谷中，分前后两处。前山里有千佛洞、万佛洞和台子寺三处，皆为人工开凿的陡壁上挖洞造像。虽名为千佛、万佛，实际上只是在洞中塑或画成千的佛、菩萨像。洞窟都不大，均在三四个平方，洞中心有一连顶的四方塔柱，柱四面各开佛龛一个，龛中塑像多为一佛二胁侍菩萨。多数洞窟已塌毁，洞龛内佛像原作也极少，多为近代新塑之像，即使原作也经过近代装饰，失去了原形。洞壁上的壁画也大都经过近代改画。千佛洞仅有一壁画为北朝原作，此画分三层，上层为千佛小像，中层为佛说法图和侍从菩萨，下层为供养人群像。台子寺独处于一个小山丘之高台上，洞内情况与前面相似。

后山里，多为近代所修寺庙，古代洞窟也名为千佛洞、万佛洞和观音洞三处。前两处与前山里的塔柱洞相似，其中一个塔柱的形制是北朝时代的。可惜多数洞窟中的塑像壁画全都改了样，还有些连塑像壁画的踪迹都没有了。

何正璜一行在酒泉县民教馆中，看到从千佛洞中移来的一个经幢（或称经塔，因是塔形而非柱形），上刻有纪文、画像、铭文，题记为北凉年号，这是千佛洞修筑年代的物证。

9. 考察张掖马蹄寺佛窟群

马蹄寺在张掖城南约六十里处。这里古今佛寺共有马蹄南寺、马蹄北寺、千佛洞、金塔寺、上中下观音洞等共七组，都是建有寺庙的佛洞群。多数破坏严重能看到的古佛洞极少。

所谓“马蹄寺”，即在马蹄北寺一塔柱窟洞前面的石地上有一个酷似马蹄的凹陷，这里的寺庙、河流均由此而得名。马蹄南寺、北寺均开凿在祁连山马蹄河峡谷西崖上的两组窟群。北寺窟群共十二窟，仅第四窟遗有北朝形制的塔柱，造像则全为后代改塑，壁画已全部毁失。其他各窟全为后代所造，多为元朝，少数为清代建。

马蹄南寺佛窟群在北窟之南，中间隔一山岗，现有五个佛窟和一座喇嘛教大经堂。佛窟多已残毁。大经堂却存有一部藏文《大藏经》和三尊髹漆行像。

千佛洞佛窟群在马蹄北寺之北约六里处。此处虽无马蹄寺名声大，但察看了这里的佛窟后，何正璜认为，从艺术上说，这里的佛窟造像及壁画远高于马蹄寺。而且这里不单是一个佛窟，而是由十几个窟室组成的佛窟群，虽然也多已损毁，但仍有较完好的六窟中有五窟是属于北朝的塔柱窟，其中一个则更可能是隋唐时代的窟室，室内尚有代表性造像。窟楣左右浮雕是连敦煌都少见的高浮雕。洞内壁画显然也是后代重画的，但所绘的佛、菩萨和罗汉像，其线描技法十分熟练。在类似隋唐那个方洞中，左右壁遗留的石雕佛像、菩萨像，从造型上看，很像隋唐制作，是这一地区最可宝贵的石雕艺术遗产。

金塔寺佛窟群在马蹄寺东南约十里的另一个峡谷中，能见到的石窟只有两个，全为北朝塔柱形制，可喜的是由于它地处偏僻，窟内雕像保存完好，虽也经近代整修，但形体犹在，塑像形体和塑造手法是他处未曾见到的。其中一洞中央塔柱上方的一层佛、菩萨以及穿插其间的大型高浮雕飞天，更是别处所未见。此寺为什么称金塔寺？是否因其塔柱造像特别而称金塔呢？洞中壁画已全部剥落，一点儿痕迹都没有了。

由金塔寺向北走不足十里，即观音洞所在，分上中下三处，而每处都不是一窟，而是多窟，因上中下各有一段距离，所以应该是三个佛窟群。由南而北，上观音寺共有八窟，其中三个窟中有藏式造像，其他窟已损毁无存。中观音寺有六窟，洞内情况与上窟情况类似，只是洞外有一清代修建的阁楼尚存，只是已处于半毁坏状态。下观音寺有四窟，其中有一窟是塔柱形式，洞内造像壁画已面目全非，其余三窟为喇嘛住所，一点儿佛教遗迹也没有了。

多日在山谷中奔波，且所见古代遗迹多已损毁，何正璜甚觉疲乏无趣。下得山来，大家在山丹县城游玩，边陲小城的秀丽宁静，倒使人精神一爽。

第十二章　考察中国古代艺术宝库——敦煌

敦煌莫高窟藏经洞自光绪二十五年(1899年)被发现,大批珍贵艺术文物被英、法、俄、意、美等国考古学家、收藏家盗卖至国外,经国外媒体大量报道,此消息传至国内,方引起我国艺文界有识之士及当局的高度重视。三十多年后,日本帝国主义又发动侵华战争,先后占领了我国东北、华北、华南、华中大部分领土,我国西北包括敦煌在内艺术文物再次处于可能被破坏、被抢掠的危险之中,因此西北艺术文物考察团便应运而生。这个考察团成立的主要目标即是考察保护包括敦煌在内的西北艺术文物。敦煌莫高窟是考察团工作的重中之重,因此,考察团投入敦煌的考察时间、人力也是最多的。自1940年冬至1943年春,历时两年半时间,虽然来来往往,留在那里工作的人时多时少,但始终没有间断,历经考察团五年生命中的一半。

敦煌在兰州以西一千二百公里外的戈壁滩中,在20世纪40年代,走完这一千二百公里可不是一件容易的事。首先,要从兰州坐汽车经河西走廊经武威、张掖至酒泉,再往前就没有公路可通了,酒泉以西即为戈壁。从酒泉到安西,约二百八十公里需要雇骡车,走三天。坐在虽有毡篷的骡车里耳边响起呜呜的风鸣声,迎面扑来的是飞沙走石,如此艰难的戈壁行程,由不得会想起"疾风卷深海,万里扬沙砾;仰头不见天,昏昏竟朝夕"。好不容易到安西,而安西到敦煌还有一百八十公里。这一百八十公里连路也没有了,全是沙窝,软沙没胫,走一步都不容易,骡车更不能行,由于很少有人到那里去,所以也没有租骆驼这样的行当,因此骆驼也无处可雇,只能到农家雇用他们的木轮牛车。这一段路的艰苦,常人难以想象。东晋法显和尚到西天取经曾走过这段路,他在《佛国记》中描述这段路说:"上不见飞鸟,下无走兽,……路无居民,涉行艰难,所经之苦,则莫知所拟。"但考察团景慕敦煌的心,和法显求佛的心一样殷切,而且路还没有人家远,所以考察团走完这段路的决心是毋庸置疑的。

戈壁中的白天,上晒下蒸,坐在木轮牛车上,一丝风也没有,奇热难耐的程度足以媲美齐天大圣坐在太上老君的八卦炉中的滋味。牛步又慢,四平八稳,因此必须改在夜晚行进而白天休息。这一百八十公里的路途中间,仅有三个休息站。所谓休息站,不过是在沙窝中用土坯垒起来的一间小草棚而已,勉强可以避避风、躲躲晒而已。小棚内地上的牛粪足有半尺厚,在白天烈日的暴晒下,夜间发出的臭气,足可使人窒息。好在路程也是三天,只需在休息站忍耐三个白天就可以了。这样,敦煌就到了。

敦煌虽不是佛界西天,但敦煌县城濒临党河,灌溉便利,因此这里便有"塞外江南"之称,也算得是考察团的天国福地了。但是且慢,敦煌县城离千佛洞尚有三十里路程,而且也是沙漠窝窝,人不能行,要骑马走半天。

何正璜去没去过敦煌?如此艰苦的路程,让我们的主人公去走一趟,未免有些不近人情，但是笔者从未怀疑她没去过敦煌。她虽然是出身富裕家庭的知识女性，但“冒着敌人的炮火，跋山涉水，风餐露宿，啃噬如铁的窝窝头，夜宿没有被褥只有光席的鸡毛小店”，这样的日子她都过过，还会怀疑她去过敦煌吗？可是，就在笔者写作过程中，突然听说“何正璜没有去过敦煌”，还是让笔者吃了一惊，于是不得不放下笔来，去查对有关资料。

一、考察团何时去敦煌？

王子云在《从长安到雅典——中外美术考古游记》中，有四处明确记载去兰州及敦煌的时间。分别是：

1.“我们考察团是1940年3月到达甘肃省会兰州的。”（第49页）

2.“我从1941年到1943年经常来往于兰州敦煌之间。”（第51页）

3.“1942年，教育部艺术文物考察团到敦煌考察。”（第97页）

4.“从1941年冬到1943年春，考察团断断续续在千佛洞住了两年半的时期中有时有四人工作，经常不少于二人……”（第70页）

王子云的四次记载显然有前后矛盾的地方。（王子云写此书时在1989年至1990年，他时年已九十多岁高龄，而且当时条件极其简陋，连资料也不在手边，记忆有误，实在是情有可原。这本书出版时他已去世，因此也没有校勘的机会。）特别是第一处，“1940年3月考察团到兰州”显然错了，因为1940年3月考察团尚未成立。即使1941年3月也不可能，因为在何正璜的日记中，1941年3月至4月王子云尚在西安考察。第四处“从1941年冬到1943年春……两年半时间”，连简单的计算也错了（只有一年半时间）。笔者对此仔细分析认为：考察团在敦煌的时间应为“1941年春至1943年冬近两年半时间”。

二、王子云先生的文字中，没有“何正璜去敦煌”“何正璜在敦煌”的记载；

三、何正璜的日记中，也没有自己去敦煌、在敦煌的明确记载；

四、研究王子云、何正璜史迹的首席专家罗宏才教授的有关文字中，也没有“何正璜去敦煌”或“何正璜在敦煌”的记述：

1.“1942年5月、7月，王子云、雷震、邹道临、卢善群等人还先后分两批离开兰州奔赴敦煌参加考察。”（《抗战中的文化责任·叙述文版》第56页）；

2.“关于考察团在甘、青道上辗转西进的时间记忆，先是有1942年5月以降王子云、雷震、邹道临三人的联袂西进……昂首直赴佛国之都的敦煌古城。”（同上，第58页）

那么，何正璜在考察团于1942年春至1943年冬赴敦煌考察期间，究竟身在何处？

1. 从《何正璜1940年日记》中可知，她直到1941年4月20日尚在西安，王子云也在西安；

2. 何正璜游记《谒成陵》未注明是哪一年，只写出5月5日，据分析，应为1941年的5月，紧接着她的《青海行》，也未注明是哪一年，只写为5月，最后一天为5月22日。

这说明何正璜于1941年春天随考察团移师兰州。期间除明确记载曾赴青海外，往西就再无记录了。

由此似乎可以得出结论"何正璜没有去过敦煌"。

持此观点的人还有一个论据是"何正璜在兰州期间正孕育她的第一个孩子"。是的，她的大女儿王蔷1942年7月17日生于兰州。由她的游记中可知，她5月22日在青海，期间的5月19日，"坐骡车去塔尔寺。二十五里唐马镇……又十五里至清水河……又三里至老幼堡。由此至鲁沙尔镇约七里，均行山峡中，马车旋坡而上，颇感疲乏，午后一时始达镇上，下车步行至半里外的塔尔寺招待所。"假若是"1942年5月19日"的话，离她大女儿7月17日出生已不到两个月了！这时已有八个月的身孕。试问：哪个怀着八个月身孕的妇女敢坐着骡车在崎岖的山谷间颠簸？然后又在偏僻的深山中步行半里？

即使她去青海的时间是1943年的5月，生过孩子也不过才十个月！这时候坐骡车到深山中颠簸也不可能。

我们虽然佩服何正璜的勇敢和探寻我国古文化的执着精神，但绝不会到不顾自己身体的地步。

还有下列证据：

1. 何正璜临摹的敦煌壁画至少有十五幅之多；

2. 何正璜撰写了中国第一份有关敦煌的考察报告《敦煌莫高窟现存佛窟概况之调查》，洋洋三万余字，详细记述了敦煌每个洞窟的情况；

3. 新近发现何正璜的游记手稿《敦煌归来说敦煌》；

4. 就在笔者写此书稿时，恰又读到卢夏先生（考察团卢善群先生之子，南京农业大学中华农业文明博物馆副馆长）的回忆文章《秋风古道——西北艺术文物考察团》，该文中说："1942年6月，父亲（指卢善群先生）从国立艺专毕业，同年7月即独身一人自重庆出发，风尘仆仆赶到西安。在此之前，王子云、何正璜、雷震、邹道临四人已于1941年秋开赴敦煌（何正璜因生孩子住在兰州）进行工作……"1941年秋，何正璜尚无身孕或刚有身孕，卢善群先生说"1942年7月何正璜住在兰州生孩子"这话一点儿不错！

即使我们看看何正璜这些形彩毕肖的敦煌临摹画、细致入微的对敦煌千佛洞的介绍文字，我们就很难想象，这是一个没有到过敦煌的人的作品！

诚然，这仍不能算是何正璜去过敦煌的直接证据。

但是，我们至少可以说“何正璜参与了对敦煌千佛洞的考察工作”。我想，对这个结论应该是再无异议了。

考察团对敦煌的地理形势、千佛洞的形成与发展、现有规模及各洞详情，进行了仔细的考察、丈量、记录、摹绘、摄影，把敦煌千佛洞的生成以及它的历史与现状，摸了个一清二楚。

1. 敦煌古名瓜州

《汉书·地理志》敦煌郡条注:“杜林以为古瓜州，地生美瓜。”《后汉书·郡国志》敦煌郡云:“敦煌古瓜州，出美瓜。”杜预于《左传·昭公九年》注:“瓜州今敦煌。”

这个地方古名瓜州，并非虚妄之言，因其气候热、沙地、少雨，故而所产之瓜美。此瓜并非西瓜，而是香瓜，亦名甜瓜，形体大于西瓜，为椭圆形而两头尖，黄绿色，上有裂纹甚多，类似哈密瓜，但不是哈密瓜。哈密瓜出之哈密，此瓜产之敦煌，敦煌瓜品质在哈密瓜之上。

“敦煌”之名为汉武帝元鼎六年（公元前 111 年）分置张掖、敦煌二郡。其地春秋时属秦有。

何正璜在考察团任文秘，检索提供资料是其本职工作，想必在考察团赴敦煌前提供有关资料的也应是她。至于敦煌瓜美于哈密瓜，则是大家品尝后共同得出的结论吧。

2. 敦煌地理形势

据考察团实地踏勘，出兰州向西，河西之地系祁连山与贺兰山脉南北横列而成。嘉峪关处为南北二小山连接处之一小出口，出此口为一大塬，即关外三县，为玉门、安西、敦煌。敦煌县城靠近祁连山。祁连山在敦煌县南，名三危山，山中有大水流出名党河，灌溉敦煌之田。今敦煌县城在党河东岸。县南十里有沙山，山高二十余丈，长约五十里，宽约二十里，人从山上滑下，因沙与沙相摩擦而发出轰炸机飞过之声，古人名“鸣沙山”，山后即石山三危山，在敦煌县东南四十里处，沟宽约二三十丈，沟底为小石子而面平。东岸高约一两丈，而西岸高约一丈至二十余丈不等，千佛洞即是在此西岸崖壁上开凿的洞。

3. 为什么在此开凿千佛洞

沙山被南来之水（党河）冲断，西岸高处仍是沙，下面为卵石，日落时，因沙有五色（远看为白色），日光反映成若干金光，为时甚短，一闪即逝。前秦苻坚二年（366年）有沙门乐僔见此奇景，以为佛光，因而在此壁上造一窟，后法良禅师又造一窟，至西魏大统时元太荣又造数窟。唐李怀让于武周圣历元年重复莫高窟（千佛洞）佛龛碑记云：“莫高窟者，厥前秦建元二年，有沙门乐僔，戒行清虚，执心恬静，尝杖锡林野，行止此山，忽见金光，状有千佛，遂架空凿岩，造窟一龛。次有法良禅师，从东届此，又于僔师窟侧，更即营造。伽蓝之起，滥觞于二僧。复有刺史建平公、东阳王等，各修一大窟。自后合州黎庶，造作相仍。实神秀之幽岩，灵奇之净域也……推甲子四百他岁，计窟室一千余龛……”

到了唐代，“计有窟室一千余龛”，是以名为“千佛洞”。

过去前往西域出西门，至玉门往西北，至阳关往西南。唐代改出南门而从莫高窟经过。五胡之乱后，其地人口减少，耕地日缩，树木被伐，沙土扩张，遂使敦煌

《敦煌千佛洞全景图》之左半。全图长4.56米，宽0.233米，王子云绘于1942年。1991年4月，何丄璜将此图无偿捐赠给敦煌研究院

范围缩小。

唐时，莫高窟是往西域的必经之路。以前是“西出阳关无故人”，而今南出莫高窟即为石山，人烟稀少，故送行者以莫高窟为终点。出行者则向莫高窟神像祈祷，要神保佑，并许愿：如果如意归，则给神酬谢某物。归来时，若小如意，则献经若干；中如意，造小洞若干；大如意者，造大洞若干。此为中外交通要道，外出经商发洋财者甚多，故而石洞以千计了。

4. 发现藏经洞，轰动了世界

敦煌千佛洞在崖壁高处有四层，均为石像，现存373洞，在其北、南共有空洞184个，为招待来人用。本处僧人住上中下寺，其地南高北低，南距崖底约十丈，所建寺院为上寺；上寺之北为中寺，原上中为一寺，现分为二寺；北头近千佛洞处的寺院为下寺。上中寺住喇嘛，下寺过去住僧人，以后住道士。

宋朝西夏之乱，下寺僧人为躲避战乱而逃奔他乡，将寺内经卷、佛像和其他器物藏于寺旁一大洞中之复洞内。此大洞长五丈二尺，宽四丈九尺，高约三丈，由洞口至洞底为二丈二尺，此为礼佛的跪拜之地。其后三丈处为一神龛，龛在一尺三寸的高台上，此台凹字形，台长二丈五尺，宽二丈，两边凸出处宽约六尺，中部凹处长一丈一尺。台上左右尚有各五尺宽的走道，为上下通道。

1942年考察团看到的敦煌千佛洞的残破景况之一

此洞北有一复洞，复洞长宽均为九尺五寸，边高六尺五寸，中高九尺三寸，洞内均有壁画，其风格为唐画。下寺僧逃跑时，将此洞装满了经卷、佛画及佛像和其他物品，然后用土坯垒实，外部涂泥、上粉、画画，其风格为宋。逃跑的僧人再未归来，因此后人并不知此复洞，更不知道洞内所藏之物。

时光推移到清朝，下寺于道光初年住进了道士。清末，住在这里的道士叫王圆箓，湖北麻城人。光绪二十五年（1899年）阴历五月二十五日，王道士以流水冲沙的办法在清理大洞里的积沙，“沙出壁裂一孔，仿佛有光。破壁，则有小洞，豁然开朗，内藏唐经万卷，古物多名，见者惊为奇观，闻者传为神物。光绪二十五年五月二十五日事也”（《王道士墓志》）。

在通往复洞的甬道内有光绪三十二年（1906年）立木牌一块，上书：“……庚子孟夏，新开洞壁偏北，复掘得复洞，内藏释典充宇，铜像盈庙，侧有碑云：‘唐大中五年沙门洪詈立’。”

藏经洞于光绪二十五年被发现，当时敦煌县长为汪宗瀚，汪字栗安，湖北人，他对古物也有相当认识，因而从王道士手中取去若干写经及画像。

当时任甘肃学台的叫叶昌炽（苏州人），也爱好古物，便托汪宗瀚搜讨，汪以“宋乾德六年水月观音像、写经卷子本、梵叶本各二”送给叶昌炽。

叶昌炽建议藩台衙门（甘肃省政府）将此古物全部运至省垣保存。估计要用运费五六千两银子，运费无着，只得于光绪三十年三月令敦煌县长汪宗瀚“检点经卷画像”封存。

这时候，有个匈牙利人斯坦因，被英属印度政府派到新疆考古，在新疆听一个在中国经商的外国人说，在敦煌市面上见到古外国文字，斯坦因便立马和他在新疆

1942年敦煌千佛洞残破景况之二

敦煌千佛洞洞窟上宋代木构防雨水檐亦残破不堪

敦煌千佛洞王道士墓

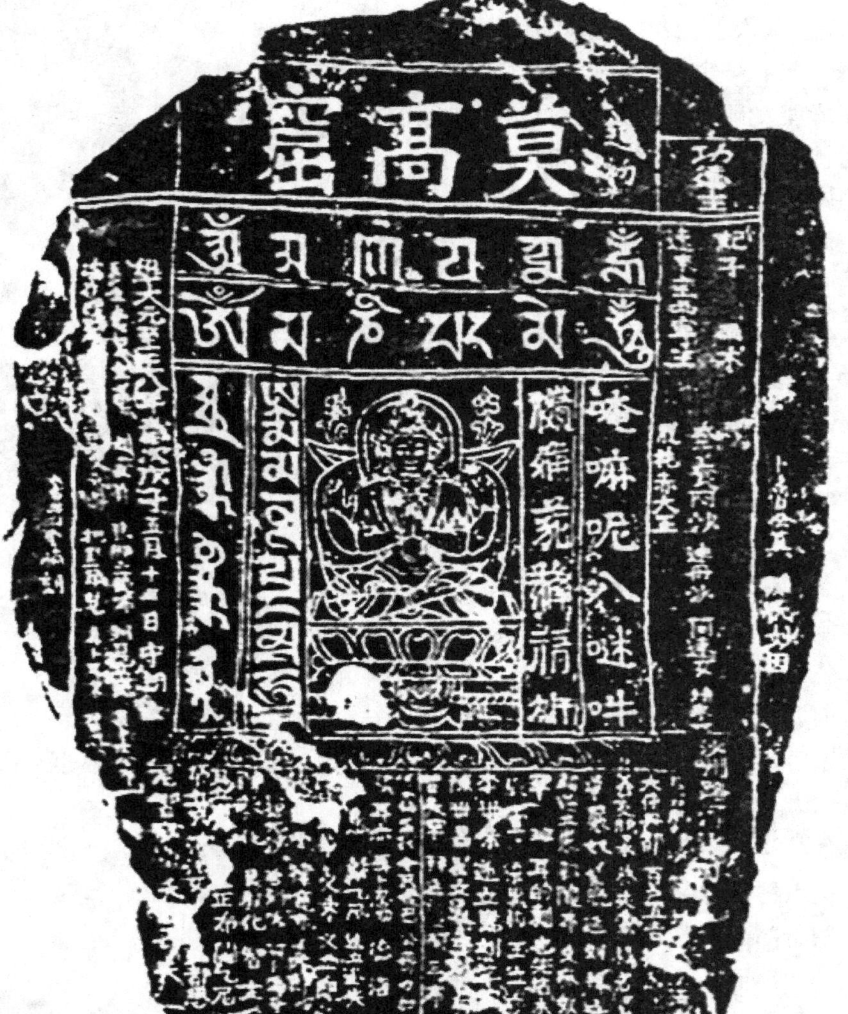

敦煌莫高窟六字真言拓本

雇的蒋师爷（名孝琬，湖南人）在敦煌东新店搜寻未得，于是来到千佛洞，住上寺，在一个喇嘛手中看到一卷写经，知为中国政府所保存，不敢下手。待王道士化缘归来，他对王道士说："过去中国信佛，所以派玄奘到印度取经。现在中国不信佛了，所以印度派我来将这些经取回去。"王道士不为所动，后以银五百两，从王道士手中盗购完整长卷写经三千卷，共装三十二箱，另有佛画、绣品五箱，于光绪三十三年五月二十八日运出国，引起嗅觉灵敏的外国考古学家、古董商人的注意。

法国人伯希和于光绪三十四年七月到千佛洞，以一元宝（重约五十两）一捆的价格，盗购一千五百余卷，经北京运出国。在路过北京时，伯希和拿出一些给罗振玉看。王静安得知这一情况后，托兰州慕少堂将敦煌千佛洞"莫高窟碑"等拓印了数十份，供自己研究考证。

这些消息和实物在外国披露和面世后，引起轰动和一些人的垂涎，于是便有德国人、俄国人、美国人纷纷到千佛洞盗宝。他们私自盗买了多少，无从统计。有的看见洞窟中的壁画，那么古老且那么精美，便用刀将绘在泥层上的壁画割下来运走。更有甚者，用塑胶涂在布上，然后再贴在壁画上，胶干后，壁画就粘到布上了，然后持布而去。

如此被洋人疯狂地盗掠，自然引起中国政府的注意，经清廷学部咨陕甘总督查实，于宣统二年春，经敦煌令陈泽藩一并查点，共计经六千卷，解省送京。

宣统三年十月十二日敦煌县移文云："查千佛洞经卷，光绪三十四年，该王道人装成两木桶，彩画封订，其桶空中，套立木柱，名曰'转经桶'，其余仍堆于洞中。敝县去岁禀明在案。嗣后奉学部搜买，敝县会仝同学厅，传集绅民，尽其洞中所存者，一律搜罗护解省垣，其经桶原封未动……严谕王道人，将经桶看守，以免遗失施行……"

此经桶内经卷于民国元年，因新旧交替，王道士趁机又盗藏。民国三年，斯坦因二次到敦煌，又从王道士手中盗购五大箱，六百余卷。

藏文经卷不太受重视。有藏文经卷九十捆，重四百四十一斤，封存于另一洞中。又于敦煌劝学所内三捆，重十五斤四两，夹板十打，计重一千五百八十四斤。又给省图书馆送一捆，计重四斤，一打计六十六斤。（民国九年六月二十一日呈甘肃省教育厅档案）

考察团在藏经大洞内一木柜中，发现藏文经卷数十卷，不知是封存时所遗，还是新发现的。

另外，考察团尚收集到唐人写汉文经三卷，唐人写藏文经数卷，在洞中拾得宋、元、明木刻本残片数十张，其中有汉文、藏文、蒙文、西夏文等。

5. 敦煌千佛洞艺术品的价值及现状

敦煌佛像因所在山崖壁是小石子堆积而成，而不是整块大石，所以不能雕刻，只能在碎石上雕个轮廓，外加泥塑。大唐陇西李府君功德记云："……初坯土涂，旋布错彩，豁开石辟，俨现金容……"唐宗子陇西李氏再修功德记云："……复有当家三窟，今也重修，泥金华石……于是乃慕良工，访其杞梓，贸材运斧，百堵俄成。鲁国班输，亲临胜景，运霞大豁，宝砌崇墉。未及星环，斯构矗立，雕檐化出，巍峨不让于龙宫……"

莫高窟458窟唐塑菩萨半身像

莫高窟261窟五代塑坐菩萨像

莫高窟北魏彩塑佛像，被誉为东方的蒙娜丽莎

莫高窟北朝壁画佛涅槃图

过去，在苏州角直发现十多座唐塑，轰动国内业界，今敦煌石室，有北魏、隋、唐、五代、宋、西夏、元、明、清以至民国的塑像，大的有十余丈，小的不过数寸，有立的、有坐的、有睡的，千姿百态，数量何止千计！如此庞大、系统的雕塑，不啻一部完整的中国雕塑史，其价值不言而喻。

石室中的四壁乃至洞顶均有绘画，多为佛教故事，由佛的诞生到死亡，朝代不同，画风各异，内容丰富多彩，又是一部绘画史。现存宋画，一幅往往在数万元以上，唐画几乎绝迹，这里唐画多不胜数，其价值可想而知。

这里的壁画，上层多为佛像和佛故事，下面画的是供养人。供养人有男有女，有王公贵族，有男僮女仆，并且署有其身份、官衔、姓名、籍贯。这些供养人有北魏隋唐五代宋元明清的服装、衣饰、发式，堪称一部中国各朝代服装史。画面尚有佛病了，各国太子前往慰问，除中国的太子穿帝王服装外，尚有于阗、印度等国的太子，有高鼻深目多须者，有裸体者，有奇装异服者，又不啻一部西亚及印度的服装史。

莫高窟壁画河西节度使曹延禄眷属（供养人）像

此外有男持手杖，手握处为弯形。有女的穿旗袍，足蹬高跟鞋，颈缠绸围巾，手携皮手夹。也有男穿西服者。猛一看以为是今人的时髦画，其实是唐人的写实画。其又为中国文化

莫高窟壁画经变图（建筑局部）

史，甚至是世界文化史！可惜破坏甚为严重。一是自然损毁。洞窟是在石崖上凿洞，崖高处有凿四层者。上层因崖壁系小石子而成，水浸后久而破裂。上层破裂倒塌了，沙石堆积在崖根下，把最下一层洞窟埋没了。据考察团细数计算，现存洞窟 373 洞，唐代“计窟石一千余龛”，少了六七百洞。

二是人为损坏。每年阴历四月初八逢会七天，实则连会前准备、散会，时在十天以上。远近居民赶会，多骑驴牵羊而来，就住在洞内，并在洞内起灶做饭，烟将洞内壁画多熏黑了。

历代寺中住持，无论和尚道士，均要将“佛像、壁画、栋宇焕然一新”，在过去的壁画上再涂一层泥，在泥上另绘一画，因此，泥壁甚厚，揭一层还有一层，往往有多层，最上一层为近代的，揭去一层为宋或为元代的，再揭一层或为隋唐的了，有的洞可以揭四五层之多。

莫高窟唐壁画乐舞队　何正璜临摹

王道士盗卖经卷得银颇多，心有愧疚，便要做些功德，将破旧佛像铲除，自己再塑新像，将铲的旧佛像堆成一塔，立碑名曰“敦煌千佛洞千相塔记”，不知其毁坏了多少！今塔尚在。

外国人盗刮、布粘，白俄人搜刮佛像上的金子以及到处打洞寻找经卷，毁坏也相当严重。

考察团为防日寇战火来保护整理，但至后期，日寇侵华气焰已趋强弩之末，但敦煌保护仍为迫在眉睫之事。

考察团到敦煌，看见其破败景象，无不痛心疾首。多数洞窟已被黄沙掩埋，洞门虽可匍匐进入，但洞内也是积沙数尺。工作条件又差，仅在洞内临画、拍照，照明就是一大难题。在长达三四里的沙崖前，仅有两座破庙勉强可以住人，其他什么也没有了，没有人烟，甚至也没有走兽飞鸟，真正是一处天外鬼域。

6. 考察团在敦煌的工作成绩

考察团在此工作两年半时间，因受经费限制难以充分展开，人员少，材料缺乏，生活条件更差，但工作成绩仍然甚为可观：

1. 北朝大型壁画摹本 8 幅（其中有长达 6 米的五百强盗得道图，3 幅连环的萨埵王子饲虎图和长达 6 米的伎乐飞舞图等）；

2. 北朝佛故事和单身像摹本 20 幅；

3. 隋代佛故事和供养人画像摹本 14 幅；

4. 唐代大型经变图摹本 12 幅；

5. 唐代单身菩萨像摹本 8 幅；

6. 魏唐各代佛洞藻井图案摹本 30 幅；

7. 五代供养人像和出行图摹本 6 幅；

8. 宋代五台山图壁画摹本 1 幅；

9. 元代佛故事人物摹本 3 幅；

10. 千佛洞全景写生图卷 1 幅；

回鹘公主像　何正璜临摹

莫高窟壁画唐代菩萨像　何正璜临摹

11. 千佛洞现状文字记录 1 本；
12. 元代“莫高窟题名碑”拓片 5 份；
13. 千佛洞泥塑像速写 30 张；
14. 千佛洞各洞照片 120 张；
15. 千佛洞积沙中捡拾残经碎片若干。

其中，何正璜临摹画至少 15 幅，撰写了《敦煌莫高窟现存佛窟概况之调查》一篇，文内将现存 373 洞内详情均予以介绍，全文三万余字，发表于 1943 年《说文月刊》。

7. 考察团在敦煌遇到张大千

张大千彼时已是国内很有名的人物画家。他早考察团一年到敦煌，和他的一个助手（孙宗慰）同住，并从塔尔寺雇来三名喇嘛画师帮其临摹壁画中的佛像。他的所谓临摹，实际上是在临摹的基础上再创作。他名曰“恢复”原貌，即将原壁画年久褪色或损坏部分补齐，涂成新的颜色，红红绿绿，鲜艳刺目，其意图与考察团完全不同。考察团是为了反映真实，临旧如旧，原画是什么颜色即涂什么颜色，缺损部分也决不妄补。但双方相处仍十分融洽，经常来往，张大千还曾特意请王子云到其所住的下寺吃他亲手做的四川菜，并送王子云一幅《步月图》人物画。由于他请有熟练画师做助手，所以临了不少大型的唐壁画。

8. 考察团建议设立敦煌保护机构

考察团到敦煌不久，即意识到敦煌保护工作的紧迫性，因此即致函重庆教育部，建议设敦煌艺术研究所，并列有详细计划。彼时，教育部为了安置因抗日流亡的艺术界人士，特设立了一个闲散的机构，名“艺术教育委员会”，常书鸿在该会当秘书。考察团建议函自然先送到这个委员会，并当即被批准，常书鸿自告奋勇，到敦煌去筹备研究所的成立，他拟出一个筹备委员名单。他自任筹委会主任委员，任王子云为副主任委员。常书鸿、王子云当年是杭州艺专的同事，互相十分了解。王子云觉得常是画油画的，与美术考古似乎不沾边，常任主任，王任副主任，自然心中不能接受，于是就置之不理。自然，后来敦煌研究所成立，就与王子云、何正璜没有关系了。但新中国成立后，王子云、何正璜一直与敦煌艺术研究院保持着联系，关心着那里的发展，何正璜晚年还将王子云当年花一个多月时间画的《敦煌千佛洞全景写生图卷》无偿捐赠给了敦煌艺术研究院。该院也没有忘记王子云、何正璜等考察团成员对保护敦煌的贡献，至今，在那里仍开辟有一处展区专门陈列王子云他们在敦煌的事迹。

9. 考察团举办的几次展览会

到 1944 年，考察团在四年多的时间里，逐步积累了大量的西北古代艺术文物资料。在此期间，先后于西安、兰州、重庆等地或单独举办或参与举办了五次大型展览，数次小型展览，均取得了良好的社会效果。据罗宏才先生统计，这些展览计有：

1. 1941 年 4 月 6 日，在陕西民众教育馆举办“在陕第一次工作成绩展览会（内部展）。展品包括古代建筑测绘图、古代雕刻模铸品、民俗工艺绘画、石刻艺术拓片、摄影作品、史迹考察文字记述等九类，展品共二百九十余件；

2. 1942 年 8 月，为配合甘肃省政府举办“文物工业展览会”，在兰州举办“西北文物艺术展览会”，主要展品为考察团在敦煌千佛洞临摹、拓印、摄影、速写等作品，以展示敦煌石窟艺术风采；

3. 1942 年底，将部分敦煌临摹壁画和其他文物资料运至重庆，参加由教育部举办的“第三届全国美展”；

4. 1943 年 1 月，在重庆中央图书馆举办“敦煌艺术展览会”，展品三百多件，展品主要是敦煌壁画临摹作品、装饰图案、西北风情写生画等；

5. 1943 年春，在西安国民党省党部举办“汉唐陵墓艺术展览会”；

6. 1943 年 10 月，为配合陕西省政府“文物、产业、卫生展览会”，在陕西民众教育馆举办“西北艺术文物展览会”。

每次展览，考察团均认真对待，并挑选那些能充分展现各地艺术与文物风貌的作品参展，因此每次展览都能给予参观者以强烈的艺术震撼。展览期间总是摩肩接踵，络绎不绝，观众动辄数万余人。1943 年在重庆中央图书馆举办“敦煌艺术展览会”，开馆前一日，曾由王子云主持招待新闻界预展并做简短报告。据各大报纸报道，从正式开展第一日起，“自早至晚异常拥挤”，“参观者对我国古代艺术作风气魄之伟大无不惊奇，对该团所作河西风景及民俗绘画均发生浓厚兴趣”。1943 年 10 月在西安民众教育馆举办的“汉唐陵墓艺术展览会”，更是“盛况空前”，“观众极为踊跃”，“三日之内，人数逾十万”。12 日的《华北新闻》报登载渝客之的文章称：“……此次展览四十余幅摹品，俱属现存敦煌壁画最精华部分”。充分展现“（佛教）艺术乃在敦煌开放出灿烂辉煌之奇葩异朵”，“使我们对敦煌壁画及汉唐雕刻，得以尝鼎一脔，至为幸事。”“经考察团用石膏翻铸什伐赤、白蹄乌二骏……此种半浮雕之石刻，手法纯粹写实，英姿挺拔，说不出有一种移山倒海的力量，充分表现出中华民族‘力’的精神。看了这两种石刻，真令我们添了无穷的勇气。”

历次展览，都激励了全国民众的爱国热情和抗战斗志，极大地增强了民族自信心，产生了很大的社会影响。其中，国民政府教育部长陈立夫，国民党中央执委、西京筹委会委员长张继，内政部长周钟岳，陕西省政府主席蒋鼎文，甘肃省政府主席谷正伦以及著名人士郭沫若、高一涵、卫聚贤，还有美国副总统威尔斯基以及外国友人华莱士、芮斯等，均亲临参观并给予高度评价。甘肃省政府主席谷正伦还代表考察团送给威尔斯基一幅敦煌壁画摹品为纪念。周钟岳对考察团在西北艰苦从事发扬我国固有文化之工作，极为嘉许，并亲笔题字给予鼓励。张继还即兴写道：“劳军曾记唱凉州，未得西行汗漫游。满目丹青称圣手，天山文物自千秋。”高一涵更是在多幅作品上题跋，并写诗赞云：“冰雪严寒起冻皴，一经渲染便成春。关山万里生颜色，始信营邱笔有神。”

1943年后，考察团还奉教育部训令，积极筹备在印度孟买举行的国际文化展览会。后联合国会议即将在美国举行，考察团又挑选百余件作品运往美国参加在那里举办的国际展览。

这些展览中，有何正璜临摹的作品、速写作品、文字记录及发表在杂志上的游记、考察报告等自不待言。即使展览的前言后语、每幅展品的文字介绍甚至书写，大概也非她莫属，至于每次展览设计以及具体布展、开展后的解说，大约也同样少不了她。

10. 何正璜在考察团期间的文字作品一览

何正璜自小爱写作，爱写作的程度甚于说话，这是她何家的传统，也是她自小养成的习惯。在考察团她除了担任考察文字记录、撰写考察报告与呈教育部有关省政府、教育厅的函件以外，每天还要记日记，当然还有速写、临摹等任务。在如此繁忙的工作之余，她还创作了大量的游记等文学作品：

一、追忆在日本的生活及日本发动侵华战争而辍学回国的文章两篇：

1.《伊东拾零》

2.《含泪返国门》

二、考察报告两篇：

1.《敦煌莫高窟现存佛窟概况之调查》

2.《唐陵考察日记》

1943年，考察团在西安举办成果展。图中马踏匈奴为考察团翻制的石膏像

1943年考察团在重庆、兰州举办展览会，图为展室一角

三、考古游记二十一篇：

1.《美丽的临潼》

2.《谒成陵》

3.《青海行》

4.《茂陵夜话》

5.《汉长安古城》

6.《唐太宗昭陵》

7.《中华民族始祖——黄帝陵展祭》

8.《吟鞭指灞桥》

9.《白的梨花蓝的泾水——古邠州游览记》

10.《东方的梵蒂冈——拉卜楞》

11.《咸阳访古》

12.《终南山寻梦》

13.《春风长安颂》

14.《青海之恋》

15.《女帝御寝》

16.《咸阳考古细录》

17.《西风残照汉家陵阙》

18.《驰骋在西汉王朝的历史舞台上》

（以上多篇在她去世十多年后，由后人汇集成《何正璜考古游记》出版。）

19.《敦煌归来说敦煌》

20.《华山极顶观日出》

21.《古香春色说长安》

（最后三篇是新发现她的遗稿，有残缺，尚未整理。）

今起在中央圖書館開幕

敦煌藝展

昨日開幕觀者踴躍

考察历次展览均引起强烈反响，各大报均报道有关消息。图为1943年1月16日《大公报》有关报道

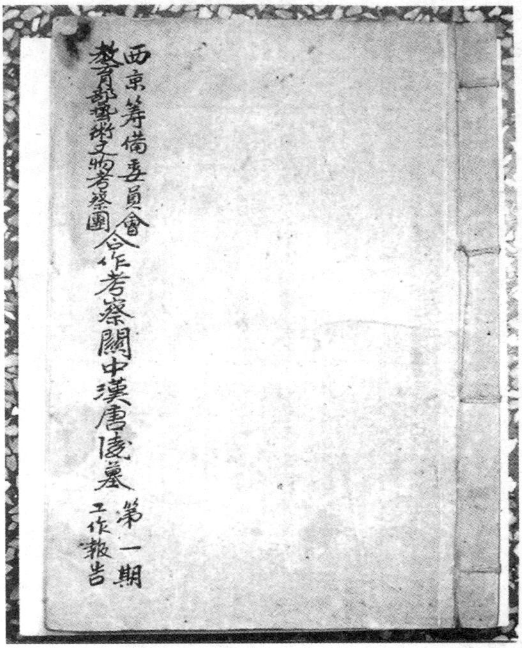

何正璜《工作报告》手稿

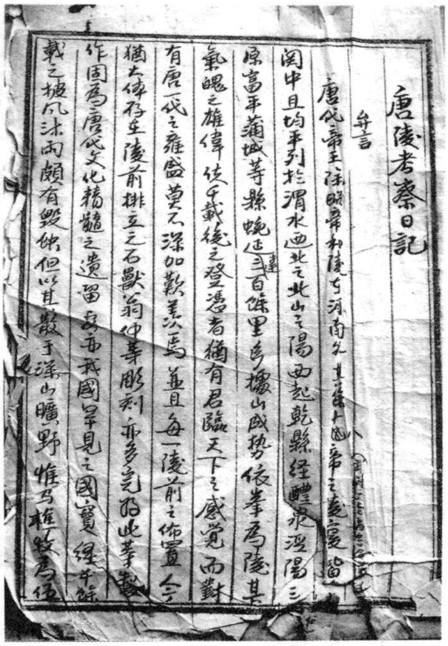

何正璜《唐陵考察日记》手稿

何正璜著作一览

第十三章　在临近解放的日子里

到 1944 年冬季，日寇侵华的嚣张气焰已是强弩之末，国民政府也是筋疲力尽。考察团成立时的理由已不复存在，国民政府因财政困难改变币制致使钞票连连贬值，考察团的经费连个人工资和日常生活都难以维持，不得不靠虚报冒领空饷以艰难度日，正常工作已无法开展，团员也没了精神，纷纷自谋出路，找借口请假离团，考察团不得不报请解散。教育部只好顺水推舟，一纸“就地解散“的训令，结束了考察团的生命。

恰巧这时，国立西北大学历史系新来一位系主任，名萧一山，是王子云的同乡，两人早有来往。他听说考察团解散的消息，就给王子云写了一封邀请信，邀请王子云到西大历史系任一个挂名教授，继续对西北地区历史文物进行研究。这个邀请函恰如给瞌睡者递了一个枕头，王子云没有犹豫，三下五除二，解散了考察团，偕夫人何正璜到了西大避难之地——城固县。

1945 年 8 月，抗战终于胜利，举国欢腾。西北大学返回西安，王子云在西大建立了“西北文物研究室”（现西大博物馆前身），王子云任历史系教授兼这个研究室的主任，何正璜任助理研究员，两人总算有了一个安身立命之地。

1. 一头钻进古物堆，两耳不闻窗外事

王子云、何正璜夫妇有了固定的住所，还各有一份不菲的固定收入，实在是两人求之不得的事。但是，王子云在考察团跑惯了，一下坐下来，反倒有些不适应。再则，他原来是个美术教育家兼画家，对于考古，充其量是爱好而已，客观地说，他读的书不够多。而何正璜正好与他相反，考察团那种东奔西奔、翻山涉水的日子真不是她干的事，而几年来丰富的考古见闻以及她积淀深厚的古文化学养，心中自然升腾起著书立说的强烈愿望，目前有吃有住的环境，正是她所希望的。但是她知道自己缺什么，她没有王子云学贯中西美术理论的修养，没有王子云那种阅尽世界美术精华的知识，没有王子云那种站在中西美术之巅审视中国古代艺术的眼力。同时，她知道王子云的短板，知道王子云没有她那种对中国历史的稔熟，没有她那种从小开始系统学习从而积累起来的对中国古文化的学识修养，更没有她能沉下心来于案头的恒心和定力。

她冷静地审时度势，心如明镜，知道他们目前的安定生活环境和他们了然于心的中国古文化知识以及手头所掌握的丰富资料，该是他们做出成果的时候了。

她给王子云开了一个书单，借助历史系唾手可得的有关书籍，让王子云恶补中国古代文化、中国古代思想、哲学有关方面的知识。王子云也给她开了个书单，尽罗西洋历史、思想、哲学、绘画等有关书籍。两人在西大不是教书，而是读书，好像又回到了学生时代。当然，那种互相切磋、红袖添香的温馨是学生时代所没有的。

从 1944 年冬天考察团解散，王子云何正璜夫妇到西北大学，直到 1948 年冬天，他们夫妇到成都国立染织学校任教，这中间有整整四年时间。这当中，他们很少参加社会活动，社交新闻中也鲜有他们的报道。那么，他们在这四年中都干了些什么呢？

这里有一份何正璜手书以王子云名义写的《中国古典美术分类整理编著目录》（见图）。从此目录中我们可知，他们除读书外，在埋头著述，而且计划编著十四种书，其中七部大型著作，七部小型著作，而且各有四部已编撰完成初稿或已完成资料的汇集编排工作。也就是说，在这四年当中，他们平均每年完成两部著作的写作或资

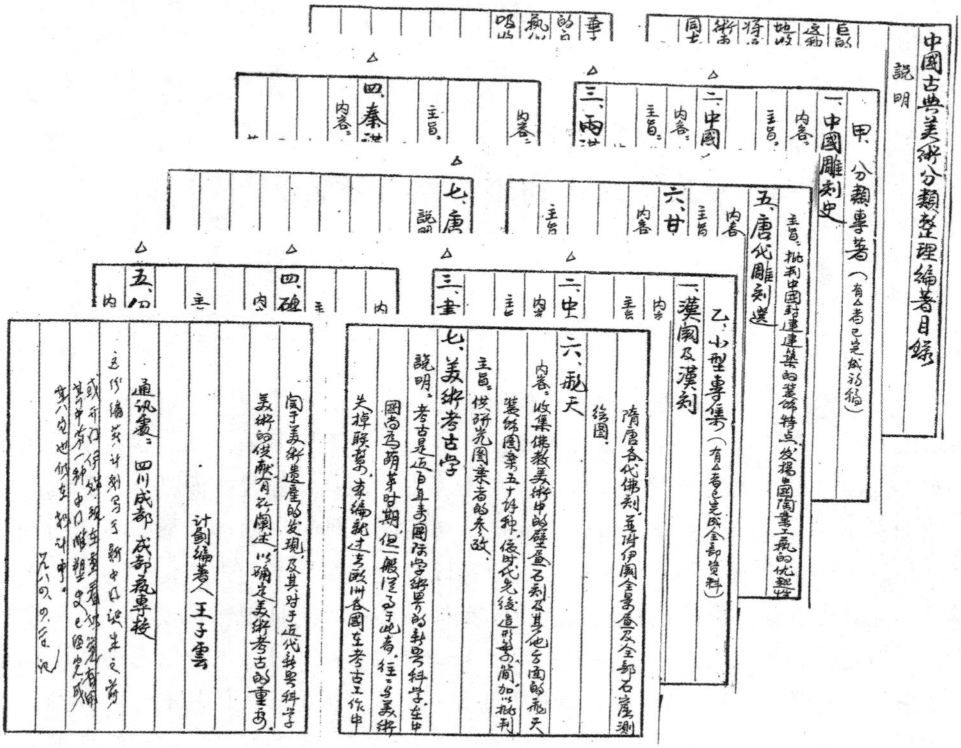

何正璜手写的王子云编著计划书

料的整理编排工作，这个成绩是令人难以想象的。具体情况如下：

已完成的四部专著是：

1.《中国历代应用艺术图纲》（书稿为何正璜手书，署名为王子云，此书稿2005年被发现，2007年由王蔷、任之恭整理，由太白文艺出版社出版）；

2.《两汉陵墓艺术考》（书稿亦为何正璜手书，署名为王子云，与上一部书稿同时被发现，王蔷、任之恭整理、出版时改名为《汉代陵墓图考》）；

3.《秦汉瓦当图录》；

4.《唐十八陵踏查记》。

已完成的四部小型专集是：

1.《中国的线刻艺术》；

2.《画砖》；

3.《碑的艺术》；

4.《伊阙龙门》。

2. 舞会上巧遇雷锦章

我们前文中提到的张光祖，1938 年到中央陆军军官学校第七分校（王曲军校）任教官，期间与何正璜的发小、青少年时期的同学、好友雷锦章结婚。1942 年张光祖被胡宗南调兰州“西北干部训练团”（简称西训团）任教导部少将主任，1944 年又调回陕西。1945 年抗战胜利后，王曲军校完成使命停办，西北大学从城固迁回西安后，张光祖被聘到西北大学教育系任教授。雷锦章在西安市公安局工作，先任警官训练所教官，后任卫生队队长、卫生科主任，负责全市清洁卫生工作。

此时，王子云、何正璜夫妇也从城固随西大一同迁回西安。

至此，何正璜、雷锦章这对好友分别在不同的人生轨迹上运行多年后，又在此相遇了。

抗战胜利后，人们都沉浸在胜利的喜悦当中。一个周末，西大在大礼堂举办舞会，王子云和何正璜、张光祖和雷锦章都去参加，在礼堂大门口，何正璜首先看见了雷锦章，但身着警服、英姿飒爽的她，使何正璜不敢贸然相认。可她灼人的目光吸引了对方，雷锦章一眼就认出了她，快步走了过来，喊了一声“塔玛！”（何正璜的日文乳名），一下就抱住了她。两人都是两个孩子的妈妈了，还是失态地一边呼喊着对方的名字，一边紧紧地抱在了一起。身边两个大男人，自然一看都明白是他乡遇故知了。待她们稍平静下来后，才分别向对方介绍了自己的丈夫。他们连舞会也不参加

何正璜、何正慈与张光祖、雷锦章夫妇

了，何正璜拉着雷锦章，四个人一块儿到了何正璜的家里。

何正璜、王子云的家，虽然是一个独立的小院，但夫妻俩都是工作狂，房间里展开的资料铺天盖地，桌上、地上到处都是字、画、照片和一摞摞的图书，四个人进去，几乎连下脚的地方都没有。

雷锦章对何正璜说，张光祖也在西大当教授，但在西大只有办公室而没有家，因为他们在西安有自己的房子，自己的家。

两个男人拉话，各自介绍了自己的情况，两个女人则详细诉说着她们别后各自的经历。拉话拉到很晚，雷锦章最后说：你们这里是工作的地方，哪里像个家呀！你们干脆住到我们那里去，我们家房子多得很，我回去就给你们腾出两间。

何正璜与雷锦章是一对狗皮袜子没反正的发小、闺蜜、朋友，从小在一起都不分你我，何正璜夫妻到雷家安家是再自然不过。

3. 雷家的大杂院

雷锦章的家在东一道巷26号，是个大院子。这个大院是张光祖父亲留下来的房产。张父名炳炎，湖北光化县人，前清秀才，1913年任陕西麟游县知事。1915年因白朗农民起义军攻占麟游，县衙无武装力量对抗，张父遂携官印逃至西安，买下这个大院安了家。

这个大院是个比较大的四合院，内有三座房，临巷的街房和西厢房是平房，街房紧东边是院门、过厅，进到院子正面是一座地下一层、地上三层的楼房，1939年6月日寇轰炸西安时，楼房最上层被毁，三层变成了两层。但整个院子尚有房子近二十间，张家除自住楼房一层外，其他房间全部出租或借给朋友居住，因此这个院子成了住着形形色色人家的大杂院。其中有张光祖前妻留下的二女一男，有称作大李、小李的一对歌女，一个叫索菲亚在俄专教书的俄国女教师和她的两个女儿（一个女儿叫达玛拉，一个叫柳达），还有一个失业女特务（中统电话员），张光祖的同学、张治中的女儿张素我也住在这里，再加上张光祖的另一对北师大的同学、战友张砚田夫妇等共十余家。

楼房二层中间是过厅，住房分东、西两边，条件较好。西边住着张砚田夫妇，东边几间尚空着，收拾打扫后，何正璜、王子云夫妇即住了进来。

张砚田是张光祖北师大不同系的同学（张光祖是教育系，张砚田是政治系）。后来两人同在王曲军校任职，都是胡宗南手下干将。张砚田的妻子是吴光伟。吴光伟（1916年—1989年），河南人，张光祖北师大同班同学，英语好，人长得漂亮，是北师大有名的校花。

抗战胜利后的第二年，何正璜、王子云夫妇也住到了这里。与吴光伟夫妇同住二楼，一在东、一在西，门对门。

何正璜第一次见到吴光伟被她的美貌惊呆了！事后何正璜对人说，她从未见过如此美貌又如此高雅的女人，自己感到自惭形秽，恨不得有个地缝钻进去！何正璜何许人物！自己就是一个雍容华贵、气质高雅的人，她如此称赞的女人，可见吴光伟的确不同凡响。

张砚田虽是个军人，但却文质彬彬，英俊儒雅，是个典型的儒将，又有留日经历，和何正璜很能谈得来，于是两家也成了好朋友。

4. 不自觉的站队

抗战胜利后，内战不可遏止。

吴光伟心向延安，但命运却不眷顾她，她因种种身不由己的原因离开了延安，如今更是“身在国”，而且还是国民党高级军官的太太，她能向何正璜说什么呢！张光祖原本也是思想激进、对国民党颇多微词，而且也读过不少马列的书，心也是倾向革命的。他在西安上学期间，就是个社会活跃分子，曾和张学良、杨虎城有来往。到北京上大学时，他大哥托在北京关照他的朋友就是一个共产党人——原政廷。原政廷，陕西蒲城人，当时在北大历史系读书，同时也是中共北京市委书记兼北师大书记，直接受李大钊领导，住在蒲城会馆。张光祖上北师大，投靠原政廷，就是与其同住在蒲城会馆的一个房间里。原政廷介绍不少马列小册子给张光祖看，并告诉他“马列主义比三民主义更革命，更符合中国国情”。张曾向原表示自己想加入共产党，原劝他“还年轻，再读几年书，以后再说”。其实，在他心中，还没有马列主义在中国一定胜利的信念，因此始终也没有“与现在的我决裂”从而投身革命的决心和行动，只能随命运而动。因此，他也不可能给何正璜、王子云讲什么革命道理，更不可能劝他们奔赴延安。

王子云、何正璜是典型的“书呆子”式的知识分子，只痴迷于美术考古，对时局不但不管不问，更是一无所知。至于人生走向，恐怕连想都没有想过，也是随命运而动。

1949年5月20日西安解放，可是，就在此前几天，即5月11日，何正璜、王子云夫妇经过多日考虑、犹豫之后，还是乘坐张砚田的军车去了成都！

这是何正璜、王子云夫妇第一次用行动站队，无论他们那时是在什么情况下，以什么样的心态去了成都，但在外人看来，他们在政治上是站在国民党一边的。

究其根源，这一切皆是何正璜与雷锦章的关系使然。

国共两党较量起来，到1949年国民党节节败退，反动政权行将就木。年初西安临近解放，国民政府教育部训令西北大学、西北农学院、西北工业学院每校各推三人共九人组成逃迁成都的迁校委员会，张光祖为主任委员。九人到成都后，寻找新校址等筹备工作进展迅速，可是他们远远没有共产党解放西安的速度快。

就在张光祖他们筹备迁校的时候，王子云恰恰收到一封来信，来信人是国立成都艺专黄怀英校长，他是王子云在国立北平艺专上学时的老师。黄校长邀请王子云到他们学校去任教，因王子云有留法头衔，可以给他的学校撑撑门面。王子云在西大虽然是历史系教授，但实际上是个空衔，他不是研究历史的，无对口课程可上，虽然在文物研究室可以研究自己的美术考古专业，但毕竟不是长久之计，因此他早有离开西大之心，到美术院校教书才是他的本职。另外，老师邀请，也不能驳老师的面子。于是，他们夫妇俩就乘坐张砚田撤退的汽车，和张光祖迁校筹委会人员一起到了成都。

王子云、何正璜夫妇到成都自然住成都艺专，后来，张光祖用十根金条租赁了成都富豪达关山在南郊小西天的如庄别墅，三家又一同住了进去。这个别墅是个一门三进的大院子，张光祖、张砚田、王子云三家一家一院住了下来。白天，王子云、何正璜在成都艺专授课。

加上1948年春天跟随胡宗南到终南山踏青——期间，胡宗南到被共军击毙的刘戡坟上去祭奠——尽管他们夫妇事先毫不知情，也没有到刘戡坟前去，但在当时国共决战的关头，在外人看来，这毕竟是一种政治行为。这次又跟随张砚田逃往成都。这两次懵懵懂懂的不自觉站队，让他们夫妇在后来的“文化大革命”中吃尽了苦头。王子云在离开西大时，还留下了一个大麻烦——这都是后话。但在当时，他们懵然无知，到成都艺专后一边教书，一边仍埋头于故纸堆中，忘我地编写美术考古著作。前面提到的那份写作计划，正是这时候的产物。

在此顺便说一说吴光伟。到 1949 年中，国民党眼看连成都也守不住了，就开始往台湾逃跑。张砚田是军人，也先期随部队跑到了台湾，吴光伟还住在成都小西天。一天，突然有几名军人开着一辆吉普车到小西天。吴光伟觉得不妙，赶忙藏到雷锦章卧室的大衣柜里，但还是被几名军人把她从衣柜中拉出来，无论她如何哭喊、咒骂，几名军人不管不顾，架着她上了吉普车开走了。

当然是张砚田派人把她强行弄到了台湾。张砚田到台湾后曾任农业部长，夫妻俩于 1989 年同年病逝，吴光伟享年八十三岁。他们夫妻在西安时曾育有两子，长子小芒，次子小菲。

成都于 1950 年元月解放，张光祖以历史反革命罪被判刑二十二年，刑满后又留场三年，1975 年在党的“宽释国民党上校以上军政人员”的政策公布后，被释放回西安，2000 年病故。雷锦章先于张光祖于 1998 年病逝。

第十四章　解放后如鱼得水，文博战线显身手

作为中国古文化的先知先觉者，一切收集整理保护中国古文化的举动都是发自内心的、没有功利目的的行为，这一切不因政局变动而中止。子曰：吾道一以贯之！对王子云、何正璜而言，整理保护古文化事业更是需要用一生去践行的。这期间，有苦难，也有光明。

1. 王子云在西北大学的文物风波

正如前文所说，王子云到西北大学历史系当教授，只是挂了个名，实际上并没有“教授”过一天的课程，只是在自己创建的西北文物研究室里研究和创作。

既是“文物”研究室，办公室里自然少不了文物，少不了与文物打交道。其中既有他自己从街道的地摊上或别人的手中用自己的钱买的，也有从野外捡拾回来的。（这样说，今天的人们会以为是天方夜谭，野外何处能捡拾到文物！他们所处的20世纪三四十年代不说，即使笔者在2000年新世纪初期，在整理他们的《汉代陵墓图考》一书到咸阳塬上做补充考察时，在路边、在田间小径上、在乱葬坟中，秦砖汉瓦几乎随处可见、俯首皆是。西安市政在修朱雀大街时，不知从哪里拉来垫路基的泥土中，带花纹、文字的古代砖瓦也比比皆是，一个爱好收藏的同学拉笔者去看，多得我们都懒得低头去捡拾。）当然，也有用“研究室”的名义买且到会计处报了账的。

在1949年5月11日，王子云、何正璜乘张砚田的汽车与张光祖夫妇同到成都时，王子云就将研究室的一部分文物带走了。不久西安解放，西大也没有来得及迁逃，全部被人民政府接收。这时，接替王子云西大文物研究室工作的两个人发现，研究室的文物少了很多，便先入为主地认为是王子云把公家的文物带走了（王子云当时将带走的文物装箱时，也没有刻意回避什么人，因此确有人看见他装了几个箱子），是盗窃行为，于是便“有理有据”地给西北军政委员会写控告信并由校长署名，要求知会西南军政委，追回文物，并将王子云从成都召回到西安。此事由西北军政委员会文化部调查处理，以致送交西安市人民法院要求“审讯惩办”。当然这纯属无稽之谈。经双方多次核对、查账，最终证明学校会计处确无这些文物的购进账目，应为王子云个人购得，学校承认弄错了。此事从1950年至1951年底，纷纷扬扬闹了一年多时间，给王子云的名誉和精神均造成巨大伤害。“（他）在与有关人员据理力争的时候，拍伤了手部神经。从那时候起，王子云作为画家的肢体功能就被破坏了。一个在中国油画史上有过辉煌表现的画家，再不能执笔，他心中的万千气象，只能靠叙说来表达，他以后的大量写作，便出于一只颤抖的手写下的‘九曲羊毛

西大文物风波致王子云的双手患上了颤抖病，写字吃饭都非常困难

体’。”（《王子云传》第六章）坏了他的手，岂止是断了一个画家、雕塑家的艺术生命，连吃饭喝水都有了困难。他的学生杨力舟在1994年8月2日给何正璜的信中说：“……在‘文革’中，王老师被打成反动学术权威。那个时期，我经常看见他从食堂端着一碗稀粥，颤颤晃晃，回到房间已经剩下半碗。可想而知，他生活得多么艰难。”即使在家吃饭，家人也只能将饭碗放在他面前的桌子上，他的手根本不能去动，只能用嘴去吞食。手一动，不仅饭会被摇出来，甚至饭碗也会弄到地上。写字就更为困难，每写一个字都要比常人多用几倍的时间。九十岁前后，他就是这样把在“文革”中遗失的《中国雕塑艺术史》稿重写了一遍，还新写一部《中外美术考古游记》。两书都是六七十万字的大部头著作。见过他写作的人和看着那两部沉甸甸的书，哪个能不感动呢！即使今天想一想，还让人心中发酸。

这件事对何正璜的打击也是令她难以承受的，她几乎彻底崩溃。

王子云要求道歉并赔偿经济损失，西大置之不理。

最后，此事交由西北军政委文化部副部长赵望云调解处理。赵望云耐心做工作，希望王子云、何正璜夫妇从大局出发，将自己所藏文物捐献给国家，何正璜到陕西省博物馆任研究员，王子云到西安美术专科学校（西安美术学院前身）任教授。

可是，已经交由西安市人民法院审理的官司如何收场呢？还是在赵望云的劝说下，由王子云给法院写了一封“要求撤诉”的信，官司即告终结。——被告要求“撤诉”，法院也“照准”终结，真乃中外司法实践中的一桩奇闻！

2. 王子云的后半生和王子云精神

生活对王子云的磨难并未至此结束。1957 年，在帮助党整风运动初期，他给美专领导提了意见，后期被打成右派，王子云嘴拙词穷地问：“……我、我……你、你……动员我给你提了几条意见，怎么就成了右派？！”领导说：“你不当，谁当？”对如此蛮不讲理的回答，王子云觉得十分不解和委屈：“这句话好像在说我是个天生的右派！”“我是个文化人，从不过问政治，相比较而言，我还是比较拥护共产党而反对国民党的，怎么就非要把我打成右派呢？”王子云把这话说给笔者，笔者也十分纳闷，几十年都想不通。现在换个角度想一想，觉得美专那个领导的回答还确有他的“道理”：是啊，那时候，一个单位划多少名右派是有指标的，连画家邱石溟、青年教师徐人伯、陈添、樊文江、梁喜裕等都成了右派，王子云当时是美专唯一的一名教授，而且还是一级教授，不把右派的帽子给他，又能给谁呢！确实不是美专领导的错，是时代的悲剧。

1961 年，他的右派帽子被摘掉，但仍是“摘帽右派”。

“文化大革命”他又首当其冲，被封为“反动学术权威”，戴高帽，挂牌子，挨批斗，游街示众，受尽了屈辱和磨难。

“文革”后期，对他的监管有所放松。1973 年 10 月，他兴冲冲地在笔者的跟随下，开始他又一次全国性的美术考古之行。可是等他满载而归，回到西安，准备大干一番的时候，得知他已经“被”学校退休了，他的关系已转到街道办事处，他不再是美院的教授，成了街道上的一位老爷爷。这虽说不上是羞辱，但被抛弃的感觉还是像被兜头浇了一桶冷水，浇得他透彻心骨般的冰凉！不过这也使他认识到，自己确实老了，已经七十六岁了。时不我待，还有庞大的创作计划在等他去完成，他没有时间再去计较身外之事，他沉浸在他的事业当中。

可是，他连一个放书桌的地方都没有。学校（当时美术学院与音乐学院合并成的艺术学院）分给他的房子，是在一座“干打垒”的楼上，一套没有卫生间、无厅的二室，两室当中的一室是他的，另一室还是分给另一个老师的。属于他的那一间，不足十个平方米，连东西都堆不下。他只好蜗居在老伴单位分的三十个平方米的房子里，一室一厅，没有单独卫生间（与另一户合用），一家人都在家的话，连身子也扭不过来。他只好在床上铺个画板当桌子，坐在一个小板凳上写东西。冬天没有暖气，那样长时间佝偻着身子，在寒冷空气的作用下，一天，他发现他的腰再也直不起来了。当再一个冬天来临的时候，他不得不到广州他的一个学生家里去过冬。

改革开放初期，学校向上级申请盖“高知楼”，理由是“像王子云先生这样的老教授都没有安身之地”。申请很快被批准，楼也盖起来了，可是僧多粥少，在分房的时候，因他早已退休，压根就没有把他考虑进去。老先生徒添一声叹息！

在西安美院过去历届领导的眼里，王子云不过是教最不起眼的“美术史论”课程的普通教师而已，和那些成名的画家相比，简直不值一提。西安美院有王子云这样一个精神巨人却把他弃如敝履，致使西安美院始终缺乏一个精神领袖。王子云无论是在美术教育、绘画、雕塑、史论以及我国美术考古学科奠基工作上，从总的方面说，没有一个人可与之比肩。特别是他游学西方、饱览西方美术精华后，却坚定地认为，中国古代美术优于西方，从而大力收集整理宣扬中国固有美术成就。他爱岗敬业，他对学生的关爱、呵护，像伯乐一样，发现一匹匹新人中的千里马，并尽自己所能，使他们当中很多人成为名震中外的美术大师。他严谨的治学精神，不计报酬、不计名誉地位，在极端艰苦甚至被冷落被羞辱的环境中，始终执着顽强地坚守自己的事业，到九十多岁高龄仍一分钟都不停息的精神……

王子云在西安美专时期就在该校教授中国美术史，他也编写了《中国美术简史》一书，1957 年已列入中国美术出版社的出版计划，稿费也付了，可惜因王子云成了右派取消了这一出版计划。

假若西安美院过去领导层组织一个以王子云为首的《中国美术史》编写班子，在政治气候允许时把这本书出版，那么，全国美术院校使用的可能就是西安美院编写的这部教材了。而且西安美院由此可能培养出一个甚至几个美术史专家。

20 世纪 80 年代王子云在年届八十多岁高龄时，孤军奋战，一字数颤地、艰难地、一个字一个字地写出了六十余万字的《中国古代雕塑艺术史》，当时，全国仅有搞建筑学的梁思成写了一本《中国雕塑史》。

中国当代美术界权威如刘开渠、王朝闻、李可染、吴冠中、沈鹏、李松……都在不同场合用不同方式告知西安美院：“你们学校有个宝！”全国各地美术界精英甚至直截了当地把这一信息告知西安美院。湖北美协主席、全国著名画家周韶华一次到西安美院美术馆举办个人画展，在开幕式上说：“你们学校有个王子云，他是你们的一个宝，是你们学校的光荣，是你们学校的精神支柱。”

在国家层面的美术界，王子云亦被视为泰山北斗。

改革开放后某年，在北京中国美术馆举行的“全国美术馆工作会议”上，时任中国美术馆馆长的刘开渠主持会议并主讲。他在开讲前说：“今天参加会议的有一位我学习美术的启蒙老师，他就是王子云先生。请允许我在此首先向他致敬！”会上顿时响起一阵热烈持久的掌声。

画家孙振庭也是王子云的学生，改革开放初期任陕西美术出版社主编时，与王子云多有交往。在王子云家他看见他的老师多年来一直坐着一个破藤椅，扶手上还缠绕着塑料绳子，他有感而发，画了一幅写实人物画《我的老师——王子云先生》。此画在北京参加全国美展时，很多画界大人物争相在此画前留影，口中还说“王子云也是我的老师”。

1980 年，已年届八十三岁高龄的王子云先生当选陕西文代会代表，参加全国第四届、“文革”后第一届文代会。当他第一次出现在会场时，竟被层层人群所包围，问长问短，拉着与他合影留念。

同年，王子云又当选为陕西美协副主席。

1985 年，王子云在美协第四届全国代表大会上当选为全国美协顾问。

1987 年是王子云的九十大寿，刘开渠、艾青、王朝闻、吴冠中、王肇民、李可染等等以及在陕著名书画家刘文西、苗重安、王西京、茹桂、王崇人、王子武、薛铸、高峡、钟明善等等都送了作品和题字，连老师辈的刘海粟、同辈的林风眠、吴作人、李苦禅也都送了作品。长安画派创始人赵望云、石鲁、何海霞、方济众、康师尧等以及在陕的多名著名画家在生前或者当时都曾为王子云画了不少画作，表现对他的敬重之情。

对一个长期被打入另册的人来说，重新受到社会的认可，受到人们的敬重，无疑在精神上是一种巨大的慰藉，但对一位年届九十岁的老人来说，又如过眼烟云。对历尽磨难、阅尽人间荣辱悲欢的王子云来说更是如此，他现在的唯一念头就是赶紧把自己想写的东西写出来，日子不多了，再容不得半分钟的蹉跎。

1988 年，《中国雕塑艺术史》出版，出版后的有关事宜他顾不上自己去办了，后续的一切琐碎事务只好委托笔者了。他要赶写、修改《中外美术考古游记》，待这本书定稿，一切出版事宜他也全权委托笔者去办，他要赶写下一本书《欧洲雕塑史》。

1990 年 6 月 29 日，《中外美术考古游记》送出版社，他全部身心都投入到《欧洲雕塑史》的写作之中。

8 月 15 日，他偶患感冒，发烧拉肚子，但他感到问题很严重，对笔者说：“我感到很不好，你晚上住到我房子来吧。”结果，一夜没事。

第二天清早，他感觉稍好了一些，便又对笔者说：“我还有很多事要你去办，你不能老守着我。你到周至去把小东（王子云的大孙子）叫来伺候我，你腾出手来去办事。"

笔者上午到周至，下午带小东回来，他老人家已经不辞而别！笔者如五雷轰顶，与他共处二十多年，他竟悄悄地走了，情何以堪！

爱人告诉笔者，上午10时，他又有些发烧，请卫生室的大夫来打了一针柴胡，他觉得好一点儿，就坐在桌前继续写《欧洲雕塑史》。爱人以为没事了，过一会儿到他房间去看他，见他俯在桌上，再也叫不醒，赶紧叫救护车送到医院去抢救，其实那一刻，他已经走了。到医院，医生略看了看，摇摇头，就送到太平间了。

笔者没命地跑到那里，见他静静地躺着，叫了一声，再也抑制不住自己……

他一生在风刀霜剑中，在崎岖的山路上不停地跋涉，终于爬到了山顶，屹立在高山之上。他不就是一座高山吗！

3. 何正璜与陕西省博物馆

王子云在西大文物风波之后，到西安美专任教，何正璜被安排到西北历史博物馆（陕西省博物馆前身）工作。这对他们两人来说，实在是梦寐以求的事。王子云一直以来就把"美术老师"定为自己的终生身份，何正璜早在考察团之初就向往能在一家博物馆工作。因此这样的安排，实在是各得其所了。

1953年间，何正璜由成都高级染织学校教师任上到西北历史博物馆任研究室副主任、陈列部主任。

当时的西北历史博物馆是在西安碑林和西安府文庙内，原名陕西省历史博物馆，成立于1944年6月，由当时的陕西省政府利用西安碑林并征调西京图书馆所藏文物、西安民教馆陈列品、陕西考古学会收藏的文物而建立的。1949年西安解放，此博物馆被陕甘宁边区政府接收，次年归西北大区管理，改名为西北历史文物陈列馆，1952年又改称为西北历史博物馆。1953年，拆除了碑林和文庙之间的隔墙，将文庙扩充为馆区。文庙创建于宋，庙内太和元气坊、泮池、棂星门、仪门和七个碑亭是明清时期建筑。碑林管委会成立于1938年，使博物馆初具规模。

新中国成立之初，我国的博物馆事业也和其他事业一样，百废待兴。馆内虽然聚集有不少知名专家，但同时也有一批从企业单位征招来的年轻人，业务水平参差不齐，馆内图书室的图书连分类都没有。1953年何正璜任该馆陈列部主任，如同接过一张白纸，虽然几乎是从零起步，但却正好可以施展自己的才华，可以在这张白纸上画一幅最新最美的图画。经过几年努力，何正璜和她手下的一支非常能干的团队在馆长的领导下，充分利用陕西出土文物丰富的有利条件，把馆内陈列工作理顺了，分为陕西历史陈列、石刻艺术陈列、碑林陈列、陕西古代珍贵文物陈列和临时展览等。馆名也于1955年6月定名为“陕西省历史博物馆”，以崭新的面貌向社会开放，向现代的人们充分展示陕西乃至中华民族被历史湮没的古代文化，成为弘扬灿烂辉煌的陕西、中华民族古代文明的重要场所。

随着文物考古事业的发展，到20世纪70年代，陕西省博物馆馆藏文物已达几万件之多，并在海内外享有很高声誉。但是场地狭小、展示条件差，不仅与陕西文物大省的地位不相称，而且也极大地束缚着这个博物馆的进一步发展。1973年6月10日，周恩来总理陪同越南总理范文同来馆参观，先后参观了唐墓壁画（摹本）展、周秦汉唐历史展和石刻艺术室。周秦汉唐遗物和所反映的在中国历史上的地位使总理感触颇深，何正璜趁机向总理建议“国家在西安建一座大型博物馆”，总理点点头，并让随从人员记下了这一建议。随后总理向有关方面指示“在适当时候，在陕西新建一个博物馆”。

为落实周总理生前指示，1977年此项工作正式启动，并被列为国家重点建设项目。总投资1.44亿元的工程，于1991年6月建成并对外开放，新馆被国家计委正式命名时，去掉了原名中的“省”字，为“陕西历史博物馆”，明确指出，该馆为国家博物馆。

该馆坐落在西安著名的唐代建筑大雁塔附近，占地6.5万平方米，建筑面积5.6万平方米，“轴线对称，主从有序，中央殿堂，四隅崇楼”的唐代宫殿庭院式建筑，充分体现了中国传统建筑风格，代表当时中国博物馆事业发展的最高水平。

新的陕西历史博物馆与西安碑林博物馆分立后，何正璜被分到新馆，她虽然早在十多年前退休，但仍退而不休，在新馆担任顾问一职，对新馆的陈列布局仍发挥着指导性作用。在新馆正式对外开放时，她已在五年前身罹沉疴，历经两次大手术，但仍怀着欣喜的心情写了一篇赞美和介绍新馆的文章——《历史在这里发光——陕西历史博物馆概说》。文章开篇写道：“平地里一座高规格高档次的漂亮建筑物兀地在古都西安南郊矗立起来了！它朗阔庄重，颇具三秦风度。它外表虽呈古建形式，但并无彩绘缤纷的雕梁画栋，只是像‘淡扫蛾眉’似的呈现出一种高雅而朴素的醇美，让人深刻地领会到‘花至淡时方显艳’的真正含义……”

何正璜的一生，几乎全部奉献给了这座海内外闻名的陕西历史博物馆。

4. 何正璜在博物馆的四个称谓

何正璜所在的西北历史博物馆后来更名为陕西省历史博物馆，当年是陕西唯一的博物馆，其中还含陕西省文管会，到 1969 年，陕西省考古所也合并了进来，因此，这个博物馆不仅承担着一个省博物馆的任务，而且全省与文博事业有关的业务这个馆也要管。

馆里的机构除馆领导（馆长、书记）外，下设办公室、陈列部、宣教部、复制部、保管部以及文管会、考古所等。由此，馆里聚集了全省文博战线上的各类专家，比如历史学家、馆长武伯纶，石刻研究专家杨励三，古建专家何修龄，考古学家贺志成，

1993 年 6 月 1 日是何正璜七十九岁生日，昔日的同事到她家祝寿

蔡昌林拜访何正璜

文物鉴定专家段绍嘉，拓片专家赵敏生等等。其中，段绍嘉、赵敏生还是知名的书法家。当然，何正璜也是其中的美术考古及文博专家。

在这样一个人文荟萃的环境里，同事们在不同场合对何正璜有四个不同称谓：

博物馆后来又陆续从大学毕业生中或工厂等单位调过来很多年轻人，有卢桂兰、彭克柔、韩继宗、谢大德、陈钧、王宏伟、马世之、黄碧芳、张伯龄、乔文征、魏勇娥、卢海东、张廷荣、巴龙、王仁波、唐昌东、范文藻、高峡、薛铸等。这些年轻人大多都是有深厚学养的人。这样一批老专家和年轻学者聚集在一起，像个大家庭。因为那时候的博物馆像社会上其他事业单位一样，个人都无须自己解决住房，全由单位解决，因此大家都住在博物馆的房子里，馆里还有食堂，工作人员包括家属也都在食堂吃饭，住在一起，吃在一起，家庭气氛是很浓的。何正璜慈祥善良，把年轻人像自己的弟妹一样对待，年轻人都称她为“何大姐”，这是她在单位的第一个称谓。

博物馆还是个学校。无论新分来的年轻人学历有多高，进这个馆都得再上学，上博物馆办的业余学校，早上开馆前上课，一点儿也不影响正常工作，由老专家给年轻人上课。王翰章是校长，杨励三、段绍嘉、李子春、何正璜等是老师，分别给大家讲碑石、青铜器、古文字及古汉语，在这里，何正璜被大家称为“何老师”。

馆里还有一个不成文的规矩，即新来的年轻人一律从讲解员干起。讲解员三大职责是：讲解、打扫展室内外卫生、保卫展柜内的文物安全。陈列部是博物馆核心部门之一，一旦有陈列布展任务，全馆各部门人员都要一齐上手，为布展服务，何正璜就成了总指挥，在这些大家齐上手的繁忙工作中，她便有了第三个称谓“何主任”。

岁月催人老。在新一代成长起来后，她自然也由青年进入老年，但她始终没有离开过工作岗位。在大家有事请教她或在说起她时，大家都称她为“何老”，这就是第四个。

正是有此团结、和谐的家庭气氛，浓厚的学习风气和从最底层干起的任劳任怨、认真负责的工作态度，到博物馆来工作的众多年轻人后来都术有专攻、学业有成，其中很多人在老一辈专家退休后毫不逊色地担当起接班人的职责。即使“文化大革命”后，从延安招来的十位北京知青，在这样的气氛熏陶下，也逐步成为栋梁之材。在这些早中晚期先后来的年轻人中文博专家卢桂兰后来接任陈列部主任一职，文史专家魏勇娥后任陕西文史馆馆员，著名书法家高峡后任西安碑林博物馆馆长，著名书法家薛铸后任陕西书学院院长。还有罗坤学、唐昌东、韩继忠、巴龙等等都在各自行业内成了著名大家。来馆工作的十名北京知青中，王永琪成了文博专家，现任秦俑博物馆馆长；更有在政界出类拔萃的王岐山现任中央政治局常委、中纪委书记；有些没有大学学历的人后来也都成了研究员或副研究员。

5. 何正璜在陕西省博物馆

陕西省博物馆自成立之初至近年，曾五易其名，其中除最后与碑林分拆为陕西历史博物馆外，之前名称不同，其所在地与馆内情况基本是一回事。所以这里把过去的馆皆称陕西省博物馆，把如今的陕西历史博物馆简称为新馆。

新中国成立初，何正璜刚到这个馆，馆里除碑林外，馆藏文物很少，这主要是因为从前国贫民穷。国家穷，无力保存或正式发掘古代遗址；民穷，则盗掘风行。因此，直接取之遗址的机会几乎没有，仅有的小量馆藏文物也多来自家传或个人，真假混杂，质低量少，研究与陈列几乎是空白。

何正璜到陈列部主任任上后，白手起家，在馆领导统一领导下，组织专家对现有文物进行研究清理，全馆人员齐上手，创办了这个馆的基本陈列“陕西历史陈列”。把陕西历史与陕西的出土文物、陕西史迹和陕西人物贯穿组织起来，生动形象地对国内外人士宣传陕西的悠久历史和灿烂的古代文明，对广大群众特别是青少年进行历史唯物主义和爱国主义教育。

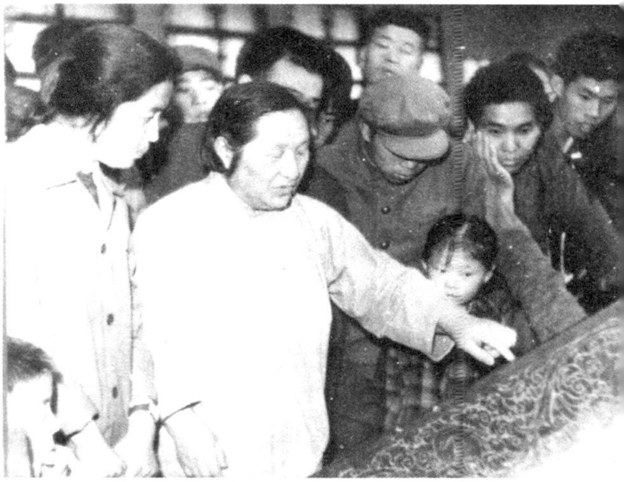

何正璜在给观众讲解文物

新中国成立后，随着经济的发展，国力的增强，基本建设项目增多，考古事业也随之受到重视和发展，馆藏文物也爆发性增长，至改革开放前夕，馆藏文物已达近十万件。西周青铜器、秦汉砖瓦、汉唐石刻、碑石、陶俑、唐三彩、唐墓壁画、金银铜器，种类齐全且精品累累，时时引起轰动。如扶风齐家村、泾阳高家堡出土的日己觥、日己方彝、它盘、它盉；临潼秦始皇陵陪葬坑出土的和真人真马同大的陶俑陶马；唐墓中出土的唐三彩驼背乐舞俑、仕女俑、塔式罐；唐章怀太子、懿德太子和永泰公主墓出土的壁画；1970年于西安南郊何家村发现的窖藏一千多件金银器等等，都是举世罕见的艺术珍品，对研究各个时代的政治制度、宫廷生活、甚至冶金、医学技术等，都提供了可贵的实物资料。

馆藏文物的丰富，对研究与陈列要求也就更多更高。陕西是周、秦、汉、前赵、大夏、前秦、后秦、西魏、北周、隋、唐等十三个王朝建都的地方，以陕西历史陈列为主的古代陈列在何正璜的带领下全馆上下一齐努力，经过逐步调整，地方特色更加突出，不仅表现周秦汉隋唐五个时代的社会面貌，而且着重展现周秦这个古老地方民族在全国大一统前，其先民在陕西活动情况。这样，本地观众了解了自己先祖的历史感到亲切和自豪；如此独特新颖的陈列，也受到外地观众的欢迎，在全国博物馆系统也享得了声誉。

陕西历史陈列是基本的、固定的长期陈列。另有专题陈列两个：

一是碑林陈列。碑林管委会虽早在1938年即已成立，但因日寇侵华日紧，为预防日军轰炸破坏，在抗战中将主要碑石埋入东展馆地下。抗战胜利后虽陆续起出，但到新中国成立初，整个展览尚不够科学系统。何正璜接手后，经过她精心规划、带领大家齐动手，使碑林布局日趋科学规范，经三次大调整、无数次小调整，终使碑林分六个展室、六个游廊和一个碑亭，陈列有汉至清各朝代碑石、墓志一千余通，

西安石刻艺术室一角

内容十分丰富，有些碑石在全国具有重要地位。如《开成石经》，简直就是一座石质书库，共五十六万多字。《大秦景教流行中国碑》《不空和尚碑》《陀罗尼经幢》等都是不可多得的研究唐代中外交流的重要资料。

历代名碑更是真草隶篆多种书体的集大成，是我国书法艺术的宝库。欧阳询真书《皇甫诞碑》、褚遂良《三藏圣教序碑》、颜真卿书《颜氏家庙碑》、柳公权书《玄秘塔碑》、隋智永草书《真草千字文》、唐怀素书《千字文》、张旭书《断千字文》以及《曹全碑》《易经残石》《三文碑》等都是名满全国的作品。《大唐三藏圣教序碑》《兴福寺残碑》虽为集王羲之的字所刻，但王氏书韵十足，同样是极为珍贵的碑石。

第二个专题陈列为“石刻艺术陈列室”。它集中了散遗在陕西各地的汉隋唐石刻七十余件，分陵墓石刻与宗教石刻两大类。其中东汉石兽、画像石、唐蹲狮、李寿龟形墓志、犀牛以及中外驰名的昭陵六骏、唐菩萨像、武士像等，为我国当时唯一的室内石刻艺术石刻群，成为来馆中外游客和美术工作者必看之陈列。此展室基本布展完成后，其展室名牌题写这一点睛之笔找谁书写呢？何正璜颇费一番思量，最终想到了她九爹（袁震）的丈夫吴晗。

何正璜没有犹豫，径直到北京找到了吴晗。吴晗夫妇热情接待自不必说，待她介绍完“全国仅有”这个石刻馆的内容后，吴晗说：“我的名分地位还配不上这个石刻馆。我替你另找一个身份名气更大的人给你题这个名。”何正璜问：“谁？”吴晗说：“陈毅。”听了这个如雷贯耳的大名，何正璜心中乐得开了花。果不其然，第二天，她就拿到了陈毅的题字。

全国独有、深受国内外嘉宾特别是美术工作者赞赏的石刻艺术室，有了陈毅的题字，更加熠熠生辉。当然这个字幸亏是由陈毅所题，假若吴晗当时一挥而就的话，这个艺术宝库连同何正璜本人，在“文化大革命”中的命运就很难预料了。

除上述三种陈列外，为配合时政宣传和活跃群众文化生活，何正璜还先后设计、主持临时陈列三四十次，诸如“抗美援朝展览”“敦煌艺术展”“古代书画展”“陕西皮影展”“古代农业展”“古代科技展”“陶瓷展”“青铜器展”“日本书法艺术展”等等。

在这些繁忙的工作中，她是紧张而又愉快的。

在笔者为写此文采访她的老同事老部下时，大家都不约而同地说，何老留给他（她）最深的印象是“不知疲倦地工作着的样子”。每次布展，她都身先士卒，把自己当作集体中的普通一员，亲自搬动展柜、小心翼翼地抱着文物。下班时候到了，她总是说：“你们先走吧，我再干一会儿。”“她好像永不知道疲倦，工作就是她第一需要。”

再就是她毫无私心地帮助、扶持年轻人。大家说：“何老是个文武全才，知识渊博、文章写得好，懂绘画也懂书法。”馆里无论哪个部门的专业人员，在布展时都要听她的调遣，负责设计的同志写的说明词，她都要一一过目，斟词酌句地修改，哪怕改得面目全非，她也决不重写，定稿时还说是“用的是某某某的稿子”。画插图的、书写说明词的，无论是多么知名的画家、书法家，她也一一指点，力求完美精当。对她的批评指导，大家都心悦诚服，所以无论在后来的写作、绘画、书法等等专业上有多么大的成就、名气无论有多大，在何老面前都甘称小学生，对她都十分敬重。

陈毅为石刻艺术室题字

6. 授课

假如说陕西历史博物馆是个大课堂的话，何正璜就是这个大课堂的知名教师。在日常工作外，她还常常受邀或馆内指派为前来参观学习的人授课。听她讲课的主要有两大类人员，一是大学历史系或美术专业的学生，如西北大学、南开大学、南京师范大学艺术学院、中央美院、杭州美院、广州美院、西安美院等院校的本科生或研究生。二是生产工艺美术品工厂的设计人员，如天津地毯厂、西安漆雕厂、西安刺绣厂、景德镇陶瓷厂等等。无论哪类人员，她都能以馆内陈列的实物讲历史、讲典故，讲各朝各代可供如今借鉴的应用美术，讲得活灵活现，生动有趣，既有知识性、趣味性，又具有启发和实用性，深受前来参观学习人们的称赞。

1980 年暑假，南开大学历史系考古专业七七级同学在老师带领下到西安碑林听她授课。当时的学生、如今已是美术考古专家的周晓陆先生在一篇回忆文章中说："……何先生正值盛年，偏胖，个子不太高，留着干练的短发，一阵风似的走近了我们。她锐利的目光先把我们全班扫视了一遍，这是考古学家的、博物学家的、艺术家的目光，这目光曾检阅过石窟、壁画、陵冢、古都……之后，不加掩饰地欢欣出现在她依然保持着青春活力的脸上。大概是从粉碎'四人帮'后第一届大学生身上，看到了她的一种希望。她给我们讲'汉唐石雕'课程，由于带队的老师介绍了她分量很重的学术地位和政治地位，我不由得往同学后面站站，想从同学脑袋之后认识这位刚见到的先生。她讲解西汉石刻的博大沉雄，那匹跃马思念着战场，它似乎以咴咴嘶鸣，作为何老师的伴音……她讲解东汉陕北画像石的生动茂密，我仿佛跟着何老师，再一次躬耕于黄淮，或扶犁，或拾粪；她讲解唐代石刻的繁华丰满，别样风韵，真正手舞足蹈地指画于宫人和天女之间……恐怕以'如数家珍'来形容何老师那是不够的。她俨然成了一位导演，西汉的战马，东汉的辟邪，北朝的菩萨，唐代被誉为'东方维纳斯'的女神，以及新近发现的汉白玉老君，雄壮着、肃穆着、妖娆着、蹁跹着，在我们面前畅快尽情地展演。多少年后回想起来，我之所以搞考古，与她深入骨髓的教育分不开。"

类似讲课的还有大会发言，如在山东济南、安徽合肥召开的全国博物馆会议的发言，在北京全国博物馆学会成立大会上的发言，在北京全国政协社会科学组会议上的发言以及各种各样非专业小型会议上的发言等等，或批评或建议或以事说理，往往视角独特、见解独到、比喻切当，生动有趣，赢得满堂喝彩或热烈的掌声。比如讲如何对待传统文化和外来文化时她说“咖啡永远代替不了茶，塑料永远代替不了木头”，不仅具有说服力，而且给人们的印象十分深刻。

7. 当讲解员

如前所说，到博物馆工作的人员无论先前是干什么样的工作或有什么样的学历，都要先从讲解员干起。何正璜身先士卒，讲解工作她视为自己本职工作的一部分。特别是史学界、美术界以及外国学术参观团，更是她经常出任讲解。中央领导、外国元首等接待讲解工作也多由她担任。几十年中，她先后接待过的中央领导有周恩来、邓小平、叶剑英等。周恩来总理陪同越南总理范文同总理来馆参观的时间是在1973年，她身上的“黑帮”色彩尚未褪尽，事前安排全程陪同讲解的是她的助手、陈列部副主任卢桂兰女士，当时由于省外办工作人员安排中出了点儿小差错，全程陪同总理参观讲解的是袁仲一先生，只是安排她在一个展室给总理讲解。她在当日的日记中写道：“今天值得纪念，周总理和范文同总理今天真的到馆里来了……幸运地和范文

何正璜给来博物馆参观的邓小平夫妇讲文物

何正璜接待来馆参观访问的日本首相大平正芳

同总理、周总理握了手，并给总理讲了两个柜子。也许犯了错误，但仍然感到荣幸，即使受批评也心甘。”晚上回到家仍高兴地对她的小儿子王蒙说：“今天在馆里接待周总理了，还给总理提了新建一个博物馆的建议。”

她接待的外国元首有日本首相大平正芳、法国总统德斯坦、丹麦女王、尼泊尔国王马亨德拉、伊朗巴列维王后、约旦国王侯赛因等等。这些总统、国王、首相、总理、公主、议长们来自世界各地，何正璜在陪同讲解时总能根据其国情和与中国的关系决定自己介绍的重点和讲解内容。在接待法国总统德斯坦时，她重点介绍汉唐石刻，并有意地和巴黎卢浮宫的石刻加以比较，使其对汉唐的雕刻精品感兴趣；对日本首相大平正芳则着重介绍唐长安城与日本京都、奈良城的关系以及日本空海和尚在唐代来青龙寺学习的事；对约旦国王侯赛因则谈唐长安西市阿拉伯商人贩卖珠宝杂货的故事；对西德的客人则谈歌德、席勒、贝多芬等文化名人多么为中国人民所熟悉和喜爱。由此，在拉近了距离之后，再介绍中国的古代文化遗物，从而使众多受接待的外国首脑和客人，轻松愉快地了解中国，增进友谊。

至于她接待过的省长、省委书记、外国相关专业学术团体更是多得不可胜数。

1981年10月29日到11月15日“陕西唐墓壁画展览”在北京中国美术馆举行，广告一发，即引起轰动，北京各界名流纷至沓来。黄苗子夫妇、郁风、宫川寅雄、李松涛、华君武、李苦禅、刘凌沧、黄茅、蔡若虹、黄胄等接踵而至，他们既是何正璜的熟人，又是慕其名而来，都要请她接待讲解。另有在京的领导人习仲勋、赵守一、万里、姚依林等也来参观，要她陪同讲解。由于参观人太多，11月12日上午，美术馆专门邀请何正璜做一次学术报告会，参加报告会的有中国美术家协会、中央美术学院、中央工艺美术学院、中央民族学院、北京师范学院、中央美院附中、美

何正璜及同人与叶剑英元帅在碑林合影

何正璜接待来访的约旦国王侯赛因

术研究所、人民美术出版社、中国画研究院、北京画院、国家文物局，考古研究所、历史研究所、故宫博物院、历史博物馆、首都博物馆、宁夏博物馆、中国美术馆等单位的一百一十多人。

何正璜首先介绍陕西的地理概况和汉唐的时代背景，以及陕西挖掘出土文物的大致情况，然后就唐墓壁画、石椁线刻画、东汉画像石三个问题进行阐述。

她说：“陕西是中国历史上十三个王朝建都所在，文物古迹极多，古代墓葬也不可胜计，其中有十八个唐代帝王的陵，这十八个陵呈一个扇面布局。1973 年周总理去陕西时，我们又一次要求允许开一个唐陵，限于当时的条件和科学管理水平，总理没有批准，只同意开陪冢。陪冢就是陪葬的墓，一个乾陵在当中，旁边有十二个陪冢。陪冢也是一种政治待遇，不是随便可以陪的。我们先后开了永泰公主、章怀太子、懿德太子墓，这几个墓的壁画特别好。我们已经把壁画全部取了下来，并且在原墓壁上重画，复原，以供参观。

“唐墓壁画画得非常好，画工没有因为死者不能提意见而偷工减料、马马虎虎。壁画的比例准确，轮廓匀称，人物表情自然。有些画得很美，如永泰公主墓里的《仕女行进图》，有几个人物画得很好，她们袒胸、大脚，站得非常稳，不像明、清仕女都是柳叶眉，唐代仕女是阔眉，一点也不柔弱。

唐章怀太子墓室壁画《观鸟捕蝉图》

“唐代壁画使我们知道当时的中国画风是以人物为主，但也看到树、花、鸟，它们有马上要独立为一个画种的趋势。唐代的画写实，与汉代的大轮廓、大面积不同，但又不像后代那么琐碎。从唐墓壁画，我们可以找到吴道子等人的渊源。

“唐代壁画给我们研究美术史，研究当时的历史提供了很多东西。如懿德太子墓壁画中，我们看到了当时宫阙的营造法式，是很好的建筑史料，他们画的宫阙还运用了新的透视法。章怀太子墓的《礼宾图》，外域人那种唯唯诺诺的样子，

唐章怀太子墓室壁画《客使图》

映衬出唐代的国际地位。《马毬图》是我们研究马毬运动，表现马毬运动的很好的资料。我们从唐墓壁画中还可以看出当时画工们的感情，他们对侏儒好像充满了同情。画工们把宫女们画得很美，但太监的形象却很丑陋，这都是值得我们研究的。”

何正璜讲的第二个问题，是关于石椁线刻画。她说：“石椁是棺材外面用石头围起来的椁，上面刻满了各式各样的仕女画，我们带来的拓片就是石椁线刻画。线刻画为我们研究当时的历史和美术提供了丰富的、形象性的资料。线刻画上的人物大都是宫女，是死者生前的侍者。因为怕死者孤独，所以刻画上宫女来陪伴他们。宫女的服装、发型、装饰给我们的研究工作提供了形象化的依据，从中也可看出唐服对日本、朝鲜的影响，就是现在日本、朝鲜的民族服装我们也能找到与唐服的渊源关系。

“中国画以线条为主，在石椁线刻画上，线的作用得到了更充分的发挥。线刻画是我国古代绘画与雕刻相结合的一种艺术形式，需要有很高的技艺，因为它不是在纸上画，而是在石头上刻，以刀代笔，一刀下来，好坏是它，不能涂改，刻画时不能有丝毫的犹豫，这就需要非常熟练的技术。当时的匠人们虽然没有留下名字但他们留下的这些具有杰出艺术成就的作品，的确十分伟大。”

她讲的第三个问题，是关于东汉画像石。她说：“东汉画像石是东汉遗留在陕西北部绥德和米脂一带的墓石，它起加固并装饰坟墓的作用，到过陕西的同志都知道，

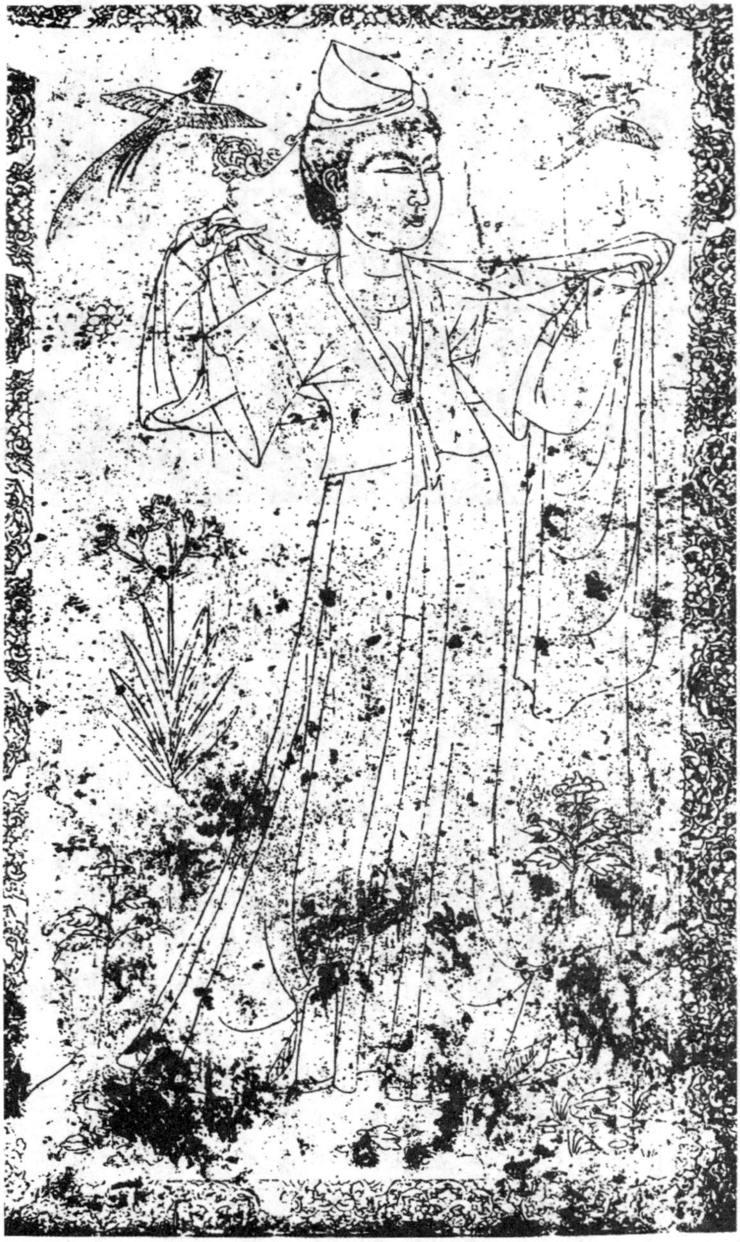

唐永泰公主墓石椁线刻画（仕女图、阴线阳图）

陕西北部绥德一带多水成岩，这给画像石创造了物质条件。起先画像石只起加固作用，后来觉得不满足，于是乎就在上面雕刻了一些图案。”

何正璜认为，经过春秋战国，随着封建社会的开始，整个社会都在动荡，艺术也受到影响。秦代时间太短，来不及反映这么强烈的时代精神，汉代国势强盛，艺术马上奔放起来。所以汉代，特别是西汉的艺术特别结实，概括性非常强。西汉在长安建都，对东汉的东西仍有影响。

她说：“东汉画像石具有两个鲜明突出的特点：一个是动。画像石上的任何东西都在运动，很少是静止的，就是有些暂时处于静止状态，也能让人感觉到它马上就要动，准备在动。强烈的动态，让人产生生活的感觉。另一个是力量。画像石上的东西充满了深厚内在的力量，这种力量具有磅礴的气势，能够感染和激励人们。人们看了这些作品后，都会感觉到很累，这就是力量的作用。东汉以后的画风就比较软弱，就是在唐代，虽然也很华丽，在动，但力量和动的强度都不及汉代。汉代的力量在中国造型艺术中是最突出、最典型的。

“东汉画像石就是因为有了动和力，形象的气质才充分表现出来，所以具有永久的艺术魅力。汉代艺术所取得的杰出的成就，正像有些外宾说的：汉代的艺术不仅属于中国，它代表了当时人类的文化艺术水平，是属于全人类的。的确是这样，我们应该很好地保护、研究和继承这批优秀的文化遗产。”

她还讲到壁画、线刻画、画像石为什么要选择人物、日、月、星为表现内容。她认为：之所以选择这些东西入画，有两方面的原因：一、社会上具有这样的风气，大家都画这样的内容，你画，他画，我也画。二、为了安慰死者和活人。因为不是奴隶社会了，不能让真人来陪葬，但一个人在坟墓里孤零零的很寂寞，于是乎把生前侍候他的人刻画在壁画、线刻画、画像石上。人死后不能见天日了，但在墓里太阳、月亮、星星、银河，都还围着你转，这等于虽死犹生。

8. 考察天水麦积山石窟

在新中国成立后几十年的博物馆生涯中，何正璜外出活动也十分频繁。这些活动主要是三大类：一是参加各种各样的会议。二是外援。由于新中国成立初期全省仅有省博物馆一家，随着新中国各项事业的发展，博物馆事业也随之发展，各行业建专项博物馆，各地市也相继建博物馆。在这些博物馆的建设中，省博物馆义不容辞地在总体设计、陈列等方面给予指导或协助。三是外出考察。

外出对文物古迹进行考察，是何正璜最熟悉也是她最热爱的工作之一。几十年来，她考察过的地方无法计数，给她印象最深，并在事后有文章发表的有下列几次：

1953 年初，西北局文化部为做好新疆佛教遗迹千佛洞的调查摸底工作，特先就

天水麦积山石窟图（局部）　王子云绘

天水麦积山石窟做一次调查试点工作。何正璜虽不属于赴新疆考察团成员，但却参加了赴麦积山的考察工作。其实早在 1942 年，旧教育部西北艺术文物考察团在往敦煌考察途中就曾有考察麦积山石窟的打算，只是由于时间过于紧迫而放弃了，这次可谓是补了这一课。

在秦岭山脉的崇山峻岭之中，小陇山系崛起一个小岗，远远望去，团团山形像夏收堆起的积麦，这就是天水麦积山佛窟所在地。

麦积山距天水九十华里。此石窟与全国其他石窟如敦煌、云冈、龙门颇有不同，近二百个石窟开凿在一座孤立凸起的山壁上，不像其他石窟在山崖上横向排列，而是由低向高处发展，在高达二三百米的山壁间，开凿出像蜂房似的窟龛群。由于山崖陡峭，必须首先修架很高的栈道才能够登临，想必当初开凿造像时也是如此。此石窟群开凿完成后，因某次地震使半个崖壁倒塌，以致分成东西两处窟群，使崖壁更加陡峭，最高处石窟需要登上高悬在二三百米的栈道，盘旋曲折，是我国石窟群中所仅有。

调查团于 1953 年 3 月 2 日从西安出发。何正璜此时刚刚从成都高级染织学校到西安，在王子云西大文物风波平静后安排到陕西省博物馆工作后不久，此次考察不由得使她恍如仍在西北艺术文物考察团。经过近一个星期的路途奔波，3 月 6 日始到达麦积山。

到达山下，抬头遥望盘旋在云端的栈道，没有西北艺术文物考察团五年的锻炼，何正璜是没有胆量爬上去的。可如今，她似乎没有什么犹豫，就和大家相随着攀上，除正在维修的几处无法攀登外，其他均一一登临，对每个石窟进行了察看。

这个调查团比西北艺术文物考察团更为“临时”，何正璜在这个团也不再是文秘兼文字记录者，甚至连正式团员也不是，但她仍如在彼团时一样，观察细致并一一做了记录，事后又进行了归纳研究。且看她在《一串被遗忘的珍珠——天水麦积山石窟艺术》一文中的主要记述与分析：

麦积山石窟创建的确实年代，已无从考证。遗物中今天可以看到的最早的是北魏时代的塑像，那种初从印度传入中国还保存它原有的形象和服饰的造型和那些犍陀罗式的紧密而流利的衣纹，都和云冈、龙门的北魏石刻，以及敦煌的北魏塑像相一致。虽然北魏作品在麦积山石窟中为数不多，但是既有它的存在，并且再找不出更早的遗物，我们便可根据它对于麦积山佛窟的开创得一初步的断定。

在西魏以前，麦积山似有一时期被放弃和冷落，参看南宋《再葬佛舍利记碑》中的“昔，西魏大统元年，再修崖阁，重兴寺宇”和《北史·后妃传》中“大统元年，乙弗后在麦积山为尼，召僧设供，令侍婢数十人出家”的记载，都说明在西魏时，麦积山石窟又重新加修和繁荣了。根据今天还完好遗留在西崖石窟中的西魏作品，更可作为事实上的证明。

北周的修凿，更是达到了麦积山石窟兴盛的饱和点，北周的天水统治者李允信为其亡父所造的七佛阁，不仅在麦积山石窟中是空前绝后的宏构佛制，即便是在中国其他佛窟中以及在印度现有石窟中，其伟大庄严也是无可比拟的。

隋代以后，麦积山似又荒冷，但隋代对于麦积山佛窟并未完全放弃，从此逐渐走向了下坡，却是事实。

唐代本是中国佛教艺术最成熟的朝代，但是在麦积山所留下的遗物却是出乎意外的少。诗人杜甫为了采药到麦积山而作的《山寺》，诗中有“野寺残僧少”之句，可见当时已很荒凉了。原因可能是因为一方面从唐代起由长安通往西域的路线向北移了一些，天水已失去了商业经济上的地位；另一方面更因为麦积山是当地仅有的一处崖壁，在发展上有限制。不过在杜甫的诗中又有“悬崖置屋牢”的说法，这证明石窟当时虽已冷落，可是联系各窟交通的悬梯栈道，因年代距北朝不远，可能尚完整存在着。

到了宋代，因经过了唐代长时期的放弃，麦积山的佛窟已相当残破了。

宋代曾经做过一度重修，但这种重妆塑的工作，已不能使麦积山重复旧观，仅仅是对于前代的作品做了一些粗陋的粉饰工作而已。而且由于技术的拙劣，反使那些主持“善举”的信徒们，在历史和艺术方面做了难以原谅的罪人。

明代在南崖的石窟中，也做了一些修装的工作，做得比宋代稍细致，并且也还有许多明代自塑的作品，不过都只是一些小规模的，对于整个石窟的命运，是并没有什么挽救的。

从此以后，厚重的灰尘和鸽粪，便掩晦了麦积山崖窟中的古代艺术的风采，以致有些很俊美的佛、菩萨的圆润的脸庞上和梳得整洁的发髻上都涂遍了龌龊的鸽粪，很富于诱惑性的裸足边都成了松鼠们的家窝，于是整个的麦积山就逐渐地日趋衰落和长久地被人遗忘了。

麦积山系红砂石的水成岩，石质并不坚固，中部已有半个山壁塌毁的痕迹。现在所能见到的窟龛，大小约一百八十余个，依照山崖自然形势，可分成两部分，即东西两崖。就窟龛分布来说，西崖要占全部窟数十分之七以上。两崖各窟之间，都通以栈道式的走廊，以资联络通达。洞窟都开凿在离地几十米高的悬崖峭壁上，由远处遥望，真是“千房万室”，恍如蜂房，十几层的栈道阁廊，曲折地点缀其间，将整个山崖形成一处天上人间的幻景，蔚为大观。及登临其上，又不觉令人心惊胆落，有“缘空蹑虚不敢下顾”之感。遥想当年如何劈山凿洞，修建那么宏伟的窟室，如何架起这些千仞悬崖上的“飞梁栈道”，真是伟大的不可思议的工程。

在东崖上最精美最宏大突出的窟室，是北周秦州大都督李允信为其亡父所修造并请庾信写铭的七佛阁和与它相邻的金牛堂，它们所在的地位较高，有人工开凿的石级栈道互通来往。

西崖上最大的佛窟，是暂编为133号的万佛堂，窟的构造屈曲如一个“六”字形，在“六”字的各主要窟壁上，都开凿龛，塑造佛、菩萨像。另外的墙上则满饰二三寸高的小坐佛壁雕（影塑），这样就形成了名副其实的万佛堂。在这窟内最可宝贵的是浮放窟内的十八座雕法不同的造像碑，雕工极为精致，但似由他处移来，因安放位置颇为凌乱，不像是原来地方。西崖的许多栈道，全系解放后新修，坚固美观，可通达的窟室约五十余个之多。

除了这些大大小小的佛龛之外，在东西两崖的中心区域，还有就崖壁雕成的露天大佛两组，每组都雕为一佛二菩萨的立像，高达二十五米，由于这两组巨大的雕像，更增强了整个麦积山的艺术气氛，因为它是在几十里外就能望见的标记。

一般的现象，是各窟都有烟熏的痕迹，窟壁上的魏周壁画，当然是最痛心的损失，即许多塑像（因为麦积山石窟的塑像都是加以彩绘的）也遭受了熏黑或变色的命运。这些黑烟据说可能是清朝同治年间，在政府所引起的民族纠纷中，附近山民避难到这人迹罕至的山窟中来炊食所致的。除烟熏外，还有一个普遍的现象就是每洞中都有堆积如山的鸽粪，仅在133窟中，清理时扫除的鸽子粪，据农民估计竟达六十余担之多。此外潮湿所引起的霉烂、虫鼠野燕的剥伤染污，也都是使文物遭受破坏损失的因素。所幸的是这些洞窟还不曾经过很大的人为损失，不像其他佛窟中造像的缺头断臂，使这些出之当时高手、代表着民族形式的艺术杰作，还能完整地存在，这是值得庆幸的。

麦积山石窟除了外形根本和其他佛窟截然不同外，即使是它的内部，不论在开凿的年代上、在造型的式样上、或在表现的种类上，都有特殊的地方。

麦积山石窟的开凿年代，一般说来，虽然不是最早（云冈更早些），但是在中国石窟中至今还能完整保存有早期的建筑形式的，则只有推它为首了。如七佛阁金牛堂的建筑，都是北朝的遗物，还有几个小型石窟，也都是保存有北朝的檐柱和屋脊，这在国内几乎是绝无仅有的。至于窟内的艺术遗作，也是北朝的占绝大多数，并且像七佛阁那么庞大的规模和修凿在百仞悬壁上的惊人工程，也是其他各地佛窟所不能比拟的。

麦积山石窟内造像样式的繁多，也是特点之一。除了和其他石窟相同的一些佛的定型姿态外，还有许多别处少见的样式，其余的变化更多了，有保存了印度气息的比丘、阿难迦叶和护法神，有中国传统风格很浓厚的各种菩萨像，有侧立、正立、背坐、正坐、偏坐和各种下跪姿态的供养人。就是在衣饰方面，也是变化多端，佛和菩萨们有着各种式样的衣裙和披肩、各种式样的璎珞和佩带。仅初步统计，菩萨和供养人的发髻梳妆，就有二十余种之多，这些都使麦积山石窟的内容显得特别丰富，使人对这丰富的变化引发起新鲜感。

若说敦煌是中国古代壁画的宝库，云冈、龙门是古代雕刻的精华汇聚处，那么麦积山就应当是古代塑造艺术的珍贵宝藏了。泥塑造像是中国特有的一种技术，从麦积山所有浮雕、高雕、圆雕各方面，我们都可以看到中国泥塑艺术在造型技巧上的惊人成就，它是反映了丰富的民族形式、表现了真挚朴实的一种，人类感情变成富有生命的艺术作品。更因为泥塑比石雕难以保存永久，所以在国内除敦煌有魏唐塑像和吴县有少数唐塑外，很少听说还有千年以上的塑像的遗留，因此像麦积山这么大批数量（仅现在栈道可通的五十六个窟龛中所存的北朝塑像，已经有四百多尊，如以全部一百七八十个窟龛的塑像总计，至少当在一千尊以上）的古代泥塑作品，而且多半头手完整，未加损坏，这实在要算是祖国在造型艺术方面最可珍贵的遗产了。

何正璜在此文的后半部分，还详细地就麦积山的建筑、塑像、石刻、壁画做了详尽的介绍分析。此文比其早年《敦煌莫高窟现存佛窟概况之调查》一文内容更深刻，也更具可读性。

9. 赴沈阳考察清帝陵及清故宫

由于工作性质所决定，何正璜几乎跑遍了祖国的山山水水，览尽了中华民族的古代遗迹，特别是各个朝代的帝王陵墓。但是，唯独没去过东北，没有考察过沈阳

1954年，何正璜与馆长武伯纶、李长庆等在沈阳参观访问

的清早期两个帝王的陵墓。

1954年，陕西省历史博物馆几名同人在武伯纶馆长的带领下，赴沈阳参观学习，终于填补了她的这一空白。她在到达清帝陵跟前抬头仰望那算不得高大的陵墓时，一股别样的欣喜之情涌上心头。她说："谁都不会知道，我在这座芜草丛生的清陵前，为何会如此高兴，也许喜欢集邮的人们能了解我的心情。原来我到过传说中的轩辕黄帝陵，游过咸阳塬上周代文武成康陵，登临过骊山由秦始皇奴役了三十六万人营造的'山陵'，凭吊过咸阳塬上汉高祖以下十一陵，看过富平魏孝文帝陵和武功隋文帝陵，也考察过横亘陕西省绵延二百多里的唐代十八陵，还到过河南巩县一带的宋陵，祭过曾一度迁来甘肃兴隆山的元成吉思汗陵，以及游览过南京和北京的明陵。可是，就像集邮的爱好者单缺某一张稀有的邮票似的，我就是没有到过清代的陵寝，直到这一次来到沈阳北陵前，才算凑足了我的全数，使我在中国古代历朝统治者帝王陵的考察中不再有'结不到尾'之憾。"

沈阳是清军入关以后，清太祖努尔哈赤和清太宗皇太极时代的京城。从皇太极改称清朝，顺治（福临）六岁时继位沈阳，1644年才由其叔多尔衮护送入关，因此现在沈阳遗有清代最早的两陵，一名东陵，葬努尔哈赤，一名北陵，葬皇太极。一般说来，后者较有代表性。因此他们这次只游览了北陵。

北陵在沈阳市郊，现辟为北陵公园，规模甚大，园内除明净的湖水外，几乎全是参天的松树，矫劲苍虬，依何正璜看株株都堪入画，整个公园覆盖在松影下。风穿松隙，针影曳摇，万籁静寂中，只偶闻松子轻轻落地声，不单不似盛夏天气，亦不似在城市中。他们且先在陵前的雕刻品前休息，倾听着斑驳高耸的华表和巨型的石象石马等默默地诉说着清代的兴衰旧事。

皇太极是努尔哈赤的儿子、顺治的父亲，是他取下"清"这个朝代的名字。他把努尔哈赤时的版图扩张到了全东北，并且征朝鲜、伐蒙古，曾四次进攻明王朝，为有清一代二百七十多年的统治奠定了基础。陵园于1649年开始兴建，1664年竣工，由于当时清王朝已经建都北京，巩固了关内的统治，有着雄厚的经济力量，因而此陵的建筑雕刻都相当华丽宏伟，足以代表17世纪中叶中国造型艺术的发展形势。

陵门入口有高大的石坊，雕刻和建造工程都很华美。由此入门，列置巨大的守墓石刻两行，左右对称，由外往内，其顺序为狮子、麒麟、狻猊、马、驼、象，形象或立或坐，均体积雄大，且由整个石块雕成，雕工艰巨，但在石刻艺术的造型上，如与明代以及明代以前唐、宋帝陵前的石刻相比较，显然就看出了中国封建末期的颓唐景象。

由此亦进第二层门，即为隆恩殿（享殿），殿前围有很精致的七层雕花石栏杆，其花纹结构精致细腻，很接近辽金的风格，栋干柱头，用双龙为饰，竟将中心镂空，尤足以说明雕刻工程的精致。殿内彩绘颇新，殿外檐斗拱的上下部分雕有兽面（饕餮）

纹，在中国建筑中很少见。陵周建有护城，游人可拾级登城绕行，城上正面有层阁建筑，但壁断瓦残。坟丘的规模约同关中周陵，规模不算太小，要是与秦皇、汉武及唐代诸陵相较，则大见卑微了。

东陵据说离沈阳市约二十华里，因交通关系，往游者甚少。此陵覆土时，关内还是明熹宗天启六年（1626 年），墓主本人虽然英勇善战，却也未料及下代子孙竟攻入关内建立了中国封建社会末期的王朝，开创了近三百载的大清帝国。

沈阳清故宫的建筑分两个时期，也就分成了两种类型：一种是皇太极崇德二年（1637 年）建的，是早期的，距今三百余年；另一种是乾隆八年至十三年（1743 年—1748 年）建成的东西宫，距今二百余年。清制，关内的各代皇帝在相当时期内，必须出关谒祖陵，来时即居留宫内，据说前后共来了十一次。北京的宫殿，实际是明代建成的，所以对清朝皇帝来说，沈阳的宫殿，才真是他们的“故宫”。

现在沈阳市人民政府已将故宫辟为“沈阳清故宫陈列所”，任人民自由参观，内容陈列全部都只限于清代遗物，严格地说只限于清代皇族的遗物。

他们循序参观，先到翔凤阁，在清代时为储藏图书字画的库房，现在布置为兵器专室，有天命年的锁子甲和铁战衣。在他们以往研究历代盔甲制度的时候，也曾讨论过锁子甲的制作和形制，但终似纸上谈兵，得不到具体印象，这次见到实物，才与理论相结合了。有乾隆御用的腰刀，雕套玉柄，装饰富丽，此外，还有嵌珊瑚和黄金的匕首及铁“母子炮”。最引人注意的是清入关前的弓箭，他们知道东北的古代“肃慎”族，在三千年前就有“矢石”之制。周武王克商后，各方部落进贡，“肃慎”族贡的就是矢石，武王并视为珍品。“肃慎”族就是满族的古名，是一个在三千年前即与商周王朝有交往并善于制作弓箭的民族，今天能见到有悠久历史和优秀传统的满族古箭，实在令他们欣幸。虽然这并不是三千年前的遗物，但是，是在那时的基础上流传下来的，仍是珍贵的。

继到崇政殿，原是皇太极上朝处，康熙、乾隆、嘉庆、道光在出关谒陵时，都曾住此殿内，现辟为乐器专室。陈列有金编钟、排箫、笙、篪、笛、箫、埙篪、搏拊、爰琴、云锣、龙鼓、琵琶、钹钲、小铜点、拍板、方音、编磬、画角等，是一套完整的“中和韶”乐器（丹陛大乐器），是清代的“太乐”，凡祭天地太庙及大朝会都奏此乐，是真正的庙堂音乐。在这些乐器中，有好几种，何正璜只见过图形而未见过实物的，例如“篪”和“埙”只是在《史记》上看到“伍子胥橐载而出昭关……鼓腹吹篪，乞食于吴市”，就不大明白伍子胥吹的究竟是什么。《飞燕外传》有“十月五日宫中故事上灵安庙，是日吹埙击鼓，连臂踏地，歌赤凤来曲。”也不能弄清她们究竟吹了个什么东西，现在一一看过，她自然增长了不少的知识。殿中还陈列一些清初遗物，有努尔哈赤御用的长剑，皇太极御用的佩刀及御座鹿角椅、黄夹袍，还有一些哨箭、骲箭等。

麒趾宫原是皇太极贵妃的寝殿，里面陈列了康熙、雍正时代的瓷器、丝织品、剔红漆器和嵌螺钿的屏条等。

关雎宫原是皇太极宠妃宸妃的寝殿。这是一间当年最受宠幸的处所，现在的陈列品也是最华丽的，有清初最美的瓷器、玉器，翠鸟毛织的风景屏风，美丽工细的紫檀木龛和紫檀木大屏，玲珑的竹雕和黄金钟。其中是否有宸妃当年的用品就不得而知了。

此外还有一间忘了殿名的陈列室中，摆有努尔哈赤和皇太极用的“信牌”，是用为发布命令的。两个信牌并列，前者写的是蒙文，后者写的却是满文，说明在皇太极以前清朝是应用蒙古文字的，这使我联想到新疆维吾尔族在接受阿拉伯文化改用横写的维文以前，也是借用过蒙文和由蒙古文字改制成了老维文的，由此可见，蒙古民族是一个具有古老文化而且文化影响很远的民族。

室内还陈列有《觉罗玉牒》，是一套极大的书，书长约四市尺，像旧式账簿式的联折着，是爱新觉罗氏的“家谱”。

最后到大政殿，是努尔哈赤和皇太极听政之处，努尔哈赤定都沈阳时（天命十年，即 1625 年）建造的，规模不大，分八角，据说象征“八旗”，形制略如天坛，中设宝座，外面大柱上的龙都是浮空透雕尾爪悬空，比紧缠在柱上仅作纹饰装置的浅浮雕看来要更具有真实感。清帝入关后，沈阳改称盛京，据说每遇朝期，在盛京的文武官员仍在此殿内进行朝礼，不过想来那也已经只是保存一种遗制而已。这殿既是天命时物，则还经历了明代天启、崇祯二朝，假如这些柱上的龙能谈话，它一定会告诉大家，当时努尔哈赤，尤其是皇太极是在这里如何专心致志地筹划着、部署着覆灭明朝的打算。朱明王朝的命运，是和这个亭子式的小建筑有大关系的。

10. 永乐宫观画记

永乐宫在山西省永济县永乐镇。此镇是传说中“八仙”之一吕洞宾的故乡，永乐宫是在 13 世纪时为纪念吕洞宾而修建的道院，附近有他的墓和由他手植的银杏树。

吕洞宾是道家的祖师，出生于唐代，因举进士不第，浪游江湖，遇仙师钟离权，学延命之术，遂成仙道。

何正璜与陕西省博物馆一行六人于 1957 年春天从西安乘火车到河南省黄河南岸的一个小镇——盘斗，然后由盘斗渡过黄河抵北岸，又经步行方到达目的地。

一行六人先为“仙人”扫墓。墓不甚高大，乡人呼之为“仙坟”。墓前有碑，上刻“大唐吕纯阳祖师墓”，从碑上可知，此墓、此宫院始建于元朝泰定元年（1324 年）。绕墓有巨柏，巨柏参天，青葱如盖。不远处，有仙人手植银杏树，树干粗大至五人围，主干已空而枝叶仍茂盛。

到达第二天开始正式参观永乐宫。宫院内第一座大殿名无极殿，是供奉道教始祖太上老君李聃（即老子）的，因传说中“老子一气化三清”，又称为三清殿。参观考察的重点——壁画，即在这些殿宇之中。三清殿丰檐巨柱，青碧斑斓，天顶全是以石绿色为主的龙凤纹平拱图案。殿中央及原有神龛上还建有结构极其精致的藻井，绕壁三面画的全是高大的人物群像，根据碑石记载，所画为三百六十值日神（实际不足此数）。内容除帝君帝后画像以外，多为护卫君后的真人、仙伯、神王、力士以及金童玉女等。每个人物都高达二三米，由于执司、动作和年龄有别，其神态衣冠，也各不相同：有的衣带飘举，有的长袍曳地，有的须发怒张，有的含情欲语，这一切形形色色的生动形态，都是用圆润、挺拔而匀整的线条勾成的。可以看出，这里的壁画是从唐宋甚至魏晋以来民族传统的基础上发展而成的，尤其在接受唐代的人物造型上，有着显著的痕迹，画稿气魄大，作者功力也厚，这一切都说明了画家熟悉传统、熟悉技术。画面上的人物繁而不乱，又都合乎解剖比例，线条无一根无交代，无一根无意义，使人乍一看去，只见满壁都是线。但细审之下，则各种线纹，安排得又多么恰当，并且随着衣褶的变化，表现出强烈的质感。一根根五六尺长的圆挺的曲线，在画家落笔时，运笔该多快、该转多少角度的弯，以及如何落脚交代，都是不容丝毫迟疑犹豫的，这样就一定要准确而熟练地掌握技巧，要在下笔之前，胸有成竹，然后濡墨挥毫，一气呵成。而放在眼前的这些壁画，其手笔的洒脱、结构的严谨、造型的完美，以及色彩的和谐，都可说是达到极其成功的地步。如以人物的造型来说，面部的丰颐曲唇很像唐，眼角翘起又很像宋，综合起来，就别有一股秀丽之气。另一特点是动作自然，富有人情味。而在衣饰图案方面，若与敦煌的唐画相对比，可以看出是直接受了唐代影响的，同时也是研究宋元服饰图案的好材料。

殿的中央神龛原有三清帝君塑像，今已毁，只剩下作为背景的彩云和“飞天”，它们的线条饱满流利。本来满壁彩云，很难不重复、单调，但画家却处理得很匀净而又有变化，使人看来，但觉云烟四起，目不暇顾，恍如身处其中。

在这云雾萦绕、人物婆娑的古代道殿中，忽然传来了廊外风摇白杨的声响，由于幽静，骤听就仿佛声发殿内，令人错觉地感到是壁上人发出了衣褶窸窣声和环佩

山西芮城永乐宫

叮咚声。

在三清殿中心神坛的后壁上，遗有神态潇洒、衣裙飘动的“影塑”天尊像，塑像的特点是既要离开壁画而凌空，又要与背后的壁画连属，不显割裂。这种影塑艺术，据说创自唐代最有名的大雕刻家兼画家杨惠之，它是我国美术史上一种独特的创造性的综合艺术表现形式。

由三清殿的神坛后出殿廊，沿甬道往北就是纯阳殿。纯阳殿又名混成殿，是供奉纯阳子吕洞宾的正殿。殿内神坛及塑像已全毁，只留有密布四壁的连环式的故事画，题材是吕洞宾一生云游四方的经历，颇似敦煌佛窟中的佛传图，但更为复杂离奇。全部壁画，共分为五十二个故事场面，由吕洞宾降生起，经过幼年时代一直到离家、得道、超度、行善和游戏红尘止，内容涉及社会生活各方面，就像一面镜子似的把13世纪时我国的社会面貌反映到人们眼前，这在民俗学方面，当是极珍贵的资料。这个殿的前壁东西梢壁上，画了两幅更为出色的单幅故事画，画角并有元代名画家朱好古和他的弟子们的题字，说明这两幅画是他们师生合作的名作（也很可能是朱好古的弟子们借其师之名以自重）。在东梢间的那一幅，特别富有人情味，画面上有二人围桌对坐，桌上有一盘桃子，一只多穆壶，其中一人在用纸搓的小捻掏鼻，好像要打喷嚏。别有童子三人，一个正拿着小刀削桃皮，一个在俯着身子用一块瓦片垫桌腿，另一个从别处抢来四轴画。还有一老妇站在房外揭帘欲进，纱帘透明，竹帘高卷。像这样生活气息浓厚而人物处理得又那么生动、自然的壁画，在国内实在是不多见的。

在纯阳殿神坛的后壁，还有一幅被认为元代旷世名作的壁画。画的是吕洞宾与他的仙师钟离权对坐谈道的情景，吕洞宾拱手端坐，状颇恭谨，而钟离权则洒脱自如，双目如炯，宽衣袒胸，气势纵横。画家极其成功地把这两位谈道者的不同身份、地位和不同神情、性格，很深刻、生动地描绘出来了。

由纯阳殿再进，到了最后一殿——重阳殿（亦称七真殿），是供奉元代“全真教”创始人王重阳和他六个弟子的。弟子中有“长春道人”丘处机，据说是永乐宫真正的教主。这一殿的壁画，在表现形式上和纯阳殿大致相同，内容是描述王重阳一生的生活经历。题材特别丰富，所有宫室、官署、民居以及通都大邑、茶寮酒肆和乡村僻野，人物则男女老少、官僚地主及劳苦大众，无不罗列画中，形成了非常生活化的社会风俗画。这些连环画面的交接处，都是利用云树山石或建筑、溪瀑等作为连接，分开来看，则是一幅幅富于生活气息的写实画。如在西壁角上一个故事场面中，画有一幅婴儿诞生图，产妇躺卧床上，两个妇人正蹲在地上抢洗婴儿，房外另一小屋内，一妇人在煮食物，屋外两妇人一倒水、一生火盆，全部人物虽各有动作，但都围绕着画的主题，说明她们都是在为一个新诞生的小生命而欢庆地忙碌着。

总体来说，何正璜觉得永乐宫道教壁画在表现技法上是很为突出的，题材内容也特别丰富，在数量上和体裁类别上，虽不及敦煌和新疆石窟的佛教壁画，但在结构规模上，特别是三清殿中数近三百的值日神，其艺术水平是不下于敦煌和新疆佛窟绘画的。因此她觉得后人应该正视这一绘画艺术遗产，并确定它在中国壁画史上的重要地位。

永乐宫中还有许多元代碑刻，碑文都很别致，何正璜一如在考察团当文秘时一样，也将这些碑刻名称、内容一一记录在本子上。

11. 春风做伴回故乡

1959年11月初，陕西省文化局组织参观团，赴武汉、南京、上海、杭州等地参观访问，何正璜是该访问团十六人中之一员。她兴奋异常，报请文化局批准，先访问团三天，于11月2日起程回武汉老家探望老父亲。文化局同时委托她作为先遣团员，与湖北省文化局联系有关事宜。

1959年，全国进入调整的年代，经济遭受重创后，经调整，全国形势略显平静，但人们都还没有意识到三年困难时期即将到来，只是饥饿的阴影已开始笼罩在人们的心头。

那时候人们思想单纯，在党的领导下，热火朝天地建设社会主义的劲头丝毫不减。陕西文化局组织文化系统的代表人物赴南方参观访问，正是为让大家看看南方建设社会主义所取得的伟大成就，进而鼓足干劲，赶超南方，推进陕西省的文化事业建设。

王子云1957年被打成右派，经过两年的时光磨蚀，阵痛已经过去，现实已被迫接受了。孩子们都尚在求学读书的年龄，尚没有遇到什么坎坷，何正璜本人工作成绩日益凸现，在单位在社会上日益受到人们的尊重。因此可以说，1959年，无论从国家层面还是何正璜个人，都可以说是政治气候上的小阳春。

她2日起程，3日晚9时到达武汉。只是家已经不是紫阳郡那栋漂亮的小洋楼了。

紫阳郡小洋楼那个家自1938年下半年日军大肆轰炸武汉时撤离，整整七年后，至日军投降，何正璜的父亲返汉后前去查看，知自他们撤离后已被日军一兵工厂占用，至他去查看时也未搬走，经再三交涉，那个家才重新回到他的手中。又贷款三百万元（金圆券）予以整修，方才恢复昔日温馨模样。武汉解放前夕，国民党政府经济几乎崩溃，金圆券币值大跌，物价一日数涨，薪津收入已不能维持生活。新中国成立后，何正璜父亲所在省银行被人民政府接管，中高层职员全部遣散，她父亲就失去了工作，没了收入，只能靠借贷勉强度日。

1950年，政府发行“胜利折实公债”，武昌第一区工作组因何正璜父亲新中国成立前在银行工作多年，又有自有楼房，便认为他是“富有者”，勒令销售公债六百分，他虽再三陈述自家经济的窘迫情况，仍不能减少，迫于无奈，他只好和同相邻的六家将房屋卖给中南区卫生部，买了公债、还了债务，用余款买了一栋平房。这栋平房位于朝阳巷三号，这便是何正璜现在的家了。

她在往常与父亲通信中知道家里搬迁情况。11月3日夜10时半，她叩响家门。老父已上床就寝，继母开门，见是多年不见的她，高兴地招呼一声便向房里大喊：“璜儿回来了！”老父急忙披衣下床，迎了出来。

父亲时年六十五岁，何正璜四十五岁，父女自1940年从湖北恩施分别至今，已整整十九个年头没见过面了。这十九年，经过了抗日战争、解放战争、国共政权交替，解放后又经过“镇反”“三反五反”“大跃进”等等运动，何正璜由跟随西北艺术文物考察团在大西北的奔波、到西北大学任职、到成都高级染织学校任教，直到如今的陕西省博物馆……沧桑巨变，物是人非。何父匆匆忙忙向门口走去，何正璜已进到房中，老父直直地看着眼前这个体格健壮，容光焕发，远不像四十五岁的女儿，高兴至极，禁不住老泪滂沱，一时语塞，何正璜看见已现老态的父亲，也早已泪流满面，父女俩都久久不能言语。

何正璜一共在家住了三天，那时候由于各种物质匮乏，食品都实行定量供应，所以她白天带领老父及全家到大饭店吃饭便是首要节目，其次是带大家游玩，夜间与老父谈至深夜。第四天与文化局接待员一同到车站迎接参观团其他同人并与大家一同住到了文化局事先安排好的海陆饭店。第五天即随团开始正式参观访问。

参观团参观了"湖北十年成就展"、武汉钢铁厂、中山公园、东湖及湖北省博物馆。

在湖北省同行的座谈会上何正璜做了精彩发言。

11 月 9 日晚 11 时，参观团一行乘江轮离武汉赴南京、上海、杭州等地参观访问。离汉前，她又专程回家辞行。与老父、家人相聚短短几日又要分别，更不知何时再相聚，父女俩不禁难舍难分。

12. 住"牛棚"的日子

像何正璜这样出身于旧官宦世家，在旧社会上过大学、留过洋，在博物馆又是业务骨干的人，在"文革"最盛的时候，被请入"牛棚"是再自然不过的事情。

她的主要罪状是三条：一是反动学术权威，多年来的工作都是展示炫耀"封资修"的东西，毒害了人民群众。这条罪状是所有专家学者的共罪，在那歪理盛行的年代，是无须辩解的，在挨批斗时，顺着歪理，多做自我批判即可。

第二条罪状是加入国民党，而且是国民党甲级党员。这个问题说起来似乎很严重，但把事实搞清楚后，几乎是子虚乌有，是当时身为国民党省党部委员的张光祖越俎代庖，给他们夫妇填了一张加入国民党的表格，介绍人也是张光祖。按当时国民党内部规定，有这个级别的人介绍入党的，就是甲级党员。事后，张光祖也没有把这件事告诉他们本人。直到"文革"中，他们听说自己是国民党甲级党员，连自己也莫名其妙。

第三条罪状就是跟随胡宗南到翠华山祭奠被共产党击毙的刘戡的事。这确是个政治立场问题。但当时胡宗南说的是去旅游，带他们夫妇俩这样的文化名人纯属胡宗南附庸风雅，在路过刘戡墓时，胡和他的随从去祭奠，何正璜夫妇根本不知道刘戡为何人，因此只是站在远处等候而已。

话虽这么说，但在“文革”中是不允许狡辩的，何正璜与王子云分别在单位挨批斗、挂牌游街是避免不了的。

他的小儿子王蒙在一篇回忆文章中说：“‘文化大革命’的某一天，我在外面玩耍，听说家被抄了，赶快跑回家，看到家里被翻得乱七八糟，几个穿着红卫服的年轻人，打着造反派的小旗子，冲着母亲大喊大叫，母亲像一个囚徒，站在家门外，面无表情，脸色惨白。几个暴徒似的红卫兵在翻、砸、骂，至今仍历历在目。还有一个女红卫兵手里甩着一把亮闪闪的匕首。骂的都是‘文化大革命’最时兴的粗话，母亲已是五十多岁的人了，稍微把脚舒缓一下，马上就遭到拳打脚踢。我看到这种情景，就冲过去要和他们拼，母亲赶快一把拦住，狠狠地拧了一下我的耳朵，然后用眼睛瞪着我，示意不要有任何举动，我只好听母亲的话，眼巴巴地看着他们批斗母亲……母亲白天在单位要写交代材料和随时批斗游街，晚上回到家还得强忍着悲愤，照顾全家惨淡的生活，操心儿女们的安全。深夜还偷偷地帮着父亲修改未完成的书稿，她在逆境中顽强地挣扎着。”

笔者第一次和她的大女儿王蔷一同去拜见她时，正是在这种非常特殊的场合，只是她的脖子上没有挂牌子而已。令人意外的是，她的精神状态并不错，并没有身陷囹圄的人那种羞愧沮丧之态。笔者还没有说安慰她的话，她倒神态自若地说：“你们不用担心我。在我进牛棚时，有朋友嘱咐我，谨守三件事：一是不要脸，在这样的时代，把脸装裤裆，无论人家如何辱骂、构陷，多么受辱难堪，自己都要不怕羞耻，做到唾面自干，隐忍苟活；二是不要死，不管被打得多重，皮肉多疼，都要豁出命忍受，决不自杀；三是不要家，人家来抄，任凭抢拿，毫不顾惜，保全自己为上。”真为她在重辱之下，能有如此“活命哲学”而感到些许安慰。

13. 与彭友善的联系

初恋是美妙而令人难忘的。何正璜自 1934 年在武昌艺专毕业前的军训风波中与彭友善被迫分离后，天各一方，再无法联系，但她仍谨守彭友善二哥对他们二人的劝勉，“到国外留学几年，回来后再结婚”。她在日本留学尚未毕业因日寇侵华而回国，回国即投入全民总动员的抗战之中，已年届二十五六岁的她在无望与彭友善相会的情况下已另有归宿，她也遥祝他有新的幸福生活。直到新中国成立后，她在陕西省博物馆立稳脚跟，更是已年近四十，儿女成群了，初恋已成遥远的记忆。

1983 年 8 月 13 日，住在柏树林 48 号博物馆家属楼一居室新居里的何正璜听见叩门声——她家来往客人很多，叩门声并无异样。她打开门，一个拎着礼物远道而来的英俊青年站在门外，青年腼腆地叫了她一声“姑姑”，问了好，并自我介绍说：“我是彭开天。”

其实，用不着介绍，她第一眼就意识到他是谁了。

她是个爱动感情的人，看见彭开天，就像见到了自己的故人，几十年的思念一起涌向心头，泪水一下子就流了出来。她掩饰了一下，堆起笑容，热情地将开天迎进家里。

开天是奉父命来看望这位“姑姑”的。原来与彭友善同在江西师大任教的吴子南老师，在南京艺术学院本科毕业后又到西安美术学院读本科，投到了王子云先生的门下，毕业后分配到江西师大当老师。他熟悉王子云，当然也熟悉王子云的夫人，因为她也是美术、文博界的名人。但他绝对想象不到，她曾是他如今的同事彭友善的初恋情人。当他了解到这一内情时已是他们已到古稀之年的 20 世纪 80 年代。但是，如何把他知道的何正璜的情况转告给彭友善呢？陈年旧事，物是人非，说轻说重很难把握，何况是面对七十多岁的老人！经再三思考，他决定给彭老师写一封长信，把他知道的一切情况说给他。这封信，不贴邮票不封口，就直接塞到了彭老师的信箱里。

彭友善打开信，读着读着禁不住热血沸腾，两手颤抖，竟闭起双眼，任热泪流淌。

夫人吴惠生在一旁看见了，以为发生了什么事，急忙走过去问他怎么了。他一边把信递给她一边说：“是吴子南的信，他说玉子还活着，在西安。”

吴惠生小彭友善十八岁，是个才貌双全又十分贤惠的人。关于与玉子的情况，彭友善从一开始就没有瞒她，而且在以后的生活中，曾无数次给她说过他与玉子的恋情。吴惠生不仅毫无妒意，反倒十分赞赏他们之间那种纯真的爱。

吴惠生并没有看信，她想了想说：“是好消息。趁你现在还走得动，何不到西安去见见她？”停了一会儿又说：“你先给她写封信，一是说说你分别后的情况，第二就说我们计划到西安办画展，请她代为联系展馆事宜。倘若可行，岂不一举两得？”

彭友善一时倒没了主意，总觉得贸然写信似有不妥。最后商量先由大儿子到西安出差的机会顺道去拜访一下，看看情况再说。

后来彭友善给何正璜写了一封信。信写得十分克制，除简单问好外，就是托她

彭友善、吴惠生夫妇

在西安联系办画展的事。何正璜回信更简单，只是说陕西美术博物馆尚在修建之中，一俟这个馆修好，一定代为联系等等，最后还特别嘱咐：来回信件要保密。显然，已七十多岁的她，不愿让儿女们知道自己这段往事。

彭友善只有等待美术博物馆的建成。可是已八十岁的他，还要等多久！心中那股思念之火再也压抑不住了，于是他又写了一封信，希望她能寄几帧她历年来的生活照片。照片寄了几张，但回信仍是寥寥数语。

已等待了六十年，还要再等多久才能见面呢？

何正璜这边的想法却十分坚定：永远尘封这段往事。因此直到她去世，两人也始终未能再见一面。

但她对这段恋情却是刻骨铭心的。

她去世后，她的大女儿王蔷在整理她的遗物时，从她的日记、书信、照片中发现了母亲这个秘密，并且深为母亲与彭伯伯的纯真爱情以及各自成家后的克制而感动。但她不明白，他们那么相爱，为什么在临毕业前的那场意外军训风波分别后，相互多年都不成家，都在等待着对方，可为什么彼此都没有苦苦寻找呢？

王蔷为了弄清这个问题，似乎也是为母亲完成这个心愿，她竟毫无顾忌地贸然给彭伯伯写了一封信。

令她没想到的是，信发出去没多久，彭伯伯的回信就来了，而且是洋洋万言之多，写了整整四大页，并随信寄赠《寒梅月雀图》一幅、书法《黄鹤楼》一幅、当年彭伯伯送给母亲的《双栖图》复印件一幅及当年两人合影照片一张。

在长长的信中，彭伯伯详细讲述了他们两人相识、相恋、离别，以及他听说她母亲从日本留学回国后，如何带着准备与她母亲结婚的衣物和希望，到武汉寻她未遇及失盗（王蔷当时还没有意识到失盗有可能是别人预先设下的阴谋）等情况，字里行间充满对母亲的一片真情。读完信，她才意识到自己已是泪流满面，她为母亲感到骄傲，为彭伯伯的忠贞和高洁人品而感动。她为此又给彭伯伯写了一封长信并回赠手表一对及全家照片一张。

彭友善为了弥补这一遗憾，经过与夫人认真商量，决定认王蔷为义女。以后两家多有来往，两家子女也成了亲如兄弟姐妹的朋友。如此佳话，是何正璜、彭友善真挚友情的传递，也是他们纯真恋情的明证。

第十五章　晚年的殊荣和最后的日子

何正璜在为全国政协会议写提案

1. 晚年殊荣

改革开放使中国各行各业去掉了枷锁，像树木花草沐浴了春风春雨，开始蓬勃发展，各类人才得到重用，何正璜虽已年过花甲，仍不得退休（她自己也不想退休），落到她头上的各种职衔接踵而至。先是在陕西美协当选为理事，又被陕西国画院、陕西雕塑院聘为顾问，在陕西考古学会、陕西工艺美术协会召开的大会上又当选为理事、副主席（后来又当了主席）。

1982 年 2 月 16 日，省委宣传部一位姓贾的同志到博物馆找她，未遇，留一字条，让她到省委宣传部去一趟。到宣传部后，干部处张处长热情接待了她，并直言：由多人推荐并经考察，组织上拟任她为陕西省博物馆馆长，请她来是想听听她个人的意见。

她几乎连想都未想，回答说："第一，我是业务干部，而且非常热爱我的工作。我不熟悉、也不适合做领导工作；第二，我年龄大了，精力不济，怕辜负组织上的信任；第三，请年轻同志担任此职更恰当。"她认真推荐了王仁波、袁仲一、韩伟三人，并一一介绍了这三个同志能胜任此职的理由。张处长见她言辞恳切，大度让贤，不禁连连点头，大加赞赏，说组织上一定认真考虑她的意见。

后来王仁波同志当了馆长。

1982 年 3 月 23 日至 27 日到北京参加全国博物馆学会成立大会，她被选入主席团，最终又被选为理事，这是最被她看重的职务，因为这是她的本行，说明她在博物馆几十年的工作得到了全国同行的认可。

令她想不到的是，1983 年 6 月 1 日，在她六十九岁生日那一天，她被告知当选为全国第六届政协委员，并于第二天乘飞机赴北京参加会议。"政协"虽是一个议事而并非权力机构，但毕竟是全国最高议事机构，该委员的分量仅次于全国人大代表。走时，有全体省领导到机场送行，到北京由中央最高机关派的专车迎接，住的是高级宾馆，食有鱼，出有车，会议上讨论的是国家大事，主持会议的和坐在主席台上的是国家领导人，这该是何等的荣誉，这真使她有点儿受宠若惊了！

但是，她是“将才”而非“帅才”，在“政协”环境中，她感到“我是不合时宜的”。尽管一如她一贯作风，不愿徒有虚名，尽量搜肠刮肚提建议、写提案，但她内心是寂寞的。在文博界，她如鱼得水；在官场，她自感“自己无光荣官衔，无知交，又是女同志，不便到男同志房间畅谈，而女同志之间又总是见妒难合，自己又好热闹，满肚子知识却无人可与之交谈。在宾馆、在大会堂，看着成千国家俊彦，多想与之交谈请教，可是人家知道你是谁？”所以，她内心深处是寂寞的。

令她感到意外的是，她在政协的小组会上的发言经报纸、电视播出后，被她在日留学时老同学唐平铸看到后，给她来了一封信。“四十多年不见的老同学、老朋友，太高兴了。”她在日记中说，“他要我晚上给他打电话。我打了，就在房间里和他说话了。听声音他还是健壮的，但他说他得了癌症，听到他说话真意外。自从在东京大冈山（东京多摹川高等美术学校所在地）一别已四十余年，大家都老了，居然能在首都互通电话，科学太好了！”

唐平铸与她自东京分别后，赴延安参加了革命，在部队由普通干部一直干到将军，在“文革”中曾被任命为《解放军报》主要负责人、《人民日报》代总编，在报眼处登毛主席语录是其首创，风行一时的《毛主席语录》也是由其发起并主编的，该语录前言也是由他撰写，不过是署林彪的名字罢了。作为当时传递最高指示的“两报一刊”两报的负责人，他时在中央首长之列，红极一时。何正璜那时正在“牛棚”接受批斗，对唐平铸只能望其海神而兴叹。

何正璜当年到重庆参加西北艺术文物考察团，临解放时又和王子云从西安乘国民党高官张砚田的汽车跑到成都，尽管他们是不问政治的，但貌似在躲避共产党，新中国成立后历经磨难。那时候他们曾想，当时为什么不去延安参加革命？而唐平铸回国后，就是走的与他们相反的路。

唐平铸赴日留学前在家乡已结了婚，其妻陈秀珍，十五岁就嫁给了他。1934 年唐平铸到日本学绘画、回国、到延安参加革命，都没有再与家乡的妻子联系。妻子从别处知道他到了延安，便不顾一切地只身千里迢迢去延安找他，路过西安在八路军办事处遇到叶剑英，让其在“八办”休息了几天，又继续徒步北上。走到三原实在走不动了，又遇大雨，路泥泞不能行，就哭，恰遇也赴延安的江青。江青劝其在三原等着，她到延安后让唐平铸来接她。唐平铸把妻子接到了延安。这则“千里寻夫”的故事在延安广为流传。一次罗瑞卿见到唐平铸说：“你老婆是新时代的孟姜女啊，不简单！不简单！”由此，唐平铸就被中共高层所知晓，这大概与他在以后的仕途中一路顺遂有些许关系吧。

谁知“四人帮”垮台后，唐平铸受牵连被审查，如今又罹病辗转于病床之上，真是世事难料！何正璜抽空到 301 医院看望了他。他得的是结肠癌（何正璜最后竟也得的是此病），动了手术。自然，何正璜在老同学面前绝不会流露半点儿志得意满之态，但总觉得恍如做梦，谁能料到人生的荣辱会像烙饼子似的翻来覆去呢！

1983 年 8 月 19 日，陕西省博物馆全体党员召开大会，并要求她列席会议，讨论她的入党问题，经讨论，最后大家一致通过，接收她加入了中国共产党，这是她以前连做梦都想不到的事情。

1987 年，由她撰写解说词的《长安》专题片在中央电视台播出，更使她的名声越过文博、美术、考古界为更多的人所知晓，她的名气更大了。当年除夕，她被接到西安宾馆参加迎新年茶话会，与会的除了党政领导，就是社会各界名流，"到会一千余人，外宾六百，内宾二百，工作人员二百，西安各大宾馆佳肴荟萃，任与会人员选食"。如此生活景象，无论如何，与过去的愁苦日子无法联系在一起。

1988 年 7 月 6 日，她接到连任全国政协委员通知。一般连任两届，这是惯例，临终时她不无遗憾地说："我辛苦工作了一生，受到社会和人们的认可，我很高兴，很满足。唯感遗憾的是其中有不少蹉跎岁月，为国家贡献的不够多。"

2. 生命的最后五年

王子云是 1990 年猝然去世的。去世前他的身体一直很好，毫无征兆。而何正璜早在此两年前身体就多有不适，最后竟查出患了结肠癌，1989 年 3 月动了一次大手术，因此尽管她比王子云年轻十几岁，家人还是为她而担心。谁知，生老病死上天自有安排。手术后她恢复得很快，在精神上像没事人一样，照样读书读报，写作、为人改稿一如往常。老伴的突然去世对她打击甚大，精神再不如往常，胖胖的身材也变瘦削了。按结肠癌手术流程，当年 11 月她又做了第二次手术，术后不久，身体一切恢复正常，精神也慢慢好起来了，社会活动、写作照常进行。真想不到，一个官宦世家、书香门第出身的弱女子，竟有如此顽强的生命力。不料两年后她的胆囊又出了问题，不得不又进行第三次手术。原先富态、体重达七十公斤左右的她，一下子瘦如枯槁，体重降至五十公斤，再也撑不起生命之重了，又勉强维持了两年。

1994 年 10 月 22 日，横跨美术、考古、文博界的一代巾帼英豪，香消玉殒，羽化成仙，何仙姑乘鹤西去了。

惊闻她的去世，人们万分惋惜和悲痛。全国政协、陕西省人民政府、陕西省政协、陕西省委宣传部、中国博物馆学会、全国工艺美术学会、中国美术馆、中国美术家协会、人民美术出版社、湖北省博物馆、辽宁省博物馆、敦煌艺术研究院、陕西国画院、陕西雕塑院、陕西考古学会、西安国画院、安徽萧县人民政府……以及全国各地的亲朋好友纷纷发来唁电，对她的去世深表哀悼。

全国著名美术评论家王朝闻来函中说："惊闻正璜同志病逝，痛惜同一文化战线又少了一位老年优秀战友。自50年代初以来，直到80年代末，每次在西安参观中华文化遗存，都得到她热情的帮助。她对工作和同志们的热情，音容笑貌如在目前，但已难得重逢了……但愿后来人继续她未完成的工作……对社会主义文化建设做出无愧于前辈的工作。"

中国美术馆馆长杨力舟来函说："惊悉何正璜不幸病逝，十分悲痛，没有想到何老走得那么急促……何先生是一位杰出的文物鉴定专家，博物馆学家，杰出的爱国知识分子，也是中国美术馆的亲密朋友。她是刘开渠馆长的老师王子云先生的夫人，刘老生前对他们都非常敬重，也是我们崇拜敬仰的师长，她的学问和为人都堪称楷模，我们永远怀念她！"

老朋友彭友善送来的挽联是：生死难忘一别竟成千古恨，俯仰无愧高风长使九州钦。

遵照她生前的遗嘱，治丧委员会取消了原先安排的一切仪式，简约而不失隆重地将她安葬在西安三兆公墓。

第十六章　余论　相提并论林徽因

中国艺术研究院（原中国文物研究所）2008届研究生王吉的毕业论文题目是《梁思成与王子云田野考察方法的比较研究》。论文以20世纪上半叶美术考古学界两位考古学者——梁思成与王子云为主要研究对象，对其二人的田野考察方法做全面的分析研究。论文作为史学史研究，以研究田野考察方法为主脉，结合大量文献资料，厘清两人田野考察方法的整体脉络，深入研究得出两人在方法上的同异之点，同时表现两人各自的独到之处。

限于论述题目的要求，该论文仅限于对梁思成与王子云在田野考察的方法这一个点上进行了研究，并未涉及对二人的整体评价。毋庸讳言，梁思成的名气要大于王子云，而论贡献，两人则实难分出伯仲。个中原因，除出身等个人的历史背景有差别外，主要原因大概是一个身在作为首都的北京，而另一个则身处偏居一隅的废都西安。王子云并不是一个地方性人物，他的贡献与名气一直都是全国性的。但同时他又不得不受他后半生身处西北这一地区性的限制。

王吉的论文更没有涉及巨人身后同样伟大的两位女性——林徽因与何正璜，但弦外之音显而易见：王子云与梁思成齐肩，而何正璜的贡献更可以与林徽因相提并论，只是同样原因，何正璜没有林徽因的名气大，这是很值得我们、特别是陕西的文艺界的朋友们深思的。

其实，早在十多年前，《美术》杂志主编、全国著名美术评论家李松就曾著文说："在中国文物博物馆和考古学事业上，有过不少杰出的女学者，如担任过南京博物院院长的曾昭燏，建筑学家也是文学家的林徽因，长期主持安阳殷墟考古发掘工作的郑振香等人。她们在中国近代文化史上都有自己光辉的地位，何正璜正是她们中间的一位。"

陕西文化界也早有人注意到这一情况，比如著名画家王西京、苗重安、王有政、耿建，著名美术评论家程征，著名文学家贾平凹，著名文博专家、画家蔡昌林，美术考古学家周晓陆等，都先后在不同场合多次把何正璜和林徽因相提并论，只是目前尚没有专著问世而已。笔者相信，随着社会的不断前进，祖国大西北的开发与发展，王子云和何正璜在发现、整理、弘扬祖国西北古文化方面的贡献就会越发凸现出来，从而他们个人也会越来越受到人们的崇敬与赞扬，这是毋庸置疑的。

下面，笔者试将两人的概况列表做一简单比较：

内容 姓名 / 并论事项	林徽因	何正璜
出生年月、享年及逝世原因	生于1904年6月10日，卒于1955年4月1日，享年51岁，因患肺结核在北京病逝。	生于1914年，卒于1994年10月22日，享年80岁，因患结肠癌在西安病逝。
祖籍	福建闽侯	湖北汉川
出生地	杭州	日本东京
祖辈	祖父林孝恂，清光绪己丑科进士，入翰林院，外放浙江仁和、孝丰、石门、海宁等知县，杭州代知州，后辞官到上海定居。	祖父何宗瀚，日本东京法政大学毕业，回国后历任芜湖检察厅检察长，洛阳、开封高等检察厅检察长，曾参与组织宪友会，与梁启超、康有为过从甚密，退休后回原籍定居。
父母	父林长民（1876年—1925年）两度赴日留学，习政治、法律，回国后在上海由各省咨议局推为书记，组织同志会向清廷请愿召开国会，1912年担任临时参议院秘书长、众议院秘书长，1914年担任北洋政府知事堂参议，1916年担任北洋政府司法部司法局长，1917年担任段政府司法总长，后被迫辞职。 母，何雪媛，浙江嘉兴人。	父何立夫（1894年—1961年）从小被其父带至日本上学，东京帝国大学毕业，习政法。回国后先后于北京新华大学、平民大学、中国大学、孔德学校任教，后任北平大东银行经理、湖北省银行总行总务处经理、汉口银行职工消费合作社经理。 母张佳牖（张楚），上海女子中学毕业，辛亥革命后任武昌革命烈士遗孤教养所教育长。 继母盛玖笙，浙江海宁人。
学历	幼年，在祖父家由大姑林泽民启蒙读书；8岁入上海爱国小学读书；12岁入北京教会学校培华女中读书；16岁入英国圣玛丽学校读书；20岁入美国康奈尔大学读书，不久即入美国宾夕法尼亚大学学建筑；毕业后入耶鲁大学戏剧学院学习舞美设计（半年）。	幼年，在祖父身边读私塾；7岁入湖北女师附小读书；13岁入湖北第一女子中学读书；19岁入湖北武昌美术专科学校学工艺美术；23岁赴日本入东京多摩川美术学校学实用美术。

并论事项 \ 内容 \ 姓名	林徽因	何正璜
爱情及婚姻	16 岁在英国伦敦与徐志摩相识、相恋。 24 岁与梁思成在加拿大结婚。	19 岁在武昌艺专与同学彭友善相恋。 26 岁在成都与王子云结婚。
工作简历	16 岁随父到欧洲旅游考察；20 岁在北京接待印度作家泰戈尔来华访问，并参演泰戈尔话剧《齐德拉》；22 岁被美国宾夕法尼亚大学建筑系聘为建筑设计事务助理和设计指导教师；24 岁与梁思成赴欧洲考察古建筑，回国后受聘于东北大学建筑系任教授，期间设计的东北大学校徽图案中奖；27 岁辞去东大教职，回北京养病，并开始文学创作，加盟中国营造学社，任教理，同年在协和小礼堂为驻华使节讲古代建筑（徐志摩为听此演讲，乘机赴京途中坠亡）；29 岁随梁思成赴山西大同考察云冈石窟，并与梁合写《云冈石窟中所表现的北魏建筑》；30 岁为梁思成著《清朝营造则例》一书写绪论，并校读全书；31 岁为《学文》创刊号设计封面，同年与费正清夫妇一同赴山西汾阳、洪洞等地考察古建筑，同年应浙江建设厅之邀，赴杭州商讨六和塔重修计划，后赴浙南武义、金华考察古建筑，	26岁因日寇侵华“含泪返国门”，于湖北龙船河女子职校任教；同年赴重庆参加西北艺术文物考察团，任团员，与王子云结婚；在其后五年时间里，先后随考察团考察西安的佛寺道观、汉城遗址、汉唐陵墓及附属石刻艺术、洛阳龙门石窟艺术、敦煌莫高窟艺术，期间撰写大量文物考古游记，特别是其《敦煌莫高窟现存概况之调查》一文是我国学者第一份对敦煌艺术的综合考察报告，具有划时代意义；31 岁到西北大学历史系文物研究室任助理研究员，期间协助王子云撰写《敦煌佛窟建筑体式》《霍去病墓之汉代石刻》《中国历代应用艺术图纲》《汉代陵墓图考》《汉瓦当图案》《秦瓦当图录》《唐十八陵考察记》《画砖》《碑的艺术》《甘肃古代美术》等十多部著作，并做增删、修改、润色、誊写、插图等工作；36 岁到成都染织学校任教；37 岁到陕西省博物馆任陈列部主任，对碑林进行恢复陈列并调整多

内容 姓名 并论事项	林徽因	何正璜
工作简历	与梁思成合著《晋汾古建预查纪略》；32 岁与梁思成赴河南洛阳龙门石窟及开封、山东历城、章丘、泰安、济宁考察，朱光潜主编《文学杂志》创刊，林为其设计封面并任编委；33 岁到西安做小雁塔维修计划，后到临潼、户县、耀县考察古建筑，赴五台山考察途中，因战争爆发匆匆返回北平；36 岁，罹患肺结核；38 岁，梁思成撰写《中国建筑史》，林徽因写其中第七章宋、辽、金部分，并担任此书校阅、增删工作；42 岁住进清华，梁思成赴美讲学，林徽因代办清华建筑系诸多事务；43 岁病情恶化，在中央医院做肾切除手术；45 岁（1949 年）聘为清华建筑系客座教授；46 岁参与北京旧城改造讨论并提出建城墙公园设想，与梁思成等设计国徽图案被选中，林作为特邀代表参加全国政协一届二次会议，国徽图案被审议通过，林被任命为北京都市建设委员会委员兼工程师；47 岁在“北京特种专业会议”上做报告，题为《景泰蓝新图样设计工作	次，对陕西历史陈列撰写设计、布展，先后调整二三十次，创建“石刻艺术陈列室”，主持设计布置临时陈列二三十次；考察沈阳清陵、麦积山石窟、永乐宫壁画，期间撰写大量考古游记、文博专论数十篇，并有多部专著出版；接待大量口外游客和多位中央领导及外国元首、专业团体，为各地来陕参观学习的大学生、专业团体、工厂设计人员授课无以数计；65 岁后，先后当选陕西美协理事、陕西考古学会会员、陕西工艺学会理事长、副主席、主席；68 岁婉辞陕西省博物馆馆长之职，推荐三名年轻人选；69 岁，当选中国博物馆学会理事；当选全国第六届政协委员（连任两届）；其后参与陕西历史博物馆（新馆）的选址、建筑设计方案以及陈列方案等讨论；75 岁罹患结肠癌，经三次手术，80 岁病逝。

内容 姓名 并论事项	林徽因	何正璜
工作简历	一年总结》，被任命为首都人民英雄纪念碑建筑委员会委员并设计须弥座纹浮雕；49 岁参加首都文物建筑保护问题座谈会，参加中国建筑学会第一次代表大会，当选为理事，兼《建筑学报》编委；50 岁担任西颐宾馆设计顾问，病情恶化入同仁医院，当选北京人大代表；51 岁病逝。	
文学成就	**诗歌** 《吊韦德》《深笑》《别丢掉》《记忆》《题剔空菩提叶》《旅途中》《黄昏过泰山》《昼梦》《八月的忧愁》《静坐》《你来了》《九一八闲走》《过杨柳》《红叶里的信念》《时间》《古城春景》《前后》《去春》《忧郁》《哭三弟恒》《十一月的小村》《空虚的薄暮》《昆明即景》《年轻的歌》 **散文和小说** 《悼志摩》《九十九变中》《窗子以外》《钟绿》《吉公》《纪念志摩去世四周年》《蛛丝与梅花》《文珍》《绣绣》《新观察》《我们的首都》（专栏） **戏剧** 《梅真同他们》等。	**诗歌** 《颂后稷》《临潼》《临潼小唱六首》《始皇陵二首》《火晶柿》《秦椒》《茂陵》《霍去病二首》《卜算子·收落叶》《昭陵四骏的呼唤》《为〈古都西安〉题诗》《汉长安城记事》《唐长安城记事》《高阳台二首》《八声甘州》《六一有感二首》《临行呈公学老师们》《但愿长安再相逢》《游北戴河闻家音》《心境》《感知遇》《赠郑为》《一剪梅·病中复沈鹏先生》 **散文及游记** 《伊东拾零》《含泪返国门》《美丽的临潼》《谒成陵》《青海行》《茂陵夜话》《汉长安古城》《唐太宗昭陵》《中华民族的始祖——黄帝陵展祭》

内容 姓名 并论事项	林徽因	何正璜
文学成就		《吟鞭指灞桥》《白的梨花 蓝的泾水——古邠州幽赏记》《东方的梵蒂冈——拉卜楞寺》《咸阳访古》《终南山寻梦》《春分长安颂》《青海之恋》《女帝御寝》《咸阳考古细录》《西风残照 汉家陵阙》《敦煌归来说敦煌》《东北的历史名城——沈阳》《一串被遗忘的珍珠——天水麦积山佛窟》《驰骋在西汉王朝的历史舞台上》《永乐宫观画记》等 **考察报告与研究** 《敦煌莫高窟概况之调查》《唐陵考察日记》《博物馆与博物馆学》《陕西石刻》《上郡汉画中部分题材的简单考证》《上郡汉画及其在艺术的评价》《茂陵与霍去病墓石刻》《乾陵石刻》《唐大雁塔线刻画》《中国浮雕精品——昭陵六骏之一、之二》《唐永泰公主墓石椁线刻画之一、之二、之三》《西安碑林宝石花》《观章怀太子墓壁画有感》《二千年前的地下军阵》《愿借明驼千里足》《万方乐奏有于阗》等 **专著** 《陕北东汉画像石选集》《西北少数民族图案选集》《唐代的战马》《古都长安》《<长安>电视片解说词》《中国珍宝鉴赏丛书》（撰写其中29篇）等

相信读者看了这个简表，会认为笔者把何正璜与林徽因相提并论，不是有意拔高自己主人公的虚妄之言。

何正璜年表

何正璜（1914 年 6 月 1 日—1994 年 10 月 22 日），女，乳名玉子，出生在日本。出身于湖北汉川官宦书香世家，父亲何立夫从小在日本上学，毕业于日本东京帝国大学；母亲张楚，上海务本女子中学毕业，曾参加辛亥革命并立有战功，后任武昌烈士遗孤教养所教育长。

1914 年　出生后在日本没多久，即随母亲回国。

1920 年　幼年在祖父设立的私塾学习国学。

1931 年　考入武昌艺术专科学校。

1934 年　毕业于武昌艺术专科学校。同年赴日留学。

1937 年　肄业于日本东京多摩川高等美术学校，毕业前发生七七事变，日寇发动全面侵华战争，山河破碎，愤然离日回国。

1938 年　参加国民政府军事委员会在武汉举办的中央军事干部训练团，准备投笔从戎。后任湖北龙船河女子职业学校图案教员。10 月，武汉沦陷，即辗转至陪都重庆，寻找更适合自己在抗战中的工作。

1940 年　参加国民政府教育部“西北艺术文物考察团”，任文书，是团中唯一女性。

1940 年　12 月 12 日，与考察团团长王子云在成都结婚，著名画家林风眠为证婚人。后随“西北艺术文物考察团”赴四川、陕西、河南洛阳地区、甘肃、青海等五省区，历时五年，行程十余万里，对那里的帝王陵墓、佛寺道观、民俗风情等古代遗迹进行考察，成果丰硕。

1941 年　协助王子云在西安举办“西北艺术文物展览”，展出古代建筑绘图、古代雕刻品模铸、民俗工艺绘画、拓印、摄影、史迹考察记述等作品九百余件。同年参与举办“洛阳龙门雕刻及南阳汉画像石展览”。

1942 年　1 月在重庆参与举办“敦煌艺术展览”。

8 月在兰州参与举办“西北文物展览”。历次展览皆充分展示我国固有文化的灿烂辉煌，对增强民族自信心、鼓舞全国民众的爱国热情与抗战斗志产生了很大影响。

1942 年　完成《敦煌莫高窟现存佛窟概论之调查》内容总录，这是中国学者第一篇系统研究介绍敦煌莫高窟艺术的学术报告。此文发表于重庆 1942 年《说文月刊》。

1943 年　协助王子云在西安举办“陕西文物展览”，展品中的汉霍去病墓前石刻及唐昭陵六骏中四骏的石膏模铸，其形貌与原物无异，为国内首创。

1944 年　在西安参与举办“西北艺术文物展览”，其在敦煌莫高窟临摹的十余帽壁画参展。

1945 年　“西北艺术文物考察团”工作使命结束，随王子云到西北大学工作，并将“考察团”重要成果（包括摄影图册及文字说明和概述专辑十本），奉命移交给西北大学。协助王子云创建西北大学文物研究室，并在该室任助理研究员。

1948 年　离西安赴成都，受聘于成都高级染织学校，任图案教员。

1953 年　由西北文化部艺术处长赵望云介绍，到陕西省博物馆任研究室副主任。

1953 年　将家藏 251 件珍贵文物全部无偿捐献给陕西省博物馆。

同年任陕西省博物馆陈列部主任。

编著《古代装饰花纹选集》，由陕西人民出版社出版。

1954 年　第一次被博物馆公派前往北京学习考察。

1955 年　编著《西北少数民族图案选集》，由长安美术出版社出版。

1956 年　加入中国民盟。

赴济南参加首届全国博物馆工作会议。

赴北京参加江丰、刘开渠召开的美术座谈会。

1957 年　赴山西永乐宫考察壁画，结交画家刘力上和美术史论家邓白。

1958 年　编著《唐代的战马》，由北京人民美术出版社出版。

同年与陕西省博物馆段绍嘉等同人到兰州办文物展览。

1959 年　编著《陕北东汉画像石刻选集》，由北京文物出版社出版。

前往武汉、南京、苏州、杭州、上海等地博物馆考察学习。

1961 年　主持建立陕西省博物馆“西安石刻艺术室”。

1963 年　参与延安革命博物馆筹备工作。前往北京进修博物馆学。

1966 年　被迫停止正常工作，被打成“反动学术权威”，关入“牛棚”接受批判，写交代材料。

1970 年　赴陕西省旬邑县筹办地主庄园陈列工作。

1973 年　6 月 10 日，在陕西省博物馆接待周恩来总理参观时，向总理建议在西安建立一座现代化历史博物馆。

1973 年　赴北京参加全国文物工作座谈会。再次拜访王朝闻、李苦禅、吴作人、黄胄等美术家。

1975 年　前往北京出席全国各省市文博工作会议。

1979 年　在陕西省博物馆接待叶剑英副主席。陪同日本首相大平正芳参观陕西省博物馆。

1980 年　邓小平及夫人在陕西省博物馆参观时为其讲解文物。

1981 年　在中国美术馆参与举办《陕西唐墓壁画展览》，并受邀做学术报告。

1982 年　赴京参加中国博物馆学会成立大会，入选主席团并当选第一届理事会理事。在西安主持全国工艺美术学会研讨会。

1983 年　当选全国第六届政协委员。当选陕西省美术家协会常务理事。加入中国共产党。

9 月陪同约旦国王侯赛因在陕西省博物馆参观。

1984 年　在临潼参加秦始皇兵马俑博物馆建馆十周年庆祝活动和秦俑学术研讨会。参加陕西省第二届文学艺术界联合会会议。

1985 年　继参与陕西历史博物馆（新馆）的选址、建筑设计方案论证等筹建工作后，又主持专家组对陈列方案进行研讨论证。

1986 年　任陕西省博物馆（现西安碑林博物馆）顾问。

上海劳动局退休干部王鸿森先生，将过去以小楷抄录的何正璜 20 世纪 40 年代发表的散文、考古游记，装帧成一函两册，千里送到西安何正璜手中，成为文坛佳话。

1987 年　被评为第一批陕西省博物馆研究员，任碑林研究室名誉主任，当选陕西省工艺美术学会副主席（后接任主席）。

撰写大型电视系列片《长安》解说词。

1988 年　入选《华夏妇女名人辞典》，由华夏出版社出版。

主编并由其撰写说明文字的《古都西安》画册，由人民美术出版社出版。

1989 年　当选全国第七届政协委员。

1991 年　4 月 23 日，在西安将王子云在敦煌考察时绘制的《敦煌莫高窟全景图》长卷亲手交给敦煌研究院院长段文杰先生，无偿捐给该院收藏。

1992 年　被聘为陕西历史博物馆顾问。

1993 年　5 月 14 日，在西安参加中国博物馆学会成立十周年纪念暨学术讨论会。

1994 年　6 月，陕西历史博物馆举办何正璜的八十寿辰庆典，馆长、有关部门领导、同事、学生及家属一起参加。

10 月 22 日在西安病逝，享年八十岁。

后续大事：

1995 年　入选《中国当代艺术界名人录》，由中国国际名人研究院辞典编辑部编纂，北京人事出版社出版。

2005 年　《何正璜考古游记》内部印发。9 月在广东美术馆举办“抗战中的文化责任——西北艺术文物考察团六十周年纪念展”暨研讨会，展期一个月。

2006 年　1 月，继广州展览后，陕西省美术博物馆再次举办“抗战中的文化责任——西北艺术文物考察团六十周年纪念展”暨研讨会，展期一个月。

6 月，陕西历史博物馆编辑的《何正璜文集》由陕西人民出版社出版。

2010 年　3 月，《何正璜考古游记》由人民美术出版社出版。

5 月，国家艺术类核心期刊《美术观察》“学人档案”栏目，刊发《何正璜——20 世纪联通文博界艺术界的杰出女性》一文。

8 月，南京大学“女性考古与女性遗产”学术研讨会，一致认为何正璜是中国文博界与曾昭燏有着相同贡献的杰出女性。

9 月，在第十九届全国优秀美术图书“金牛杯”评选中，《何正璜考古游记》被评为银奖。

2014 年　9 月，陕西省政府立项的“长安学丛书”，由陕西省政府参事室（省文史研究馆）主持的“长安学者文集”之《何正璜卷》，由其子王蒙主编，陕西出版集团三秦出版社、陕西师范大学出版总社有限公司出版。

（王蒙、史君俊整理）

后 记

何正璜先生是我的岳母，我是她的大女婿。自 1967 年我第一次进她家门，至 1994 年她老人家去世，我和她相处近三十年，她给我的印象除大体知道她是个很有名望的“大家”之外，就是一个普通的老太太。我对她所从事的美术、考古、文博事业一无所知，也毫无兴趣，从未走进她的精神世界。我给她的印象也不咋的，特别是在学识上，恐怕她觉得我做她的学生都不够格。这里有两个小故事可以证明这一点。一次我帮她和王子云先生在家整理拓片，一沓沓一张张皆黑乎乎一片，他们看得津津有味，且常赞叹不已，对我这个大外行看来，实在索然至极，真像狗看星星，在一旁就像一个典型的农村笑话中的傻女婿一样，只是在一旁递递搭搭，一句话也插不上。其中有一幅山东嘉祥武氏祠壁刻拓片，上部是“荆轲刺秦王”，这我知道，于是就赶紧逞能地说了一句“荆轲刺秦王”。下部呢，竟然是“专诸刺吴王僚”！我实在不知何谓“专诸”何谓“吴王僚”（老同学王进贤看到这里说：“你没有上过高中，难怪你不知道，高中课本中就有这个故事。”），于是就小声说：“历史上竟然还有荆轲第二？”王子云先生就笑，何正璜先生冷冷地瞟了我一眼说：“连这个也不知道！”那种不满的神态，至今回想起来都令我脊背发凉。在丈母娘面前出丑，还了得！至此再不敢多一句言语。

再一件事是在她生命最后阶段的某一天。一次我到我的朋友、一个著名画家处去玩，他托我转请何正璜先生为他写一篇画评。我只想到何先生会写、爱写，写一篇豆腐块般的画评还不是小菜一碟，却忘了她已沉疴在身，就一口答应了下来。回到家说给她，她冷冷地说：“你看我还能写吗？”是啊，她刚做过大手术，连肠子都割断了。我真后悔在那位画家老兄面前夸下的海口。良久，她又说：“你答应了，你写！……写完我改，我签名。”我的娘呀，我写？我对绘画一窍不通，焉能写画评！这不是在赶鸭子上架嘛！我知道她这是在巧妙地回绝我。我憋了半天，满脸通红地咕哝道：“我哪里会写。”她看我那为难的样子，淡淡地笑笑说：“我知道你写不了，你也应该知道我也写不了了……”停了一会儿她又看看我那失望的样子，说：“你怕得罪你的那位朋友，是吧？不会的。他是你的朋友，也是我的朋友，而且首先是我的朋友，而后才是你的朋友……你转告了他的意思，再把我的意思转告给他，你的任务就完成了。他知道了我目前的情况，会谅解的，放心吧。”

我至今也不好意思把这一结果说给我的那位画家朋友。

我说这些是想说，何先生做梦都不会想到我会为她作传。假若她地下有知，假若我去征求她的意见，她一定会笑掉大牙，说：“我还不知道你那两把刷子！你为我作传？别怄死人了，算了吧！”

好在她阴间管不了咱阳间事。再说了，表达对她的崇敬、怀念之情，总不为过。

我硬着头皮写了，哼哧哼哧写了将近一年时间，写完了。

我为什么会想起为她作传？又为什么敢为她作传？

2005 年，广东美术馆为她和王子云先生及西北艺术文物考察团全体先贤们举办一个展览：《抗战中的文化责任——西北艺术文物考察团六十周年纪念展》，此前，我女儿任田在香港《文汇报》发表长篇回忆她外公王子云先生事迹的文章，意外筹得一笔善款，为配合展览，我和我老伴利用这笔善款再版了王子云先生两部大部头著作（皆上中下三册）并把他在考察团期间画的写生画出了一本集子。虽是再版和仅仅是写生集，就不得不涉猎他的文字和美术作品，再加上那个展览，由是我才走进了何正璜、王子云两位先生的专业、事业和他们的心灵，原来罩在他们身上“大家”的光环才不空洞。他们的事迹令我震撼，我才确实认识到他们是大家、大师！后来又继续整理出版他们另外两部专著，虽然仍是赶鸭子上架的事，但硬是把我更深一步逼进了他们的事业、专业和他们的精神世界，由此我才在更深层次上认识到何先生不是一个普通的老太太，她是个巾帼英雄，是跨越美术、考古、文博三界的英豪！敬佩、感动之下，我对我老伴说：“我要为妈写传！”她说：“只要你能行，你就写，我全力支持你！”

于是，自 2006 年至 2014 年的几年中，利用闲暇时间，老伴陪我多次去北京、天津、唐山，赴武汉、昆明、大理等地，拜访了何老先生尚健在的老同学、亲属，从而获得了许多宝贵的信件、日记、照片等资料。2014 年春节过后，我坐下来开始这本书的写作。

我虽不才，却在高中、大学教了一辈子语文，多少还知道一些文章是怎么一回事。但我也深深自知，我与我的传主在学识上相差太远，何止十万八千里！真正要写好《何正璜传》，除非我再上两次大学，一个考古、一个美术史论，然后再用三至五年甚至十年八年时间研究、写作，否则我是写不好的。

可是我已步入暮年，哪容得如此奢侈、潇洒、缓慢！

换一个角度想，我也有我的优势：一是我与何正璜先生在一个屋檐下相处近三十年，这是任何一个外人所不及的。二是我手头有丰富的资料，这也是一般外人所没有的。第三，我有一个好朋友姚建东，他事业有成，支持我写作。有他的支持，我不怕写成一堆废纸。第四，我有一帮与我同专业的同学、好友，他们都有相当的文学修养和鉴赏能力，我一边写，他们可以帮我修改、校正。最后，有老伴的全力支持——我有时间。我们有一个非常可爱的小外孙女，精心看护她长大是我俩商量好的共同誓言和责任。我要写作，她说她一个人看护这个宝贝，让我放心写作。

——我还有什么理由不壮士断腕般全力投入写作呢！

可是，等我真正静下心来开始这一工程时，才知道这绝不是喊一句口号那么简单。

正传、外传、列传、评传、纪实、记事，我到底写哪个体例的传呢？我把记录人物生平事迹的纪传列为三等：

上等是“传记”。包括正传、外传、评传、列传等，就是把传主的生平事迹吃透，然后打碎升华，从而创作出人物形象鲜明的类似于小说的作品。文学味道最浓，要求最高。

中等是“纪实”。类似于报告文学，把传主的生平事迹生动地再现出来。在要求上仅次于传记，写好也并不容易；

下等是“记事”。把传主的生平事迹如实记述下来就行了。对传主的精神升华留给读者，由读者从传主做的事件中去体味，去完成再创作。相比而言，写作较为容易一些。

当然，文学式样是不分高低的，我这里仅仅是从技术层面而言。

我选择了后者。

从2014年春节后的2月份开始，我老伴一个人带着我们的外孙女在广州，我一个人在西安，每写一个字就像登一座山似的，十分艰难。尽管如此，是自己自觉自愿的事，并没有太大的压力。后来猛然意识到今年6月1日恰是老太太诞生一百周年，听说博物馆到时还要为她举办纪念活动。如果届时我能把这个传记拿出来该有多好啊！可是，从2月到6月，满打满算才四个月时间。四个月写一部传记？哪怕是记事，即使是写作高手恐怕也难！

尽量赶吧！我三天下一次楼，吃馒头，喝奶茶。（一天，帮我打字的小姑娘见我喝奶茶，说：“任老师，你好时尚！”说得我哈哈大笑。我哪里是讲时尚啊！）后来，博物馆因展期有冲突，把这个纪念活动推迟到11月20号。我长长出一口气，但也仅仅是松一口气而已，一点也不敢松懈，直到10月31日，终于大功告成！

尽管一边写，一边请王进贤等老同学帮我改，但书中的粗糙之处仍随处可见，但愿正式出版时能有充裕的修改时间。书中引用、照搬了哪个作者的哪本书，用了哪位的图片，也来不及一一注明。在此特向有关作者致歉、致谢！

谢谢我的老伴！谢谢王进贤等老同学！谢谢姚建东先生！

任之恭
2014年11月1日

主要参考资料

何正璜日记、游记、考察报告等（手稿）

《何立夫回忆录》（手稿）

《从长安到雅典——中外美术考古游记》王子云　岳麓书社　2005 年第 1 版

《汉代陵墓图考》　王子云　太白文艺出版社　2007 年第 1 版

《王子云评传》　李廷华　太白文艺出版社　2007 年第 1 版

《抗战中的文化责任——西北艺术文物考察团六十周年纪念展》　广东美术馆　2005 年 6 月

《古都西安》　王崇人　陕西人民出版社　1981 年第 1 版

《西安佛寺道观》　西安市政协文史资料委员会编　陕西人民出版社　2009 年第 1 版

《唐十八陵》　陈安利　中国青年出版社　2001 年第 1 版

《唐代帝王陵墓》　刘向阳　三秦出版社　2003 年第 1 版